CULTURAS CRUZADAS EM PORTUGUÊS

Redes de Poder e Relações Culturais
(PORTUGAL-BRASIL, Séc. XIX e XX)

VOLUME 1
Instituições, Diplomatas, Intelectuais e Movimentos

CULTURAS CRUZADAS EM PORTUGUÊS
REDES DE PODER E RELAÇÕES CULTURAIS
(PORTUGAL-BRASIL, SÉC. XIX E XX)

COORDENAÇÃO EDITORIAL
CRISTINA MONTALVÃO SARMENTO

REVISÃO
SUZANO COSTA

EDITOR
EDIÇÕES ALMEDINA. SA
Av. Fernão Magalhães, nº 584, 5º Andar
3000-174 Coimbra
Tel.: 239 851 904
Fax: 239 851 901
www.almedina.net
editora@almedina.net

CONCEPÇÃO GRÁFICA
SERSILITO-EMPRESA GRÁFICA, LDA

IMPRESSÃO
G.C. GRÁFICA DE COIMBRA, LDA.
Palheira – Assafarge
3001-453 Coimbra
producao@graficadecoimbra.pt

Julho, 2010

DEPÓSITO LEGAL
313380/10

Os dados e as opiniões inseridos na presente publicação
são da exclusiva responsabilidade do(s) seu(s) autor(es).

Toda a reprodução desta obra, por fotocópia ou outro qualquer
processo, sem prévia autorização escrita do Editor, é ilícita
e passível de procedimento judicial contra o infractor.

Biblioteca Nacional de Portugal – Catalogação na Publicação

CULTURAS CRUZADAS EM PORTUGUÊS

Culturas cruzadas em português: redes de poder e relações culturais (Portugal-Brasil, séc. XIX e XX) / coord. Cristina Montalvão, Lúcia Maria Paschoal de Guimarães. – v.
1º v.: Instituições, diplomatas, intelectuais e Movimentos. – p. – ISBN 978-972-40-4286-2

I – SARMENTO, Cristina Montalvão, 1962-
II – GUIMARÃES, Lúcia Maria Paschoal de

CDU 94(469)"18/19"
    94(81)"18/19"
     327

Coordenação Científica

Cristina Montalvão Sarmento
Lúcia Maria Paschoal de Guimarães

Autores

Portugal

Ana Filipa Guardião
Cristina Montalvão Sarmento
Isabel Corrêa da Silva
Isabel Mariano Ribeiro
Júlio Joaquim da Costa Rodrigues da Silva
Mário de Melo Ribeiro
Paulo Vicente
Teresa Ferreira Rodrigues
Thierry Dias Coelho

Brasil

Celine Gomes da Silva Blotta
Cristina Pessanha Mary
Guido Fabiano Queiroz
Jorge Luís dos Santos Alves
José Sacchetta Ramos Mendes
Lucia Maria Paschoal Guimarães
Luciene Lehmkuhl

Apoios

Índice

Palavras de abertura 11
Cristina Montalvão Sarmento
Lucia Maria Paschoal Guimarães

Redes de poder e relações culturais. Diálogos e pesquisas 17
Cristina Montalvão Sarmento
Lucia Maria Paschoal Guimarães

Geografias pátrias: 1878-1889 25
Cristina Pessanha Mary

A colaboração entre academias.
'Ciências' e 'Letras' dos dois lados do Atlântico 55
Júlio Joaquim da Costa Rodrigues da Silva

A. G. de Araujo Jorge: um interlocutor privilegiado 89
Celine Gomes da Silva Blotta
Lucia Maria Paschoal Guimarães

Um diplomata entre dois regimes:
o conde de Paço d'Arcos (1891-1893) 111
Isabel Corrêa da Silva

O apogeu da imigração portuguesa para a América do Sul
(1904-1914): diversidade socioeconômica e dilemas comparativos
com Itália e Espanha 145
José Sacchetta Ramos Mendes

Dois lados do mesmo sonho.
A nova imigração brasileira em Portugal 165
Teresa Rodrigues
Mário Ribeiro

Joaquim Barradas de Carvalho:
um navegante em exílio perpétuo 189
Guido Fabiano Pinheiro

O 'mundo a haver' de Agostinho da Silva 213
Cristina Montalvão Sarmento
Isabel Mariano Ribeiro

Adolfo Casais Monteiro:
o percurso errante de um homem de cultura 243
Paulo Vicente

Carlos Malheiro Dias e os círculos intelectuais luso-brasileiros 271
Jorge Luís dos Santos Alves

Arte brasileira na Exposição do Mundo Português 299
Luciene Lehmkuhl

"Da minha língua vê-se o mar". Congressos Luso-Brasileiros 317
Ana Filipa Guardião
Thierry Dias Coelho

Fontes e bibliografia 343
Isabel Mariano Ribeiro

Resumos e palavras-chave 387

Abstracts and key words 395

Autores 403

«Uma língua é o lugar donde se vê o Mundo e em que se traçam os limites do nosso pensar e sentir. Da minha língua vê-se o mar. Da minha língua ouve-se o seu rumor, como da de outros se ouvirá o da floresta ou o silêncio do deserto. Por isso a voz do mar foi a da nossa inquietação.»[1]

Ferreira, Vergílio, *Conta Corrente (III)*, Lisboa: Bertrand Editora, 1994.

---

[1] [Escolha de citação de Thierry Dias Coelho e Ana Filipa Guardião]

Palavras de Abertura

Os interesses individuais ou colectivos da investigação científica e a sua publicação ocorrem pelos mais diversificados motivos. Muitos deles são determinados pelas obrigações universitárias, por pressões institucionais ou ainda por múltiplas conjunturas académicas que ora os favorecem, ora os desclassificam.

Todavia em alguns casos, em nosso entender os mais frutíferos, são simplesmente despoletados pela empatia científica, pela percepção comum de objectivos idênticos, por desejos análogos ou manifesta proximidade cultural. Nestas ocasiões fluí naturalmente a articulação entre os investigadores, a perspectiva unifica-se, a abordagem clareia, a intuição afina-se, a união de esforços é possível e as dificuldades são ultrapassadas, mesmo quando os separa a imensidão do mar atlântico. Assim aconteceu nesta edição que agora se dá à estampa. Esta obra reúne um conjunto de investigadores do Brasil e de Portugal com afinidades científicas comuns e resulta da colaboração internacional do Grupo de Estudos Políticos inserido no Centro de História da Cultura da Universidade Nova de Lisboa em Portugal e do Laboratório Redes de Poder e Relações Culturais da Universidade do Estado do Rio de Janeiro do Brasil.

No lado de cá do Atlântico, a norte, pelo lado português, o grupo de estudos políticos vem dirigindo a atenção de uma das suas linhas de investigação para as relações com o Brasil. Numa fase inicial concentrou a sua atenção na ancoragem cultural e nos contextos que permitiram a assinatura dos Tratados Internacionais entre Portugal e o Brasil. Já nessa altura se procurava investigar as potencialidades dos textos normativos no quanto ultrapassam em muito os seus enunciados, pois exprimem vivências e valores que estão bem para além deles. A consciência desse complexo cultural fundou a pesquisa da qual resultou uma primeira obra colectiva de um conjunto de investigadores do grupo, apoiada pelo Instituto Diplomático do Ministério dos Negócios Estrangeiros Português[1]. Já nesta primeira abordagem se clarificou a importância da análise política contextual e ultrapassavam-se as dicotomias empobrecedoras.

Desta percepção e da feliz coincidência do encontro com a investigação similar realizada no Brasil, seguiram-se três viagens inter atlânticas bilaterais sucessivas entre 2008 e 2009, não sem atribulações e dificuldades conjunturais, mas que possibilitaram a realização de conferências e de reuniões parcelares com ambos os grupos, cujo convívio científico certamente não se esgota nesta publicação conjunta mas se espraia na consolidada perspectiva da subsistência de intensas redes culturais que manifestando-se, consolidam e continuam as redes de poder.

No caso português, a riqueza da heterogeneidade das múltiplas formações, o esforço do estudo biográfico, a consistência da abordagem cultural associada à formação em história e ciência política, permitiu a adequada fundamentação do objectivo comum da demonstração científica, pelo exemplo tópico que permite a compreensão amplificada. É ainda pertinente e gratificante destacar a prontidão do interesse brasileiro quando esta publicação era ainda uma ideia emergente, aliás razão motivadora da adesão de vários investigadores portugueses firmados no panorama nacional que aqui convivem com o esforço e ânimo demonstrado pelos mais jovens, ainda bolseiros de iniciação à investigação ou em formação doutoral.

Do outro lado do Atlântico, a sul, pelo lado brasileiro, as mesmas motivações acima descritas têm impulsionado as atividades do Laboratório Redes de Poder e Relações Culturais, vinculado ao Programa de Pós-Graduação de História da Universidade do Estado do Rio de Janeiro (UERJ). Este espaço de reunião e de troca de experiências,

---

[1] Castro, Zília Osório de; Silva, Júlio Rodrigues da, e Sarmento, Cristina Montalvão (eds), *Tratados do Atlântico Sul. Portugal Brasil, 1825-2000*, Lisboa: Instituto Diplomático, Ministério dos Negócios Estrangeiros, 2006.

criado em 2005, constitui um desdobramento do Grupo de Pesquisa "Idéias, cultura e política na formação da nacionalidade brasileira", cadastrado no Conselho Nacional de Pesquisa e Desenvolvimento Tecnólogico (CNPq) desde 1997. Trata-se, por conseguinte, de um núcleo acadêmico consolidado, com produção bibliográfica substantiva e que possui inserção nacional e internacional. Nos últimos anos, ao corpo permanente do Laboratório, formado por docentes da UERJ, associaram-se pesquisadores de outras instituições brasileiras, alunos de pós-graduação e bolsistas de iniciação científica, bem como convidados estrangeiros, o que tem contribuído para o seu enriquecimento.

Do ponto de vista teórico-metolólgico, os interesses de investigação do grupo acompanham as tendências da historiografia contemporânea. De um modo geral, seus objetos de análise se situam no campo da história política renovada, definindo-se em torno da noção de cultura política e da dimensão simbólica do poder, o que implica em realizar incursões, também, no vasto e complexo território da história cultural. Neste sentido, dois grandes eixos analíticos agregam estudos e atividades do Laboratório: "Cultura, intelectuais e poder" e "História, cultura e relações internacionais".

Aliás, na confluência dessas linhas de pesquisa, há que se salientar o desenvolvimento de projetos de cooperação entre o Laboratório e o Centro de História da Cultura da Universidade Nova de Lisboa. O diálogo tem se mostrado profícuo e as experiências compartilhadas fecundas. Além dos seminários anteriormente mencionados, cabe destacar a publicação da obra coletiva *Afinidades Atlânticas*[2], recém lançada, e que reune trabalhos de autores das duas bandas do Mar-Oceano, voltados para a discussão de aspectos pouco conhecidos das relações luso-brasileiras, que na maioria dos casos extrapolam os limites das chancelarias.

Os resultados alcançados, embora modestos, nos estimulam a prosseguir com essa parceria bastante promissora. A descoberta de novos atores históricos, o reconhecimento de outros espaços públicos, a formação de círculos letrados, o papel desempenhado pelos exilados políticos, que em diferentes momentos atravessaram o Atlântico nos dois sentidos,

---

[2] Guimarães, Lucia Maria Paschoal (org.), *Afinidades Atlânticas: impasses, quimeras e confluências nas relações luso-brasileiras*. Rio de Janeiro: Editora Quartet, 2009.

tanto quanto a existência de áreas de atrito entre Brasil e Portugal indicam a necessidade de se examinar com maior acuidade os laços bilaterais, no período que se estende da independência dos domínios portugueses na América até os dias atuais.

Se, por um lado, as investigações em curso permitem identificar a existência de fortes traços de continuidade nessas relações, sobretudo no âmbito sócio-cultural, por outro, evidenciam que a tradicional premissa da fraternidade luso-brasileira é insuficiente para explicá-las, ao contrário do que supunham antigas linhagens historiográficas. Vista por esse prima, a problemática ganha contornos distintos, que merecem ser explorados, por meio das abordagens inovadoras, uma vez que apontam para a possibilidade de redefinir temáticas, de reformular questões, propiciando, enfim, o surgimento de contribuições originais à historiografia lusófona.

Da similitude das tendências quanto aos objectivos das investigações, resultou a agilidade na articulação dos textos. Os conteúdos livremente assumidos pelos seus autores entrecruzam-se harmoniosamente e são por isso a prova contemporânea da existência dessa activa dinâmica cultural cruzada, que aqui se procura no passado e na história, e que também aqui, se redescobre como reflexo no presente, unida pela língua portuguesa, embora nos seus diferentes modos, assumindo os elos culturais comuns.

Para finalizar, importa reconhecer as instituições e as pessoas sem as quais este primeiro volume, dos três idealizados, não seria uma certeza. No Brasil, cabe mencionar o suporte material que o Laboratório Redes de Poder e Relações Culturais têm recebido do CNPq e da Fundação Carlos Chagas de Amparo à Pesquisa do Rio de Janeiro (FAPERJ), respectivamente, sob a forma da concessão de bolsas de pesquisa, inclusive de iniciação científica, e de recursos financeiros do Programa Cientista do Nosso Estado[3]. Em Portugal destaca-se a Fundação para a Ciência e Tecnologia do Ministério da Ciência e Tecnologia Português que vem financiando directa e indirectamente a actividade científica em Portugal, neste caso através do Centro de História da Cultura da Universidade Nova de Lisboa e o financiamento dos bolseiros que este acolhe. Esta

---

[3] Cf., Programa Cientista do Nosso Estado, Fundação Carlos Chagas de Amparo à Pesquisa do Rio de Janeiro (FAPERJ), edital 2009; prêmio conferido à Lucia Maria Paschoal Guimarães.

obra contou ainda com o apoio do Observatório Político da Faculdade de Ciências Sociais e Humanas, uma unidade de investigação em formação. Em toda a obra colectiva, é a reunião de esforços que a permite, cabe no entanto, entre estes, destacar a disponibilidade do Paulo Vicente por ter aceitado o encargo da correspondência multilateral e de agregar os textos aqui reunidos e ainda, muito particularmente, o trabalho minucioso da Isabel Mariano, a quem coube a revisão, a normalização das inserções bibliográficas e a exaustiva compilação da bibliografia.

Uma revisão final, do Suzano Costa, com o seu habitual zelo e diligência de firmado e consistente doutorando em Ciência Política permitiu fixar o texto. À intervenção maior do Prof. Doutor Adriano Moreira devemos o contacto com a Paula Valente da Editora Almedina que acolheu calorosamente este projecto. A todos os nossos agradecimentos.

Cristina Montalvão Sarmento (CHC-UNL)
Lúcia Maria Paschoal de Guimarães (LRPRC-UERJ)

Redes de Poder e Relações Culturais
Pesquisas e Diálogos

Cristina Montalvão Sarmento
Lúcia Maria Paschoal Guimarães

É hoje comummente aceite que o conceito de rede[1], e em particular o de *redes de poder*, sirva o estudo da sociedade em geral, da história e da política, capaz de espelhar analiticamente, a realidade complexa dos nossos dias.

A constatação de uma *constituição material comunitária de carácter reticular e informal* como paradigma, social e político, tem sido difundida. Formou-se uma *opinio communis* acerca da organização em *rede*. As expressões sociedade de informação, sociedade de vigilância, sociedade da comunicação ou sociedade globalizada, surgem como tentativas de caracterizar a sociedade contemporânea, que convergem na *sociedade em rede*.

Primeiramente, a *noção de rede* é inextrincavelmente aliada da revolução da tecnologia de informação que difundiu, através da cultura material mais significativa das nossas sociedades, uma nova concepção relacional, cúmplice de um espírito libertário, resultante da revolução transformadora dos valores do presente, que a geração de sessenta nos legou. Como se sabe, a Internet teve a sua origem num esquema ousado, imaginado no final da década de cinquenta, pelos guerreiros tecnológicos da Agência de Projectos de Pesquisa Avançada do Departamento de Defesa dos Estados Unidos

---

[1] Sobre o tema das redes de poder consulte para acompanhar mais detalhadamente o pensamento aqui expresso: Sarmento, Cristina Montalvão, *Os Guardiões dos Sonhos. Teorias e Práticas Políticas dos Anos 60*. Lisboa: Colibri, 2008; ou, Idem, «Novas Arquitecturas Políticas. Redes, interdependências e violência», in *Estudo sobre a Globalização da Sociedade Civil (Ensaios de 2004-2005)*. Lisboa: Academia Internacional da Cultura Portuguesa, 2008; e ainda, Idem, «Arquitecturas em Rede», in AA.VV., *África-Europa: Cooperação Académica*. Lisboa: Fundação Friedrich Ebert, 2008.

para em caso de guerra nuclear impedir a posse ou destruição do sistema norte-americano de comunicações.

Foi o equivalente electrónico das tácticas maoístas de dispersão das forças de guerrilha, por um vasto território, para enfrentar o poder de um inimigo versátil e conhecedor do terreno. O resultado foi uma *arquitectura de rede* que, como queriam os seus inventores, não podia ser controlado a partir de nenhum centro, composta por milhares de redes de computadores.

Em seguida, de um ponto de vista da *praxis,* múltiplos factores concorreram para a emergência deste conceito político, que vem convivendo com novas possibilidades analíticas, na esfera alargada da Cultura, da História e da Política. A leitura do carácter reticular da sociedade afastou hoje, teoricamente, os modelos politológicos da tábua rasa e do contrato social, tradicionalmente explicativos da relação entre o social e o político, em que se fundaram muitas das análises da história cultural e política tradicional.

As comunidades políticas passam a ser vistas como constituídas pela sobreposição do poder político às *redes* muito variadas de entidades, que formam o tecido social, constituído pelos indivíduos e as instituições de coesão e uniformização dos comportamentos individuais.

Ora, se as *redes* constituem a nova morfologia analítica das comunidades políticas, perdemos o exclusivismo analítico das pirâmides, que apoiou a caracterização do poder. Este, à imagem de *rede,* só poderá ser compreendido como um conjunto de articulações laterais e verticais. Originais formas de dominação e do político emergem e evidenciam-se também novas microfísicas do poder disseminadas parcialmente pelo corpo social, mas geridas pelo poder das *redes.*

Segundo as hipóteses mais recentes e optimistas, o desenvolvimento cultural seria favorecido pela presença de *redes de confiança* horizontais, pois a confiança é importante para que haja competição pluralista. Os estudiosos da cultura política, Almond e Powell, caracterizaram-na a partir das dimensões cognitiva, afectiva e valorativa que reconheceram, não hesitando em afirmar que uma cultura cívica favorece a democracia.

Estas teorias, que mantêm Tocqueville no horizonte, são agora reforçadas pela introdução da noção de *capital social,* que Putman colocou no dicionário dos conceitos políticos, para indicar as características da organização social – *redes de relações, normas de reciprocidade, confiança nos outros* – que facilitam a cooperação para a obtenção de benefícios comuns.

A existência de *redes sociais* é por consequência definida como uma das condições prévias para o desenvolvimento económico e social, que as instituições políticas são, pois, chamadas a incentivar e cultivar.

Finalmente, em simultâneo e aparentemente, o sistema político em *rede*, fragmenta a autoridade política, no entanto, o poder não desaparece, apenas se inscreve fundamentalmente nos códigos culturais mediante os quais as pessoas e as instituições representam a vida e tomam decisões, inclusive as políticas. O poder, embora real, torna-se imaterial e descentralizado. Difuso, mas presente no poder das redes.

O poder como capacidade de impor reside nas *redes* de troca de informação e do manipular de símbolos que estabelecem relações entre os actores sociais. O poder torna-se função de uma batalha pelos códigos culturais da sociedade, gerando novas perspectivas para o estudo das relações culturais, por meio de abordagens interdisciplinares.

Nos domínios da história, tais estudos privilegiam, sobretudo, o diálogo do político com o cultural[2]. O conceito de cultura política, elaborado tanto a partir da historiografia inglesa, quanto da francesa, percebe a política como atividade essencialmente simbólica, através da qual os indivíduos e os grupos se expressam e estabelecem relações, quer no plano nacional, quer no internacional.

O conjunto dessas práticas simbólicas e reivindicações, assim como os intercâmbios com outros grupos, se inscrevem em processos históricos específicos. Ao mesmo tempo, favorecem a definição de identidades e de filiações, bem como o estabelecimento de instituições públicas, de associações civis e até mesmo de sociedades científicas[3]. Trata-se, portanto, de um dos aspectos determinantes do processo histórico e não de um simples reflexo de "condições materiais". Neste sentido, a historiografia contemporânea tem conferido especial ênfase à análise das relações entre o poder dos símbolos e os símbolos do poder[4].

---

[2] *Vide*: Poirrier, Philippe, *Les enjeux de l´histoire culturelle*. Paris: Éditions du Seuil, 2004.
[3] *Vide*: Pocock, John G. A, *Virtue, Commerce and History*. Cambridge (UK): University of Cambridge, 1985, pp. 1-34.
[4] Geertz, Clifford, *A interpretação das culturas*. Rio de Janeiro: Zahar, 1978; Bourdieu, Pierre, *O poder simbólico*, Lisboa: Difel, 1989.

Mas os estudos do político também se voltam para os comportamentos coletivos e seus efeitos. Ao se debruçar sobre o significado das representações e dos mitos, o historiador busca compreender não apenas o jogo em que se elaboram as estratégias de ascensão ao poder, mas também o cadinho no seio do qual se molda o imaginário[5].

Como se sabe, o imaginário de uma sociedade encontra-se sempre atrelado ao domínio particular das produções e práticas culturais[6], supostamente distintas de outros níveis, como as do econômico ou do social, e que se apresenta "nas palavras, nos gestos e nos ritos". Ou seja, fornecem os elementos que propiciam a construção de *representações*, por meio das quais os atores sociais se articulam, elaboram o sentido de sua existência e traduzem mentalmente a realidade exterior que percebem[7].

O interesse pelos fenômenos de transmissão de traços identitários, crenças, normas e valores passou a fazer parte do repertório dos historiadores, bem como a atuação dos intelectuais e as manifestações da cultura erudita ou popular, não importa. Esse "redemoinho cultural" abriu caminho para novas interlocuções[8], favorecendo o florescimento de vertentes interpretativas bastantes fecundas. A começar pela emergência de uma história das idéias políticas entendida não no sentido pejorativamente "idealista", mas sim de uma análise histórica de conceitos, ideologias e visões de mundo em estreita sintonia com o social[9]. Ou, ainda, de uma história que procura examinar as concepções e as práticas políticas, inserindo-as nos seus respectivos contextos, de maneira a identificar as matrizes culturais e intelectuais com as quais as elites dialogavam em seu momento de formação[10].

---

[5] Girardet, Raoul, *Mitos e mitologias políticas*. São Paulo: Companhia das Letras, 1987.

[6] Carvalho, José Murilo de, *A formação das almas: o imaginário da República no Brasil*. São Paulo: Companhia das Letras, 1990.

[7] Chartier, Roger, *À beira da falésia: a história entre incertezas e inquietudes* (tradução de Patrícia Chittoni Ramos). Porto Alegre: Editora UFRGS, 1998.

[8] A expressão é de Jacques Revel. Cf., Revel, Jacques, *Proposições. Ensaios de historiografia*, (tradução de Claudia O'Connor dos Reis). Rio de Janeiro: EdUERJ, 2009, p. 101.

[9] Guenée, Bernard & Sirinelli, Jean-François «L'Histoire Politique», in François Bedarida (org.), *L'histoire et le métier d'historien em France 1945-1995*. Paris : Éditions de la Maison des sciences de l'homme, 1995, pp. 301-310.

[10] Skinner, Quentin, *As fundações do pensamento político moderno*. São Paulo: Companhia das Letras, 1996. Ver, ainda, John G. A. Pocock, *op. cit.*

Por conseguinte, encontrar a expressão prática, no tempo e na história, de certas *redes de poder e das relações culturais* que as acompanham, documentando-as em fontes fidedignas, e a sua agregação de modo a permitir uma leitura das suas ramificações no presente, implica escolhas temáticas e opções metodológicas. No caso deste primeiro volume, após vários encontros e debates bilaterais, a comunhão de interesses tanto quanto a sua heterogeneidade de expressão, permitiram definir os campos que se entenderam significativos para a demonstração.

Primeiro, foram delimitadas as necessidades de procurar essas ligações, em associações livres de intelectuais com repercussões institucionais significativas de ambos os lados do Atlântico, sem que se esquecessem aqueles que, por imposições de funções governativas, espelham as posições dos poderes, o que nos levou a incluir, de seguida, representantes da diplomacia de ambos os países.

Porque às posições do poder, correspondem, a maior parte das vezes, movimentos de mobilidade não totalmente controlados, espelhados em movimentos migratórios que vão caracterizando e influenciando as sociedades de ambos os lados, incluímos esta demonstrativa vertente.

Para de seguida, darmos de novo voz aos intelectuais que por razões várias, biográficas e particulares, se influenciaram intensamente por estas ligações transatlânticas, tornando-se figuras incontornáveis dos dois contextos históricos, culturais e políticos. O quadro não ficaria completo sem retratar acontecimentos culturais em que a expressão bilateral se manifestou com intensidade. Ainda que parcialmente conhecidos, importa aprofundar e investigar os particulares contextos histórico-culturais para daí averiguar e acompanhar as mutações nas redes de poder e das relações culturais.

Dentro destas balizas previamente definidas, foi dada ampla liberdade de escolha e opção a cada investigador, de tema e tratamento, no respeito pelas elementares regras académicas em que à liberdade está associada a correspondente responsabilidade pelos textos e pela expressão das ideias neles contidas.

Assim, se por um lado são instituições que se prolongam, como no caso da extensão pela criação de uma *Secção da Sociedade de Geografia de Lisboa*, no Brasil, que a pesquisadora brasileira Cristina Mary Pessanha analisa, ensaiando depreender o seu significado em particular na Geografia realizada no Brasil nos últimos anos do Império. Por outro lado, são instituições que se abrem e se interligam na procura da aproximação, como bem demonstra o investigador português, Júlio Joaquim da Costa Rodrigues da Silva, ao explorar os vínculos entre a *Academia de Ciências de Lisboa e a Academia Brasileira de Letras*, em particular no período que medeia entre os anos 30 e o fim da Segunda Guerra Mundial, esclarecendo como os governos acompanharam estas relações em prol do objectivo da uniformização linguística.

São ainda, os representantes oficiais dos dois países, diplomatas que pela sua individualidade e nos seus contextos históricos relevam para o nosso estudo. Pelo Brasil, Lúcia Maria Paschoal de Guimarães, acompanhada de Céline Botta, esclarece como o discípulo do Barão do Rio Branco e intelectual, o diplomata *Arthur Guimarães de Araújo Jorge*, chefe da representação brasileira em Lisboa tem um importante papel na política de estreitamento dos tradicionais laços luso-brasileiros, intentada pelo Itamaraty, no primeiro governo de Vargas. Por Portugal, a escolha da doutoranda do Instituto de Ciências Sociais, Isabel Corrêa da Silva, recaiu sobre o *Conde Paço D´Arcos*, diplomata cuja difícil missão foi peculiar, entre dois regimes, e é expressão de fricções contextuais.

Assim também, quanto aos movimentos de mobilidade migratória, que entre os dois lados lusófonos do Atlântico parece facilitada. O pesquisador do Brasil, José Sachetta Ramos, explora *o apogeu da imigração brasileira portuguesa no Brasil,* no início do século XX, comparando-a com outros países europeus, enquanto Teresa Rodrigues, investigadora, acompanhada pelo Bolseiro de Iniciação à investigação, Mário Ribeiro, de Portugal, caracterizam a *nova emigração brasileira em Portugal,* legando-nos um retrato fiel dessas redes compósitas da actualidade.

Finalmente, muitos dos investigadores interessaram-se pelas biografias de homens singulares, que partilharam os universos intelectuais do Brasil e de Portugal. Neste quadro aleatório e caótico, mas criativo e disseminador, as investigadoras do Centro de História da Cultura português, Cristina Montalvão Sarmento e Isabel Mariano Ribeiro, perscrutando a vida e legado de *Agostinho da Silva,* figura incontornável da cultura portuguesa, auto-exilado no Brasil durante 25 anos, ensaiam sobre os seu ideais messiânicos e pedagógicos, de 'um mundo a haver' de Portugal, só possível de e pelo Brasil. Enquanto, a investigação de Paulo Vicente, ainda pelo lado português, esclarece como o percurso de exílio político, em particular nos anos de residência na cidade de São Paulo, de *Adolfo Casais Monteiro*, o motiva para a constituição da comunidade alargada da comunidade luso-afro-brasileira. Nesta linha se entende também as pesquisas dos brasileiros Guido Fabiano Pinheiro e Jorge Luís dos Santos Alves. Enquanto o primeiro explora a coerência do ser e do pensar de *Joaquim Barradas de Carvalho* e dos trilhos abertos e legados na realização do mesmo projecto e da anulação de diferenças nessa ininterrupta solidificação das trocas atlânticas, por sua vez, o segundo, parte do percurso de *Carlos Malheiro Dias*, para a abordagem e análise dos círculos intelectuais luso-brasileiros.

Uma última referência às representações institucionais e colectivas advém do trabalho de pesquisadora brasileira, Luciene Lehkmhl que a partir da *participação do Brasil na Exposição do Mundo Português em 1940*, trata a imagem que o Brasil apresenta a Portugal; fecha este quadro de análise, o estudo dos *Congressos luso-brasileiros*, feito pelos bolseiros de iniciação à investigação do Centro de História da Cultura português da linha de investigação em Estudos Políticos, Thierry Dias Coelho e Ana Filipa Guardião, demonstrativo da busca identitária, da retórica utilizada e espelho das mudanças que o decurso do tempo impôs nas relações luso-brasileiras.

Todas estas pesquisas são a expressão dessa *rede*, essa palavra mágica que parece ser a chave do futuro, essa reinvenção da sociedade, esta «metáfora da rede», esta imagem simbólica, que mantendo embora a sua ambiguidade serve, neste estudo colectivo, o passado e o presente.

A consciência da história, a exemplificação e aprofundamento do biográfico e singular, as actividades culturais partilhadas, permitem o melhor entendimento desse conceito alargado, que corresponde a uma nova perspectiva sobre a estruturação da sociedade e da ordem política.

Deste modo se manifesta a interdependência cultural, as redes estabelecem-se e as malhas dos elos emergem, tendentes a permitir compreender o alcance das *redes de poder e das relações culturais* que lhe estão associadas, neste caso, luso-brasileiras, para lá e além da fraternidade, mas que se expressa na importância da língua comum, criadora de uma particular expressão de *Culturas Cruzadas em Português*, que aqui demonstrada, também por esta se via se espraia e se mantém, na sua actualidade.

Em boa hora vem a decisão de dar a público estas pesquisas, nesta obra que editada em Portugal, será lançada por ocasião do VII Encontro da Associação Brasileira de Ciência Política, a realizar na cidade do Recife em Pernambuco, nos dias 4 a 7 de Agosto de 2010, permitindo que o conjunto de investigadores se possa reunir e nessa mesa debate, que se antevê profícua e fraternalmente convivial, se alargue o âmbito e prolongue, no tempo e no espaço, o legado destes diálogos sobre a herança comum.

Lisboa e Rio de Janeiro, 30 de Janeiro de 2010

Geografias Pátrias: 1878-1889

Cristina Pessanha Mary

Esta contribuição busca compreender o significado da geografia no Brasil nos últimos anos do Império. Para tal optamos por centrar nossa atenção na dinâmica de criação e funcionamento da Seção da Sociedade de Geografia de Lisboa no Brasil, na sua composição social e na análise do periódico editado por essa filial, avaliando o papel deste instituto diante da sociedade, do momento de sua criação, em 1878, até 1889, quando ele se desarticula, encerrando suas atividades.

Desde o início a sucursal suscitou fortes esperanças entre os associados na matriz em Lisboa. Estes visavam o apoio da importante colônia lusa radicada no Rio, contando com seus recursos financeiros e o auxílio na divulgação e defesa dos novos planos da nação portuguesa, naquele momento tomada por intensa febre colonialista e mobilizada pelo ideal de se construir um novo Brasil na África.

Aparentemente a filial brasileira repetia em tudo a "sociedade mãe". Como na matriz em Lisboa, o instituto no Rio de Janeiro abrigava em seu interior inúmeras tradições de geografia. Encontramos na Seção representantes da "família literária", a exemplo de Emílio Zaluar, um dos primeiros autores a escrever ficção científica no Brasil, do ramo dos exploradores, como o Barão de Teffé e o Barão de Ladário, responsáveis por demarcações de fronteiras do Império, bem como os veios ligados a astronomia e a geologia. Todos irmanados pelo afã de esculpir uma geografia pátria.

Entretanto, mesmo entrelaçada com a de Portugal, a geografia de nossas paragens ganhou sentido diferente daquele que lhe deu origem depois de enfrentar profunda cisão no seu interior, quando, em 1881, um grupo abandonou a Seção, inconformado com o veto da matriz à tentativa de transformação da própria associação em outro grêmio, de cunho nacional. Tal episódio, encruzilhada a partir do qual a geografia no Império brasileiro se bifurcou, nos levou a considerar o estudo da Seção como chave para a compreensão dos fatores que inviabilizaram a sua existência sob o novo regime, republicano, instaurado em 1889, e também para o conhecimento dos matizes da geografia no Brasil de fins dos Oitocentos.

Ao contrário do que se possa pensar, o gosto pela geografia naquele período não era incomum. Neste último quartel do século XIX, inúmeros grêmios animavam as capitais europeias. Na data de criação da Sociedade de Geografia de Lisboa[1], a levar-se em conta fontes do próprio período[2], já existiam cerca de 30 sociedades do gênero, incluindo as de Paris (1821), Berlim (1828) e Londres (1830). Estas sociedades ganharam força também na América Latina. A cidade do Rio de Janeiro abrigava o Instituto Histórico e Geográfico Brasileiro – IHGB –, criado em 1838, a filial da Sociedade de Geografia de Lisboa no Brasil, doravante denominada Seção e a Sociedade de Geografia do Rio de Janeiro, de 1883[3].

No que importa às sociedades de geografia europeias e aos seus associados, cabe destacar sua funcionalidade quanto ao movimento colonialista. Via de regra, estes estabelecimentos constituíram o corpo de conhecimentos necessários à aventura expansionista, formaram quadros ligados à administração das colônias, patrocinaram as expedições de reconhecimento

---

[1] A Sociedade de Geografia de Lisboa ainda se mantém em atividade. Com as mudanças advindas no rastro das independências dos territórios coloniais, no entanto, ela perdeu seu sentido original. Para maiores detalhes acerca deste instituto, consultar Guimarães, Ângela, *Uma corrente do colonialismo português: a Sociedade de Geografia de Lisboa (1875-1895)*. Porto: Livros Horizonte, 1984.

[2] *Revista da Seção da Sociedade de Geografia de Lisboa no Brasil*, 1. série n.1, t. I, Rio de Janeiro: 1881.

[3] A Sociedade de Geografia do Rio de Janeiro foi criada em 1883 por um vasto grupo da elite fluminense, cujo núcleo contou com algumas figuras, como o senador Francisco Correia. Cardoso, Luciene Pereira Carris, «A Sociedade de Geografia do Rio de Janeiro: identidade e espaço nacional (1883-1909)», *Dissertação de mestrado em História*. Rio de Janeiro: Universidade do Estado do Rio de Janeiro, abril, 2003. Pereira, Sergio Nunes, «Sociedade de Geografia do Rio de Janeiro: origens, obsessões e conflitos (1883-1944)», *Tese de doutorado em Geografia*. São Paulo: Universidade de São Paulo, 2002.

das terras distantes, ligando-se também às atividades relacionadas à promoção de um ambiente geográfico, potencializando o ensino da geografia[4].

A política expansionista dos centros europeus, entretanto, não explica a existência de tais grêmios nas áreas coloniais. Tomá-los apenas como agentes do imperialismo seria desconhecer seu papel na formação de identidades nacionais de ex-colônias, como o Brasil, por exemplo. Pesquisas orientadas para os institutos de geografia da América Latina salientaram o peso destes institutos nas políticas de cunho nacional. Assim, Leôncio Lopes-Ocón, ao comparar as instituições do gênero no Peru, Bolívia, México, Costa Rica e Argentina, mostrou sua importância como instrumentos de organização dos espaços dos estados nacionais em tela. Para o autor, as sociedades de geografia exerceram forte influência cultural, contribuindo para reforçar identidades nacionais[5].

No Brasil, é voz corrente nas ciências sociais o papel da história e da antropologia na composição de um rosto para a nação. Nos limites da realidade brasileira, a ligação entre história e a construção da nacionalidade não escapou aos que se debruçaram sobre o IHGB[6]. Entretanto acreditamos que a geografia não fez por menos. Pesquisas mais recentes sobre a Sociedade de Geografia do Rio de Janeiro também apontam para a vinculação da geografia com o projeto nacional. Neste estudo, comungando com tal hipótese, esperamos compreender melhor a articulação entre o significado da geografia no Brasil, nos últimos anos do Império, e a política nacional[7].

---

[4] Capel, Horacio, *Filosofia Y Ciencia en la Geografía Contemporánea: una introducción a la Geografía*. Barcelona: Temas Universitarios Barcanova, 1981.

[5] Lópes-Ocón, Leoncio, «Les sociétés de géographie: un instrument de difusión scientifique en Amérique Latine au debut du XXe siècle (1900-1914)», in Patrick Petitjean (dir.). *Les Sciences hors d'occident au XXe siècle*. Vol. 2: *Les sciences coloniales: figures et institutions*. Paris: ORSTOM, 1996.

[6] Guimarães, Lúcia Maria Paschoal, «Debaixo da imediata proteção de Sua Majestade Imperial: o Instituto Histórico e Geográfico Brasileiro (1838-1889)». *Revista do IHGB*, a. 156, n. 388, Rio de Janeiro: jul./set. 1995. *Idem*, «O Império de Santa Cruz: a gênese da memória nacional», in Alda Heizer e Antônio Augusto Passos Videira (orgs.), *Ciência, Civilização e Império nos Trópicos*, Rio de Janeiro: Access, 2001. Guimarães, Manuel Luiz Salgado, «Nação e civilização nos trópicos: O IHGB e o Projeto de uma História Nacional», *Estudos Históricos*, v.1 n.1. Rio de Janeiro: 1988. pp. 5-27. Schwarcz, Lilia Moritz, *Os guardiões de nossa história oficial, os institutos históricos e geográficos brasileiros*. São Paulo: IDESP, 1989.

[7] Cardoso, Luciene Pereira Carris, *op. cit.*, 2003. Zusman, Perla Brígida, «Sociedades Geográficas na Produção do Saber, a Respeito do Território. Estratégias políticas e acadêmicas das instituições

A Sociedade de Geografia de Lisboa: refazendo a nação abatida[8]

O Portugal de fins dos Oitocentos sucumbia ante um intenso sentimento de decadência. Naquela conjuntura, mais do que nunca, os portugueses passaram a considerar a África como um trunfo, do qual não deviam prescindir. Já haviam perdido o Brasil, não deveriam abrir mão de mais. A colonização, causa do mal português em alguns diagnósticos da nação, foi preconizada como remédio por amplos setores naquele país e terminou por disseminar entre os lusos uma verdadeira fome de territórios coloniais.

Assim, a Sociedade de Geografia de Lisboa, fundada em 1875, articulou um poderoso movimento de pressão junto ao governo português,[9] galvanizando a opinião pública a favor de uma ação mais efetiva nos territórios africanos e mobilizando o país na direção da empreitada colonial. No século XIX este movimento atingiu seu apogeu durante a crise do "Ultimato", declarado pelos ingleses em 1890, quando a Inglaterra obrigou Portugal a renunciar ao tão acalentado sonho de ligar Moçambique a Angola, impedindo a expansão portuguesa aos territórios que hoje integram Zâmbia, o Malawí e o Zimbábue[10].

A Sociedade de Geografia de Lisboa não nasceu sob os auspícios do Estado, embora muitos dos seus integrantes estivessem em postos-chaves no governo. No entanto, em 1878, o rei de Portugal, D. Luiz, se declarou protetor daquele estabelecimento e a partir de 1880, a Sociedade de Geografia tornou-se órgão consultivo do governo português obtendo apoio material[11].

---

    geográficas na Argentina (1879-1942) e no Brasil (1838-1945)», *Dissertação de mestrado em Geografia*. São Paulo: Universidade de São Paulo, 1996.

[8] A expressão "nação abatida" foi emprestada da obra *A Ilustre Casa de Ramirez*. Queiroz, Eça de, *A ilustre Casa de Ramirez*. São Paulo: Editora Martin Claret, 1999.

[9] Guimaraes, Ângela, *op. cit.*, 1984.

[10] O golpe final nas pretensões portuguesas de estender seus domínios na África, costa a costa, de Angola a Moçambique, ocorreu por ocasião do ultimato. A consequência política mais violenta deste ultimato inglês foi a revolta da guarnição militar do Porto que chegou a proclamar um Governo Provisório. Este episódio foi considerado como um importante acontecimento no percurso para a proclamação da República, em 1910. Foi, enfim, uma tentativa popular, mediante alteração do regime político, de recuperar o prestígio nacional, abalado pela intervenção inglesa. Marques, A. H. de Oliveira, *A revolução de 31 de Janeiro de 1891*. Lisboa: Biblioteca Nacional, 1991.

[11] Guimarães, Ângela, *op.cit.*, 1984.

Muitas iniciativas da Sociedade atingiram as camadas populares, como foi o caso de algumas comemorações dedicadas a Camões e outros heróis nacionais, entretanto, a instituição não esteve ancorada nestes grupos. Definitivamente, neste aspecto, a Sociedade de Geografia de Lisboa pertencia ao mundo da nobreza, dos grandes nomes do comércio, professores e funcionários públicos.

Os compromissos dos dirigentes da Sociedade de Geografia de Lisboa com o colonialismo, um pilar do movimento de renovação nacional, podem ser enumerados à exaustão, já que este ideal, como seiva vital, irrigava todas as artérias do instituto, desde a insígnia da Sociedade onde se lia a inscrição «por mares nunca dantes navegados», de Luis de Camões, passando pelos interiores da sede, em si mesmos monumentos à colonização: "Sala da Índia", "Sala dos Padrões" – contendo coleções de inscrições dos primeiros navegantes portugueses trazidas da África, até os próprios boletins editados, repletos de artigos e documentos sobre o continente. Contudo, o pilar do "*animus colonialista*" vigente foi mesmo o programa de travessias realizadas pelos exploradores portugueses em África, encetadas entre 1876 e 1885, que resultaram diretamente do empenho da Sociedade de Geografia de Lisboa e de seus associados[12].

A agenda colonialista, no entanto, exigia vultosos recursos. Sendo assim, para subsidiar as campanhas no ultramar, Portugal tomou numerosas medidas como a criação de um Fundo Africano, lastreado em subscrições nacionais e destinado a fomentar um programa de incursões naquele continente.

Foi naquela conjuntura de aflição, quando, cada vez mais, o "pensar Portugal" se confundiu com o "pensar o império"[13], que a primeira geração de colonialistas portugueses, encastelados na Sociedade de Geografia de Lisboa, autorizou seções externas[14]. As filiais deveriam ser criadas nas

---

[12] Santos, Maria Emília Madeira, «Das travessias científicas à exploração regional em África: uma opção da Sociedade de Geografia de Lisboa», *Boletim da Sociedade de Geografia de Lisboa*, série 104, n° 7 e 12, Julho, Dezembro, Lisboa, 1986.

[13] Sobre esta superposição entre pensar a nação e o império, ver Tomaz, Omar Ribeiro, *in* Benoit de L' Estoille; Frederico Neiburg e Lygia Sigaud (orgs.), *Antropologia Impérios e Estados Nacionais*. Rio de Janeiro: Relume Dumará, FAPERJ, 2002.

[14] Sociedade de Geografia de Lisboa, "Publicações, vol. II, n. 10, Documento IX, 1881-1883.

diversas localidades onde fosse possível reunir sócios-correspondentes em número suficiente [15] e dispostos a aderir ao "movimento geográfico luso", defendendo, propagando, subsidiando e representando os interesses portugueses e da sociedade matriz em Lisboa. Assim, em 1878, a Seção brasileira "aportou" na cidade do Rio de Janeiro, então Corte do Império do Brasil[16].

A Seção

Reunidos na legação de Portugal no Rio, então residência do visconde de São Januário, vindo ao Brasil com as credenciais necessárias fornecidas pela Sociedade de Geografia de Lisboa, 14 sócios-correspondentes dessa Sociedade, na sua maior parte membros da elite brasileira, constituíram a filial da Sociedade de Geografia de Lisboa no Brasil[17].

No discurso proferido durante o ato de fundação, o Visconde de São Januário arrolou os motivos pelos quais a Sociedade de Geografia de Lisboa decidira estabelecer filiais nas localidades com mais de 20 sócios-correspondentes. Em prol da ciência, que apagaria as diferenças entre portugueses e brasileiros, foi realizada verdadeira campanha acerca dos benefícios advindos da participação na política colonial portuguesa de manutenção dos territórios africanos. As palavras do visconde revelaram os objetivos da matriz em Portugal, preconizando a exploração portuguesa na África e mencionando ainda a criação do Fundo Africano.

---

[15] Adesão de 12 sócios, residentes na localidade, se esta fosse portuguesa e o dobro, caso fosse estrangeira. Sociedade de Geografia de Lisboa, "Publicações, vol. II, n. 10, Documento X, 1881-1883.

[16] Foram também autorizadas filiais nas cidades de Braga e Porto. Nos três anos seguintes, foram criadas de fato as sucursais do Brasil, Porto e do Faial, nos Açores.

[17] Da lista dos convidados para o ato de fundação da Seção da Sociedade de Geografia de Lisboa estiveram presentes: 1-Visconde de Borges Castro. 2-Barão de Teffé ou Antônio Luiz von Hoonholtz, 3-Visconde de S. Salvador de Mattosinhos. 4-Benjamin Franklin Ramiz Galvão ou Barão de Ramiz, 5- Boaventura Gonçalves Roque ou Visconde do Rio Vez. 5-Cândido Mendes de Almeida. -Augusto Emílio Zaluar. 7-Francisco Maria Cordeiro de Souza. 8-General Henrique Pedro Carlos de Beaurepaire Rhoan ou Visconde de Beaurepaire Rhoan. 9-João Marçal Moreira Pacheco. 10- Lucas da Costa Faria. 11-Miguel Ribeiro Lisboa. 12-Pedro Gastão Mernier. 13-Wenceslau de Souza Guimarães. Justificaram ausência: Barão da Ponte Ribeiro ou Duarte da Ponte Ribeiro e Ladisláu de Souza Mello e Neto. Fonte: *Revista Mensal da Seção da Sociedade de Geografia no Brasil*, 1. série, Tomo I, n.1, Abril, Rio de Janeiro: 1881. 33 p.

A cooperação proposta foi de imediato aceita pelos presentes, elegendo-se logo a seguir, por aclamação, o primeiro presidente da instituição recém-criada, o senador Cândido Mendes de Almeida[18]. Os demais membros da diretoria foram igualmente eleitos: Henrique de Beaurepaire Rohan[19] e o Visconde de Borges Castro, no cargo da vice-presidência, enquanto Francisco Maria Cordeiro e o Barão de Teffé figuraram como primeiros-secretários.

De início a Seção esteve em função da sua própria organização administrativa, envolvida com a redação e aprovação dos estatutos e do regimento interno, firmando a sua estabilidade. Os estatutos,[20] aprovados por decreto em 1879, reproduziam os objetivos do grêmio e dispunham também sobre o *modus operandi* da agremiação, receita, associados e comissões; previam ainda a organização de uma Assembléia Geral, destinada a providências quanto às eleições dos corpos gerentes e alteração regimentais. Ainda neste mesmo ano, D. Pedro II aceitou ser o presidente-honorário do grêmio[21].

Dentre as obrigações dos filiados, incluíam-se alguns encargos pecuniários, como a mensalidade e uma taxa correspondente à aquisição de diploma emitido por Portugal. A admissão de novos associados estava

---

[18] A biografia de Cândido Mendes de Almeida (1818/1881), primeiro presidente da Seção, revela uma carreira de destaque, iniciada com o bacharelato em ciências jurídicas e sociais, em 1839, em Olinda. Professor da cadeira de geografia e história no Liceu de São Luiz, foi também promotor público e deputado, tendo chegado ao Senado em 1871. Destacou-se na política e foi defensor intransigente dos valores do catolicismo. Sua produção versou sobre o direito e o que hoje denominamos história e geografia, tendo, publicado no escopo desta última, o *Atlas do Brasil*. Iglésias, Francisco, *Historiadores do Brasil: capítulos da Historiografia brasileira*. Rio de Janeiro: Editora Nova Fronteira; Belo Horizonte: Universidade Federal de Minas Gerais, IPEA, 2000.

[19] Marechal Henrique Pedro Carlos de Beaurepaire Rohan, filho do Conde de Beaurepaire, formou-se em ciências físicas e matemáticas; ao atingir o posto de tenente-coronel, transferiu-se para a arma de engenharia. Deve-se ressaltar sua importância para a cartografia brasileira, tendo chefiado a comissão de levantamento da Carta Geral do Império, ao lado do Barão da Ponte Ribeiro. Na política, foi presidente das províncias do Pará e Paraíba, ocupando a pasta da Guerra. *Dicionário Biobibliográfico de Historiadores, Geógrafos e Antropólogos Brasileiros*, Vol. 4, Rio de Janeiro: IHGB, 1993.

[20] Decreto 7.315, de 25 de junho de 1879. *Estatutos da Seção da Sociedade de Geografia de Lisboa no Brasil*. Rio de Janeiro: 1880

[21] Pereira, Maria Manuela Cantinho, *O Museu Etnográfico da Sociedade de Geografia de Lisboa: modernidade, colonização e alteridade*. Lisboa: Fundação Calouste Gulbenkian, Fundação para a Ciência e Tecnologia, 2005.

condicionada à indicação de membros da Seção, devidamente aprovada, em escrutínio secreto, por maioria absoluta dos sócios.

Em julho de 1880, a Assembléia Geral aprovou o Regimento Interno da Seção,[22] esmiuçando, assim, alguns pontos dos Estatutos, como o modo de votar, as competências de cada instância do grêmio, criando comissões. As comissões dividiam-se entre aquelas relativas à administração da Seção (admissão de novos sócios, contas, estatutos e redação do periódico), e as demais, que diziam respeito aos fins da associação, assim denominadas: "De Geografia Geral", "De Viagens e Explorações Científicas", "De Ciências Acessórias à Geografia", "De Ensino de Geografia" e a "Do Fundo Africano". Esta última, destinada a fornecer parecer "sobre os meios de obter fundos para o desenvolvimento das explorações intentadas pela Sociedade, em Lisboa," traduzia fielmente as intenções dos portugueses, empenhados na luta para arregimentar apoio para as incursões em solo africano, consideradas prioridade na corrida expansionista então empreendida entre as potências europeias. Tornava a Seção uma espécie de correia de transmissão da engrenagem colonialista.

Nos seus primórdios, os trabalhos da Seção se limitaram às comunicações do senador Cândido Mendes de Almeida, sobre o movimento civilizador das expedições geográficas, e às conferências pronunciadas pelo Barão de Teffé acerca de seu trabalho como demarcador da fronteira norte do país[23].

O quarto ano, 1881, foi, todavia, marcante: se por um lado se realizou a visita do festejado explorador português Alexandre Serpa Pinto e o lançamento da Revista da Seção, por outro, houve a divisão entre os setores: os que sonharam com um grêmio nacional, e aqueles que permaneceram fiéis à proposta inicial, mantendo a Seção apenas como filial de Lisboa.

Em 1883, e apesar do cisma, a Seção retomou o seu curso; sessões de honra voltaram a ser organizadas e a revista voltou a circular novamente. A sobrevida do periódico estendeu-se até 1886, e, desde então, o grêmio foi, gradativamente, perdendo fôlego. O último registro sobre suas atividades

---

[22] Seção da Sociedade de Geografia de Lisboa no Brasil, *Regimento Interno da Seção da Sociedade de Geografia de Lisboa no Brasil*. Rio de Janeiro: 1880.

[23] *Revista Mensal da Seção da Sociedade de Geografia de Lisboa no Brasil*, 1. s, t. I, n. 1, Rio de Janeiro: 1881, p. 17

data do início de 1889, durante a Exposição Geográfica Sul-Americana, realizada na Corte, organizada pela Sociedade de Geografia do Rio de Janeiro, quando a Seção enviou representantes para o evento[24].

Os signatários da ata de criação da filial compunham um grupo bastante uniforme quanto à posição social: quase todos pertenciam à elite fluminense, variando quanto ao título nobiliárquico, patente ou armas; constando dentre eles, a exemplo do Visconde do Rio Vez[25], o Visconde de Mattosinhos[26] e Emílio Zaluar[27], personalidades da colônia portuguesa radicadas no Rio. O Visconde do Rio Vez, ou Boaventura Gonçalves Roque, foi presidente do Gabinete Português de Leitura no período 1871-1873, assim como outros colegas seus na Seção, atestando o grau de mobilidade da elite lusa, "dividida" – em constantes viagens entre Lisboa – e o Rio de Janeiro.

Na alta administração pública lusa, encontramos o Visconde de São Januário, o Visconde de Borges Castro[28] e Francisco Maria Cordeiro[29],

---

[24] Cardoso, Luciene Pereira Carris, *op. cit.*, 2003.

[25] Taborda, Humberto, *Historia do Real Gabinete Português de Leitura do Rio de Janeiro. Primeiro centenário 1837-1937*. Rio de Janeiro: Real Gabinete Português de Leitura, s.d.

[26] O Visconde, (irmão do Conde de Mattosinhos) proprietário do periódico *O País*, era uma das mais importantes personalidades da colônia portuguesa radicada no Rio. Carvalho, José Murilo, «O povo do Rio de Janeiro, bestializados ou bilontras?». *Revista do Rio de Janeiro*, Niterói: EDUFF, 1986. Integraram também a Seção o Conde de Mattosinhos e seu filho, João José dos Reis Júnior.

[27] Emílio Zaluar (1826-1882), português, naturalizado brasileiro, ainda em Lisboa abandonou o curso de medicina, e passou a colaborar em inúmeros periódicos: primeiro em Portugal, depois no Brasil, publicou, dentre outros escritos, *Peregrinações pela Província de São Paulo, 1860-1861* (de 1861), e ainda a obra que tem sido apontada como uma das primeiras no país, no gênero da ficção científica, *O doutor. Benígnus*, de 1875. Cabe destacar que a aventura escrita por Emílio Zaluar foi claramente inspirada na obra de Julio Verne. Carvalho, José Murilo, «Benigna Ciência», *in* Emílio Zaluar. *O doutor Benígnus/ Augusto Emílio Zaluar*; prefácio de José Murilo de Carvalho e Alba Zaluar – 2.ed./ preparada e apresentada por Helena Cavalcanti e Lyra e Ivete Savelle S. do Couto. Rio de Janeiro: Editora UFRJ, 1994.

[28] Borges Castro foi conselheiro do rei de Portugal, sócio da Academia de Ciências de Lisboa e chegou a publicar oito volumes acerca de tratados e convenções celebrados entre a Coroa portuguesa e as demais potências, tendo iniciado sua carreira como militar, encerrando-a com a diplomacia. Cfr., Zúquete, Afonso Eduardo Martins Portugal (org.), *Nobreza de Portugal*. 3 vols.,Lisboa: Editorial Enciclopédia, 1960-61.

[29] Francisco Maria Cordeiro era nada mais, nada menos do que o irmão de Luciano Cordeiro, o secretário perpétuo da Sociedade de Geografia de Lisboa. Francisco foi cônsul nos Estados Unidos e chegou a fundar em Lisboa, juntamente com seu irmão, a Companhia dos Carris de Ferro de Lisboa. *Grande*

todos integrantes do corpo diplomático português. Neste mesmo círculo, mas deixando Portugal e focalizando o Império do Brasil, havia o Barão da Ponte Ribeiro, figura de proa da diplomacia do Império.

Ainda no âmbito dos fundadores e no exercício da burocracia imperial brasileira destacaram-se o Barão de Ramiz Galvão,[30] que, dentre outros encargos, esteve à frente da direção da Biblioteca Nacional; o Barão de Teffé,[31] primeiro presidente da Repartição Hidrográfica do Império, desde sua criação, em 1876, até 1889; e Ladislau Netto[32], dedicado diretor do Museu Nacional, entre os anos de 1874 e 1894.

No plano geral, dos demais associados da Seção, encontramos um largo espectro de opções ideológicas, como o abolicionismo de Ângelo Agostini,[33] o pensamento de Ramalho Ortigão,[34] manifestamente favorável

---

Enciclopédia Portuguesa e Brasileira [40 Vols.], Lisboa, Rio de Janeiro: Editorial Enciclopédia Limitada, 1960.

[30] Além do seu cargo de diretor da Biblioteca Nacional, Ramiz se destacou como promotor de exposições, tais como a "Camoneana", a referente à "História do Brasil", destacando-se ainda o fato de ter presidido o Primeiro Congresso Nacional de História, em 1909. *Dicionário Biobibliográfico de Historiadores, Geógrafos e Antropólogos Brasileiros*. Rio de Janeiro: IHGB, 1993.

[31] O Barão de Teffé, ou Almirante Antonio Luis von Hoonholtz (1837-1931), destacou-se na esfera científica por seus trabalhos em hidrografia, chegando mesmo a publicar o *Tratado de Hidrografia*. Teffé participou ativamente da demarcação da fronteira no norte do Brasil.

[32] Do notável currículo de Ladislau Netto, botânico pela Academia de Ciências de Paris, assinala-se seu papel para o desenvolvimento da antropologia e etnografia no Império, destacando-se ainda seus trabalhos voltados para a cultura indígena americana (seus hábitos, suas línguas, a decifração de inscrições). Lopes, Maria Margaret, «O local musealizado em nacional – aspectos da cultura das ciências naturais no século XIX, no Brasil», *in* Alda Heizer e Antônio Videira Augusto Passos (orgs). *Ciência, Civilização e Império nos Trópicos*. Rio de Janeiro: ACCESS Editora, 2001. Freitas, Marcus Vinicius, *Charles Fredrik Hartt, um naturalista no império de Pedro II*. Belo Horizonte: Ed. UFMG, 2002.

[33] Ângelo Agostini, jornalista de origem italiana, famoso por integrar o primeiro escalão do time de caricaturistas da imprensa, colaborou em diversos periódicos ilustrados como o Cabrião, semanário humorístico, adepto da abolição da escravidão. Soares, Pedro, «A guerra da imagem: iconografia da guerra do Paraguai na imprensa ilustrada fluminense», *Dissertação de Mestrado em História*. Rio de Janeiro: Universidade Federal do Rio de Janeiro, 2003, p. 60.

[34] Joaquim da Costa Ramalho Ortigão, português de uma família proveniente do Porto, irmão do famoso escritor português, conhecido como Ramalho Ortigão e amigo de Eça de Queirós, foi uma personalidade importante da colônia lusa do Rio de Janeiro. Transferindo-se para o Brasil, dedicou-se às atividades comerciais, dentre elas a gerência de casas de Comissões de Café. Envolveu-se também com a reforma dos estatutos do Banco do Brasil, sendo um dos criadores do Centro da Lavoura e do Comércio. No campo cultural, terminou por se alçar à presidência do Gabinete Português de Leitura, entre outras associações onde militou. *Grande Enciclopédia Portuguesa e Brasileira*, vol. XXIV. Lisboa, Rio

à continuidade da escravidão; o liberalismo de Rebouças; o catolicismo de Cândido Mendes de Almeida, filiado ao partido conservador; o monarquismo convicto de Carlos Maximiano Pimenta de Laet[35] e o pragmatismo do Barão de Teffé, prestando serviços tanto ao Império quanto à República. Enquanto a maçonaria se fez presente com nomes da estatura de um Saldanha Marinho, o positivismo foi representado por Benjamin Constant.

Entre a elite imperial, frequentemente, o fato de ser conservador não impedia a amizade com elementos liberais. Ao contrário. A convivência parecia, por vezes, a norma, como se depreende das biografias de André Rebouças[36] e do Visconde de Taunay. O fato de estarem, cada um, em pontas do espectro político – Rebouças, com tendências liberais e, Taunay, filiado ao partido conservador – não os impediu de agirem em torno de uma causa comum e realizarem ações conjuntas, como a organização da Sociedade Central de Imigração,[37] nem mesmo frequentarem o mesmo grêmio de geografia.

Em 1881, a Seção ampliou os seus quadros, chegando a contar com 174 membros. Destes, um terço, aproximadamente, havia nascido no Rio de Janeiro, enquanto os estrangeiros, portugueses na sua grande maioria, respondiam por um total de 23%.

A formação profissional de grande parte dos associados não se distanciava daquela predominante entre a elite do Império. Assim, a medicina da Seção se fez representar por nomes como José Ribeiro de

---

de Janeiro: Editorial Enciclopédia Limitada, 1960. Taborda, Humbert, *Historia do Real Gabinete Português de Leitura do Rio de Janeiro. Primeiro centenário 1837-1937*. Rio de Janeiro: Real Gabinete Português de Leitura, s.d.

[35] Carlos Maximiano Pimenta de Laet, engenheiro de formação, foi jornalista, professor do Colégio Pedro II e também presidente do Círculo Católico. Bueno, Alexei e Ermakoff, George (orgs), *Duelos no Serpentário. Uma Antologia da Polêmica Intelectual no Brasil, 1850,1950*. Rio de Janeiro: GERMANOKOFF, Casa Editorial, 2005.

[36] André Rebouças (1838-1898), engenheiro militar por formação, chegou a envolver-se em algumas obras públicas. Liberal de idéias abolicionistas, participou da fundação de algumas sociedades com este fim. Com a República, parte juntamente com a família real para o exílio. Carvalho, Maria Alice, *O Quinto Século: André Rebouças e a construção do Brasil*. Rio de Janeiro: Revan: IUPERJ_UCAM, 1998.

[37] Alonso, Ângela, *Idéias em movimento: a geração 1870 na crise do Brasil Império*. São Paulo: Paz e Terra, 2002.

Sousa Fontes, ou Visconde de Sousa Fontes, médico da Casa Imperial; a engenharia por Fábio Hostílio de Morais Rego, ligado ao setor ferroviário e ao saneamento da Baixada Fluminense,[38] e, por fim, as "gentes do direito" como Américo Brasiliense de Almeida e Mello, que chegou ao cargo de Ministro do Supremo Tribunal, e André Augusto de Paula Fleury, integrante do Conselho de Estado.

Das armas (Exército e Marinha) provinha um contingente em torno de 19%, a maior parte da Marinha. Somente alguns associados haviam se habilitado em pintura, literatura e ainda, filosofia e arquitetura, modalidades mais comuns entre os associados de origem estrangeira como Ângelo Agostini, o Barão de Wildich e Zeferino Cândido.

Cabe ainda destacar o influente grupo, em termos de sua participação nas instituições culturais da colônia lusitana instalada na Corte, formado por comerciantes lusos como Eduardo Lemos[39], Joaquim da Costa Ramalho Ortigão e o Visconde de São Cristóvão[40]. Nota-se entre eles um número bastante expressivo de barões, viscondes, como o Barão de Rio Bonito, do Visconde de Sistelo, dentre outros.

Um ponto de contato entre os integrantes da Seção foi a convivência de muitos deles em outras instituições. Vários integraram os quadros do Instituto Histórico Geográfico Brasileiro, da Sociedade Auxiliadora da Indústria Nacional e mesmo da Sociedade de Geografia do Rio de Janeiro, a grande rival. A filial de Lisboa era por assim dizer um verdadeiro vaso comunicante de homens e idéias.

Mesmo assim, em 1881, por ocasião da tentativa de transformação da Seção, em uma sociedade nacional, a coesão dos associados pertencentes à filial da Sociedade de Geografia de Lisboa no Brasil foi duramente posta à prova e se desfez.

---

[38] Fadel, Simon, «Engenharia e saneamento: a trajetória profissional de Fábio Hostílio de Morais Rego». *Revista da Sociedade Brasileira de História da Ciência*, v. 3, n. 3, Rio de Janeiro: Janeiro e Junho, 2005, pp. 20-31

[39] Eduardo Lemos dedicava-se a negócios relativos ao café, tendo presidido o Gabinete Português de Leitura.

[40] O Visconde de São Cristóvão, José Marcelino da Costa e Sá, presidiu o Gabinete Português de Leitura em 1870.

A Secessão

A versão deste tumultuado episódio está contida no Noticiário do Boletim da Sociedade de Geografia de Lisboa[41]. Em Lisboa, durante sessão para apreciação do requerimento de transformação do grêmio, a assembléia cindiu-se: imediatamente após o aceite português e em seguida às congratulações, o primeiro-secretário da matriz apresentou moção contrária a tal empreendimento. No mês seguinte, ainda na sede em Portugal, uma comissão indicada para avaliar o delicado caso ratificou a negativa. Dentre os argumentos utilizados, largamente escorados em expedientes legais, a apresentação de uma lista de sócios da Seção Brasil condenando a iniciativa e contendo assinaturas de alguns dos membros que antes haviam aquiescido aos termos da proposta apresentada.

O mal-estar causado pelo episódio mencionado ficou evidente no recuo de figuras proeminentes como o estadista e diplomata, Visconde de São Januário (primeiro presidente da matriz e sócio-honorário da filial). Ele aprovou de imediato a criação da Sociedade do Rio para, logo em seguida, apresentar um abaixo-assinado contribuindo assim para pôr fim às pretensões "separatistas".

Embora tenha resistido à tentativa de transformação, depois do episódio a Seção jamais foi a mesma, passando a conviver com duas caladuras diferentes: enquanto uma afirmava-se conciliadora e dócil aos interesses da matriz em Lisboa, sonhando com os confins africanos, a outra, na sombra, trabalhava com a ideia da construção de um novo grêmio, almejando desbravar os sertões brasileiros. Para melhor compreensão do cisma será necessário conhecer as entranhas do pensamento da Seção.

As geografias da Seção

Em abril de 1881, a filial da Sociedade de Geografia de Lisboa lançou o primeiro número de sua revista. Segundo a equipe de redação, aquela seria a primeira publicação geográfica periódica distribuída no Brasil [42].

---

[41] *Boletim da Sociedade de Geografia de Lisboa*, 2. série, n. 7 e 8, Lisboa: 1881, p. 592.
[42] «Nota da Redação». *Revista Mensal da Seção da Sociedade de Geografia de Lisboa no Brasil*, Tomo n.1, 1s., Rio de Janeiro: abril, 1881, p. 5.

A coleção de periódicos intitulada *Revista Mensal da Seção da Sociedade de Geografia no Rio de Janeir* [43] teve sua edição interrompida durante todo o ano seguinte, por ocasião da cisão que abalou o grêmio, para ser retomada em 1883, mantendo-se até o início de 1886, ano da última publicação de que se tem notícia. Ao longo do período em que circulou, a estrutura da *Revista* pouco mudou, ainda que as diretorias variassem a cada ano [44].

Atingindo em média dois números anuais, não fez jus à denominação mensal. Assim, em setembro de 1885, quando se inicia a segunda série, esta palavra foi suprimida do seu título. Frequentemente, palestras e artigos eram publicados em partes, de modo a render vários números, distribuídos por diferentes fascículos. Ao final de um período obtinha-se a série.

Sobre os assinantes e leitores do periódico, pouco se apurou: havia um público garantido, formado nas bibliotecas pertencentes aos grêmios, como também aqueles com os quais a Seção fazia permuta de exemplares – enfim, os próprios filiados da Seção ou a estes relacionados. Certamente a imperatriz Teresa Cristina foi umas das leitoras, pois a coleção encontrada no Instituto Histórico Geográfico Brasileiro, uma série especial, com capa de luxo, pertenceu à personalidade em questão.

---

[43] A coleção consultada compõe-se dos seguintes exemplares: *Revista Mensal da Seção da Sociedade de Geografia de Lisboa no Brasil*. 1.série, Tomo I, n.1, Rio de Janeiro: abril, 1881, 33p. *Revista Mensal da Seção da Sociedade de Geografia de Lisboa no Brasil*. 1.série, Tomo I, n.2, Rio de Janeiro: maio, 1881, 32p. *Revista Mensal da Seção da Sociedade de Geografia de Lisboa no Brasil*. 1.série, Tomo I, n. 3,4 e 5, Rio de Janeiro: junho, julho e agosto, 1881, 113p. *Revista Mensal da Seção da Sociedade de Geografia de Lisboa no Brasil*. 1.série, Tomo II, n.1, Rio de Janeiro: agosto, setembro e outubro, 1883. 34p. *Revista Mensal da Seção da Sociedade de Geografia de Lisboa no Brasil*. 1.série, Tomo II, Rio de Janeiro: 1884. 92p. *Revista Mensal da Seção da Sociedade de Geografia de Lisboa no Brasil*. 1.série, Tomo III, Rio de Janeiro: janeiro e fevereiro, 1885, 64p. *Revista da Seção da Sociedade de Geografia de Lisboa no Brasil*. 2.série, n.1, Rio de Janeiro: setembro.1885, 46p. *Revista da Seção da Sociedade de Geografia de Lisboa* no Brasil. Rio de Janeiro 2.série, n.2, outubro, 1885, 47p. *Revista da Seção da Sociedade de Geografia de Lisboa no Brasil*. 2.série, n.3, Rio de Janeiro: novembro e dezembro, 1885, 77p. *Revista da Seção da Sociedade de Geografia de Lisboa no Brasil*. 2.série, n.4, Rio de Janeiro: janeiro, fevereiro e março, 1886, 40p.

[44] Estamos considerando como "diretoria" os presidentes da Seção e o chefe de redação de cada ano seccional, que se iniciava em junho. Sucederam-se nessas funções, respectivamente: o Barão de Teffé e Fernando Mendes de Almeida – 1881; Ladislau Netto e Antônio Serpa Pinto Junior – 1883; o Barão de Parima e Eduardo Brito Cunha – 1884; o Barão de Jaceguay e Zeferino Cândido – 1885. Em 1886, Eduardo Brito Cunha substituiu Zeferino Cândido interinamente.

A partir de setembro de 1885, e aparentemente acompanhando a própria sofisticação da Seção, que passou a se organizar em subseções, houve a inclusão de resumos, em francês, dos artigos ao fim de cada fascículo. Atribuímos a inclusão desses resumos às pretensões de se obter um alcance maior para a revista, afinal a Seção vivia a dar notícias de sociedades de geografia francesas, traduzindo seus artigos, e com elas a trocar publicações.

Via de regra, cada periódico se compunha de "Notas da Redação", apresentando, comentando, prometendo regularidade, ineditismo e novos fascículos, funcionando, assim, como pronunciamento da equipe de redação sobre a revista. Havia também «Sumário», artigos, uma seção, intitulada «Crônica Geográfica», abarcando, de forma aligeirada, temas do movimento geográfico mundial como as expedições mundo afora e, ao final, o «Expediente», indicando usualmente publicações recebidas pela Seção ou por ela enviadas para outras instituições, incluindo freqüentemente um ou outro comentário bibliográfico.

Não fugindo ao ecletismo da geografia – generosa mãe, sempre disposta a abraçar todos os temas –, as discussões e artigos apresentam um amplo leque temático, versando sobre assuntos aparentemente tão díspares, como a adoção de um meridiano único, a fauna e a flora brasileiras, a glótica, o tupi, a construção do Canal do Panamá, escavações de cidades na Babilônia e múmias no Egito.

Poucas foram as vezes em que se contou com ilustrações. Somente em alguns raros momentos, quando da inclusão de atas de reuniões extraordinárias tratando de posse de diretorias, homenagens a expositores convidados, como também em algumas crônicas, entreveem-se os bastidores da Seção. Nas suas linhas gerais, os pronunciamentos da Redação são comedidos e escassas são as transcrições de opiniões.

A rigor, considerando-se somente os títulos listados nos sumários das revistas, não se detectariam alterações passíveis de serem consideradas como fases distintas do periódico; afinal os temas parecem estar distribuídos de forma a contemplar os objetivos explicitados quando da criação da Seção portuguesa: fundamentalmente a exploração do continente africano, e dados relativos ao território brasileiro.

Entretanto, ao olharmos com mais atenção esta distribuição dos temas, tendo em vista as diretorias da Seção e da Revista e a região focalizada (Brasil, África e América Latina), demarcamos três fases na linha editorial do periódico.

Geografias Pátrias: entre o sertão brasileiro e os confins africanos

Em uma primeira fase, relativa ao ano seccional 1881-1882, sob a condução do então presidente, o Barão de Teffé, e de Fernando Mendes, na chefia de redação, mais da metade dos títulos[45] focalizou o Brasil, enquanto os outros pontos do índice se distribuíam entre África, América Latina, e demais partes do mundo. Neste período, a revista foi fiel depositária dos desígnios da "sociedade-mãe" em Portugal, oscilando entre um repertório que se estendia do reconhecimento dos territórios, fronteiras, natureza e gentes do Império, até a corrida colonialista na África.

Logo nos primeiros números, encontram-se exemplos de uma geografia "brasileira", isto é, calcada na questão dos limites do Império. Geografia construída a partir de artigos do presidente da Seção àquele tempo, o Barão de Teffé, textos que procuraram defender seu próprio "ofício" como demarcador de fronteiras do Brasil[46].

Nesta série de artigos, Teffé buscou esquivar-se dos ataques desferidos, através da imprensa, por seu colega na Seção e grande desafeto, o Barão de Ladário,[47] quando este afirmava que, a fiar-se na orientação dos trabalhos de Teffé, o Império anexaria, indevidamente, partes dos territórios de repúblicas vizinhas.

---

[45] Em um universo de 31 artigos publicados nas revistas, incluindo pronunciamentos da redação, seção necrológica e contando as crônicas como um tema de ordem geral, dizendo respeito a várias partes do mundo.

[46] Os artigos de Teffé, incluídos na revista da Seção, na verdade articulavam sua própria defesa: iniciando-se com a reabilitação da memória dos primeiros demarcadores, seu discurso desfiava, fibra por fibra, a operação de consolidação das fronteiras do Império, desde os tempos remotos das bulas papais até o litígio em questão.

[47] A biografia de Ladário nos conta de uma trajetória profissional semelhante à de Teffé. Cursou, da mesma forma, a Escola de Guarda Marinha, se destacado na guerra do Paraguai, tendo trabalhado em mais de uma comissão de demarcação, como a Comissão de Limites entre o Brasil e a Guiana Francesa. Blake, Augusto Victorino Alves Sacramento, *Dicionário Bibliográfico Brasileiro*. Rio de Janeiro: Tipografia Nacional, 1883-1902, 7 v.

Ainda nesta primeira fase da Revista, afora os discursos de Teffé, encontramos, também, artigos relativos ao Império do Brasil, como a proposta de divisão política para o país, formulada pelo senador Cândido Mendes de Almeida[48].

Embora abordasse temas concernentes ao Império, a Revista nunca deixou de pontuar os laços com a "sociedade mãe" em Portugal. Tal inclinação pelos assuntos atinentes à matriz ficou muito evidente por ocasião dos festejos realizados em homenagem ao explorador luso, Serpa Pinto, por ocasião de sua vinda ao Rio de Janeiro, a quem se dedicaram os três últimos números da Revista, reunidos em um só, no ano de 1881[49].

Neste volume, quase que inteiramente centrado no expedicionário luso, encontramos a reprodução dos discursos proferidos por personalidades da elite imperial brasileira nas inúmeras cerimônias dedicadas a Serpa Pinto, como as palavras de Alfredo de Escragnolle Taunay, o futuro Visconde de Taunay. Este, ao cumprimentar o explorador, elogiando os feitos lusos na África, não deixou de salientar o patriotismo daqueles homens que pereceram nas remotas paragens de Mato Grosso, em uma clara alusão à guerra do Paraguai, que tanto marcara sua vida e à de sua geração[50].

A geografia como irmã da antropologia

Dois anos após o imbróglio da cisão e da própria defecção de Teffé em 1881, novos grupos se sucederam na diretoria da filial. Nas duas primeiras administrações[51] que se seguiram ao movimento separatista, pudemos

---

[48] O esquema organizado por Cândido Mendes preconizava a redistribuição do poder entre as regiões do Brasil, principalmente por meio da mudança da capital, de modo a torná-la equidistante das demais cidades, drenando, assim, o comércio, e a população para o novo centro. «Projeto de divisão política para o Brasil. Observações preliminares». *Revista Mensal da Sociedade de Geografia de Lisboa no Brasil*, Tomo I, n. 2, Rio de Janeiro: Maio, 1881, pp. 33-35

[49] Os festejos organizados pela Seção tiveram lugar no Cassino Fluminense, a 26 de junho de 1881, na presença do casal imperial. *Revista Mensal da Seção da Sociedade de Geografia de Lisboa no Brasil*, Tomo I, n. 3,4 e 5, Rio de Janeiro: junho, julho e agosto de 1881, pp. 63-112.

[50] A guerra do Paraguai foi um tema recorrente para Taunay. Neste sentido, ver, principalmente, *A Retirada de Laguna*, já citada, e *Memórias*.

[51] A primeira administração esteve a cargo do Presidente da Seção, Ladislau Netto que conduziu a Seção e a Revista durante o ano seccional de 1883-1884. Ladislau foi sucedido na presidência pelo Barão de Parima, de 1884 até meados de 1885.

perceber alterações na distribuição dos temas da Revista da Seção, o que nos permitiu discernir uma nova fase, distinta da anterior. Desde a retomada do periódico, a partir de 1883, o tema "África" foi riscado da pauta da Revista, dando lugar aos trabalhos que focalizavam o Brasil principalmente. Além da prioridade dada ao Brasil, houve uma inédita concentração temática, que girou prioritariamente em torno dos costumes dos índios. Esta tendência "indigenista" teve início na gestão de Ladislau Netto, se estendeu pela administração do Barão de Parima, e só veio a ser revertida com a ascensão do grupo do Barão de Jaceguay à Seção. Tal fato nos permitiu tomar as gestões sucessivas de Ladislau Netto e do Barão de Parima como um único bloco.

Nesta fase, como foi dito, encontramos uma série de artigos sobre os "aborígines", que, para Ladislau, se constituíam como espelho fiel da primitiva humanidade[52]. Este acreditava ser necessário desenvolver a antropologia e a arqueologia no Brasil, ciências já com certa tradição no Velho Mundo, para que pudéssemos entrar para o concerto das nações civilizadas. Na sua concepção, o estudo das culturas indígenas americanas deveria ter a mesma dimensão daqueles realizados sobre as sociedades antigas na África e Ásia. Para ele, o *modus vivendi* dos grupos indígenas americanos poderia muito bem-estar na origem das culturas europeias[53]. Na verdade, neste momento, o periódico da Seção refletiu o tom do diapasão ideológico de seu presidente, Ladislau Netto. Nada escapou de sua visão, impregnada de um conceito de nação, de viés romântico e calcado na valorização do indígena.

Por uma geografia autenticamente portuguesa no Brasil

Somente na gestão do almirante Jaceguay (presidência) e de Zeferino Cândido (chefia de redação), que passaram a dirigir a Seção durante o ano seccional de 1885-1886, o tema "África", tão caro aos portugueses, retornou à cena com força, chegando a rivalizar em número com os documentos relativos ao Brasil.

---

[52] Netto, Ladislau, «Trechos de uma Excursão no Baixo Amazonas I». *Revista da Seção da Sociedade de Geografia de Lisboa no Brasil*, 1. série, n.1, Rio de Janeiro: 1883, pp. 10-19.
[53] Freitas, Marcus Vinícius, *op. cit.*, 2002.

Geografias Pátrias: 1878-1889

Cabe aqui chamar a atenção para a composição deste "novo grupo gestor" da Seção, responsável pelos novos ares do periódico, encabeçado pelo almirante Arthur Silveira da Mota, futuro Barão de Jaceguay, como presidente, e Antônio Zeferino Cândido na chefia de redação[54]. Nesta fase, percebe-se certa concentração de portugueses ou personalidades muito ligadas à colônia lusa, instalados nos postos-chave, ao redor de Jaceguay. Assim, encontramos José Ferreira de Araújo,[55] como vice-presidente da Seção; o próprio Zeferino Cândido, que chefiou a equipe de redação integrada por Felipe Pestana,[56] Luiz Cruls e Capistrano de Abreu. Sem contar com a atuação sempre constante do já citado Ramalho Ortigão, àquela altura, presidente do Gabinete Português de Leitura.

Deste grupo, somente Capistrano de Abreu e o astrônomo belga, Luiz Cruls, não pertenciam à colônia portuguesa, todavia, eram a ela muito ligados. Capistrano colaborava também com a *Gazeta Mercantil*, cujo diretor era português, mantendo-se próximo ao círculo cultural luso. Luiz Cruls[57], figura prestigiada por seu trabalho no Observatório Nacional, integrou o rol de amizades do importante estadista do Império, Joaquim Nabuco, também um entusiasta da cultura lusa, tendo cativado ainda a admiração do próprio D. Pedro II[58].

---

[54] O Redator Chefe da Revista no período Jaceguay, Antonio Zeferino Cândido da Piedade, português, bacharel e doutor em matemáticas por Coimbra, tornou-se mais conhecido como um homem de letras e um defensor incansável da colonização portuguesa.

[55] José Ferreira de Araújo era o proprietário da *Gazeta de Notícias*. A importância cultural da *Gazeta* e de seu proprietário foi sobejamente destacada por Olavo Bilac. Para Bilac, a Gazeta «era consagradora por excelência» e o jornalismo de Ferreira Araújo, considerado como arte e poesia. Bilac, Olavo (1865-1918), *Vossa insolência: crônicas*. Antônio Dimas (org.), «Retratos do Brasil», São Paulo: Companhia das Letras, 1996.

[56] José Filipe Pestana, português, radicado no Brasil, foi um defensor de idéias abolicionistas. Pestana dedicou-se à função de guarda-livros. Blake, Augusto Victorino Alves Sacramento, *Dicionário Bibliográfico Brasileiro* [7 vols.], Rio de Janeiro: Tipografia Nacional, 1883-1902

[57] Cruls, militar de formação, emigrou para o Brasil, vindo a trabalhar na Comissão Geral da Carta do Império, uma das atribuições do Imperial Observatório. Em 1881 terminou por tornar-se o primeiro astrônomo daquele estabelecimento. Barreto, Luiz Muniz Barreto, *Observatório Nacional, 160 anos de história*. Rio de Janeiro: MCT, CNPQ, Observatório Nacional, Academia Brasileira de Ciências e Secretaria de Ciência e Tecnologia do Estado do Rio de Janeiro, 1987, p. 87.

[58] Videira, Antônio Augusto Passos, «Luiz Cruls e a astronomia no Imperial Observatório do Rio de Janeiro entre 1876 e 1889», in Alda Heizer e Antônio Augusto Passos Videira (orgs.), *Ciência, Civilização e Império nos Trópico*. Rio de Janeiro: Access, 2001, p. 128.

Embora as revistas desta fase tenham enfatizado os assuntos relativos à obra colonialista portuguesa, tão ao gosto de seu redator chefe, seus assessores na redação incluíram artigos acerca do Brasil, como o manuscrito «Robério Dias e as minas de prata», e outros, identificados e publicados por Capistrano de Abreu,[59] enquanto Luiz Cruls fez publicar um texto, relatando as principais discussões e resoluções da Conferência Internacional para adoção de um meridiano único, realizada em Washington, da qual ele mesmo participara como representante brasileiro.

Como salientamos, nesta nova administração a revista debruçou-se sobre os problemas africanos, fazendo sua estréia com um artigo de Zeferino Cândido intitulado «Política Colonial».

Neste texto, através de uma arguta análise, Zeferino Cândido apresentou ao leitor o quadro de disputa entre as potências da Europa, decorrentes da tendência das nações daquele continente em dilatar seu regime colonial, verdadeira marca da época.

O depoimento de Zeferino Cândido se fixou nas implicações para Portugal das decisões tomadas na Conferência de Berlim, a respeito da colonização africana. Segundo Zeferino a reunião em Berlim havia se constituído em brilhante cartada da Alemanha; através dela os alemães como que haviam usurpado, dos ingleses, o papel de árbitro supremo das questões coloniais.

Por meio de alianças e acordos, a Alemanha havia, assim, afastado a Inglaterra, calado a França e contentado a Bélgica, enquanto Portugal, com seu apego à diplomacia, e, diante de um mundo no qual o direito era inimigo da política, «*teve a vantagem de perder tudo*»[60]. Enfim, para Zeferino Cândido, a Conferência de Berlim ao ampliar o acesso e posse aos territórios coloniais a todas as potencias havia destituído o consagrado direito das nações pioneiras aos espaços coloniais. Nas suas palavras o equivalente a «*por em completa ruína e desprezo os direitos dos atuais possuidores a sua posse e exploração*» (leia-se Portugal).

---

[59] «Robério Dias e as Minas de Prata», parte I. *Revista Mensal da Seção da Sociedade de Geografia de Lisboa no Brasil*, 2.s, n.1, Rio de Janeiro: set. 1885, pp. 14-22. «Robério Dias e as Minas de Prata», parte II. *Revista Mensal da Seção da Sociedade de Geografia de Lisboa no Brasil*, 2.s, n.2, Rio de Janeiro: out., 1885, pp. 66-78.

[60] Cândido, Antonio Zeferino, «Política Colonial». *Revista da Seção da Sociedade de Geografia de Lisboa no Brasil*, 2. série, n.1, Rio de Janeiro: 1885, p. 8.

Ao comentar a postura inglesa, apartada da luta tradicional entre as duas raças (latino e germânica), Zeferino Cândido procurou evidenciar que a verdadeira política da "potentosa [sic] Albion" não era a neutralidade, como se lhe imputavam, mas sim a política colonial. Para o diretor da Revista, a Inglaterra soube ver como a conquista só nobilita quando existe a possibilidade de ser transformada em uma fonte de riqueza: «*a Inglaterra nunca foi descobrir, explorou*». Contrapondo a esperteza inglesa com a tolice daqueles que se embebedavam na pálida glória dos grandes aventureiros, nomeadamente Portugal e Espanha,[61] Zeferino Cândido demonstrou, diante da Europa em luta com dificuldades para manter a sua vida material, a necessidade da empreitada colonial e, para tal, a manutenção de uma Marinha e de um poder mais unido e mais móvel do que a força militar de terra[62].

A "tendência" para comentar assuntos caros a Portugal, como se lá estivessem, manifestou-se também em José Filipe Pestana. As Crônicas Geográficas, nesta última etapa da Revista, sob sua responsabilidade, restringiram-se à exaltação dos feitos portugueses no continente africano.

Neste universo, identificado como terceira fase da coleção de revistas, encontramos, ainda um exemplar inteiramente dedicado à comemoração, realizada pela Seção, com a presença de D. Pedro II, dos feitos em África de Roberto Ivens e Hermenegildo de Brito Capelo, dois exploradores portugueses que dividiram com Serpa Pinto as glórias das incursões lusas ao continente africano. Ao final deste mesmo número, constava ainda, uma mensagem subscrita por nomes importantes no cenário brasileiro, como Joaquim Nabuco, Machado de Assis, e dirigida aos exploradores portugueses, assinada por D. Pedro II, a imperatriz Teresa, a princesa Isabel, o conde D'Eu, seus filhos e uma série de agremiações, como o Clube de Engenharia, a Escola Politécnica, a Sociedade de Geografia do Rio de Janeiro, o Gabinete de Leitura, o Observatório Nacional[63] e outros institutos.

---

[61] «Atrás do Português e do Espanhol, aventureiro por amor da glória e do renome, o Inglês espreita, impassível e calculador, aquelas regiões que podem ser empórios de comércio e de indústria». Cândido, Antonio Zeferino, «Política Colonial», *op. cit.*, 1885, p. 8.

[62] As teses de geopolítica, defendidas por Zeferino Cândido, calcadas na premissa da superioridade do poder naval sobre as forças de guerra terrestres, foram ao encontro da escolha de Jaceguay para a presidência da Seção. Afinal Jaceguay era almirante, importante representante da Marinha do Império.

[63] *Revista da Sociedade de Geografia de Lisboa no Brasil*, 2 série, n.3, Rio de Janeiro: nov. e dez., 1885, pp. 43-56.

O fascículo em tela contou com a apresentação, pelo associado Joaquim Abílio Borges,[64] membro relator da Comissão de estudos sobre Portugal e suas colônias, de um resumo das aventuras de Ivens e Capelo e da conferência, realizada por Zeferino Cândido, eleito orador pela Seção.

Em consonância com sua postura de defensor da colonização lusa, Zeferino Cândido entrelaçou os feitos de antigas dinastias ibéricas, da reconquista da península, passando pela formação do reino de Portugal, até aquele momento, de retomada da colonização em África por portugueses. Para o redator-chefe da Revista da Seção, Portugal levava "a moderna civilização" ao "continente negro", sob as mais variadas formas: desenterrando os monumentos e as ruínas das antigas cidades, decifrando moedas, copiando e completando inscrições, restaurando alfabetos, reanimando línguas esquecidas.

Cabe ressaltar a formulação do conceito de geografia realizada por Zeferino Cândido, atitude muito rara nas fases anteriores da Revista, mas presente nesta gestão. Mesmo durante a solenidade de posse de Jaceguay, Zeferino Cândido já havia arriscado definir o papel das sociedades de geografia, para ele elemento chave «*para o conhecimento fisiológico e patológico* deste organismo gigante, *a que se acha fatalmente subordinada a vida e o progresso das sociedades humanas*»[65].

Em meados do século XIX, sob a influência do impulso dos avanços da biologia, generalizou-se o conceito de organismo, quando o próprio planeta Terra foi considerado enquanto tal, isto é, um todo maior, dotado de vida própria, composto por várias partes, com funções diferentes e complementares[66].

Nesta conjuntura, enquanto a geografia foi, muitas vezes, entendida como a ciência encarregada de estudar este organismo, os geógrafos avocaram a si o papel de síntese neste processo de conhecimento da Terra, como se observa também no próprio Barão de Jaceguay, que não se furtou

---

[64] Joaquim Abílio Borges, educador e advogado, era filho de Barão de Macaúbas (Abílio César Borges). *Revista da Sociedade de Geografia de Lisboa no Brasil*, 2 série, n.3, Rio de Janeiro: nov. e dez., 1885, pp. 9-41

[65] Cândido, Zeferino, *Revista da Seção da Sociedade de Geografia de Lisboa no Brasil*, 2.série, n.1, Rio de Janeiro: setembro, 1885, p. 44

[66] Capel, Horacio, *Filosofía Y Ciencia en la Geografía Contemporánea una introducción a la Geografía*. Barcelona: Temas Universitarios Barcanova, 1981, p. 273.

a afirmar que «*a geografia era uma ciência universal que a tudo abarcava*»: para o presidente da Seção naquela última fase, «*o mais rude e ignaro marujo é um geógrafo, sem o saber....*»[67].

Ao que parece, Jaceguay estaria familiarizado com a idéia das grandes sínteses globais, bastante difundida durante os séculos XVIII e XIX na Europa, quando, diante do gigantesco afluxo de informações, oriundo das explorações, os homens de ciência se empenharam em inventariar e organizar o material recolhido, dispondo-os segundo eixos explicativos, gerais e sintéticos[68].

O fato de Jaceguay estar familiarizado com discussões em voga na Europa, revelando um preparo sofisticado, se explica, provavelmente, pelo seu currículo de oficial da Marinha, pois, naquele tempo, em fins do Império, os oficiais desta arma possuíam um *"estilo aristocrático"*, isto é, existiam em pequeno número e realizavam viagens constantes ao exterior, em missões que requeriam cosmopolitismo[69]. De qualquer forma a idéia de síntese tinha como pressuposto a descrição da Terra, não fugindo, assim, de uma concepção muito comum nos Oitocentos.

A formulação do conceito de geografia parecia não integrar o elenco de questões das gestões anteriores, nem de Teffé nem de Parima. Homens cultos, membros da elite imperial, por demais absorvidos pelas demarcações de fronteiras, atividades que requeriam doses muito altas de pragmatismo e habilidades especiais para enfrentar os sertões, para apegarem-se a definições de geografia.

Contudo, mesmo assim com esta marca própria, Zeferino Cândido, eminência parda da gestão de Jaceguay, ao afirmar que à geografia cabia registrar e medir fenômenos da natureza demonstrou não se distinguir muito de Parima e Teffé que efetivamente executavam tais práticas. A linha de clivagem da Seção, portanto, não estava nas concepções diferenciadas de geografia.

---

[67] Barão de Jaceguay, *Revista da Seção da Sociedade de Geografia de Lisboa no Brasil*, 2.série, n.1, Rio de Janeiro: setembro, 1885, p. 42.

[68] Gomes, Paulo César da Costa, «Geografia Fin-De-Siècle: o discurso sobre a ordem espacial do mundo e o fim das ilusões», *in* Iná Elias de Castro; Paulo César da Costa Gomes e Roberto Lobato Corrêa (orgs.), *Explorações Geográficas*. Rio de Janeiro: Bertrand Brasil, 1999.

[69] Carvalho, José Murilo de, *Forças Armadas e Política no Brasil*. Rio de Janeiro: Zahar Editores, 2005.

A idéia de pátria como divisor de águas dos Institutos de Geografia do Império

No Brasil de fins do XIX, o sentimento de brasilidade continuava a reinventar-se. Durante um longo tempo, a lealdade dos homens que habitavam estas paragens se dirigiu mais às províncias nas quais viviam e menos à distante nação brasileira, da qual pareciam não tomar parte. O mesmo ocorreu com a ambígua noção de pátria, muitas vezes pintada com as cores locais, enquanto a identidade brasileira edificou-se por oposição aos estrangeiros, sem a forte sensação de pertencimento ao país[70]. Por ocasião da Independência, o que havia era ressentimento antilusitano, porém restrito às camadas médias e populares das grandes cidades costeiras. Em fins dos Oitocentos, ainda se ouviam dos representantes do Império declarações considerando os brasileiros como os portugueses da América[71].

Em algumas ocasiões, durante o Império, em movimentos cívicos, como os da Guerra do Paraguai e as campanhas abolicionistas, desenhava-se com maior nitidez o caráter nacional[72]. Mesmo assim, com a República e a eliminação da dinastia portuguesa, muito brasileiros pensavam ser necessário trabalhar para inculcar o sentimento nacional entre seus habitantes.

As afirmações contidas no livro[73] de José Veríssimo, *A Educação Nacional*, publicado na aurora da República, sugerem este diagnóstico. Segundo o autor, tudo ainda estava por fazer quanto à construção de uma educação verdadeiramente nacional, inexistente no Brasil de 1890 – esta, considerada como condição para o fortalecimento do sentimento nacional. Para Veríssimo, tal sentimento não se confundia, entretanto, com o caráter nacional. Este não faltava ao Brasil, tendo em vista a nossa unidade linguística e de religião.

---

[70] Carvalho, José Murilo, «Brasil: Nações Imaginadas», *Antropolítica: Revista contemporânea de Antropologia e ciência política*, n.1, Niterói: Universidade Federal Fluminense, jan./jun., 1995.

[71] A idéia do Brasil como um imenso Portugal traduz antigas aspirações portuguesas; afinal o Brasil tornou-se Império antes de formar-se Nação. Mello, Evaldo Cabral de, *Um imenso Portugal*. São Paulo: Editora 34, 2002.

[72] Carvalho, José Murilo, *op. cit.*, 1995.

[73] Veríssimo, José, *A Educação Nacional*. Pará: Editores- Tavares, Cardoso & Ca, 1890.

Aqui, reclamava o literato, não havia orgulho dos homens e dos feitos, mas sim dos elementos da natureza. No Brasil, ressaltou: «*há baianos, há paraenses, há paulistas, há riograndenses. Raro existe o brasileiro*».

Consternado com a pobreza desse sentimento entre os brasileiros, o professor arrolou em seu texto alguns dos sintomas desta fragilidade. Nosso jornalismo não se ocupava do Brasil, raros eram os livros sobre as coisas brasileiras (excetuando os romances), não tínhamos museus, monumentos e festas nacionais. Nossos livros, mesmo quando escritos por nacionais, não tinham o espírito nacional, não incutiam o sentimento de amor à pátria. Existia, sim, profunda ignorância acerca de nós mesmos e um espírito público onde o sentimento provincial se antepunha ao nacional.

Preconizando a organização consciente da instrução pública, como forma de romper o isolamento do espírito nacional, Veríssimo traçou, então, um quadro devastador do ensino no país, em todos os seus níveis. Terminou, assim, por propor um verdadeiro programa de educação nacional. No Brasil, onde estrangeiros conheciam melhor do que os nacionais suas gentes e terras, caberia à história, à geografia e à educação física, a primazia no processo de construção da nossa identidade.

Para o autor, em nossas escolas, a geografia resumia-se a citações de nomes europeus e à geografia pátria, árida denominação, em geral, circunscrita aos programas. No primário, a geografia não ultrapassava uma "decoreba bestial", no secundário era ministrada de forma apressada e precipitada, com vista ao exame, não existindo estudo superior nesta matéria. A Politécnica formava engenheiros geógrafos, mas ali os conhecimentos geográficos ficavam restritos a um estreito ponto de vista matemático e de agrimensura.

A geografia do Brasil tinha poucos compêndios, mal escritos e sem valor pedagógico. Quase ninguém dedicava atenção a escrever sobre sua própria região; havia carência de cartas e mapas, sabíamos do nosso país através de estrangeiros. Estávamos, enfim, 'muito longe dos excelentes trabalhos alemães, ingleses, americanos ou franceses'.

Os franceses, após o desastre de Sedan, humilhados e movidos pelo espírito revanchista, jamais se esqueceram da necessidade de se aprender geografia, enquanto a geografia alemã, superiormente cultivada nas universidades e secundada pela história, preparou de longa data a unidade do reino. Tínhamos bons exemplos de geografia pátria, tanto na França como na Alemanha, mas, aqui, isso parecia não importar.

Se este era o panorama do sentimento de brasilidade, no período final do Império, impreciso e volátil, seria oportuno descrever, de forma mais acurada, as diferentes visões do "nacional".

Com o intuito de esclarecer tal questão, procuramos paralelos com estudos acerca do Instituto Histórico e Geográfico Brasileiro. Embora os debates relativos ao intrincado processo de construção da idéia de nação não tenham ficado circunscritos àquela casa, vingou ali uma determinada idéia da nação – quando não, o instituto, na sua prolongada trajetória, foi um importante centro de discussão da história e das geografias pátrias.

Criado em 1838, no bojo do processo de consolidação do Estado Nacional, o instituto nasceu articulado à necessidade, intrínseca a todo e qualquer Estado nascente, de se «delinear um perfil para a Nação Brasileira, capaz de lhe garantir uma identidade própria»[74].

No Império nascente, após a independência, a idéia de uma nação como transplante da civilização europeia na América Tropical grassou entre nossa elite. Entretanto, esta visão se desdobrou em outras tantas, que se alternaram, e, mesmo, conviveram com outras, ao sabor da política no século XIX[75].

Em suas linhas gerais, a feição da história pátria e da geografia nacional, que terminou por crescer naquele estabelecimento de história, restringiu-se aos marcos de compromissos com a tarefa civilizadora, iniciada pela colonização portuguesa. Seus fundadores[76] tiveram como norte a idéia de continuidade, pois, para eles, a monarquia, instaurada em 1822, apresentava-se como sucessora do Império português na América. A

---

[74] Guimarães, Manoel Luiz Lima Salgado, *op. cit.*, 1988.

[75] Rowland, Robert, «Patriotismo, povo e ódio aos portugueses: notas sobre a construção da identidade nacional no Brasil independente», in *Brasil, formação do estado nação*. São Paulo: HUCITEC; Ed. UNIJUÍ; FAPESP, 2003.

[76] Parte significativa dos fundadores do instituto havia nascido em Portugal, tendo para cá emigrado quando da invasão napoleônica à Península Ibérica, permanecendo fiéis à casa de Bragança. Guimarães, Manoel Luiz Salgado, *op. cit.*, 1988.

geração que se sucedeu àquela manteve, com zelo, a memória construída, ao menos até a República[77].

Esta imagem do país, como presença branca, cunhada em grande parte no Instituto de História, distanciou-se da vertente literária, na qual a singularidade do nativo foi sublinhada e enaltecida[78]. Enquanto o Instituto Histórico e Geográfico Brasileiro valorizava o elemento português, muitas correntes o detrataram, responsabilizando Portugal e a monarquia pelo atraso brasileiro, esta última, vista como a personificação do projeto de continuidade lusa.

Em 1861, o político abolicionista Tavares Bastos escreveu um dos primeiros textos, associando o sistema colonial português à origem dos nossos males, lançando, assim, os germes da polêmica entre os grupos que tinham a cultura anglo-saxônica em alta conta e aqueles, ditos "iberistas", advogados do legado das culturas portuguesa e espanhola.

Para explicar os flagelos que grassavam em nossas terras, como a corrupção e o crime, Bastos voltou ao início da história moderna, encontrando no Absolutismo, principalmente em Portugal, a origem de nossas desventuras. A nobreza cavalheiresca que definhava "a industriosa raça hebraica, perseguida", a brutalidade do clero e o fortalecimento de uma nobreza indolente explicariam nossos infortúnios. Para o autor, a história interna da metrópole aclarava a fisionomia da colônia.

A rejeição em relação à herança lusitana reacendeu-se no último quartel dos Oitocentos. Desde então, lentamente e de vários pontos do país, grupos de oposição ao *status quo*, sob diversas formas, enfrentaram a ordem estabelecida. A contestação ganhou as ruas com as campanhas, abolicionista e republicana. Entre esta miríade de grupos descontentes, correntes antilusitanas tomaram fôlego, muitas vezes associadas a outros modelos de Brasil, principalmente aqueles identificados com os Estados Unidos.[79]

Esta admiração pela grande república anglo-saxônica transpareceu frequentemente entre os grupos liberais e republicanos, enquanto

---

[77] Guimarães, Lúcia Maria Paschoal, *op. cit.*, 1995.
[78] Guimarães, Manoel Luiz Salgado, *op. cit.*, 1988.
[79] Carvalho, José Murilo, *op. cit.*, 1995.

monarquistas defendiam com ardor o legado ibérico. Este foi o caso de Eduardo Prado,[80] ao escrever *A Ilusão Americana*, no auge da campanha monarquista contra a República instaurada.

O autor procurou alertar sobre a falácia da amizade dos Estados Unidos da América em relação às nações latino-americanas, tão propalada pela República brasileira. Nesta linha, fez um histórico das relações entre os norte-americanos e o Brasil, demonstrando as incontáveis traições dos primeiros: durante a formação do Império, quando os Estados Unidos custaram a reconhecê-lo, e outros episódios.

Enquanto um Brasil republicano e americanista ganhava força, a figura do monarca, sua presença e a da família real tornaram-se progressivamente alvo das críticas de alguns setores, a exemplo de Raul Pompéia. A contradição, sempre presente, de Império independente, mas visceralmente ligado à dinastia portuguesa, parecia se desfazer em favor de uma nova realidade, que via ascender, com força, as tendências que buscavam desembaraçar-se de suas raízes ibéricas.

Quando Lisboa criou, no Rio de Janeiro, uma Seção de geografia, o fez nos moldes de uma política de continuidade em relação a Portugal, a pensar o Brasil como prolongamento português, pois da geografia requeria adesão imediata na urgente tarefa de manter os territórios africanos.

Com o aproximar da República e a sua instauração, os integrantes da Seção viram estreitar-se seus horizontes, oscilando entre duas posições: de um lado, compunham um grêmio filiado ao instituto português, sob a proteção de D. Pedro II, personificando, portanto, a monarquia e os interesses lusos no Brasil; de outro, sensibilizavam-se com o verdadeiro levante de novos modelos de nação.

Os outros grêmios de história e geografia, diante das mesmas circunstâncias, terminaram por se adequar aos novos tempos. A sobrevivência da Sociedade de Geografia do Rio de Janeiro, bem como do Instituto Histórico, foi obtida através de uma política de descolamento

---

[80] Eduardo Paulo da Silva Prado, formado em direito, foi jornalista e literato. Seu círculo de amizades incluiu Eça de Queiroz, em Portugal e Afonso Arinos, no Brasil. Grande defensor da restauração monárquica, escreveu a obra citada em 1893. Em razão dos enfrentamentos entre o governo de Floriano e os monarquistas, seu livro foi retirado de circulação e proibido pelo governo republicano. Prado, Eduardo, *A ilusão americana*. São Paulo: Editora Alfa-Omega, 2001.

de seus projetos em relação às antigas propostas de Império (à imagem e semelhança de Portugal), sacrificando-se, assim, as relações, outrora tão estreitas, com a monarquia.

A guinada dada pela Seção nos seus derradeiros momentos, engajando-se profundamente no projeto de um Brasil como continuidade ibérica, atrelou definitivamente sua sorte à do Império. Este, ao ruir, esvaziou de sentido a existência da própria filial lusa. A geografia pátria, com o significado que lhe emprestou Veríssimo, isto é, focada no Brasil e realizada por brasileiros, não coube na filial de um instituto português, pois ali havia que se manter as prioridades indicadas por Portugal.

Nesta conjuntura, quando Portugal cruzava novamente o Atlântico, de volta, a noção de pátria de uns não deveria ser mais confundida com as de outros. O Brasil republicano tentava desvincular-se definitivamente do legado ibérico.

A colaboração entre Academias.
'Ciências' e 'Letras', dos dois lados do Atlântico

Júlio Rodrigues da Silva

O relacionamento cultural luso-brasileiro conheceu, ao longo da primeira metade do século XX, diversas vicissitudes resultantes das especificidades nacionais de cada país e à respectiva inserção no espaço geopolítico. Neste contexto, as instituições, vocacionadas para o tratamento das questões culturais e científicas, assumiram uma importância muito particular, como aconteceu com a Academia das Ciências de Lisboa nos anos 30 e 40 do século passado.

O mundo das Academias e o Estado Novo

A análise dos paralelismos políticos entre a história de Portugal e a do Brasil, no século XX, permite valorizar a aparente similitude entre o Brasil de Getúlio Vargas e o Portugal de António Salazar. Surgiram no rescaldo de duas transformações radicais operadas nos respectivos sistemas políticos. No caso brasileiro, a Revolução de 1930, terminando com a República Velha (1889-1930); no português, o golpe de estado do 28 de Maio de 1926, encerrando a experiência da Primeira República (1910-1926). A importância do exército e dos seus elementos mais jovens, a ruptura com as elites políticas anteriores e a procura de soluções "radicais" para enfrentar as dificuldades criadas pela crise de 1929 são elementos comuns aos dois países. A emergência de um ambiente pouco favorável às soluções democráticas foi marcada pelo aparecimento dos extremismos políticos e regimes totalitários, no plano internacional, ancorados nas novas sociedades de massas do século XX, como o fascismo, o nazismo e o estalinismo. A maior intervenção do Estado na sociedade e na economia, necessária para enfrentar os graves problemas sociais e políticos, conduziu directamente a um crescente autoritarismo.

O "Estado Novo" em Portugal, desde a institucionalização do regime em 1933 com a nova Constituição e no Brasil a mudança radical da "Segunda República" (1930-1937) na sequência do golpe comunista falhado, de Luís Carlos Prestes em 1935, são sem dúvida o resultado deste processo global, embora as especificidades nacionais tenham tido um papel determinante neste processo. As origens positivistas da "Primeira República" (1910-1926), a participação na Primeira Grande Guerra Mundial (1916-1918), o peso das colónias, a inserção nacional no espaço ibérico e a aliança com a Grã-Bretanha vão a par de uma estrutura económica e social que torna o caso português diferente do brasileiro. O Brasil, da Era Vargas, foi sobretudo marcado por um esforço de industrialização, não tão radical como se pensava anteriormente e pela imposição de uma cultura de massas. Nos dois casos, António Salazar e Getúlio Vargas, além de partilharem um óbvio culto da personalidade, muito distante de Mussolini, Hitler ou Estaline, foram capazes de harmonizar as diferentes componentes das elites sociais e políticas dominantes[1]. No presente artigo, procuraremos estruturar as relações institucionais e pessoais da Academia das Ciências de Lisboa (1779), nomeadamente da sua Classe de Letras, com a Academia Brasileira de Letras (1897), no período marcado pelas décadas de 30/40. Verificaremos que o diferente posicionamento dos dois países na Segunda Guerra Mundial – Portugal neutral e o Brasil beligerante, ao lado dos aliados a partir de 1941 – não quebra este relacionamento privilegiado assinalado por acontecimentos, como o Duplo Centenário inserido no Congresso e na Exposição do Mundo Português de 1940, a Embaixada Especial portuguesa ao Brasil, em Agosto de 1941, na qual Júlio Dantas e a própria Academia das Ciências de Lisboa tiveram um papel preponderante. Igualmente importante foi o papel desempenhado pelas duas academias nos acordos de 1943 e 1945. O primeiro marcado já pela viragem militar decisiva na

---

[1] Sobre esta questão consultar Pinto, António Costa e Martinho, Francisco Carlos Palomanes (org.), *O Corporativismo em Português. Estado, Política e Sociedade no Salazarismo e no Varguismo*, 1.ª Edição, Rio de Janeiro: Editora Civilização Brasileira, 2007, 2.ªEdição, Lisboa: ICS, 2008., Torgal, Luís Reis, *Estados Novos Estado Novo. Ensaios de História Política e Cultural*, 2.ª Edição, Coimbra, Imprensa da Universidade de Coimbra, 2009.

Segunda Guerra Mundial a favor dos aliados e o segundo pelo ambiente do pós-guerra e do crepúsculo temporário de Getúlio Vargas no Brasil[2].

A unidade da língua portuguesa

O processo de aproximação que conduz ao acordo ortográfico em 1931 iniciou-se com a viagem de Júlio Dantas em 1923 a convite da Academia Brasileira de Letras ao Rio de Janeiro. Contudo, só recebeu um impulso decisivo em 1929 com o regresso de Júlio Dantas à presidência da Academia das Ciências de Lisboa. Estamos já em plena Ditadura Militar que sucedeu em 1926 à Primeira República portuguesa (1910-1926). Este conjunto de iniciativas e propostas acabariam por ter seguimento dois anos depois, quando foi eleito de novo para a presidência da Academia das Ciências de Lisboa, em 1931. A colaboração da Academia Brasileira de Letras e do seu presidente, Fernando de Magalhães, neste processo de intercâmbio cultural deu um novo impulso ao esforço destinado a alcançar um acordo ortográfico[3]. O primeiro governo de Getúlio Vargas de 3 de Novembro, saído da Revolução de 1930, foi essencial, pois apoiou o apelo positivo da Academia Brasileira de Letras e a aplicação da reforma ortográfica de 1911 nos livros escolares e nas publicações oficiais do Brasil[4]. Este processo cuja conclusão implicou o acordo mútuo dos dois governos, secundado pelo empenho das duas academias foi assinado em Lisboa, a 30 de Abril de 1931. Deste modo a unidade intercontinental da língua portuguesa e o

---

[2] Sobre a importância dada ao papel das academias no relacionamento cultural entre os países Júlio Dantas foi muito claro ao referir: «*Tão eloquente exemplo de solidariedade e de afecto entre as duas Academias constitui a demonstração viva de quanto vale a política do espírito, quando bem orientada (labor comum das Universidades, das Academias, dos institutos científicos, cooperação dos sábios, dos investigadores, dos artistas, das próprias juventudes universitárias), na obra de entendimento e de compreensão internacional, não digo já entre povos remotos, diferentes na origem, na mentalidade e na língua, mas entre aquêles que se nutrem da mesma cultura, que herdaram o esplendor do mesmo génio mediterrâneo, e que – é o nosso caso, senhor Presidente – pertencem à mesma família étnica e histórica. As nações, como os indivíduos, não podem viver isoladas, mormente na hora grave que a Humanidade atravessa. Viver é, essencialmente, conviver. Existir é, por definição, permutar.*». Dantas, Júlio, «Discurso de Recepção na Academia Brasileira de Letras. Pronunciado na noite de 9 de Agosto de 1941, no palácio Trianon, na sessão solene de recepção da Embaixada especial de Portugal», *Discursos*. Lisboa, Bertrand, 1942, p. 272.

[3] Cfr., Dantas, Júlio, «A Língua Portuguesa», in *Memórias da Academia das Ciências, Classe de Letras*, Tomo IV, Lisboa: 1942, pp. 480-481.

[4] Cfr., Dantas, Júlio, *op. cit.*, p. 481.

"vasto império da língua portuguesa" no mundo, ficavam assim assegurados através da uniformidade ortográfica. O objectivo político era mais vasto: visava defender a literatura e o livro luso-brasileiro e, bem assim, o ensino da língua portuguesa nas Universidades e Institutos americanos e europeus. O acordo permitia ainda reforçar os laços da amizade de Portugal com a "grande República brasileira" e, portanto, abrir o caminho para uma maior cooperação entre as duas chancelarias e as duas nações[5]. Releva o papel das duas academias neste processo de negociação para a obtenção do acordo ortográfico, assim como a actuação das duas comissões dos Dicionários dos dois lados do Atlântico; elogia o presidente da Academia Brasileira de Letras, o professor Fernando Magalhães, pelo seu concurso no êxito do acordo ou "paz ortográfica"; e chama a atenção para o paradoxo histórico de o Embaixador do Brasil em Portugal ser descendente directo do primeiro secretário perpétuo da Academia das Ciências de Lisboa e um dos patriarcas da Independência do Brasil[6].

Num texto posterior, de 1942, ao fazer um breve balanço deste processo voltará à mesma questão, salientando o impacto posterior na defesa do idioma pátrio, nomeadamente na criação, pelas Universidades europeias e americanas, de leitorados e cadeiras de língua e literatura portuguesa. Lembra o delicado tema das reacções negativas nos dois países: a preocupação brasileira pela autonomia linguística do Brasil e a dos filólogos portugueses, resultado de um certo tecnicismo linguístico excessivo. Os equívocos das opostas perspectivas brasileiras (autonomia) e portuguesas (técnica ortográfica), são despiciendos perante as óbvias vantagens políticas do acordo ortográfico de 1931. As alterações políticas no Brasil, motivadas pela mudança de regime em 1937, com a institucionalização do Estado Novo e a aprovação da respectiva Constituição não deixaram de ser decisivas na sua plena aceitação no Brasil. Salienta a contribuição política efectiva do Ministro da Educação e da Saúde do Brasil, Dr. Gustavo Capanema, com repercussões imediatas na grande imprensa brasileira, para a aceitação e

---

[5] Cfr., Dantas, Júlio, «O Acôrdo Linguístico Luso-Brasileiro». [Discurso pronunciado na sala nobre da Academia das Ciências, em 30 de Abril de 1931, no acto da assinatura, com o Embaixador do Brasil, do instrumento que assegurou a unidade intercontinental da língua portuguesa escrita], *Discursos*. Lisboa: Bertrand, 1942, pp. 237-238.

[6] Cfr., Dantas, Júlio, *op. cit.*, pp. 238-240.

implementação do acordo ortográfico de 1931[7]. O novo período iniciado em 1940 corre o risco de se confundir com as Comemorações do Duplo Centenário nesse mesmo ano.

As comemorações do duplo centenário

Júlio Dantas refere desenvolvidamente os acontecimentos relacionados com os festejos de 1940 e o seu impacto na Academia das Ciências de Lisboa, nomeadamente na elaboração do Dicionário da Língua Portuguesa reiniciado em 1929. A iniciativa de António de Oliveira Salazar em 1938, de lançar a ideia do Duplo Centenário em 1940, veio dar alento às actividades da Academia, no campo linguístico e responder, de certa forma, às iniciativas brasileiras. O falecimento dos membros originais da referida Comissão obrigou a uma reformulação do plano do Dicionário, colocando à sua frente o general Oliveira Simões, coadjuvado pelos Drs. Agostinho de Campos e Rebelo Gonçalves. Contudo, as demoras na sua realização originou o seu posterior abandono em prol de um Vocabulário português. A nomeação do Dr. Antenor Nascentes pelo ministro brasileiro Gustavo Capanema, autor do *Método* de *Análise* e das *Apostilas Gramaticais*, para um fim idêntico, exigia com urgência o desenvolvimento de um projecto paralelo em Portugal, facilitando a aproximação entre as comissões dos dois países, na base de dois textos semelhantes.

As dificuldades financeiras inerentes à realização de um Vocabulário ortográfico foram solucionadas pela interligação entre a Academias e as Comemorações Centenárias que garantiu a sua viabilidade financeira e o apoio político. A tarefa torna-se mais fácil com a escolha, por Salazar, de Júlio Dantas para presidente da Comissão Executiva. Assim sendo, estavam reunidas as condições para a realização do Vocabulário sob a presidência do professor da Universidade de Coimbra, Rebelo Gonçalves, coadjuvado pelo secretário da Academia das Ciências Joaquim Leitão. As diligências efectuadas desde 1938 a 1940 e coordenadas por Joaquim Leitão traduziram-se num sucesso evidente duplamente marcado por uma

---

[7] Cfr. Dantas, Júlio, «A Língua Portuguesa», in *Memórias da Academia das Ciências, Classe de Letras*, Tomo IV, Lisboa: 1942, pp. 481-482.

"unidade latina" com o Brasil e a Espanha que culmina na abertura das Comemorações a 2 de Junho de 1940[8].

A glorificação da língua portuguesa

O ponto alto do relacionamento cultural luso-brasileiro, nas Comemorações do Duplo Centenário, de que era presidente executivo Júlio Dantas, foi, sem dúvida, nas sessões de Salão Nobre da Academia das Ciências de 10 de Junho de 1940 que ficou conhecida por "Glorificação da Língua Portuguesa". O primeiro discurso foi o de Júlio Dantas, significativamente intitulado: "O oitavo centenário da língua portuguesa". Aproveita esta "Festa da Língua Portuguesa" para expor as suas ideias na matéria interligando povo, raça, nação e língua numa mesma identidade cultural[9]. Na sua perspectiva, a língua portuguesa é um milagre que nasce do "caos linguístico" peninsular, onde se misturam elementos romanos, germânicos e semitas, para dar origem ao português, cuja origem coincide ou é produto do nascimento da nação. A fusão destes elementos linguísticos atesta a diversidade de elementos que se fundem na alma da nação e esculpiram a língua imortal: a alma latina, a alma visigótica, a alma árabe. Descreve a formação e o amadurecimento do português, desde os primórdios medievais até ao triunfo renascentista do idioma imperial da expansão seiscentista. Inicia-se então nova etapa da língua portuguesa que ganha o duplo estatuto de idioma internacional e de língua franca no Oriente e, também, de língua da certidão de baptismo do Brasil – a grande nação da América. A "fala do velho lar português" do século XII universaliza-se e torna-se no "instrumento" de uma nova Civilização, no continente americano. A Academia das Ciências de Lisboa é a verdadeira

---

[8] Cfr., Dantas, Júlio, *op. cit.*, pp.482-484. Sobre as relações culturais entre Portugal e o Brasil nos anos 40 consultar: Guimarães, Lúcia Maria Paschoal, «Echos of 'the political of the spirit' at the Brazilian Historical and Geographical Institute: Salazar's representatives at the 4th National History Congress» na e-J.P.H. (Vol.4, number 2, Winter 2004) sobre as relações entre a Academia Portuguesa de História (1936) e o Instituto Histórico e Geográfico Brasileiro (fundado em 1838) no campo específico da História e da produção das recíprocas identidades nacionais numa época de 'refabricação' do passado.

[9] Cfr., Dantas, Júlio, «O oitavo centenário da Língua Portuguesa, Glorificação da Língua portuguesa.» [Sessão solene na Academia das Ciências de Lisboa em 10 de Junho de 1940]. *Separata do Boletim da Academia das Ciências de Lisboa*, Vol. XII – Junho-Julho de 1940, Lisboa: Ottográfica, 1940, pp. 6-7.

"Chancelaria" da língua, no Ano Áureo, oferecendo no altar da Pátria o seu contributo através de três obras fundamentais: o grande Dicionário Ortográfico e Histórico da língua (parcialmente feito), o Vocabulário ortográfico e a Gramática clássica. O elogio ao labor da Academia das Ciências de Lisboa termina com uma espécie de oração, característica de um verdadeiro culto à língua nacional, definida simultaneamente como heróica, maternal, nobilíssima e do esplendor e do Império[10].

Segue-se o discurso de Rebelo Gonçalves, professor de filologia e um dos artífices da aproximação luso-brasileira, intitulado: "Língua Imperial". O ponto de partida é comum ao orador anterior, tendo como objectivo a primeira Festa Nacional da Língua Portuguesa e a sua glorificação nacional. Não é tanto a valorização da Academia das Ciências de Lisboa – o "Lar da Língua" – mas a grandeza do momento que torna milenar o português falado[11]. O valor imperial da "fala materna" é essencial para Rebelo Gonçalves ao referir-se a "Língua em festa" e ao elogiar Camões como construtor da "grandeza do duplo império" (literário e geográfico). O presente é apenas o ponto de chegada de uma longa evolução a par da história nacional, desde o berço[12]. O problema da modernização da linguagem e da cultura nacional emerge desta viagem histórica pelo passado e torna-se ponto de partida para uma reflexão sobre a marcha futura da língua portuguesa, utilizando como guia Afonso Lopes Vieira[13]. Deste ponto de vista importa reflectir sobre os arcaísmos, neologismos, estrangeirismos e o seu impacto sobre a língua portuguesa, de modo a assegurar um equilíbrio entre a salvaguarda da tradição, condição *sine qua non* de preservação do idioma e, por outro lado, o progresso através da introdução da "ideia nova" e/ou da sua naturalização sem destruir o "tecido" da língua. Aliás, os exemplos do equilíbrio entre tradição e inovação são assaz numerosos, na literatura portuguesa e brasileira, nomeadamente nos grandes mestres da língua dos dois países, sobretudo contemporâneos. O aspecto mais atraente das palavras de Rebelo

---

[10] Cfr., Dantas, Júlio, *op. cit.*, pp. 7-9.
[11] Cfr., Gonçalves, Rebelo, «Língua Imperial, Glorificação da Língua portuguesa». [Sessão solene na Academia das Ciências de Lisboa em 10 de Junho de 1940], *Separata do Boletim da Academia das Ciências de Lisboa*, Vol. XII – Junho-Julho de 1940, Lisboa: Ottosgráfica, 1940, p. 10.
[12] Cfr., Gonçalves, Rebelo, *op. cit.*, pp. 11-12.
[13] Cfr., Gonçalves, Rebelo, *op. cit.*, pp. 15-16.

Gonçalves refere-se ao universo de todos os literatos esquecidos, ignorados e inconscientes do seu contributo para o idioma português, ou seja, na prática quase toda a gente. O futuro da língua jogar-se-ia entre o "espírito de harmonia" e a "pureza das novas formas", ou antes, entre a "arte pura da novidade" e o "sentido de equilíbrio". Não pode ser pensado ou adivinhado sem uma incursão no passado ou pelo menos no que nele é mais glorioso, a expansão quatrocentista e quinhentista portuguesa ultramarina iniciada com as conquistas em África nas quais a língua e a pátria se confundem[14].

Existe neste juízo um fio condutor que liga na mesma epopeia da raça e da língua os "lenhos do Pinhal do Rei" às "caravelas do Império" dos "neo-argonautas" lusitanos; epopeia na qual o mito e a realidade se misturam de forma indissociável. Os aspectos mais gloriosos, mas também os mais trágicos desta epopeia marítima, penetraram e ficaram nos vocábulos da língua portuguesa, quer na forma popular quer na forma erudita, colando-se aqui à visão de Afonso Lopes Vieira[15]. Colocado, desta forma, o tema do império do idioma português, o autor introduz o tema da "língua duplamente imperial", no plano geográfico e literário numa aliança indestrutível da força e do espírito, em muitos sentidos os "anais da Pátria" e a "história da nossa história". Daqui resulta, na união do "império literário" e do "império geográfico", a preservação da língua e a sua superação transcontinental da identidade nacional, através da "soberania da palavra" e da "fé convicta" no destino grandioso da sua linguagem. Esta fé absoluta no destino nacional leva-o, baseando-se em Stefan Zweig, a afirmar que os portugueses há quatro séculos realizaram a profecia da Medeia de Seneca, de que "um novo argonauta devassaria mundos" que foi, de certo modo, confirmado por João de Barros em quinhentos. O "milagre do verbo" assegura o futuro da pátria, para além da própria existência de Portugal, garantindo-lhe a "eternidade"[16]. A língua deve ser objecto de uma devoção permanente de um "eterno culto" por parte dos portugueses. Os seus cultores imediatos são os "artistas da palavra", os grandes escritores do passado e do presente, incluindo os brasileiros como Olavo Bilac ou Coelho Neto. Aliás, o lirismo dominante

---

[14] Cfr., Gonçalves, Rebelo, *op. cit.*, pp. 16-18.
[15] Cfr., Gonçalves, Rebelo, *op. cit.* p. 23.
[16] Cfr., Gonçalves, Rebelo, *op. cit.*, pp. 25-26.

nestes autores modernos poderá dar lugar no futuro "a épica exaltação", à maneira de Camões, exprimindo "as futuras glórias da língua portuguesa". De seguida referia: os filólogos autores "de uma idolatria filial", que valoriza porque "Criadores de Beleza não são apenas os cultivadores de Beleza, mas também os seus apóstolos": o papel das escolas na difusão e valorização do português, recorrendo a um mapa-mundo da Língua, formando, desde muito jovens, uma imagem que trariam no "espírito a vida inteira"[17]. O culto da Língua portuguesa da Academia das Ciências de Lisboa ganha relevância se for capaz de se tornar também o culto de escritores, de filólogos e de escolares; e o elogio final à Academia de Letras Brasileira que permite salientar o esforço de colaboração mútuo entre as duas Academias em prol da língua portuguesa, materializado no "vocabulário nacional". Torna-se perfeitamente compreensível que o 10 de Junho, sendo o dia de Camões, tenha sido escolhido como forma de glorificação da língua portuguesa, irmanando numa mesma causa, portugueses e brasileiros, ou seja, festejando no "Lar da Língua" a comunhão das duas pátrias[18].

Encerrada assim a participação portuguesa nesta jornada da "Glorificação da Língua Portuguesa", traduzindo as perspectivas lusas, seguiu-se a participação brasileira, começando por Afrânio Peixoto que não estava presente. Impossibilitado, oficialmente por razões da conjuntura internacional resultante da Segunda Guerra Mundial, mas de facto por oposição do governo de Getúlio Vargas de estar presente em Lisboa, o discurso foi lido pelo académico português Gustavo Cordeiro Ramos e intitulava-se, "A Língua Comum". O seu ponto de vista articulava-se em torno da ideia da língua como "expressão de um povo", mas abarcando em simultâneo, múltiplos sentidos interligados numa relação dialéctica que integra os opostos numa síntese única. Nessa perspectiva, não existe contradição mas complementaridade entre o povo e a elite, a natureza e a arte[19]. Afrânio Peixoto justificava a sua posição com o exemplo do latim popular, trazido pelos invasores romanos, que se mesclou com as falas

---

[17] Cfr., Gonçalves, Rebelo, *op. cit.*, pp. 27-28.
[18] Cfr., Gonçalves, Rebelo, *op. cit.*, pp. 28-29.
[19] Peixoto, Afrânio, «Língua Comum, Glorificação da Língua portuguesa», [Sessão solene na Academia das Ciências de Lisboa em 10 de Junho de 1940]. *Separata do Boletim da Academia das Ciências de Lisboa*, Vol. XII – Junho-Julho de 1940, Lisboa: Ottosgráfica, 1940, p.30. Sobre a questão da ausência de Afrânio

autóctones da Península Ibérica, dando lugar a um "dialecto romance" pela acção dos juristas, do clero, dos poetas, cronistas e trovadores medievais, antes de se afirmar através do "humanismo greco-romano" do Renascimento europeu e da acção definitiva dos *Lusíadas* de Camões que fixam e conservam por séculos a Língua portuguesa tornando-se elementos fundamentais da civilização. O impacto desta profunda mutação do idioma, atribuída ao esforço de Camões, teve enormes repercussões entre 1580 e 1640, não só nas numerosas edições no Portugal metropolitano, mas nos seus reflexos nos confins do Brasil, "na mata virgem dos sertões", através da letra rude dos "aventureiros, perdidos de Deus e do mundo, no desertão do Brasil". Afrânio Peixoto não se limita a referir o facto da Língua Portuguesa ser a língua comum aos dois países, preocupa-se, sobretudo, em deixar bem claro, contra os tradicionais discursos nativistas/nacionalistas, que não haverá nunca uma "língua brasileira" à semelhança do que acontece com o inglês, o francês ou o espanhol, o que não põe em causa a "autonomia" ou independência brasileira. A continuidade cultural da língua portuguesa no Brasil permite-lhe afirmar a necessidade de uma profunda fidelidade aos clássicos portugueses na América e a recusa de todo e qualquer solecismo. A crítica prossegue com o ataque às posições que defendem a existência ou emergência de uma língua diferente, o "brasileiro", dizendo ser impossível que as "variações dialectais" possam dar lugar a uma nova língua. A explicação desta posição continua com a referência aos casos que se passaram outrora na Europa com o latim e as línguas românicas, resultado das dificuldades de comunicação que isolava as variações dialectais. Assim sendo, o português, língua única e comum, é a língua do Brasil, pois os "regionalismos" linguísticos brasileiros tornam-se pela rapidez e facilidade das comunicações em "brasileirismos" e, portanto, uma única língua em todo o território do Brasil[20].

O discurso seguinte foi proferido pelo poeta brasileiro Olegário Mariano. Intitula-se "Em louvor da Língua Portuguesa". Define-se como

---

Peixoto devido a um eventual confronto com Getúlio Vargas consultar Caetano, Marcello, *Minhas Memórias de Salazar*. Lisboa: Verbo, 1977, pp. 130-131.

[20] Peixoto, Afrânio, «Língua Comum, "Glorificação da Língua portuguesa"», [Sessão solene na Academia das Ciências de Lisboa em 10 de Junho de 1940]. *Separata do Boletim da Academia das Ciências de Lisboa*, Vol. XII – Junho-Julho de 1940, Lisboa: Ottosgráfica, 1940, pp. 32-35.

"o delegado da hora presente", devolvendo a Portugal a herança linguística recebida pelo Brasil no acto do Descobrimento. A dádiva da língua no momento da descoberta foi preservada pelo novo país, tornando-a mais doce mas mantendo intocável o "tesouro da sintaxe". O orador, na enumeração de elementos comuns que aproximam e identificam portugueses e brasileiros, salienta "o idioma sagrado", embora sem deixar de referir antes a história, o sangue, a afinidade sentimental, os anseios de paz e de liberdade ou a descendência comum. Na verdade, o entrechocar das raças e o enriquecimento com vocábulos tupi não fez desaparecer a beleza e homogeneidade da Língua portuguesa. A originalidade do contributo popular brasileiro não pode ser desvalorizada, pois a "imaginação" e a "sabedoria anónima do povo" são inesgotáveis e tiveram origem na "voz da natureza brasileira" nomeadamente a onomatopaica[21]. O essencial aqui resulta da forma como enforma a cultura do Brasil na sua vertente mitológica, em muitos casos desde o século XVI, como no caso do *Currupíra* citado pelo padre Anchieta; transmutado pela "marcha dos tempos" no Saci-Pererê, o defensor do património natural e a mais nacionalista das construções culturais brasileiras, com um lugar à parte na mística popular. Esta visão de um romantismo panteísta, no qual o tempo e a natureza se misturam indissoluvelmente na transformação e evolução da língua, testemunha a adesão, pelo menos parcial, a um certo nativismo cultural e linguístico brasileiro. Assim sendo, o português tornou-se a língua da "ante-manhã da civilização" no Brasil. O "fanatismo" do Brasil pela língua portuguesa tem origem na "madrugada da formação do Brasil", rasgando novos horizontes às realizações culturais das duas "pátrias" e "sacrário inviolável"[22].

Intercâmbio interacadémico

As consequências práticas de todo este processo de aproximação teve obviamente resposta positiva do lado brasileiro, ou seja, da Academia

---

[21] Mariano, Olegário, «Em Louvor da Língua Portuguesa, "Glorificação da Língua portuguesa"», [Sessão solene na Academia das Ciências de Lisboa em 10 de Junho de 1940]. *Separata do Boletim da Academia das Ciências de Lisboa*, Vol. XII – Junho-Julho de 1940. Lisboa: Ottosgráfica, 1940, pp. 43-45.

[22] Mariano, Olegário, *op. cit.*, pp. 47-50.

Brasileira de Letras que, numa sessão em Abril de 1941, pela voz de Osvaldo Orico, se congratula pelo sucesso da missão brasileira em Portugal, pela criação da Sala Brasil na Academia das Ciências de Lisboa e pelo intercâmbio cultural, bem claro nos livros oferecidos pela referida instituição à sua congénere brasileira[23]. O mais importante mais uma vez está ligado à questão da língua portuguesa e ao respectivo Vocabulário Ortográfico, apresentado na mesma sessão pelo professor da Faculdade de Medicina do Rio de Janeiro, Doutor Clementino Fraga, publicado pela Academia das Ciências de Lisboa por ocasião do duplo centenário da fundação e restauração de Portugal. A consagração da grafia oficialmente estabelecida pelos países de língua portuguesa, é descrita como resultante da sugestão das duas academias aos respectivos governos, mantendo-se fiel ao acordo ortográfico luso-brasileiro com inovações mínimas resultantes da necessidade de encontrar correspondências para os "topónimos estrangeiros". E seguidamente refere as contribuições específicas de Portugal sobre o "Vocabulário Ortográfico da Língua Portuguesa" nomeadamente elogiando o trabalho do professor Rebelo Gonçalves e os esforços de Júlio Dantas e Joaquim Leitão em apoio das iniciativas da Academia das Ciências de Lisboa. A diligência seguinte cabe à Academia de Ciências de Lisboa que concede, na sessão do dia 12 de Junho de 1941, ao general Francisco José Pinto, Embaixador Especial às Comemorações Centenárias, Chefe da Casa Militar do Presidente da República dos Estados Unidos do Brasil e ao Embaixador permanente do Brasil em Portugal, Dr. Artur Guimarães de Araújo Jorge, as Palmas de Ouro[24].

No entanto, o mais relevante estava ainda para vir porque dizia respeito directamente às relações entre a Academia das Ciências de Lisboa e a Academia Brasileira de Letras. Com efeito, a Classe de Letras da Academia das Ciências de Lisboa, através de Júlio Dantas atribuiu as sete vagas de académicos correspondentes estrangeiros a individualidades brasileiras. Trata-se de um ponto alto nas relações entre as duas academias fazendo-se justiça à Academia Brasileira de Letras ao atribuir-lhe seis lugares dos

---

[23] Cfr., Leitão, Joaquim, «Embaixada Histórica», in *Memórias da Academia das Ciências, Classe de Letras*, Tomo IV, Lisboa: A.C.L, 1942, p. 506.

[24] Cfr., Leitão, Joaquim, *op.cit.*, pp. 506-508.

sete disponíveis na Classe de Letras, entre os sócios correspondentes estrangeiros da Academia das Ciências de Lisboa, sendo o sétimo auferido ao Comandante Eugénio de Castro, do Instituto Histórico Geográfico Brasileiro. A escolha entre tantos nomes ilustres dos que tomavam assento no "Trianon" da Academia Brasileira de Letras era difícil e, portanto, optou-se por dar prioridade aos membros que estiveram ou colaboraram nas Comemorações de 1940[25]. Os nomes escolhidos foram: Olegário Mariano, Gustavo Barroso, Osvaldo Orico, Cláudio de Sousa, Celso Vieira, Levi Carneiro e o Comandante Eugénio de Castro[26]. A descrição final da sessão e as congratulações aos novos académicos, dos quais só três se encontravam presentes, foi completada pelos discursos dos seguintes académicos portugueses: Prof. Doutor Moreira Júnior, vice-presidente da Academia, Prof. Doutor Agostinho de Campos, Dr. Augusto de Castro, Prof. Doutor Gustavo Cordeiro Ramos, Prof. Doutor Queirós Veloso, e o secretário-geral da Academia, Joaquim Leitão[27]. Tratava-se de saudar a comunhão do escol intelectual das duas nações mas também de abrir o caminho para a integração desta fraternidade luso-brasileira no espaço cultural americano em progressiva expansão.

No entanto, os problemas de ordem linguística não tinham sido totalmente resolvidos e a unidade linguística não existia, na prática, devido ao facto de cada país ter um Vocabulário Ortográfico diferente[28]. A decisão de Oliveira Salazar de organizar uma Embaixada Especial ao Brasil, no

---

[25] Cfr., Leitão, Joaquim, *op. cit.*, p. 508.

[26] Cfr., Leitão, Joaquim, *op. cit.*, pp. 508-509.

[27] Cfr., Leitão, Joaquim, *op. cit.*, pp. 509-510. Consultar também sobre esta questão a Sessão da Classe de Letras em Homenagem ao Brasil de 12 de Junho de 1941 *Separata do Boletim da Academia das Ciências de Lisboa*, Vol. XIII, Lisboa: Ottisgráfica, Abril-Julho de 1941, pp. 8-9.

[28] «Nessa altura, a posição do problema era a seguinte: o acôrdo inter-académico de 30 de Abril de 1931 *encontrava-se em vigor nas duas Nações; em Portugal, porém o Vocabulário que acabava de publicar-se, precedido da magistral "Introdução" de Rebêlo Gonçalves, modificava em alguns pontos – aliás com prévio assentimento da Academia Brasileira – a ortografia convencionada, exigindo portanto, em boa razão, a assinatura de um protocolo adicional; e, no Brasil, não só o decreto n.º292, de 23 de Fevereiro de 1938, mandava adoptar acentuação gráfica diferente da portuguesa, mas o encargo de elaborar o Vocabulário brasileiro fôra, como já disse, cometido a um filólogo ilustre, o sr. Antenor Nascentes, que, no seu trabalho, poderia afastar-se também do acôrdo ortográfico de 1931. Quere dizer: o espírito da convenção mantinha-se; permanecia, em princípio, a unidade da escrita nos dois Países; – mas os dois Vocabulários consequentes do acôrdo podiam vir a ser diferentes, o que, desde que fôssem aprovados pelos respectivos Governos, equivaleria pràticamente à não existência da unidade.*», Dantas, Júlio,

contexto da prioridade dada à política de aproximação, nomeando Júlio Dantas Embaixador Especial e Chefe da Missão, veio ajudar a resolver este problema complexo e teve o suporte da Academia das Ciências de Lisboa, apesar do apoliticismo de Júlio Dantas[29]. As oportunidades de reencontro com as diversas personalidades, políticas e científicas, no Rio de Janeiro possibilitou estabelecer os contactos, institucionais e particulares, necessários à sua resolução, nomeadamente com o chanceler Osvaldo Aranha, o ministro Gustavo Capanema e o jurisconsulto Levi Carneiro com o apoio do Embaixador de Portugal no Rio de Janeiro, Martinho Nobre de Melo com longo passado de agente positivo nas relações culturais luso-brasileiras[30].

O triunfo da aprovação oficial no Brasil do Vocabulário da Academia das Ciências de Lisboa pelo governo brasileiro foi assim, na perspectiva de Júlio Dantas, um dos maiores êxitos da missão ao Rio de Janeiro: a declaração do ministro Gustavo Capanema e a moção do académico Neves Fontoura criaram "uma só língua portuguesa escrita" no Mundo. Enriquecida pelos brasileirismos afro-negros e indo-portugueses que não se opõem à "expressão unitária gráfica comum" obra de filólogos, académicos e literatos das duas Pátrias e resultado de vinte anos de esforços mútuos de convergência. A celebração traduz um duplo sucesso, protagonizado pela Academia de Ciências de Lisboa e pela Academia Brasileira de Letras, unidas no mesmo esforço de defender a unidade da língua portuguesa e sucesso, sem dúvida, da "inteligência" dos dois países, para além dos respectivos governos[31]. Compreende-se a importância da Embaixada Especial ao Brasil, tão enaltecida por Joaquim Leitão e aprovada por Salazar por um Decreto do Ministério do Negócios Estrangeiros, publicado no *Diário do Governo*, II série, n.º 153, de 4 de Julho de 1941[32]. Definida a necessidade

---

«A Língua Portuguesa», in *Memórias da Academia das Ciências, Classe de Letras*, Tomo IV, Lisboa: A.C.L, 1942, p. 485.

[29] Cfr., Dantas, Júlio, *op. cit.*, 1942, p.485. Sobre a Viagem ao Brasil consultar o relato de Marcello Caetano: Caetano, Marcello, *Minhas Memórias de Salazar*. Lisboa: Verbo, 1977, pp. 122-144.

[30] Cfr., Dantas, Júlio, *op. cit.*, 1942, pp. 485-486.

[31] Cfr., Dantas, Júlio, *op. cit*, 1942, pp. 487-488.

[32] Cfr., Leitão, Joaquim, «Embaixada Histórica», in *Memórias da Academia das Ciências, Classe de Letras*, Tomo IV, Lisboa: A.C.L, 1942, p. 510.

de agradecer ao Brasil a presença e a colaboração nas Comemorações do Duplo Centenário, a Embaixada Especial assumiu a especial relevância dos membros que a constituíam[33].

A Missão lusa aprovada na sessão de 3 de Julho de 1941 da Academia das Ciências de Lisboa levava, também, uma série de condecorações que deviam ser concedidas, de imediato a várias personalidades e instituições brasileiras, entre as quais se destacava a Academia Brasileira de Letras[34]. Além desta, Júlio Dantas levava outra missão, ou incumbência, da Academia das Ciências de Lisboa destinada à Academia Brasileira de Letras. Ser o intérprete dos sentimentos de amizade para a sua congénere brasileira e os plenos poderes para negociar todos os problemas alusivos à política da língua "património comum das duas nações"[35]. Esta redescoberta do Brasil deu lugar a múltiplos contactos institucionais, sobretudo com a Academia Brasileira de Letras na pessoa do seu presidente, o Dr. Levi Carneiro e, também, do Instituto Histórico Geográfico Brasileiro, na pessoa do Dr. Gustavo Barroso[36]. A entrega das condecorações aos mais importantes membros da Academia Brasileira de Letras e simultaneamente académicos

---

[33] «Artigo 1.º É constituída uma Embaixada Especial para, em missão extraordinária de serviço público, ir ao Rio de Janeiro agradecer, em nome de Portugal, a comparticipação do Brasil nas comemorações patrióticas portuguesas de 1940. Compõem a Embaixada, sob a presidência do Senhor Dr. Júlio Dantas, antigo presidente da Comissão Executiva dos Centenários, presidente da Academia das Ciências de Lisboa, na qualidade de Embaixador Extraordinário e Plenipotenciário: os Srs. Dr. Augusto de Castro Ministro Plenipotenciário; Dr. Reinaldo dos Santos, professor da Faculdade de Medicina de Lisboa e presidente da Academia de Belas-Artes; Dr. Marcelo Caetano, professor da Faculdade de Direito de Lisboa e Comissário Nacional da Mocidade Portuguesa; Dr. João do Amaral, deputado; o capitão-de-fragata Vasco Lopes Alves, procurador á Câmara Corporativa, e o major Carlos Afonso dos Santos, êstes últimos como representantes respectivamente da Marinha e do Exército. Secretaria a missão o Dr. Manuel Rocheta, segundo secretário de Legação».", Leitão, Joaquim, ob. cit., p. 510.

[34] "Conforme notificação verbal de S. Ex:ª o Ministro dos Negócios Estrangeiros, o Senhor Prof. Doutor António de Oliveira Salazar, o Presidente da Missão foi portador da carta autógrafa de S. Ex.ª o General Carmona para o Chefe do Estado Brasileiro; das insígnias da banda das Três Ordens, conferida a S. Ex.ª o Presidente Getúlio Vargas pelo Chefe do Estado Português, Grão-Meste das Ordens Militares; e, segundo o que prèviamente se assentara entre a Chancelaria Portuguesa e a Embaixada de Portugal, faria a entrega da grã-cruz da Ordem Santiago da Espada à Academia Brasileira de Letras, da grã-cruz da Ordem de Benemerência ao Gabinete Português de Leitura do Rio de Janeiro, de oficialato da Tôrre e Espada ao Corpo de Cadetes da Escola Militar, e das insígnias de diferentes graus das Ordens a individualidades portuguesas e brasileiras que por seus méritos e serviços as tinham merecido.», Leitão, Joaquim, op. cit., pp. 510-511.

[35] Cfr., Leitão, Joaquim, op. cit., p. 511.

[36] Cfr., Leitão, Joaquim, op. cit., pp. 520-521.

correspondentes da Academia das Ciências de Lisboa além da oferta do *Vocabulário Ortográfico da Língua Portuguesa* fizeram parte deste processo de aproximação[37].

Em consequência e neste sentido salientamos o discurso pronunciado por Júlio Dantas na noite de 9 de Agosto de 1941 na sessão solene de recepção da Embaixada especial de Portugal na Academia Brasileira de Letras. Após as saudações, em nome da Academia de Belas Artes, da Academia Portuguesa de História e, claro, da Academia das Ciências de Lisboa lembra a sua primeira vista ao Brasil em 1923 a convite da referida instituição. Romagem de saudade que, recordando as figuras mais representativas da geração de Júlio Dantas, daquela Academia não o impede de reconhecer a continuidade que a presente geração, de novas aspirações e novas tendências estéticas, mantém-se na lealdade à defesa da Civilização Ocidental, à língua portuguesa e à cultura comum aos dois países[38]. Oficialmente cumprimenta a Academia Brasileira de Letras, em nome da Academia das Ciências de Lisboa, da Academia Nacional de Belas Artes e da Academia Portuguesa de História[39]. A "língua imperial" é, assim, defendida pela cooperação entre as duas academias e os dois governos, com especial destaque para as políticas de Getúlio Vargas. Não resiste ao elogio da "política do espírito", o que não deixa de ter fortes ressonâncias políticas, pois estabelece uma ligação directa com o S.P.N. de António Ferro e de Salazar. A solidariedade familiar dos portugueses e brasileiros, definida na ideia de que existir é permutar, ganha maior acuidade no seu pensamento quando se tem em consideração a crítica evolução da situação internacional, marcada já pelo desencadear da Segunda Guerra Mundial, o que torna fundamental a cooperação com as instituições representativas da "inteligência brasileira", no campo das ciências, das letras e das técnicas[40].

Nesta sua convicção se situa a defesa de uma "política atlântica", comum aos dois países e referente ao Atlântico Sul, transformado num "imenso

---

[37] Cfr., Leitão, Joaquim, *ob. cit.*, p. 521.
[38] Cfr., Dantas, Júlio, «Discurso de Recepção na Academia Brasileira de Letras», [Pronunciado na noite de 9 de Agosto de 1941, no palácio Trianon, na sessão solene de recepção da Embaixada especial de Portugal], *Discursos*. Lisboa, Bertrand, 1942, p. 266-267.
[39] Cfr., Dantas, Júlio, *op. cit.*, pp. 268-269.
[40] Cfr., Dantas, Júlio, *op. cit.*, pp. 272-273.

lago lusitano" sob a égide da língua portuguesa (na expressão tomada a Wicham Steed) e de interesses comuns[41]. A língua da expansão, tornada a língua da expressão de um sonho comum refere sob a designação da "alma comum intercontinental", incluindo a preservação do império africano de Portugal, uma das três componentes deste conjunto geopolítico que abrange igualmente Portugal e o Brasil unindo deste modo a "Latinidade americana à velha latinidade europeia". Análise mítica, poética e histórica da alma colectiva de uma latinidade transcontinental, na abordagem romântica e positivista, oriunda da Primeira República portuguesa a que Júlio Dantas pertencera. A ligação emotiva, sentimental e afectiva à Academia Brasileira de Letras assume uma nova dimensão, pois aproxima mais os dois países irmãos. A auto-criação do Brasil torna-se o elemento básico da civilização universal e é particularmente querido ao nosso país por imortalizar a grandeza imperial no continente americano e por ser a fonte da perpétua juventude de Portugal[42]. O discurso de despedida da Embaixada especial portuguesa a 12 de Agosto de 1941 confirma a solidariedade entre os dois povos mas, simultaneamente, elogia a América – contraposta a uma Europa em guerra – e a solidariedade da Nação Brasileira que salvaguarda Portugal, isolado numa Europa ensanguentada[43].

A política de colaboração das duas Academias

A Convenção Luso-Brasileira de 29 de Dezembro de 1943 é o culminar de todo um longo processo que impõe o reavaliar das relações entre os dois países. Importa, pois, analisar os discursos proferidos em 27 de Novembro de 1943, na outorga da Ordem do Cruzeiro do Sul à Academia das Ciências de Lisboa. Júlio Dantas realça, no processo de negociação os aspectos diplomáticos e políticos ao lado dos científicos. Louvando o Embaixador do Brasil – dr. José Neves Fontoura e através dele a Academia Brasileira de Letras e, indirectamente, a luso-brasileira Academia das Ciências de Lisboa (1779-1822). Salienta o importante papel das duas academias, ao

---

[41] Cfr., Dantas, Júlio, *op. cit.*, pp. 273-274.
[42] Cfr., Dantas, Júlio, *op. cit.*,pp. 273-275.
[43] Cfr., Dantas, Júlio, «A Despedida da Embaixada». [Discurso pronunciado no Rio de Janeiro, na noite de 12 de Agosto de 1841, no banquete oferecido pela Embaixada especial portuguesa ao Governo dos Estados Unidos do Brasil]. *Discursos*, Lisboa: Bertrand, 1942, p. 278-279.

mesmo tempo que agradece a outorga à Academia das Ciências de Lisboa, da Grã-Cruz da Ordem do Cruzeiro do Sul – contrapartida da outorga, à Academia Brasileira de Letras, da Grã-Cruz da Ordem do Santiago da Espada[44]. Segue-se o elogio de Getúlio Vargas *"pater gentium"*, como já referiu o chanceler Osvaldo Cunha e à Revolução de 1930. O Estado Novo, regime político brasileiro inaugurado pela Constituição de 1937, é a "Carta Magna da nova democracia brasileira" getulista que se mantém fiel ao "princípio bolivariano" de viver e governar no "coração do povo"[45]. O objectivo principal do seu discurso é elogiar o apoio concedido por Getúlio Vargas à "política de colaboração das duas Academias" lembrando a propósito alguns factos dessa aproximação nomeadamente o acordo intercadémico de 30 de Abril de 1931 facilitado pela acção dos governos de Getúlio Vargas e de António de Oliveira Salazar. Segue-se uma comparação entre Vargas e Salazar considerados como os "dois demiurgos da palavra" equiparados a Vieira e Bernardes. Nesta perspectiva a amizade entre as duas Academias e os dois povos projecta-se numa dimensão que se situa para além da Segunda Guerra Mundial[46].

O discurso do Embaixador do Brasil, Dr. José Neves da Fontoura, em resposta ao de Júlio Dantas, recorda o passado luso-brasileio da Academia das Ciências de Lisboa e a presença espiritual do Brasil no seio da comunhão imperial, nos finais do século XVIII. O apelo excepcional da Academia das Ciências resulta de estar ligado à sombra de um dos pais fundadores do Brasil, José Bonifácio de Andrade e Silva, extremamente apelativo para a "sensibilidade nacional" do Brasil. O posicionamento do patriarca da Independência do Brasil não era o de um agitador revolucionário, nem de um nativista anti-metropolitano[47]. Despedindo-se em 1819 da Academia das Ciências de Lisboa e anunciando a futura emancipação brasileira, José Bonifácio de Andrade e Silva compreendia a verdadeira realidade

---

[44] Cfr., Dantas, Júlio, «Discurso de S.Ex.ª o sr. ....,».[Discurso proferido na inauguração da «Sala Brasil»], Lisboa: Academia das Ciências de Lisboa, 1943, pp. 6-8.

[45] Cfr., Dantas, Júlio, *op. cit.*, pp. 8-9.

[46] Cfr., Dantas, Júlio, *op. cit.*, [Discurso proferido na inauguração da «Sala Brasil»], Lisboa: Academia das Ciências de Lisboa, 1943, pp. 11-13.

[47] Cfr., Fontoura, João Neves de, «Discurso do Embaixador do Brasil Senhor Dr. », [Discurso proferido na inauguração da «Sala Brasil»]. Lisboa: Academia das Ciências de Lisboa, 1943, p. 17.

do Brasil, sintetizada nas duas expressões: «*a filha emancipada precisava de pôr casa*» e «*o novo Portugal em que nascera*». Separação sem conflito maior, apenas a inevitável consequência da maioridade política brasileira, confirmada por Oliveira Martins e, no plano das comemorações do Ano Áureo, por Salazar. A análise desta bifurcação civilizacional de Portugal no «vasto mundo» tem a sua tradução prática na aceitação das concepções do luso-tropicalismo de Gilberto Freire sobre a colonização portuguesa, o "sal universalista" da expansão portuguesa, a unidade do Brasil e a língua portuguesa, considerada uma das melhores do universo. Portugal ficará sempre como referência essencial do Brasil de dignidade nacional e instinto de sobrevivência da «pequena casa lusitana»[48]. Daqui resulta numa espécie de reciprocidade uma garantia por parte do Brasil da soberania do Império Lusitano, considerado ponto central da sua política externa, mesmo antes ser claro o desfecho da Segunda Guerra Mundial[49].

A ligação a Portugal torna-se a condição *sine qua non* da política externa brasileira bem expressa na apresentação das credenciais de embaixador ao Presidente Carmona e nas palavras de amizade deste em relação ao Brasil. A peculiar afeição, mútua entre portugueses e brasileiros, que não assenta em interesses materiais é o grande desmentido à concepção histórica do marxismo, ou melhor dito, ao materialismo histórico. Esta questão assume maior relevância ao implicar uma identificação com as tendências maiores da política externa portuguesa, sendo a solidariedade de Portugal com o Brasil uma das mais relevantes, fortemente apoiada por Getúlio Vargas e Osvaldo Aranha[50]. O essencial da reunião de 1943 continuava a ser a assinatura próxima da convenção luso-brasileira, em 29 de Novembro

---

[48] Cfr., Fontoura, João Neves de, *op. cit.*, pp. 20-21.

[49] «Da nossa vigilante preocupação pela segurança dos vossos antigos territórios, dei público testemunho, em nome do meu Governo, mal desci em Lisboa, quando afirmei à imprensa portuguesa: "Não nos esquecemos da nossa posição em face da latinidade e, sobretudo, do Império Lusitano, do qual nos consideramos sempre com orgulho a viva projecção de além-Atlântico. Vale isso dizer, que a integridade dêsse Império é para o Brasil ponto fundamental da sua política, uma condição mesma da sua própria existência".

Ao tempo dessas declarações, ainda não era tão claro, como agora se desenha, o desfecho da gigantesca luta que incendeia os continentes, os mares e os céus. Mas o Brasil queria definir os seus compromissos, que ninguém lhos pediu, em face da continuidade da soberania portuguesa sôbre tôdas as vastas regiões em que tremula a vossa gloriosa bandeira». Fontoura, João Neves de, *op. cit.*, pp. 21-22.

[50] Cfr., Fontoura, João Neves de, *op. cit.*, pp. 22-23.

– o ponto culminante de longa evolução histórica começada nos anos 20, panegírico à clarividência de Júlio Dantas desde essa época. O mais importante é salientar a enorme relevância da língua portuguesa, não só em Portugal e no Brasil, mas também em toda a "zona imperial" da antiga metrópole, que deu origem a transformações ou antes a uma evolução do idioma. A necessidade de uma "unidade gráfica" tornava-se cada vez maior para evitar uma "alarmante anarquia" em todo o espaço lusófono[51]. A urgência foi da resolução imediata do problema deu origem ao vocabulário ortográfico, com a ajuda de um grupo de filólogos, dos quais se destacava Rebelo Gonçalves, antigo membro da Universidade de S. Paulo. A actuação da parte brasileira foi eficaz neste contexto histórico: principalmente por parte do ministro da educação, dr. Gustavo Capanema, artífice da aprovação do Vocabulário Ortográfico da Língua Portuguesa de 1940, da Academia das Ciências de Lisboa, como sistema de ortografia nacional do Brasil. O passo final da aprovação foi dado por parte da Academia Brasileira de Letras dois meses antes, em Setembro de 1943. A concessão, às duas academias, do carácter de órgãos consultivos das decisões governamentais e políticas em Portugal e no Brasil – na defesa e expansão da língua comum foi o passo definitivo para a transformação destas iniciativas académicas. A convenção que vai ser assinada entre os dois países graças, ao concurso das duas Academias e dos dois governos, cria um condomínio linguístico que é um caso único no direito internacional e faz jus à relevância das línguas como instrumentos de comunicação entre os povos[52]. Salienta mais uma vez a política da língua, aspecto maior da política geral da nação e o papel dos académicos a quem chama "os legisladores do idioma"[53].

O idioma do futuro

Com o final da Segunda Guerra Mundial à vista os dois governos não mudaram as perspectivas sobre o problema mesmo sendo evidente que se aproxima igualmente o fim do regime de Getúlio Vargas. É neste contexto que tem lugar a Conferência intercadémica luso-brasileira para a unidade

---

[51] Cfr., Fontoura, João Neves de, *op. cit.*, pp. 27-29.
[52] Cfr., Fontoura, João Neves de, *op. cit.*, pp. 30-33.
[53] Cfr., Fontoura, João Neves de, *op. cit.*, p. 35.

da língua escrita que decorre em Lisboa de 12 de Julho de 1945 a 27 de Setembro de 1945 e inclui o Acordo Ortográfico de 10 de Agosto de 1945. A sessão inaugural decorre em 12 de Julho de 1945, na Academia das Ciências de Lisboa, sendo presidente Júlio Dantas e secretário geral Joaquim Leitão. A delegação brasileira, encabeçada por Pedro Calmon presidente da Academia Brasileira de Letras e pelo Encarregado de Negócios brasileiro em Lisboa, Ribeiro Couto, englobava ainda o escritor Olegário Mariano e o filólogo Sá Nunes.

O discurso de abertura, proferido por Júlio Dantas, começou pelo longo historial das relações das duas academias, a propósito do acordo linguístico. A primeira referência é dirigida ao historiador brasileiro Pedro Calmon, presidente da Academia Brasileira de Letras[54]. As expectativas eram elevadas, no que dizia respeito ao sucesso da Conferência interacadémica, destinada a completar os esforços de vinte anos de convívio fraterno das duas Academias e, especialmente, na base da colaboração com o professor Cordeiro Ramos e a Secção de Filologia da Academia das Ciências de Lisboa. Na sua opinião, o carácter político da conferência permitiria ultrapassar os mal-entendidos nativistas e os preconceitos brasileiros do passado e aproximar as duas nações, unidas pela mesma língua[55]. A importância do idioma comum não se resume a Portugal e ao Brasil, mas à presença da língua portuguesa em todo o Mundo. Então a atenção dos brasileiros para o espaço global da lusofonia que importa preservar e desenvolver, em consonância com o poder político dos dois países[56].

---

[54] Cfr., Dantas, Júlio, «Discurso inaugural, pelo Presidente das Ciências de Lisboa, Senhor Dr. ..., », in *Conferência interacadémica luso-brasileira de Lisboa para a unidade da língua escrita. Discurso e Alocuções.* Lisboa: Academia das Ciências de Lisboa, 1945, pp. 12-13.

[55] Cfr., Dantas, Júlio, *op. cit.*, p. 15.

[56] «*As nações, que entre si partilham o património de determinada língua, devem zelar em comum a sua unidade, porque o valor, quer literário, quer político, quer económico de um idioma é tanto maior quanto mais numerosos são os povos que o usam e mais vasta a extensão do globo que o seu império abrange. A nenhum brasileiro pode ser indiferente que a sua língua seja falada, não só na América, mas em tôdas as partes do Mundo. Nenhum português é insensível, também, ao orgulho de partilhar o idioma nacional com cincoenta milhões de brasileiros. Ambas as Nações são por igual interessadas na permanência da unidade; e já na Grã-Bretanha e na Espanha foi dito que o exemplo de portugueses e brasileiros deveria ser seguido pelas duas grandes Nações europeias que, connosco, têm a sua projecção deslumbrante no Continente americano. A política das línguas constitui hoje um dos mais importantes capítulos da política exterior das nações.*», Dantas, Júlio, *op. cit.*, pp. 15-16.

O discurso de Gustavo Cordeiro Ramos, como presidente da secção de filologia da Academia das Ciências de Lisboa, vai no mesmo sentido do discurso de Júlio Dantas. Inicia-se com um elogio rasgado ao historiador brasileiro Pedro Calmon e à sua obra, antes de fazer o mesmo aos outros membros da Delegação Brasileira: Rui Ribeiro Couto, Olegário Mariano, José de Sá Nunes e Neves Fontoura, embaixador brasileiro. Concluiu considerando-os um grupo muito especial, encarregado de fazer "o pacto imperecível da federação das nossas almas". Importa pois definir as grandes opções, a nível linguístico, da conferência interacadémica de 1945, tendo em atenção as ideias do lexicógrafo brasileiro Laudelino Freire que defendem o papel disciplinador da gramática. A descrição maravilhada desse projecto comum aos dois povos irmãos capaz de solidificar a colaboração entre ambos, que assenta nas visitas reciprocas das academias dos dois países; nos subsídios para os trabalhos de colaboração: no enriquecimento mútuo das respectivas bibliotecas científicas e culturais: nos cursos regulares nas Universidades brasileiras e portuguesas, realizadas por professores dos dois países; no reconhecimento dos cursos ministrados nas escolas de ambos os estados e na realização de ciclos de conferências, congressos, exposições etc.[57].

A sessão é complementada com o discurso do presidente da Academia Brasileira de Letras, Pedro Calmon. Considera a consciência brasileira como fazendo parte de uma "humanidade nova" que não faz esquecer que a sua originalidade – a originalidade do Brasil – resulta de ser "Portugal no tempo, Portugal na origem, Portugal na História", com a liberdade de prosseguir autonomamente a caminhada no sentido do seu engrandecimento. A língua comum será o elemento central de todo este processo, preservando o passando e abrindo as portas do futuro. Assim, a unidade ortográfica, promovida pelas duas academias, e lançada pelos esforços de 1931 e 1943 mostrar-se-á fundamental para a preservação da união cultural entre os dois países. Concluindo que são mínimas as necessárias alterações a fazer, na presente conferência interacadémica, para completar o texto de 1943. A

---

[57] Cfr. Ramos, Gustavo Cordeiro, «Discurso do Senhor Professor Doutor », in *Conferência interacadémica luso-brasileira de Lisboa para a unidade da língua escrita. Discurso e Alocuções*, Lisboa, Academia das Ciências de Lisboa, 1945, pp. 24-27.

urgência remete para a necessidade de centrar a colaboração bilateral numa política de cultura comum, "na diplomacia das letras" das duas academias com largos precedentes no passado histórico luso-brasileiro, desde o século XVI ao XIX[58].

A unidade ortográfica transcontinental e a civilização lusitana

O Banquete na Embaixada do Brasil em 3 de Agosto de 1945 foi oferecido pelo Encarregado de Negócios do Brasil, dr. Ribeiro Couto, às delegações portuguesa e brasileira do Acordo Ortográfico. Momento alto das relações entre os dois países serviu em primeiro lugar a Ribeiro Couto para explicar a opção do seu país por uma "política da língua" que obriga a dar prioridade em nome do "superior interesse histórico" e a "soluções conciliatórias", ainda que não sejam as mais satisfatórias sob o ponto de vista científico. Assim se justifica a exclusão da Delegação brasileira dos mais importantes referidos filólogos da Academia Brasileira de Letras. Com efeito, as prioridades políticas levaram a escolher o Pedro Calmon, o poeta Olegário Mariano e o filólogo José de Sá Nunes mais concordantes com as perspectivas governamentais. A diversidade das diferentes pronúncias do português resultantes da sua expansão mundial e de se ter tornado "a língua de todo um império", "guerreira e amorosa língua de Camões" implica agora um sacrifício de todos em prol da uniformidade ortográfica[59].

O discurso do Professor Doutor José Caeiro da Matta, Ministro português da Educação Nacional português, agradece os encómios que lhe foram feitos e discorre acerca da "grande pátria brasileira" de hoje e "o Portugal do século XVI". O final da Primeira Guerra Mundial tinha no passado produzido uma nova realidade caracterizada pelo "desaparecimento" do Atlântico e pelo nascimento de uma «Nova Atlântida», nas palavras clarividentes de Rui Barbosa, em Dezembro de 1918, assegurando a continuidade territorial entre a Europa e a América. A amizade e a solidariedade entre o Brasil e Portugal são o espelho dessa nova realidade

---

[58] Cfr., Calmon, Pedro, «Discurso do Presidente da Academia de Letras, Senhor Prof....», in *Conferência interacadémica luso-brasileira de Lisboa para a unidade da língua escrita. Discurso e Alocuções*, Lisboa: Academia das Ciências de Lisboa, 1945, pp. 42-44.

[59] Cfr., Couto, Ribeiro, «Discurso do Sr. Dr. ...», in *Conferência interacadémica luso-brasileira de Lisboa para a unidade da língua escrita. Discurso e Alocuções*, Lisboa: Academia das Ciências de Lisboa, 1945, pp. 62-64.

civilizacional do Ocidente afirmada, mais uma vez, através do Acordo Ortográfico de 1945 e reforçada pela memória colectiva dos dois países. Assim sendo, a preservação da língua portuguesa ganha nova importância, pois é "o depósito sagrado das nossas comuns tradições". Embora expressão colectiva de um povo, a língua é também uma componente política essencial dos estados, e, pelo que é de realçar o papel institucional das Academias e dos respectivos presidentes, na sua defesa[60].

As cerimónias oficiais, têm continuação no almoço em 8 de Agosto de 1945, no Palácio Nacional de Sintra, oferecido por António de Oliveira Salazar, na dupla condição de Presidente do Conselho de Ministro e Ministro dos Negócios Estrangeiros. Na Sala dos Cisnes, onde decorreu, Oliveira Salazar pronunciou um discurso especialmente dirigido ao chefe da delegação brasileira – o historiador Pedro Calmon sob o signo da partilha de sentimentos e afectos com o Brasil, que abrangem todas as classes, sem distinção de idade ou cultura, que fazem com que os dois povos tenham "quase duas pátrias". Saúda o sucesso do acordo ortográfico que considera o ponto de partida para objectivos mais vastos e mais ambiciosos. Manifesta o maior interesse na criação de um plano estratégico global de colaboração dos dois povos, salvaguardando um património histórico comum, e a cooperação transcontinental, seguindo "a marcha ascensional do Brasil" na América, num tempo de fragilidade trágica da Europa[61].

A resposta de Pedro Calmon esforça-se por salientar a "tradição hospitaleira" de Portugal e a relação histórica com a "raça avoenga", o "espírito" e a "língua comum". A importância do momento histórico materializa-se, também no facto do almoço celebrar o acordo ortográfico, no "coração da nacionalidade histórica", cheia de referências à língua vernácula dos reis afonsinos, à oratória de Vieira e de Bernardes, afirmando-se num espaço monumental ideal. A razão do louvor à unidade indissolúvel da Pátria entronca na luta pela defesa da língua portuguesa e pela sua "mensagem

---

[60] Cfr., Matta, José Caeiro da, «Discurso de Sua Ex.ª o Senhor Ministro da Educação Nacional», in *Conferência interacadémica luso-brasileira de Lisboa para a unidade da língua escrita. Discurso e Alocuções*. Lisboa: Academia das Ciências de Lisboa, 1945, p. 67-69.

[61] Cfr., Salazar, António de Oliveira, «Discurso ....,», in *Conferência interacadémica luso-brasileira de Lisboa para a unidade da língua escrita. Discurso e Alocuções*. Lisboa: Academia das Ciências de Lisboa, 1945, p. 75-76.

universal", bem expressa na literatura dos dois países, sob o signo do "povo cristão" e do "altivo orgulho das nossas tradições intelectuais". Em conclusão, elogia alegremente o contingente expedicionário brasileiro no seu regresso da Itália, onde combateu na Segunda Guerra Mundial, comparando-o pelo heroísmo, aos combatentes portugueses de Aljubarrota da "outra Pátria brasileira"[62].

A ofuscante expressão da alma lusitana no mundo

A sessão solene de encerramento da Conferência Intercadémica ocorreu a 15 de Agosto de 1945, teve lugar no *Salão Nobre* da Academia das Ciências de Lisboa e iniciou-se com um discurso de Júlio Dantas na qualidade de Presidente da Academia das Ciências, relembrando a unidade das duas pátrias em torno da "unidade do idioma imperial", agora reafirmado pelo anúncio do desfile conjunto das tropas brasileiras e portuguesas unindo, num mesmo espírito de amizade, os exércitos dos dois países. Nesta linha de pensamento, Júlio Dantas regressa, no tempo aos anos 20 e 30 para relembrar anteriores afirmações e profecias, baseadas em Wicham Steed e Graça Aranha, o mestre da "Estética da Vida", sobre o futuro comum das duas pátrias no Mundo em torno de uma só língua e de uma só história e «da ofuscante expressão da alma lusitana no Mundo»[63].

O discurso do Ministro da Educação Nacional de Portugal, Caeiro da Matta, salienta a questão do papel essencial das duas academias em todo o processo que conduz ao acordo, em nome da função destas instituições na salvaguarda da "mais alta vida intelectual da nação". Os problemas linguísticos são, na sua opinião, problemas políticos, na medida em que a conservação do idioma depende de uma intervenção política. A acção do Ministro da Educação Nacional do Brasil, Dr. Gustavo Capanema, foi fundamental na resolução das divergências ortográficas entre os dois países. A maior influência na vida espiritual das nações da língua comum

---

[62] Cfr., Calmon, Pedro, Discurso ...., *Conferência interacadémica luso-brasileira de Lisboa para a unidade da língua escrita. Discurso e Alocuções*, Lisboa, Academia das Ciências de Lisboa, 1945, p. 77-79.

[63] Cfr., Dantas, Júlio, «Discurso do presidente da Academia, Sr...,», in *Conferência interacadémica luso-brasileira de Lisboa para a unidade da língua escrita. Discurso e Alocuções*. Lisboa: Academia das Ciências de Lisboa, 1945, p. 86.

ir-se-ia projectar no "novo mundo" nascido do fim da Segunda Guerra Mundial. A Europa em que o "sentimento da completa libertação" não se verificou – referência implícita à U.R.S.S. e à Europa de Leste – marcada pela edificação de uma nova Ordem Internacional respeitadora dos direitos dos estados e dos povos. Neste contexto serão cada vez mais necessários os "obreiros conscientes", dotados de "um alto humanismo político", capazes de compreender as aspirações dos "homens novos" e de construir "a cidade do futuro", em oposição a uma mitologia política, ou seja, uma referência implícita a certas ideologias dominantes. A restauração da Ordem Internacional é o objectivo da política universal, posterior à Segunda Guerra Mundial, concebida dentro de "um programa de política positiva" que recorda sem dúvida Auguste Comte e o positivismo. Um projecto vasto, abarcando a ordem espiritual, o progresso, a mulher, o proletário, as hierarquias, a unidade da Europa etc. Contudo, o essencial na sua perspectiva passava também por obter a preservação da ordem internacional entre os estados grandes, médios e pequenos em torno da "diversidade e equilíbrio". Portugal e o Brasil têm necessariamente de encontrar o seu lugar de reconstrução a nível universal.

Aliás, no meio do caos generalizado, provocado a nível mundial pela guerra, só Portugal e o Brasil foram capazes de preservar "as forças do espírito" em "torno do ideal cristão de vida", ou seja, dos valores cristãos de vida. A parceria histórica e cultural das "duas pátrias" não pode deixar de valorizar o facto de estarmos perante a hora americana, na qual o Brasil se integra perfeitamente e por direito próprio. O Brasil actual é uma das forças de regeneração da humanidade, na linha do pensamento de Euclides da Cunha, nos "Sertões", no qual a pertença a uma "civilização universal" é indiscutível. Portugal que deu contributos essenciais para esta "civilização universal" vai inserir-se ao seu lado neste tempo presente e é deste tempo presente que é preciso agora falar garantindo-se com a ajuda de Carmona e Salazar. Ora, o tempo presente implica a justificação do papel de Portugal no Mundo, a neutralidade no recente conflito dada anteriormente por Neves Fontoura como essencial para evitar o isolamento do Velho Continente durante a Segunda Guerra Mundial. A citação de Neves Fontoura continua com a referência a uma desejada parceria estratégica, teorizada já por Walter Lipman, em defesa do hemisfério ocidental, baseada na linha atlântica partilhada pelos dois países. A herança do condomínio luso-brasileiro do passado deve ser reactivada agora baseada no "dom de equilíbrio" e na "noção realista das coisas" características apontadas pelo Dr. Leão Veloso como típicas dos portugueses. A aliança de Portugal e do Brasil é mais do que nunca necessária num Mundo em convulsão, pois os dois países conhecem-se e amam-se contradizendo aqui uma máxima do Cardeal de Retz[64].

Sentido político dado à fraternidade luso-brasileira

O discurso de Ribeiro Couto, encarregado dos Negócios do Brasil a sua satisfação pelo sucesso da Conferência Ortográfica de Lisboa em 1945. O impasse criado no passado, foi felizmente ultrapassado pela iniciativa política dos governos dos dois países e deu um "sentido político" à "fraternidade" luso-brasileira. A língua portuguesa é portadora de "uma mensagem de civilização e de fé" ao contrário da castelhana, da francesa ou da inglesa que são simplesmente línguas de "sujeição administrativa", ou efémera unidade de povos dispersos. Assim sendo, realçando o dia 10 de Agosto de 1945, dia de assinatura do Acordo Ortográfico, como o Dia da Língua Portuguesa para ambos os povos, tornando sua a ideia de Salazar de se tratar de um ponto de partida para algo mais importante. Provavelmente um acordo ou vários acordos de colaboração, ou de aliança política estratégica, para o Atlântico Sul. A glória da Língua Portuguesa seria o prenúncio de uma glória maior dos "Lusíadas" quer se tratasse dos brasileiros ou dos portugueses[65].

A longa intervenção do Dr. Gustavo Cordeiro Ramos deu origem a um discurso de fundo, cheio de referências eruditas, começando pelas referências de Paul Valéry à poesia de Rilke e utilizando as concepções filosóficas de Ralph Emerson para, depois, as rejeitar em nome da concepção de Goethe, das afinidades ou "actividades electivas" dos amantes que se aproxima da relação entre Portugal e o Brasil. Nada de mais verdadeiro no momento em que se acolhem na Academia de Ciências de Lisboa os enviados da

---

[64] Cfr. Matta, Caeiro da, «Discurso do Senhor Ministro da Educação Nacional, Doutor ....», in *Conferência interacadémica luso-brasileira de Lisboa para a unidade da língua escrita. Discurso e Alocuções*, Lisboa: Academia das Ciências de Lisboa, 1945, pp. 92-94.

[65] Cfr., Couto, Ribeiro, «Discurso do Sr, Dr ....,», in *Conferência interacadémica luso-brasileira de Lisboa para a unidade da língua escrita. Discurso e Alocuções*, Lisboa: Academia das Ciências de Lisboa, 1945, pp. 95-98.

"inteligência brasileira" e do "lusofilismo" do outro lado do Atlântico. Destaca no elogio aos membros da delegação brasileira, o seu presidente Pedro Calmon e baseando-se no historiador integralista brasileiro Gustavo Barroso, salienta a ética cristã, presente nas investigações históricas de sua autoria, na linha de Varnhagen e Oliveira Lima, ou do luso-tropicalismo do sociólogo Gilberto Freire, em torno da colonização portuguesa no Brasil. Na sua opinião Pedro Calmon adapta-se perfeitamente à figura dos *Representative Men*, teorizados por Ralph Emerson[66]. A romagem patriótica à Terra dos antepassados dos representantes, do governo e da intelectualidade brasileira, tinha tido um primeiro ponto alto em Dezembro de 1943, seguindo Afrânio Peixoto na sua admiração pela "língua da epopeia e amor" e ponto fulcral da unidade do Brasil e Portugal. A unidade luso-brasileira articula-se em torno da "acção civilizadora", através da evangelização cristã dos indígenas americanos realizada pelos portugueses, exprimindo o "concerto da paz e da justiça" no Mundo e expressa-se na "tradição literária". A unidade transcontinental estabelece-se de imediato em torno das grandes figuras do passado, nomeadamente António Vieira, como é referido por Neves Fontoura e Sousa Monteiro. A devoção do Brasil pela mãe-pátria traduz-se, também, numa devoção pelos clássicos portugueses e especial por António Vieira e Camões, exprimindo-se numa língua que é a "chama sagrada" onde se alimenta o sacerdócio literário brasileiro[67]. Além disso, o idioma é considerado "a higiene do espírito" e, portanto, deve ser preservado pelas nações como elemento de combate às "Internacionais comunistas" e à subversão internacional. Trata-se de disciplinar a língua de modo a evitar os "desmandos anárquicos" capazes de dissolver a "estrutura do idioma".

No entanto, recusa ver as línguas como produto único de uma imposição política, na linha de pensamento, de inícios de oitocentos, de Marcelino Menéndez Palayo. Considera que existe a necessidade de evitar a desnacionalização do idioma estabelecendo uma certa fixidez na "ordem

---

[66] Cfr., Ramos, Gustavo Cordeiro, «Discurso do Sr, Dr ....», in *Conferência interacadémica luso-brasileira de Lisboa para a unidade da língua escrita. Discurso e Alocuções*. Lisboa: Academia das Ciências de Lisboa, 1945, pp. 99-101.

[67] Cfr., Ramos, Gustavo Cordeiro, «Discurso do Sr. Dr. », in *Conferência interacadémica luso-brasileira de Lisboa para a unidade da língua escrita. Discurso e Alocuções*. Lisboa: Academia das Ciências de Lisboa, 1945, pp. 107-108.

gráfica", pois permite salvaguardar "a própria alma da Nação"[68] . As "leis da evolução ideológica" são condicionantes necessárias da língua, dando origem, ou permitindo, profundas transformações que reflictam a fusão contraditória, de diversas raças e crenças, num povo. Tais mudanças, como refere Vendryes, têm uma maior importância, quando a língua é transferida para longe do seu território de origem, como aconteceu nas colónias das potências europeias[69]. A adaptação da língua portuguesa a um novo meio e a uma nova cultura traduziu-se, seguindo Stefan Zweig, Laudelino Freire e Handelmann, num verdadeiro milagre, pois na preservação da sua unidade salvaguarda o Brasil o que melhor existe nos "dotes característicos da raça portuguesa", ou seja, "cavalheirismo, humanidade, polidez de maneiras, denodo e diligência, virtudes familiares". No fundo Portugal continua a ter uma missão histórica, ao transmitir a civilização cristã ao Novo Mundo, unindo assim a cultura europeia e americana. A partir dos descobrimentos portugueses dá-se a transição final da história da civilização, desde o Vale do Nilo e do Eufrates, passando pelo Mediterrâneo até ao Atlântico. No presente e no futuro, Portugal será um elemento de harmonização das civilizações europeia e americana, seguindo aqui o pensamento de Lecky, Myers e Graça Aranha. O orador não se limita a chamar a importância para o papel de Portugal, enquanto elemento de ligação entre dois mundos e duas civilizações, procura estabelecer a primazia dos portugueses na descoberta do continente americano, em torno das viagens quinhentistas de João Vaz Corte Real, apoiando-se na opinião de autores estrangeiros como Vignaud, Yule, Oldam, Babcock, Henning, Zechlin e Sophus Larsen. A importância das descobertas portuguesas na América não se limitam à costa atlântica, pois Cabrilho no século XVI fez o reconhecimento da Califórnia, um dos mais importantes estados dos Estados Unidos e, outros descobridores, fizeram o mesmo em relação à Florida[70].

---

[68] Cfr., Ramos, Gustavo Cordeiro, «Discurso do Sr. Dr. », in *Conferência interacadémica luso-brasileira de Lisboa para a unidade da língua escrita. Discurso e Alocuções,* Lisboa: Academia das Ciências de Lisboa, 1945, pp. 108-110.

[69] Cfr., Ramos, Gustavo Cordeiro, «Discurso do Sr. Dr. », in *Conferência interacadémica luso-brasileira de Lisboa para a unidade da língua escrita. Discurso e Alocuções,* Lisboa: Academia das Ciências de Lisboa, 1945, pp. 111-112.

[70] Cfr., Ramos, Gustavo Cordeiro, «Discurso do Sr. Dr. », in *Conferência interacadémica luso-brasileira de Lisboa para a unidade da língua escrita. Discurso e Alocuções,* Lisboa: Academia das Ciências de Lisboa, 1945, pp. 114-116.

Porém, o essencial e o mais importante continua a colocar-se na amizade luso-brasileira e, sobretudo, no intercâmbio cultural, entre as elites intelectuais dos dois países materializado, de forma inequívoca, nos acordos obtidos em torno da língua comum, permitindo a salvaguarda dos valores comuns[71]. A tradição da Academia das Ciências de Lisboa está profundamente ligada a esta salvaguarda dos valores civilizacionais, desde os seus primórdios, estabelecidos sobre o alicerce da amizade luso-brasileira e da pertença à mesma "raça imortal" como afirma José Bonifácio de Andrade e Silva, secretário-geral, ao mesmo tempo "um grande português e um grande brasileiro". O empenho dos pioneiros desta amizade e intercâmbio cultural, teve seguimento, ao longo dos séculos, iniciado por Júlio Dantas como presidente da Academia das Ciências de Lisboa, desde os anos vinte. Em segundo lugar surge Consiglieri Pedroso que apresentou em 10 de Novembro de 1929 um projecto de acordo luso-brasileiro, no plano da língua, mas que a morte precoce impossibilitou de se realizar. Em terceiro lugar, em 1928, Coelho Carvalho, então Presidente da Academia das Ciências e, de seguida, em quarto lugar uma vasta pléiade de filólogos que, pelo seu esforço, tornaram possível a convergência entre as duas academias. Em quinto lugar acrescenta o Professor Manuel Sousa Pinto, da cadeira de Estudos Brasileiros na Faculdade de Letras de Lisboa. Em sexto lugar, Joaquim Leitão secretário da Academia das Ciências um dos obreiros da aproximação cultural luso-brasileira. Em sétimo lugar Rebelo Gonçalves e principalmente o seu trabalho sobre o *Vocabulário Ortográfico da Língua Portuguesa* e, em oitavo lugar, os membros da delegação brasileira[72]. Gustavo Cordeiro Ramos justifica assim, plenamente, a acção conjunta dos intelectuais e das Academias dos dois países em prol do bem comum. Todavia, torna-se necessário realçar a complementaridade entre "as letras e a política", contradizendo as célebres prevenções, face à subordinação dos intelectuais aos políticos de Julien Benda no seu livro "*La Trahison des Clercs*",

---

[71] Cfr., Ramos, Gustavo Cordeiro, «Discurso do Sr. Dr. », in *Conferência interacadémica luso-brasileira de Lisboa para a unidade da língua escrita. Discurso e Alocuções.* Lisboa: Academia das Ciências de Lisboa, 1945, pp. 119-120.

[72] Cfr., Ramos, Gustavo Cordeiro, «Discurso do Sr. Dr. ,», in *Conferência interacadémica luso-brasileira de Lisboa para a unidade da língua escrita. Discurso e Alocuções.* Lisboa: Academia das Ciências de Lisboa, 1945, pp. 120-123.

(1927). Releva a especial importância da figura do Dr. Gustavo Capanema, Ministro da Educação do Brasil que, na sessão histórica da Academia Brasileira de Letras, de 29 de Janeiro de 1942 proclamou a existência de uma só língua portuguesa. Neste panorama, Getúlio Vargas destaca-se, largamente, em prol da unificação da língua, utilizada pelos missionários lusos para a evangelização do Brasil bem presente no discurso proferido, no Gabinete Português de Leitura do Rio de Janeiro em 1939, valorizando o significado cultural e político do problema linguístico[73].

Hora memorável da história em prol das duas pátrias

Seguiu-se a "Oração do Sr. Dr. Pedro Calmon" que foi, de certa maneira a resposta à intervenção de Gustavo Cordeiro Ramos. A estrutura da oração segue um plano, inicia-se com "A Conferência", vindo em segundo lugar "A Nação e a Literatura", em terceiro lugar "A Língua e a América", em quarto "A Unidade Básica" e em quinto "Portugal". Mas está preocupado em demonstrar a importância do empenho da Academia Brasileira de Letras, desde de 1907 e a sua preocupação imediata de corrigir os erros da Reforma Ortográfica de 1911 para conseguir obter este resultado final empolgante, e globalmente satisfatório, pois todas as dificuldades foram ultrapassadas, de forma cordata, pelas duas partes e, em nome da ciência, do patriotismo e do interesse geral sem sectarismos. Deste modo, as diligências comuns efectuadas tornaram-se numa "hora memorável da história" em prol das "duas pátrias"[74].

No ponto seguinte a "Nação e a Literatura", ao reflectir sobre a realidade perene da nação assumindo uma concepção na qual se misturam elementos organicistas e voluntaristas que desembocam numa estreita dependência da nação e da língua e na definição, do que hoje chamaríamos a identidade nacional de um povo moldada pela literatura[75]. A naturalização da língua

---

[73] Cfr., Ramos, Gustavo Cordeiro, «Discurso do Sr. Dr. », in *Conferência interacadémica luso-brasileira de Lisboa para a unidade da língua escrita. Discurso e Alocuções*. Lisboa: Academia das Ciências de Lisboa, 1945, pp. 123-124.

[74] Cfr., Calmon, Pedro, «Oração do Sr. Dr. ,», in *Conferência interacadémica luso-brasileira de Lisboa para a unidade da língua escrita. Discurso e Alocuções*. Lisboa: Academia das Ciências de Lisboa, 1945, pp. 129-130.

[75] Cfr. Calmon, Pedro, «Oração do Sr. Dr. » in, *Conferência interacadémica luso-brasileira de Lisboa para a unidade da língua escrita. Discurso e Alocuções*. Lisboa: Academia das Ciências de Lisboa, 1945, pp. 130-131.

portuguesa no Brasil sofreu uma aceleração histórica com a geração "romântica do indianismo", bem presente em autores como Castro Alves, Macedo, Magalhães e Machado de Assis, embora não necessariamente da mesma escola literária, que, na opinião de Pedro Calmon, traduz uma singular recuperação da escrita seiscentista de Bernardim Ribeiro capaz de servir de base à miscegenação cultural brasileira. A "fundação" ou "refundação" da língua portuguesa pela literatura brasileira tem uma inigualável dimensão moderna que assume uma característica simbólica, chegando aos tempos de hoje na construção de uma civilização nova e melhor. Nesta perspectiva se insere a questão da "Unidade Básica" da Língua portuguesa, na diversidade maravilhosa e maravilhada do antigo e do novo, na literatura portuguesa e brasileira.

A transfiguração da língua portuguesa original vestindo-se as roupagens tropicais chama Pedro Calmon "Humanismo", mas com um ímpeto "católico" imprescindível e inevitável que se cristaliza na unidade básica da língua em torno do "vernáculo antigo" e do novo "vocábulo caudaloso"[76]. Descreve, de novo, elogiosamente a epopeia seiscentista portuguesa, centrada nos descobrimentos e por si mesma capaz de complementar e de ultrapassar a realidade puramente europeia e projectar-se do outro lado do Atlântico elogio extensivo à assimilação à língua do povo brasileiro e, portanto, de um Portugal que se continua no Brasil e se torna na "Arca Santa da pátria imortal!"[77].

A demora em Lisboa da delegação brasileira permitiu que a 27 de Setembro de 1945 as duas delegações académicas tivessem prontas "«as bases analíticas»" e as "«instruções preliminares» do *Vocabulário Mínimo*"[78]. O Acordo Ortográfico foi publicado pelos dois governos a 8 de Dezembro de 1945 aprovando o Acordo Ortográfico assinado em Lisboa a 10 de Agosto de 1945. A queda de Getúlio Vargas em 1945 não

---

[76] Cfr., Calmon, Pedro, «Oração do Sr. Dr. », *in Conferência interacadémica luso-brasileira de Lisboa para a unidade da língua escrita. Discurso e Alocuções*. Lisboa: Academia das Ciências de Lisboa, 1945, pp. 133-135.

[77] Cfr., Calmon, Pedro, «Oração do Sr. Dr. », *in Conferência interacadémica luso-brasileira de Lisboa para a unidade da língua escrita. Discurso e Alocuções*. Lisboa: Academia das Ciências de Lisboa, 1945, pp. 135-137.

[78] Cfr., Dantas, Júlio, «Discurso do Presidente da Academia das Ciências de Lisboa, Senhor Dr....», *in Conferência interacadémica luso-brasileira de Lisboa para a unidade da língua escrita. Discurso e Alocuções*. Lisboa: Academia das Ciências de Lisboa, 1945, pp. 150-151.

alterou significativamente o relacionamento entre as duas Academias e os dois estados embora o acordo ortográfico de 1945 não tenha sido o último acordo entre Portugal e o Brasil. Todavia, os esforços realizados nas décadas de 30 e 40 do século XX mostraram ser capazes de, no contexto cultural e político da época, produzir uma bem sucedida colaboração entre as elites intelectuais luso-brasileiras. A Academia das Ciências de Lisboa e a Academia Brasileira de Letras souberam retomar os contactos e projectos iniciados nos anos 20 e, de certo modo, acabaram por levar os dois "Estados Novos" a aceitá-los e a torná-los um elemento relevante da política externa de cada país. Nesta perspectiva, mantiveram-se fiéis aos seus objectivos científicos e culturais, sendo capazes de ultrapassar as mudanças de regime para os perpetuar, numa estratégia a longo prazo, de salvaguarda cultural do espaço lusófono. A independência das antigas colónias portuguesas e as posteriores transformações mundiais, no meio século seguinte, tornaram ainda mais relevante o esforço então realizado.

A. G. de Araujo Jorge: um interlocutor privilegiado

Celine Gomes da Silva Blotta
Lucia Maria Paschoal Guimarães

> «(...) Um homem jovem de palavra fácil, semblante um pouco moreno, que expressa suas opiniões e pensamentos com máxima claridade e com uma franqueza considerada, até agora, como pouco diplomática»[1].

Assim se expressou o jornalista Abel Valdés, para descrever o embaixador A. G. de Araujo Jorge, quando este aportou à cidade de Santiago, em 1935, nomeado para chefiar a representação brasileira na capital do Chile. No esboço de Valdés, por certo faltava o traço que melhor caracterizaria o recém-chegado: um intelectual.

Nascido em 29 de setembro de 1884, na cidade de Paulo Afonso (Alagoas), Arthur Guimarães de Araújo Jorge era filho do Desembargador Rodrigo de Araujo Jorge e de D. Emília de Araujo Jorge. De família abastada, matriculou-se na Faculdade de Direito do Recife, um dos mais antigos e tradicionais estabelecimentos de ensino superior no Brasil. Logo revelaria seus dotes literários, o gosto pelo estudo e pelo manejo das idéias, colaborando na *Revista Jurídica*, do Centro Acadêmico Teixeira de Freitas, e no periódico *A Cultura Acadêmica*. Concluiu o curso de ciências jurídicas, em 1904, e tornou-se professor de história natural e de filosofia do direito no Instituto Leibniz, do Recife.

Embora promissora, a incursão no magistério foi breve. Transferiu-se para o Rio de Janeiro, e ingressou no corpo de funcionários do Ministério

---

[1] Valdés, Abel, *apud* «Araújo Jorge e a obra de Rio Branco. Nota introdutória à 2ª edição», *in* Jorge, A. G de Araújo, *Rio Branco e as fronteiras do Brasil: uma introdução às obras do Barão do Rio Branco*. Col.« Brasil 500 anos», Brasília: Senado Federal, 1999, p. 10.

das Relações Exteriores, em 1905, como assistente do árbitro brasileiro no Tribunal Arbitral Brasil-Bolívia, o advogado e político Carlos Augusto de Carvalho. Passados alguns meses, seria incumbido, concomitantemente, de desempenhar as mesmas funções junto ao recém criado Tribunal Brasileiro-Peruano[2], ocasião em que se tornou amigo do escritor Graça Aranha, um dos fundadores da Academia Brasileira de Letras, que também pertencia aos quadros do Itamaraty. Deixou ambos os cargos em 1906, para assumir a secretaria da Terceira Conferência Internacional Americana do Rio de Janeiro, e integrar o gabinete do chanceler José Maria da Silva Paranhos, o Barão do Rio Branco, de quem se tornaria um dos auxiliares mais próximos.

Discípulo dileto do Barão, paralelamente às atividades da *carrière*, conservaria o interesse pela crítica de idéias, herdando de seu mentor o estilo rigoroso e conciso como revelam os artigos que escreveu para o *Jornal do Commércio*. Tal qual o mestre, inclinou-se para os estudos de história diplomática do Brasil, campo ao qual dedicaria a maior parte de suas obras, a exemplo dos *Ensaios de História Diplomática do Brasil no Regime Republicano*, concluídos em 1908 e editados em 1912[3]. Por sugestão e patrocínio de Rio Branco, em 1909, fundou no Rio de Janeiro a *Revista Americana*, mensário do qual foi o principal redator ao lado do geógrafo Carlos Delgado de Carvalho e do jornalista Joaquim Viana.

A publicação internacional, voltada para «*aproximar intelectuais, congregar espíritos, revelar identidades e promover formas de integração cultural entre os diversos povos da América*»[4], circulou regularmente durante dez anos (1909 – 1919). Atingiu larga irradiação internacional, tornando-se um veículo de divulgação da cultura e da história sul-americana. É oportuno ainda lembrar que a *Revista Americana* constituiu um instrumento da maior importância para a consecução do projeto político de aproximação do Brasil com os países do continente, formulado pelo Barão e desenvolvido pelo Itamaraty,

---

[2] O Tribunal Arbitral Brasileiro-Peruano foi estabelecido em 1906, a propósito de dirimir as questões de limites entre os dois países.

[3] Jorge, A. G. de Araújo, *Ensaios de história diplomática do Brasil no regime republicano*. Rio de Janeiro: Imprensa Nacional, 1912.

[4] Castro, Fernando Luiz Vale, «Uma Revista para pensar o Continente Americano», *Revista Espaço Acadêmico*, Nº 86, Jul 2008. Disponível em: http://www.espacoacademico.com.br/086/86castro.htm. [Consultado a 8 setembro de 2009].

no início do século passado, ao mesmo tempo em que representou a primeira experiência brasileira do que se denominaria, posteriormente, de "diplomacia cultural"[5].

Não vem ao caso, no momento, arrolar as numerosas contribuições de Araujo Jorge à *Revista Americana*[6]. Entretanto, cabe destacar a reflexão que desenvolveu acerca da importância histórica do contributo do diplomata luso-brasileiro Alexandre Gusmão[7], que identifica como o "avô da diplomacia brasileira", cuja paternidade atribui ao Barão do Rio Branco. No seu entender, ambos compartilhavam o sonho de ver o Brasil e, por conseguinte, o continente, sob a bandeira da integridade territorial pautada em uma fraternidade sul-americana[8].

Em 1913, já falecido o Barão, Araújo Jorge foi promovido ao posto de primeiro-oficial, e enviado em comissão à Europa, onde permaneceria por cinco anos. Nesse período, exerceu o cargo de Secretario Geral da Carnegie Endowment for International Peace no Brasil e foi designado delegado ao Segundo Congresso Cientifico Internacional Americano de Washington (1915), evento em que apresentou a sua *Historia Diplomática do Brasil Francês*. Em 1925, na qualidade de Ministro Plenipotenciário em La Paz, negociou a fixação dos limites não abrangidos pelo Tratado de Petrópolis, e o estabelecimento das comunicações ferroviárias entre o Brasil e a Bolívia. Dois anos depois, desempenharia as mesmas atribuições em Havana, além de visitar diversos países da América Central (Panamá, Costa Rica, El-Salvador, Haiti e Republica Dominicana), junto aos quais também estava credenciado. Deslocado para o Paraguai, em 1929, representou o Brasil na Conferência Internacional Americana de Conciliação e Arbitramento de Washington (1928-1929). Depois de chefiar a legação em Montevidéu

---

[5] *Idem.*

[6] Entre outros, destacam-se os seguintes textos: «Euclydes da Cunha»; «O reconhecimento da República do Brasil»; «A Ilha de Trindade – Incidente anglo brasileiro»; «O ultimo livro de Euclydes da Cunha»; «O litígio anglo-argentino sobre a Ilha Malvina – (À margem do livro de Paul Groussac)»; «O Brasil e a França no século XVI. (Um capítulo de História diplomática do Brasil)»; «Historia diplomática do Brasil Holandês»; «História e Crítica».

[7] *Vide:* A. G. de Araújo Jorge, *Ensaios de história e crítica*. Rio de Janeiro: Imprensa Nacional, 1948.

[8] Cf., Castro, Fernando Luiz Vale, «Pensando um continente: a Revista Americana e a criação de um projeto cultural para a América do Sul». *Tese de doutoramento.* Rio de Janeiro: Departamento de História; Pontifícia Universidade Católica do Rio de Janeiro. 2007. p. 136.

(1931-1933), foi removido sucessivamente para as representações de Berlim (1933-1935), de Santiago (1935-1936) e de Lisboa (1936).

Apesar de exímio americanista, como comprova sua biografia, a escolha de Arthur Guimarães de Araujo Jorge para chefiar a embaixada brasileira em Lisboa foi um ato deliberadamente calculado. Homem de confiança de Getúlio Vargas,[9] intelectual de reconhecidas qualidades, sua designação refletia a posição estratégica que Portugal, gradativamente, viria a ocupar no jogo da política externa brasileira, depois da reforma instaurada por Vargas no Ministério das Relações Exteriores. Sintomaticamente, o seu desembarque na capital lusa, em 16 de maio de 1916, recebeu ampla cobertura da imprensa:

> «(...) Chegou hoje a Lisboa o novo embaixador do Brasil em Portugal, Sr. Dr. Artur Guimarães de Araujo Jorge. (...) A chegada do Arlanza estava anunciada para as 14 horas. (...) antes disso, começaram a afluir no cais de Alcântara numerosas pessoas, entre as quais se viam os Srs. Dr. Mendes Leal, chefe do protocolo da República, em nome do governo português, Dr. Fernando Pinheiro, encarregado de negócios do Brasil; Dr. Borges da Fonseca, cônsul geral do Patriarcado, representando o Sr. D. Manuel Gonçalves Cerejeira; pessoal da embaixada e do consulado, muitos membros da colônia portuguesa e de portugueses que já estiveram no país irmão»[10].

Os diários lisboetas também procurariam salientar a erudição do novo representante brasileiro:

> «O Sr. Dr. Araujo Jorge é um historiador e escritor de renome no seu país, tendo escrito, entre outras obras de valor, a História Diplomática do Brasil[11] (...) Profundo conhecedor de história, fundou e dirigiu uma grande revista mensal "A Revista Americana", na qual colaboraram as mais brilhantes penas da diplomacia americana e os mais dedicados lutadores do mesmo ideal. (...) O Embaixador Araujo Jorge tem publicado, além de artigos, monografias, jornais e revistas brasileiros e estrangeiros, os seguintes livros: Problemas de Filosofia Biológica (1905); Jesus (1911); História Diplomática do Brasil (República)

---

[9] Araújo Jorge exerceu as funções de secretário da Presidência da República, entre 1930 e 1931.
[10] Cf., «O novo Embaixador do Brasil», *Diário de Lisboa*. Lisboa: 16 maio de 1936.
[11] *Idem*.

A. G. de Araujo Jorge:
um interlocutor privilegiado

O embaixador Araujo Jorge [de terno claro], e José de Albuquerque, com autoridades portuguesas e brasileiras que foram cumprimentá-los a bordo do "Arlanza".

(1912); Ensaios de História e Crítica (1915); História Diplomática do Brasil Holandês (1914) e História Diplomática do Brasil Francês (1915)».[12]

Em 10 de junho de 1936, cumprindo as formalidades de praxe, Araújo Jorge apresentou suas credenciais ao Chefe de Estado Português, General António Oscar de Fragoso Carmona. Naquela altura, proferiu um discurso conciso, em que procurou resumir a missão que lhe fora confiada, além de expor as orientações do Itamaraty para com "o país irmão":

> «(...) *aos governos do Brasil e de Portugal, além da fácil tarefa de aproximação moral e espiritual, cabe, sobretudo, a sagrada missão de velar pelos destinos futuros da raça luso-brasileira, não permitindo que se cerceie de uma polegada o patrimônio territorial herdado dos seus maiores... só assim ambos os povos, multiplicados e disseminados amanhã pelas cinco partes do mundo, estarão em condições de manter, propagar e perpetuar as mais puras e refulgentes tradições da sua história, e dilatar, pelos séculos afora, os domínios da língua portuguesa, destinada a ser falada num império de cerca de doze*

---

[12] Cf., *Diário da Manhã*. Lisboa: 17 de maio de 1936.

milhões de quilômetros quadrados, e a constituir um dos mais poderosos instrumentos de civilização da humanidade»[13](o grifo é nosso).

Com efeito, o embaixador assumira o posto em um momento crítico. As autoridades do Palácio de Belém enfrentavam uma inquietante onda de boatos, divulgados na imprensa local e estrangeira, que asseguravam estar em marcha a consecução de um plano internacional, cujo propósito seria transferir boa parte dos domínios portugueses em África para o III Reich. De acordo com os jornais, sobretudo os ingleses, discutia-se a idéia de franquear à Alemanha uma colônia na banda ocidental daquele continente, em área cedida pelas quatro grandes potências coloniais: Inglaterra, França, Bélgica e Portugal. Isso significava que a nação lusíada se encontrava na eminência de perder a posse de Angola, um dos pilares do seu Império ultramarino.

Em meio à boataria, especulava-se, ainda, sobre uma suposta negociação envolvendo Portugal e o Reich, para ultimar a venda daquele território ou o seu arrendamento aos alemães pelo prazo de 99 anos e 11 meses. Os noticiários apontavam, inclusive, quais as empresas germânicas que lá se iriam instalar, bem como as atividades econômicas que tencionavam desenvolver. Havia até quem afirmasse que a exploração de Angola estaria destinada a financiar os custos do equipamento do novo exército do Reich.

Tais rumores foram recepcionados com indignação, tratados como intrigas ou arremetidas contra o Estado Novo português. O Presidente do Conselho de Ministros, Antonio de Oliveira Salazar, sentindo-se ultrajado, veio a público para desmentir as informações sobre o propalado ajuste com Hitler. Apesar de reconhecer que a situação imposta ao país, no final da 1ª Guerra Mundial, não era justa ou sustentável, Salazar protestava, argumentando que Portugal não recebera territórios coloniais em função do Tratado de Versalhes. No seu entender o Ultramar consistia na grande missão de Portugal no Mundo[14]. Por conseguinte, não havia o que ceder às pretensões de Berlim. Afiançava que o Império português era uno e indivisível, desautorizando a um só tempo a presumida venda ou dito arredamento.

---

[13] Cf., «Portugal e Brasil», *O Século*. Lisboa: 11 de junho de 1936.
[14] *Vide*: Caetano, Marcello, *Depoimento*. Rio de Janeiro: Editora Record, 1974, p. 17.

Seria, portanto, ingenuidade tratar o discurso de Araujo Jorge como uma peça de retórica meramente protocolar. Pelo contrário, o recado transmitido às autoridades de Lisboa era claro: recebera instruções de acompanhar os desdobramentos da questão colonial, e pronunciar-se sempre de maneira favorável aos interesses portugueses no ultramar[15]. De antemão, anunciou a postura do Itamaraty em relação ao caso angolano: «*(...) Não costumam os diplomatas da categoria daquele que vos veio trazer tais manifestações de carinho pronunciar palavras inúteis ou assumir compromissos impensados ou meramente pessoais. (...) mas, se a desgraçada hipótese [perda de Angola] um dia surgir, tomando no seu significado literal e sentimental as palavras do representante da República irmã, Portugal pode contar com o Brasil para o ajudar a sair da situação que porventura lhe for criada*»[16] (o grifo é nosso).

A outra importante missão da qual deveria desincumbir-se consistia no incremento das relações culturais: «*(...) As relações entre Portugal e Brasil são tão estreitas e tão íntimas, que nem seriam necessários os diplomatas. (...) se algum papel nos cabe, esse é o que procurarei desempenhar, com o maior entusiasmo e a maior perseverança: apertar, mais ainda, se é possível, os laços rácicos, culturais e espirituais que ligam os nossos dois países*»[17].

A partir de 1931, fruto da já mencionada reforma do Ministério das Relações Exteriores, o governo brasileiro procurou agir de forma sistemática, no sentido de implementar e de regularizar os acordos firmados com países estrangeiros, que impulsionassem o fomento da produção e da exportação. Para acompanhar as ações de natureza econômica, o Ministério passou a contar com um Serviço de Cooperação Intelectual, encarregado de promover e de auxiliar a fundação de institutos e de bibliotecas, como as já existentes nas cidades de Buenos Aires, de Washington, de Berlim, de Londres, de Paris, de Hamburgo e de Colônia. Buscava-se, assim, difundir a cultura brasileira e ativar o intercâmbio intelectual em todos os grandes centros internacionais, abrindo caminho para a expansão do comércio exterior:

---

[15] *Vide*: Guimarães, Lucia Maria P., «Nos subterrâneos das relações luso-brasileiras, dois estudos de casos...», *in* Guimarães, Lucia Maria P. (org.), *Afinidades Atlânticas*. Rio de Janeiro: Quartet, 2009, p. 141.

[16] Cf., Caetano, Marcello. *Depoimento. op. cit*, p. 20-21.

[17] Jorge, A. G. de Araújo, *Diário de Lisboa*. Lisboa: 16 de maio de 1936.

«(...) Convenhamos, entretanto, em que chegou a hora de fixarmos diretivas e de pormos um paradeiro a esse desconhecimento que não é somente desairoso á nossa atividade cultural, mas (...) também no sentido econômico. Entendo, assim, que é dever dos nossos homens de governo, se de fato pensam em ser úteis ao Brasil, criar o aparelho arguto e inteligente com virtudes centrífugas e centrípetas que nos prolongue até aos ambientes onde nos ignorem ou, pior ainda, que se hajam habituado a ter de nós uma noção falsa, atraindo-os do mesmo modo»[18].

Acercar-se de Portugal constituía, pois, um dos elementos-chave dos planos de expansão do Itamaraty. Mas, para dar andamento a tal projeto, em primeiro lugar, tornar-se-ía necessário revitalizar os laços de fraternidade com a antiga metrópole, superando o relativo impasse que afetava as relações oficiais, desde o rompimento de 1894[19]:

«As relações entre o Brasil e Portugal, devido as suas afinidades próximas, sempre foram cordiais. Mas por uma inexplicável apatia, elas não saiam do terreno estéril do madrigalismo individual ou do convencionalismo protocolar das esferas oficiais (...) Um desconhecimento completo dos valores de ambos os povos, uma indiferença chocante em face dos problemas comuns, atenuados, apenas, pela voz de alguns brasileiros e portugueses, pregando no deserto. Nada há, porém, que fuja aos processos naturais da genética, o que equivale dizer que se fazia mister preparar o ambiente, criar uma atmosfera de curiosidade, de simpatia ativa, a fim de lançar, num terreno assim preparado, as sementes fecundas de um intercambio efetivo entre os dois países, de uma alta compreensão de seus valores espirituais, de seus princípios políticos, de suas realidades econômicas»[20].

---

[18] Jorge, A. G. de Araújo, «Expansão Cultural Luso-Brasileira». *O Primeiro de Janeiro*, Lisboa: 5 junho de 1936.

[19] A crise fora provocada pela decisão, do conde de Paraty, de conceder asilo em navios de guerra portugueses aos oficiais da marinha brasileira, que se haviam insurgido contra o governo do marechal Floriano Peixoto, na revolta da Armada. Apesar do restabelecimento das relações oficiais em 1895, mediante gestões da Inglaterra, perdurou durante muito tempo no Brasil um sentimento anti-lusitano, cultivado pelos setores nacionalistas mais acerbados.

[20] Jorge, A. G. de Araújo, «Expansão Cultural Luso-Brasileira», *op. cit.*

A. G. de Araujo Jorge:
um interlocutor privilegiado

O perfil intelectual de Araujo Jorge, por conseguinte, se ajustava como uma luva aos objetivos do Serviço de Cooperação. No fundo, subjacente à tradicional "retórica da afetividade"[21], a atuação do diplomata na esfera cultural deveria sedimentar a base para futuros entendimentos entre as chancelarias do Rio de Janeiro e de Lisboa

A existência de um patrimônio cultural comum, sem dúvida, parecia ser a via mais adequada para estreitar o diálogo bilateral. Se por um lado as relações oficiais entre Brasil e Portugal se haviam tornado pueris ao longo do tempo, por outro lado, informalmente, se haviam intensificado, graças à formação de redes de letrados, que atuavam nas duas margens do Atlântico[22]. Não por acaso, desde a sua ascensão ao poder, Vargas procurou acercar-se de intelectuais das mais diversas formações e correntes de pensamento, que fossem capazes de colaborar para o estreitamento dos laços institucionais com o Estado Novo salazarista. Vale lembrar que, desde a segunda metade do século XIX, uma seqüência de escritores cumpriu função diplomática ou consular às margens do Tejo. A linhagem se iniciara no Império com o historiador Francisco Adolfo de Varnhagen e o poeta Gonçalves Dias, tendo continuidade na República com Raimundo Correia, Oliveira Lima, Raul Bopp, Luiz Guimarães Junior, Cardoso de Oliveira, Guerra Durval, Heitor Lira, Álvaro Teixeira Soares, e mais tarde, incorporou nomes do porte de João Neves da Fontoura, Olegário Mariano, Álvaro Lins, Odilo Costa Filho, Oto Lara Resende, Josué Montello, Alberto da Costa e Silva, Evaldo Cabral de Mello, entre outros[23]. Por conseguinte, é possível afirmar que os principais agentes empenhados no desenvolvimento das relações culturais entre Portugal e Brasil foram os diplomatas e os homens de letras, que na maioria das vezes não passavam das duas faces da mesma moeda.

Araújo Jorge pertencia a esse grupo seleto. Erudito, freqüentava com desenvoltura apresentações artísticas, concertos, saraus literários,

---

[21] A expressão é de Williams Gonçalves da Silva. *Cf., Idem, O realismo da fraternidade Brasil- Portugal. Do Tratado de Amizade ao caso Delgado*. Lisboa: Imprensa de Ciências Sociais, 2003, p. 15.

[22] *Vide*: Lucia Maria P. Guimarães, «Relações culturais luso-brasileiras: alguns pontos de confluência». *Convergência Lusíada*, v.24, Rio de Janeiro: 2007, pp. 256-264.

[23] Cf., Almino, João, «O diálogo interrompido», *in* Benjamin Abdala Júnior (org.). *Incertas relações: Brasil-Portugal no século XX*. São Paulo: Ed. SENAC São Paulo, 2003, p. 132.

comparecia a sessões científicas[24], sobretudo na Academia Portuguesa da História, da qual se tornou sócio titular[25], e na Academia das Ciências de Lisboa. Nas suas próprias palavras, logo que se estabelecera na capital lusa,

> *«(...) a minha primeira preocupação consistiu em estabelecer um contato permanente com quase todas as esferas de atividade da vida portuguesa. Pareceu-me, para conhecer Portugal e os seu povo, não me bastava ficar reduzido aos altos círculos oficiais ou aos círculos meramente administrativos. Preocupava-me bastante animar aquelas figuras que, fora desses mesmos círculos, e as vezes sem ligação nenhuma com eles, se ocupam de assuntos brasileiros, quer militando na imprensa ou escrevendo livros, que por uma ação discreta mas eficiente nos meios universitários»*[26].

De fato, ele converteria a sede da embaixada, à rua Antonio Maria Cardoso número 8, em um posto avançado do Serviço de Cooperação Intelectual, ora prestando assistência às missões de intercâmbio, ora sugerindo medidas, para desenvolvê-lo. Ao mesmo tempo, reforçou o diálogo com o Palácio das Necessidades e com o Secretariado da Propaganda Nacional, tornando-se figura cativa nas cerimônias cívicas promovidas por Antonio Ferro, com quem se avistava regularmente. A par disso, entabolou conversação com cerca de trinta e cinco instituições portuguesas, a propósito de fomentar a troca experiências com entidades congêneres do lado de cá do Atlântico, e apoiou a formação de novos redutos acadêmicos, tal qual o Grupo de Estudos Brasileiros, criado na cidade do Porto em 1936[27].

---

[24] *Vide*: Lucia Maria P. Guimarães, «Nos subterrâneos das relações luso-brasileiras, dois estudos de casos...». *op. cit.*, p. 141. Ver, também: Soares, Álvaro Teixeira, «Araújo Jorge: o diplomata e o historiador». *Revista do Instituto Histórico e Geográfico Brasileiro*, nº 318, Rio de Janeiro: jan./mar. 1978, p. 76.

[25] Araújo Jorge ingressou na Academia Portuguesa da História em 1938, no quadro dos sócios titulares brasileiros. No periódico da Academia, publicou o estudo «A Restauração e a história diplomática do Brasil Holandês (1640-1661)». *Anais da Academia Portuguesa da História*, v. VII, Lisboa: 1942, pp. 9-38.

[26] Araujo, Jorge A. G. de, «Ofício enviado ao Ministro das Relações Exteriores», datado de 6 ago 1936. Arquivo Histórico do Itamaraty. M.D.B. 25-4-11 – 602.77 (81)

[27] Ver, entre diversos documentos, a carta assinada por Aurora Jardim, Guilherme Pacheco e José Julio Rodrigues, encaminhada ao Embaixador do Brasil em Lisboa, datada de 22 agosto 1936. Arquivo Histórico do Itamaraty. M.D.B. 25-4-11 602.77 (81)

A. G. de Araujo Jorge:
um interlocutor privilegiado

De maneira geral, tratava com igual interesse todas as propostas que se lhe apresentavam para intentar o intercâmbio luso-brasileiro. Até mesmo as mais bizarras! Certa vez tentou obter a autorização do Ministério das Relações Exteriores para que um compositor luso dedicasse uma ópera intitulada "Tomar", aos presidentes do Brasil e de Portugal. Por outro lado, empenhava-se para divulgar publicações acadêmicas de interesse recíproco, a exemplo do impresso «Em torno do problema da língua brasileira – Palavras de um cidadão do mundo, humanista crítico, a um estudante brasileiro seu amigo», escrito por Antonio Sergio, vulto destacado da intelectualidade lusíada.

Em resumo, Araújo Jorge atuava em estreita sintonia com o *"Programa moderno e prático de propaganda cultural do Brasil no estrangeiro"*, formulado por Gustavo Capanema, então Ministro da Educação e Saúde[28]. Nesse sentido, há que se salientar a sua interveniência no processo que possibilitou a (re)inauguração da "Sala do Brasil", na Faculdade de Letras da Universidade de Coimbra. Por sinal, até recentemente, pouco se conhecia a respeito das origens da "Sala do Brasil", embora sua abertura solene, em 08 de dezembro de 1937, fosse sempre apontada como um evento emblemático, no relacionamento luso-brasileiro[29]. Havia quem atribuísse a iniciativa a três jovens brasileiros, estudantes em Coimbra, o que em parte está correto. Porém, revendo a documentação disponível no Arquivo Histórico do Itamaraty, é possível afirmar que a institucionalização da "Sala" resultou de uma conjugação de esforços, que frutificaram em um contexto político, diplomático e intelectual altamente favorável, no qual Araújo Jorge desempenhara papel fundamental[30], como reconheceria publicamente o então diretor da Faculdade de Letras da

---

[28] Em grandes linhas, o Programa elabora por Capanema compreenderia as seguintes ações: permuta de professores, técnicos, escritores, artistas, e estudantes; revisão de livros de história e geografia publicados em outros países, de modo a introduzir informações e imagens mais precisas sobre o Brasil; a edição de revistas estrangeiras que divulgassem matérias sobre assuntos brasileiros; criação de cadeiras de literatura brasileira em universidades da Europa e dos Estados Unidos; organização de congressos científicos e eventos do gênero, bem como a implantação de quatro institutos de alta cultura, a serem localizados nos seguintes países: Portugal, Itália, França e Alemanha. Capanema, Gustavo, *Exposição de Motivos*. CPDOC/FGV (Rio de Janeiro). Arquivo Gustavo Capanema, fot. 837.

[29] Ver, entre outros: Lobo, Eulália Maria L., *Imigração Portuguesa no Brasil*. São Paulo: Hucitec, 2001, p. 186.

[30] Sobre a (re) inauguração da "Sala do Brasil" na Faculdade de Letras da Universidade de Coimbra, ver, Guimarães, Lucia Maria P. «Nos subterrâneos das relações luso-brasileiras, dois estudos de casos...». *op. cit.*, pp. 142-144.

Universidade de Coimbra, o professor Eugênio de Castro, na cerimônia de (re) inauguração daquele espaço acadêmico:

«(...) Mas Deus vela por todas as causas justas, e assim determinou que uma série de circunstâncias concorressem para que a pobreza e a estagnação da Sala do Brasil se transformassem em riqueza e movimento. Entre essas circunstâncias, duas há que mencionar: o de haver colocado à frente da Embaixada do Brasil em Lisboa, o Sr. Dr. Araujo Jorge (...) que tão paternalmente tem olhado por esta Sala, e a outra a de contar entre os alunos da nossa Faculdade, um de nacionalidade brasileira, o Sr Albino Peixoto Junior»[31].

Por seu turno, o Embaixador respondeu-lhe nos seguintes termos:

«Bem haja, pois, a Faculdade de Letras da Universidade de Coimbra ao imprimir um vigoroso impulso a essa obra benemérita de compreensão mutua com a inauguração, sob tão felizes auspícios, da Sala do Brasil; bem haja a impávida legião de obreiros, que no livro, na cátedra, na tribuna e na Imprensa vem empenhando-se há anos em revelar em Portugal a alma brasileira, em estudar o fenômeno brasileiro, em compreender o sentido profundo da civilização brasileira, com uma fé e uma combatividade que só as causas nobres e generosas possuem o condão de despertar nos corações dos homens de boa vontade»[32].

Para o governo de Getulio Vargas, que buscava reverter o quadro de isolamento a que o país ficara confinado nas três primeiras décadas do século passado, a "Sala do Brasil" constituía uma espécie de vitrine: significava a possibilidade de expor ao velho mundo os avanços alcançados por um país jovem, culto e promissor. Mas, essa vitrine atendia, igualmente, aos anseios das autoridades de Lisboa, preocupadas com a preservação dos seus domínios ultramarinos. No espaço dedicado à antiga colônia se enxergavam os testemunhos concretos da competência civilizadora do povo português. Dada a importância da "Sala", em 1941, Araujo Jorge ajudou a convertê-la no Instituto de Estudos Brasileiros.

---

[31] Cf., Castro, Eugenio de, «Discurso» proferido em 7 de dezembro de 1942 na cerimônia de (re) inauguração da Sala do Brasil. *Brasília, revista do Instituto de Estudos Brasileiros.* vol. I, Coimbra: 1942, p. 757.

[32] Cf., Jorge, A. G. de Araújo, «Discurso» [proferido em 7 de dezembro de 1942 na cerimônia de (re) inauguração da Sala do Brasil.], *Idem*, p. 763. Ver, ainda, Arquivo Histórico do Itamaraty. M.D.B. 25-4-11 602.77 (81).

Do mesmo modo, há que se destacar a sua inserção pontual nos ajustes que concorreram para a presença do Brasil nas Comemorações Centenárias de 1940[33]. Sabe-se que apesar do caráter nacional, aquelas festividades buscavam alcançar repercussão no exterior. A Exposição do Mundo Português, entre outros propósitos, visava (re)afirmar a legitimidade histórica e a capacidade econômica de Portugal de administrar e de explorar com eficácia seus domínios no ultramar.

Destarte, a participação da ex-colônia nas efemérides, tanto por meio da exibição da sua história, quanto das suas feições modernas, significava uma espécie de prova póstuma das virtudes civilizadoras lusas. Em outras palavras, ajudava a reforçar a idéia de que o Império era uno e indivisível, não por causa da geografia ou da raça, mas sim devido à cultura e às tradições. Por essa razão, importantes personalidades do Estado Novo português costumavam defender que nenhuma nação jamais havia suplantado seu sistema colonizador[34].

Por outro lado, no âmbito do Estado Novo brasileiro, o convite para "ajudar a fazer as honras da casa" nas celebrações da "mãe pátria" representava mais uma oportunidade de mostrar ao Velho Mundo os seus potenciais, e dar continuidade à política exterior pragmática que desenvolvia, procurando alcançar benefícios no conturbado cenário internacional[35]. Nesse sentido, cumpre destacar o envolvimento do embaixador Araujo Jorge tanto nas negociações que precederam o envio da Embaixada Especial, que representou Getúlio Vargas nos festejos de 1940, liderada pelo general Francisco José Pinto, chefe da Casa Militar da Presidência da República, como também nos preparativos para a montagem do Pavilhão do Brasil na Exposição do Mundo Português e ainda na realização do Congresso Luso-Brasileiro de História[36] Seus esforços sedimentaram o caminho para a assinatura do Acordo Cultural de 1941.

Firmado a 4 de setembro de 1941, no Palácio do Catete, na presença de Getúlio Vargas, por Antonio Ferro, Diretor do Secretariado da Propaganda

---

[33] Cf., Guimarães, Lucia Maria P., *Afinidades Atlânticas*, op. cit., pp. 129-176.
[34] Vide: Caetano, Marcello, *Depoimento*. op. cit..
[35] Cf., Gonçalves, Williams da Silva, op. cit., p. 59.
[36] Vide: Jorge, A. G. de Araújo, «"Discurso" pronunciado na sessão inaugural do Congresso Luso-Brasileiro de Historia, realizada na Academia das Ciências de Lisboa, em 18 de novembro de 1940». *Revista dos Centenários*, nº 23, ano II. Lisboa: novembro de 1940, p. 30.

Assinatura do Acordo Cultural, em 4 de Setembro de 1941, no Rio de Janeiro. Da direita para a esquerda: vêem-se: António Ferro, Getúlio Vargas, Lourival Fontes.

Nacional (SPN) e pelo Dr. Lourival Fontes, Diretor do Departamento de Imprensa e Propaganda (DIP), o Acordo objetivava promover a colaboração mais efetiva entre os dois países, com vistas à difusão de suas culturas, por intermédio dos respectivos organismos oficiais de propaganda.

Embora não seja da nossa intenção entrar em minúcias nos termos do Acordo, convém assinalar alguns dos seus pontos, a começar pelo seu artigo 1°, o qual estipulava a criação de uma seção especial brasileira na sede do SPN, chefiada por um delegado permanente do DIP. Reciprocamente, no Rio de Janeiro, nas dependências do DIP, haveria uma seção similar portuguesa dirigida por um representante do SPN. Fixados os mecanismos de controle de ambas as partes[37], no Artigo 2°, especificavam-se os meios

---

[37] Ver, a esse respeito, Paulo, Heloisa, *Estado Novo e propaganda em Portugal e no Brasil: O SPI/SNI e o DIP*. Coimbra: Livraria Minerva, 1994.

de atuação das duas seções, a saber: promover o intercâmbio e a publicação de fotografias, de artigos inéditos de escritores e de jornalistas na imprensa dos dois países; estabelecer um serviço regular mútuo de informação telegráfica; incentivar a troca de missões de intelectuais e cientistas; estimular a colaboração recíproca em favor de uma orientação comum quanto ao noticiário a ser divulgado acerca do Brasil e de Portugal; editar uma revista bi-nacional, intitulada *Atlântico*, a qual deveria ser mantida pelos dois governos; difundir material de turismo e de propaganda; providenciar a divulgação do livro português no Brasil e do livro brasileiro em Portugal; realizar emissões diretas de rádio e a permuta de programas radiofônicos; propor premiações conjuntas de obras de excelência literária, artística, histórica ou científica; patrocinar a montagem de exposições, bem como o intercâmbio de artistas, isoladamente ou em grupos; promover a transmissão de atualidades cinematográficas, a reciprocidade de exibição nos cinemas do Brasil e de Portugal, e o estudo de uma eventual realização de filmes de longa metragem, de interesse histórico ou cultural para os dois países; incrementar o turismo luso-brasileiro com redução dos preços das passagens, abatimentos especiais nos hotéis, nos transportes ferroviários e outras facilidades semelhantes; incentivar o estudo do folclore luso-brasileiro e a celebração de festas populares e tradicionais, e de cerimônias cívicas voltadas para a comemoração das grandes efemérides comuns à história dos dois povos.

O Acordo Cultural despertou grande entusiasmo nos círculos políticos e literários dos dois países signatários, percebido como *o coroamento magnífico da obra diplomática que ambos os governos vinham realizando nestes últimos anos*[38]. Na opinião externada pelo jornal

> *A Voz*: «(...) *Este entendimento é fruto de muitos outros passos anteriores. Quando a embaixada brasileira presidida pelo general Francisco José Pinto veio a Portugal representar a grande Nação sul-americana nas festas da raça comum, sentiu-se que havia entre as duas margens do Atlântico Sul um espírito novo, uma séria e firme vontade de entendimento. A visita da Embaixada Especial portuguesa ao Brasil deu ensejo a manifestações magníficas dum*

---

[38] «Ofício da Embaixada Brasileira em Lisboa», datado de 15 set de 1941. Arquivo Histórico do Itamaraty. Pasta de Ofícios, ano de 1941.

entendimento que esperava apenas realizações imediatas para se traduzir em fatos de real e tangível vantagem»[39].

A bem sucedida performance de Araújo Jorge, por certo, ultrapassaria a esfera da diplomacia cultural, conforme se depreende da leitura da sua volumosa correspondência oficial. Ele ocupou uma posição-chave no sistema de informações, que alimentava as decisões da chancelaria brasileira. Cuidadoso e discreto procurava manter o Ministério atualizado sobre o que se passava nas cercanias do Tejo e, por tabela, no intricado cenário da política internacional européia. Tinha por costume enviar aos seus superiores relatórios mensais sobre as atividades políticas, econômicas e militares de Portugal, além de exemplares do *Diário de Governo*, o informativo oficial da administração lusa. Também há evidências que teria sido procurado pela Junta de Defesa Nacional de Burgos[40], a propósito de intermediar o respectivo reconhecimento junto ao governo brasileiro.

«*Estado Español*
Representación em Lisboa (...)
Señor Embajador:

De acuerdo com las instrucciones que acabo de recibir de mi Gobierno, tengo la honra de poner em conocimiento de V.E com el ruego de que tenga a bien transmitirlo urgentemente al Gobierno que representa (..)
El Marquês de Miraflores»[41].

De um modo geral, tudo que dizia respeito ou interessava ao Brasil não escapava das vistas do atento diplomata, que afora os citados relatórios, freqüentemente remetia ao Itamaraty maços com recortes de notícias e de comentários publicados na imprensa lusa. Certa ocasião, em 8 de março de 1937, Araujo Jorge encaminhou ao ministro um panfleto, que lhe havia sido

---

[39] «Brasil-Portugal». *A Voz*, Lisboa: 11/09/1941.
[40] A Junta de Defesa Nacional foi o organismo criado em 24 de julho de 1936 pelos militares sublevados no frustrado golpe de Estado que deu lugar a Guerra Civil Espanhola e que assumiu durante um prazo e de forma colegiada todos os poderes de Estado no território controlado pelos golpistas.
[41] Marquês de Miraflores, «Ofício enviado ao Embaixador do Brasil em Lisboa», datado de 10 dez. 1937. Arquivo Histórico do Itamaraty. M.D.B. 25-4-11 602.77 (81).

A. G. de Araujo Jorge:
um interlocutor privilegiado

endereçado anonimamente, intitulado «O Retrato de Salazar», em cujas primeiras linhas lê-se: «*(...) Este homem, que quer transformar o nosso país numa vasta necrópole ou num imenso curral, tornando em cadáveres ou em suínos seis milhões de almas, há de cair miserandamente como caem todos os déspotas – e ele, que tem amordaçado a consciência de todos nós, há de sentir ainda apertá-se-lhe na garganta, irremissivelmente, a forte, impiedosa mão da justiça, que lhe há de ser feita*»[42].

Tratava-se de uma crítica contundente e mordaz à figura de Oliveira Salazar. Apesar de não compartilhar das idéias emitidas pelo autor do impresso, o embaixador achou prudente arquivá-lo e remetê-lo à chancelaria do Rio de Janeiro, para ciência. Talvez, pressentisse que as mesmas censuras infringidas a Salazar, um dia poderiam figurar em protestos contra o próprio Getúlio Vargas. Afinal, ambos chefiavam regimes autoritários.

De qualquer sorte, após se empenhar no fortalecimento dos laços histórico-culturais com a antiga metrópole, o Embaixador concentrou seus esforços na solução de importantes questões bilaterais. Em 1941, seria indicado para compor a Comissão Mista Luso-Brasileira, prevista no

Foto de Araújo Jorge assinando o protocolo ao Acordo de Comércio de 1933, vendo-se à esquerda António de Oliveira Salazar

---

[42] «O retrato de Salazar». Arquivo Histórico do Itamaraty. M.D.B. 25-4-11 602.77 (82).

105

Foto oficial da Comissão Mista Luso-Brasileira, após a posse.

Protocolo Adicional ao Tratado de Comércio e Navegação de 1933, com a finalidade de preparar as bases jurídico-econômicas de um novo pacto comercial a ser assinado entre os dois governos. Entre outras atribuições, competia à Comissão propor medidas que favorecessem a importação e colocação no mercado luso-brasileiro de produtos como vinho, azeite, couros, tabaco, café e farinha de mandioca; realizar estudos referentes à navegação mercante, ao estabelecimento de uma zona franca em Lisboa e outra no Rio de Janeiro, bem como sugerir ao incremento à política de imigração. Ciente da importância daquela Comissão, ele perceberia nas tratativas do Protocolo Adicional «(...) *o primeiro passo seguro para a celebração, em data próxima, de um novo tratado de comércio em substituição ao de 1933, que nos é tão vantajoso*»[43].

O certo é ao longo dos anos, além da notoriedade alcançada junto ao mundo acadêmico lusíada, Araújo Jorge converteu-se em um interlocutor privilegiado do Palácio de Belém. Conquistara, inclusive, a confiança do Presidente do Conselho de Ministros, a julgar pelo testemunho deixado pelo diplomata Álvaro Teixeira Soares: «*Lembro-me de sua intimidade pessoal com o primeiro ministro Oliveira Salazar, homem tão seco, mas que o distinguia não apenas como Embaixador do Brasil e sim como "debater" de grandes idéias atlânticas*» [44].

---

[43] Arquivo Histórico do Itamaraty M. D. B. 161, 162-3.
[44] Soares, Álvaro Teixeira, «Araújo Jorge: o diplomata e o historiador», *Revista do Instituto Histórico e Geográfico Brasileiro*, nº 318, Rio de Janeiro: IHGB, jan/mar de 1978, p. 76.

O ponto culminante da sua passagem por Lisboa, porém, ocorreria com a entrada do Brasil na Segunda Grande Guerra. Sabe-se que, desde meados do ano de 1940, representantes de Vargas e de Salazar vinham mantendo conversações a respeito do iminente conflito mundial. O diálogo, ao que tudo indica, se iniciara por ocasião das Comemorações Centenárias, pois logo em seguida o chanceler Oswaldo Aranha manifestou a disposição brasileira de garantir a neutralidade e a integridade da nação portuguesa. A informação foi transmitida em telegrama dirigido ao presidente do Conselho de Ministros, datado de 30 de outubro de 1940, pelo seu representante no Rio, Martinho Nobre de Melo: «(...) *O ministro das Relações Exteriores comunicou-me que perante a agudeza da situação internacional telegrafou ao Embaixador do Brasil para comunicar que o Brasil apoiará todos os esforços de Portugal para se manter em paz e fará todas as diligências que V. Exa. julgar necessárias nesse sentido*»[45].

As conversações evoluiriam. Tanto assim, que a 05 de agosto de 1941, a pretexto de expressar o reconhecimento da nação lusíada pela compartIcipação brasileira naquelas efemérides, uma embaixada especial enviada por Salazar aportou no Rio de Janeiro, chefiada por Júlio Dantas[46].

Uma pista de que a missão não se limitou a externar os ditos agradecimentos, encontra-se na ressalva interposta por Dantas, no ofício de encaminhamento do relatório da Embaixada Espacial, dirigido a Salazar: «(...) *dado o caráter ostensivo da minha exposição, toda a matéria de caráter reservado, não se reproduzem no documento (...) as impressões colhidas em conversas que, (...) mantive com o Chefe de Estado e o Chanceler (...) Dessas conversas tive a honra de dar conhecimento verbal, nos seus tópicos essenciais a Sua Excia (...) no dia imediato àquele que cheguei a Lisboa*»[47]. Pista semelhante encontra-se na narrativa oferecida pelo professor Marcello Caetano,

---

[45] Caetano, Marcello, *Minhas memórias de Salazar*. Rio de Janeiro: Editora Record, 1977, p. 115

[46] A Embaixada era chefiada por Júlio Santas, na qualidade de Ministro Plenipotenciário, e composta pelos seguintes vultos: doutor Augusto de Castro, também investido nas funções de Ministro Plenipotenciário; professores doutores Reynaldo dos Santos e Marcello Caetano; deputado João Amaral; capitão de fragata Vasco Lopes Alves; major Carlos Afonso dos Santos e o diplomata Manuel Ferrajota de Rochedo. Ver, também, Caetano, Marcello, *ibidem*, pp. 122 e 127

[47] *Vide*: «Visita da Embaixada de Portugal ao Brasil». Arquivo Histórico do MNE. Cota 3º piso. AI/2, Maço 964.

Foto da solenidade de entrega das credenciais da Embaixada Especial de Portugal no Palácio Guanabara. Da esquerda para direita, entre outros vêem-se o presidente Getúlio Vargas, o chanceler Oswaldo Aranha, o general Francisco José Pinto, o embaixador plenipotenciário Julio Dantas e o professor Marcello Caetano.

que integrou aquela comitiva e mais tarde veio a substituir Oliveira Salazar na Presidência do Conselho. Na opinião de Caetano, «*(...) Os resultados políticos da Embaixada foram excelentes (...) esclareceram-se intenções portuguesas e escutaram-se importantes declarações brasileiras (...). Isto fez-se tanto em discursos públicos como nas conversas privadas*»[48].

Para a diplomacia "realista" do Itamaraty[49], apoiar a neutralidade portuguesa tornara-se uma questão basilar. Afinal, com o avanço da guerra, Lisboa seria o último porto neutro por onde se poderiam manter as comunicações entre a América do Sul e a Europa. Ademais, segundo Marcello Caetano, o ministro Oswaldo Aranha havia afirmado categoricamente que não convinha «*(...) à expansão atlântica do Brasil (...) que as costas portuguesas de África mudem de mão*»[50].

Da sua parte, o governo luso procurava acompanhar com acurada atenção os desdobramentos do conflito no Atlântico sul, na correspondência oficial de Araujo Jorge, entre outras comunicações, lê-se: «*(...) o presidente Carmona, logo que foi informado do estado de guerra do Brasil, telegrafou ao*

---

[48] Cf., Marcello, Caetano, *Minhas memórias de Salazar. op. cit.*, p. 143.
[49] Sobre o "realismo" das relações entre Brasil e Portugal: Gonçalves, Williams da Silva, *passim*.
[50] *Vide*: Aranha, Oswaldo, *apud* Caetano, Marcello, *Minhas memórias de Salazar. Op. cit.*, p. 143

Presidente Getúlio Vargas solidarizando-se com ele»[51]. As demonstrações do estreitamento dos laços luso-brasileiros se sucederiam. Porém, a mais contundente foi o compromisso assumido por Portugal de salvaguardar os interesses brasileiros na Alemanha, na Itália e no Japão e em outros locais ocupados pelas forças do Eixo, tal como a França, no momento em que o governo de Getulio Vargas reconheceu a situação de beligerância entre o Brasil e as nações agressoras, Alemanha e Itália em 22 de agosto de 1942, e optou pela aliança com os Estados Unidos.

Nesse complexo processo, Araújo Jorge desempenharia papel de primeira grandeza, ainda que na outra margem do Atlântico. Meses antes da declaração de estado de beligerância, o Itamaraty o encarregara de fazer uma consulta a Oliveira Salazar: no caso do Brasil vir a romper relações diplomáticas com as potências do Eixo, o seu governo estaria disposto a tomar a proteção dos negócios brasileiros? A indagação recebeu resposta positiva[52]. Ato contínuo à definição de Salazar, Vargas determinou ao embaixador para solicitar ao Presidente do Conselho que contatasse urgentemente os chefes de missões e consulados na Alemanha, na Itália, no Japão, na Romênia e na Hungria, de forma a instruí-los a representar os interesses brasileiros doravante. De pronto, o Palácio das Necessidades emitiu a seguinte ordem:

«(…) *following the favorable answer given by the Portuguese government to the Brazilian government's request (…) you will be responsible for the protection of Brazil's interests in that country when the rupture becomes official. You will accept that incumbency when the official Brazilian representative asks you to do so, and after that you will inform the government of that country*»[53].

---

[51] «Ofício Nº 170 da Embaixada Brasileira em Lisboa», datado de 28 agosto de 1942. Arquivo Histórico do Itamaraty. Pasta de Ofícios, ano de 1942.

[52] Magalhães, José Calvet de, *Breve história das relações diplomáticas entre Brasil e Portugal*. Brasília: FUNAG; São Paulo: Paz e Terra, 1999.

[53] «Telegrama confidencial nº C-3 of 29/01/1942 enviado pelo Ministro dos Negócios Estrangeiros a suas delegações em Berlim, Roma, Tóquio, Bucareste e Budapeste». Arquivo Histórico e Diplomático do Ministério dos Negócios Estrangeiros, cota 2P A49 M103. Ver, também: Santos, Paula Marques, «Relations Between Portugal and Brazil (1930-1945). The Relationship Between the Two National Experiences of the Estado Novo». Disponível em:
http://www.brown.edu/Departments/Portuguese_Brazilian_Studies/ejph/html/issue8/pdf/psantos.pdf.
[Acessado em: 03/03/2009].

Após cumprir com sucesso a última missão que lhe fora delegada, o embaixador deixaria o posto em Lisboa. Aposentou-se e regressou ao Rio de Janeiro, em 1943, passando a se ocupar da redação daquela que veio a ser considerada a sua maior obra, a *Introdução as obras do Barão do Rio Branco*[54]. Longevo, faleceu no Rio, aos 92 anos, a 27 de fevereiro de 1977. Para além do esboço traçado pelo jornalista chileno Juan Valdés ou do perfil de intelectual, que lhe é comumente atribuído com justa razão, a melhor descrição de Araújo Jorge, talvez, deva ser creditada ao diplomata Álvaro Teixeira Soares, que com ele servira na capital portuguesa e privara da sua intimidade: «*(...) um verdadeiro mestre da vida, pelo que sabia, pelo que presenciara, pelo que ouvira e pelo que calara*»[55].

---

[54] Jorge, A. G. de Araújo, *Introdução as obras do Barão do Rio Branco*. Rio de Janeiro: Imprensa Nacional, 1944. A primeira edição da obra foi lançada em 1944, por ocasião das comemorações da passagem do centenário do nascimento de Rio Branco.

[55] Cf., Soares, Álvaro Teixeira, *op. cit.*, p. 78.

Um diplomata entre dois regimes: o conde de Paço d'Arcos (1891-1893)

Isabel Corrêa da Silva

- *Respeitar o governo que escolheu o povo brasileiro e obter igual respeito e completa abstenção em relação às instituições políticas de Portugal;*
- *Manter com os chefes da colónia as mais cordiais relações, promover entre os seus membros a maior harmonia e acordo;*
- *Conseguir que uma subscrição dos nossos patrícios subministrasse meios suficientes para a aquisição ou construção de um edifício para residência do Ministro e para a instalação do Consulado Geral e Legação;*
- *Suscitar o rigoroso cumprimento das instruções que visam debelar a emigração precária e ilegal;*
- *Atenuar os efeitos da lei da grande naturalização, prosseguir com a máxima diligência nos esforços para que todos os nossos nacionais se façam inscrever nos respectivos Consulados.*
- *Tactear terreno com relação à disponibilidade do governo brasileiro para receber um representante português no sentido de se encetarem negociações para um tratado de comércio.*

Carta de instruções para a missão do conde de Paço d'Arcos no Brasil[1]
Ass. Barbosa du Bocage. Lisboa, 6 de Maio de 1891

Quando deflagrou a revolução republicana no Brasil, as cortes portuguesas encontravam-se encerradas desde 10 de Julho de 1889, não

---

[1] «Ofício de 6 de Maio de 1891 de Barbosa du Bocage para o conde de Paço d'Arcos», Arquivo Histórico-Diplomático/Ministério dos Negócios Estrangeiros [AHD/MNE], Despachos para a Legação de Portugal no Rio de Janeiro, Livro 20.

obstante o governo apressou-se a oferecer asilo à família imperial. O ministro português Gustavo de Nogueira Soares abandonou o Brasil no dia 18, ficando a Legação portuguesa do Rio de Janeiro a cargo do encarregado de negócios. O reconhecimento oficial da república brasileira foi amplamente discutido na imprensa e no parlamento; se por um lado o governo português pretendia esperar prudentemente pela legitimação eleitoral do novo regime, a oposição, inflamada pela propaganda republicana em consequência do ultimato, pressionava a aceleração do processo de reconhecimento. As cortes reabriram no dia 2 de Janeiro de 1890 e depois de largas discussões o governo acabou por decidir aguardar pelo resultado das eleições brasileiras que se realizaram a 15 de Setembro. Portugal acabou por reconhecer oficialmente a República dos Estados Unidos do Brasil no dia 20 desse mesmo mês[2]. A 4 de Dezembro o conde de Paço d'Arcos era escolhido para ir chefiar a primeira representação portuguesa no novo Brasil republicano.

Paço d'Arcos era um homem do mar, que construíra a sua carreira na Marinha e na administração do ultramar; havia sido governador de Macau, Timor, Moçambique e da Índia e quando da sua nomeação para ministro no Brasil exibia a patente de capitão-de-mar-e-guerra. Cinco dias após o ultimato fora nomeado governador civil de Lisboa, quando a indignação nacional se alastrava ao rubro pelas ruas da cidade e no momento em que, segundo Basílio Telles, o governo precisava de um *homme à poigne*, escolhendo alguém que exercesse as suas funções com critério de *sabreur*[3]. O pulso com que se entregou ao restabelecimento da ordem na cidade de Lisboa valeu-lhe a impopularidade perante a opinião pública. Não obstante, obteve nesse ano a elevação à grandeza como conde por decreto de D. Carlos de 3 de Outubro de 1890[4]. E dois meses depois era nomeado para o cargo de ministro plenipotenciário no Brasil.

Paço d'Arcos chegou ao Rio de Janeiro no dia 2 de Junho de 1891, apresentando oficialmente as suas credenciais junto do governo brasileiro

---

[2] Magalhães, José Calvet de, *Relance Histórico das Relações Diplomáticas Luso-Brasileiras*. Lisboa: Quetzal Editores, 1997, p. 44.

[3] Expressões de Basílio Telles em *Do Ultimatum ao 31 de Janeiro*, apud prefácio de *Missão Diplomática do Conde de Paço d'Arcos no Brasil – 1891 a 1893*, Lisboa: s/n, 1974, p. XLVII.

[4] *Cf.*, Zúquete, Afonso Martins (dir.), *Nobreza de Portugal e do Brasil*. Lisboa: Representações Zairol, 1989, pp. 87-88.

no dia 20[5]. E ainda nos primeiros meses de funções foi, logo, confrontado com uma complicada contenda com o poder judicial brasileiro. No dia 21 de Setembro o juiz da câmara civil do Rio de Janeiro ordenou a penhora do Consulado português, em sentença de cobrança de despesas de uma antiga herança recolhida nas formas legais pelo mesmo Consulado. Ao saber do sucedido, Paço d'Arcos enviou de imediato instruções ao cônsul geral pelo telegrama seguinte: «*Recuse penhora ou arrolamento consulado obedeça somente perante violências ou abuso da força mas em tal caso lavre protesto*»[6]. Quando no dia 25 chegou à Legação portuguesa o telegrama do ministro conde de Valbom instruindo-o para que defendesse «*por todos os meios legais e diplomáticos direito que nos assiste não haver execução judicial sobre os espólios depositados consulado geral*» procedendo porém «*com prudente circunspecção para não comprometer boas relações dois países e êxito negociações comerciais*»[7], já o conde de Paço d'Arcos havia redigido uma enérgica nota de protesto ao ministro das Relações Exteriores brasileiro, eximindo-se às contemporizações que lhe eram solicitadas. Em ofício do dia 4 de Outubro dirigido ao ministro Valbom, Paço d'Arcos expõe e justifica o seu procedimento, dizendo ter conferenciado com o seu colega Mattoso dos Santos, encarregado das negociações comerciais, e que este lhe confirmara a sua crença de que esta desagradável ocorrência com o consulado «*em nada podia prejudicar as suas negociações, e que mesmo era conveniente que Portugal mostrasse com energia a sua razão e direitos a uma satisfação, para que não fosse considerado um país sem força para sustentar convenções*»[8].

Após a entrega de mais uma nota de protesto, de longas horas de conversa no Itamaraty com o director geral do ministério, o visconde de Cabo Frio, e de uma entrevista com o ministro da Justiça, Paço d'Arcos conseguiu obter, em *Diário de Governo*, a publicação oficial de censura

---

[5] Embora haja alguma discordância entre autores quanto à data de chegada e tomada de posse do cargo do conde de Paço d'Arcos optámos por seguir a que vem referenciada no *Anuário Diplomático e Consular Português, 1891*, Lisboa: Imprensa Nacional, 1892.

[6] «Telegrama de 23 de Setembro de 1891 do conde de Paço d'Arcos ao cônsul geral da capital federal», *Missão Diplomática...*, p. 18.

[7] «Telegrama de 25 de Setembro de 1891 do ministro conde de Valbom para a Legação portuguesa do Rio de Janeiro», *Missão Diplomática...*, p. 24.

[8] «Ofício de 4 de Outubro de 1891 do conde de Paço de Arcos para o ministro conde de Valbom», *Missão Diplomática...*, p. 25.

e aviso ao juiz envolvido na questão do consulado. Mas confessava, em telegrama ao conde de Valbom, ainda esperar melhor satisfação[9]. A justificação requerida acabou por chegar em nota diplomática do ministro dos Negócios Exteriores, no dia 22 de Outubro, dando-se assim o caso por encerrado.

Este pequeno incidente, mais do que um *fait diver*s diplomático, deixou espelhadas, desde o primeiro momento, as distintas têmperas dos protagonistas da história: governo português preso às prioridades económico-financeiras; autoridades brasileiras empenhadas em afirmar a sua soberania, mesmo que através de demonstrações de força; Paço d'Arcos cativo de uma pertinácia que lhe haveria de custar o cargo.

A partir de finais de 1891, mais propriamente depois do fim da administração Deodoro-Lucena, o relacionamento entre o governo brasileiro e as representações estrangeiras em geral, e a portuguesa em particular, começou a arrefecer. Foi precisamente durante o conturbado mês de Novembro em que Deodoro dissolveu o parlamento que se levantam as primeiras suspeitas e animosidades contra o ministro português, parcialmente em consequência da acção indirecta do representante brasileiro acreditado em Lisboa, Araújo Beltrão. Em ofício de 11 de Novembro, Beltrão informava o seu ministro das Relações Exteriores que, baseada em telegramas que Paço d'Arcos enviava para a Lisboa, a imprensa portuguesa da capital fazia circular notícias alarmistas sobre indícios de revolta que se faziam sentir em vários estados do Brasil. Contava ainda o diplomata brasileiro que em muitos dos jornais se avançava com a notícia de uma programada restauração monárquica, o que havia levado muitos vultos da política portuguesa a porem a claro as informações que detinham sobre as conspirações desenvolvidas desde Paris no sentido de preparar o regresso da família imperial, o que o levara a concluir que «*pelas relações existentes entre os referidos senhores e o actual Gabinete parece lícito conferir-se que nem o ministro dos Negócios Estrangeiros nem o representante de Portugal no Rio de Janeiro desconheciam essas maquinações*»[10]. A suspeita estava lançada.

---

[9] «Telegrama de 7 de Outubro de 1891», *Missão Diplomática...*, p. 28.

[10] «Cópia de ofício de 11 de Novembro de 1891 da Legação dos Estados Unidos do Brasil para o ministro das Relações Exteriores, Justo Chermont», Arquivo do Ministério das Relações Exteriores – Palácio do Itamaraty, Missões Diplomáticas Brasileiras: Lisboa: Ofícios de 1891 – 2º Secção – Reservado.

A partir deste momento, secundadas e acicatadas pela propaganda republicana portuguesa, foi-se instalando uma tensão e uma hostilidade crescentes por parte da opinião pública e do governo brasileiros com relação a Portugal e ao conde de Paço d'Arcos em particular. Três dias após ter sido inaugurado o novo governo liderado por Floriano Peixoto, o jornal português *A Batalha* publicava um acutilante artigo de denúncia ao suposto envolvimento de Portugal nos assuntos da política do Brasil: «*os partidos monárquicos de Portugal deviam limitar a sua acção política ás questões internas, não o têm, porém, entendido assim*».

Uma desconfiança que desde 1889 pairava sobre Portugal voltou a ganhar novo ânimo a partir do governo de Floriano, tanto entre a imprensa republicana portuguesa como a brasileira. A dita suspeição baseava-se na suposta influência do conde de Paris na política portuguesa, em favor dos interesses do ex-imperador do Brasil que eram também os interesses da casa de Orleans: «*como a rainha de Portugal é uma filha do conde de Paris as nossas relações internacionais não podem deixar de sofrer, porque os estadistas que seguem os planos do conde de Paris não podem ser simpáticos ao Brasil*», lia-se conclusivamente no mesmo artigo de *A Batalha*, que declarava ainda com convicção: «*a queda do império brasileiro trouxe-nos um elemento mais de intriga política, que foi tomando proporções até chegar a revestir formas de conspiração organizada*», arrematando a ideia com o argumento de que a nomeação de Paço d'Arcos havia sido um erro porque o ministro português «*era incompetente pelo seu facciosismo monárquico, para estreitar relações entre os dois países*»[11].

Para lá da demagogia política, o artigo acertava nalgumas coisas e estava, de certo modo, em consonância com o ambiente de lusofobia e algum jacobinismo que se vivia por essa altura no Brasil. «O Brasil para os brasileiros» era a máxima atribuída a Floriano e que insuflava os batalhões patrióticos que por aqueles dias assolavam as ruas da capital federal[12]. O

---

[11] Artigo que o ministro Beltrão envia em anexo de um dos seus ofícios ao ministro das Relações Exteriores brasileiro, Arquivo do Ministério das Relações Exteriores – Palácio do Itamaraty, Missões Diplomáticas Brasileiras: Lisboa: Ofícios de 1891 – 2º Secção – Reservado.

[12] Alves, Jorge Luís dos Santos, «Imigração e Xenofobia nas Relações Luso-Brasileiras (1890-1930)», *Dissertação de mestrado*. Universidade do Estado do Rio de Janeiro, 1999, p. 122. *Cfr.,* Queiroz, Suely Robles, *Os Radicais da República*. São Paulo: Brasiliense, 1986.

que não é certo é que os autores destes artigos tivessem verdadeiramente cientes da fogueira para a qual se empenhavam em deitar achas. Porque, na verdade, o anti-lusitanismo em voga no Brasil por aqueles dias não discriminava cores políticas e arrasava discricionariamente monárquicos e republicanos. O português era o símbolo do passado conservador e decadente com o qual a república tinha vindo radicalmente cortar. No Rio de Janeiro em particular, o português representava também uma rede polvolar que aparentemente monopolizava o comércio retalhista da capital e era, consequentemente, responsável por grande parte da carestia que a devastava[13]. A nova fraternidade queria-se agora continental e, como já os subscritores do *Manifesto Republicano* haviam declarado em 1870, o lema a seguir era: «Somos da América e queremos ser americanos!».

A esta onda de nativismo extremado não estavam imunes as restantes comunidades estrangeiras, sobre quem recaía também o apodo de «forasteiros aventureiros» que assentavam tenda no Brasil na «mira das patacas gordas» para depois de encherem o pé-de-meia, «singrarem barra fora»[14]. Como é óbvio, estes traços de xenofobia não representavam uma tendência generalizada, sendo antes marca de água de uma facção jacobina que conheceu um dos seus momentos mais florescentes precisamente durante o governo de Floriano Peixoto.

Este ambiente conheceu também os seus reflexos na esfera da representação diplomática. Data desta altura a exigência de passaportes aos representantes das legações estrangeiras para descerem de Petrópolis para a Capital Federal. Nessa ocasião, Paço d'Arcos mostrou-se defensor de uma reclamação colectiva por parte do corpo diplomático, mas não tendo conseguido a concordância do decano, o ministro da Alemanha, resignou-se a submeter-se ao decreto do governador e a fazer uso obrigatório de passaporte[15]. Apesar da tensão que se havia já instalado, a 5 de Dezembro de 1891 o novo chefe de Estado, que conservava o título de vice-presidente, recebeu oficialmente os ministros das nações estrangeiras

---

[13] Alves, Jorge Luís dos Santos, «Imigração e Xenofobia...», p. 127.
[14] «Estrangeirismo». *A Bomba*, 1, Setembro de 1894, *apud* Alves, Jorge Luís dos Santos, «Imigração e Xenofobia...», p. 128.
[15] «Ofício de 10 de Dezembro de 1891 do conde de Paço d'Arcos para o conde de Valbom», *Missão Diplomática...*, pp. 115-116.

creditadas no Rio. Coincidentemente, recebeu-se nesse dia a notícia da morte do imperador D. Pedro e o ministro das Relações Exteriores chamou os ministros da Inglaterra, da Alemanha e de Portugal para uma conversa particular, na qual expôs a preocupação do governo com os potenciais tumultos e manifestações de luto que se esperavam nessa tarde, pedindo às representações estrangeiras que colaborassem no sentido de impedir que se fechassem os estabelecimentos comerciais das respectivas colónias e se fizessem demonstrações de pesar com as bandeiras nos edifícios competentes. Como era previsível, a resposta dos diplomatas não correspondeu às esperanças de cooperação do governo brasileiro[16].

Havia sem dúvida um mal-estar latente e uma dificuldade de entendimento entre os gabinetes de Floriano e as representações das nações estrangeiras que já não escondiam a sua impaciência com relação ao que consideravam ser as prepotências das autoridades brasileiras e as faltas de atenção do vice-presidente. O ministro da Áustria queixava-se de ter sido violada a sua correspondência oficial; o ministro francês de ter sido ostensivamente desrespeitado pelos criados e subalternos de Floriano; o ministro argentino de ter sido recusada a sua audiência de cumprimentos ao vice-presidente[17]. O corpo diplomático, por sua vez, devolvia as indelicadezas do governo através da sua abstenção nos eventos e celebrações de Estado, limitando a sua acção às exclusivas exigências da função representativa, tal como narrava Paço d'Arcos ao ministro Ayres de Gouveia, em ofício de 20 de Novembro de 1892: «*No dia 15 do corrente festejou-se o 3º aniversário da república. Nenhum dos diplomatas desceu ao Rio a fazer cumprimentos ou a assistir aos festejos. Não houve combinação alguma entre nós, mas espontaneamente todos deixaram de comparecer*»[18].

No decorrer de 1893 a situação piorou significativamente para a representação portuguesa, principalmente devido à degeneração da opinião pública brasileira com relação a Portugal e ao crescente avivar

---

[16] «Ofício de 10 de Dezembro de 1891 do conde de Paço d'Arcos ao conde de Valbom», *Missão Diplomática...*, p. 117.
[17] «Ofício de 12 de Junho de 1893 do conde de Paço d'Arcos ao ministro Hintze Ribeiro», *Missão Diplomática...*, p. 226.
[18] «Ofício 29 de Janeiro de 1893 do conde de Paço d'Arcos para o ministro Ferreira do Amaral», *Missão Diplomática...*, pp. 184-185.

do nativismo, particularmente lusófobo. A questão complicou-se ainda mais quando alguns jornais de Lisboa e do Rio de Janeiro publicaram um grande número de notícias pouco lisonjeiras sobre os acontecimentos da política brasileira, afirmando que as informações provinham dos telegramas da Legação portuguesa. Paço d'Arcos ficou indignado com a situação, reconhecendo que, embora manipuladas e insufladas, grande parte das notícias tinham inegavelmente como fonte a sua correspondência para o Ministério de Lisboa. O caso teve repercussões graves na sociedade brasileira, comprometendo o ministro português de forma inadmissível para qualquer representante diplomático. Como se queixou Paço d'Arcos a Hintze Ribeiro: «*Todos nós, ministros estrangeiros no Brasil, principalmente os monárquicos estamos mais ou menos suspeitos, para a demagogia infrene, mas eu talvez mais que os outros [...] Será insustentável a posição quando não haja a garantia da confiança das participações aos nossos governos. E os agentes diplomáticos que por qualquer receio não possam ou não se atrevam a informar os seus governos respectivos do que se passa em política, serão inúteis. Colocá-los em tal contingência é aniquilar as Legações*»[19].

O conde de Paço d'Arcos teve ainda alguma dificuldade em obter a cooperação das autoridades brasileiras para alguns assuntos de particular interesse para Portugal, como as extradições de criminosos portugueses. Neste assunto em particular o problema era especialmente agravado pelas circunstâncias da instabilidade política que facilmente permitiam que refugiados por crimes fossem considerados foragidos políticos e de imediato encontrassem protectores. A este cenário, lamentava-se Paço d'Arcos, acumulava-se a corrupção e ineficiência da polícia que se ocupava «*antes de espionagem política que de segurança publica, e muito menos ainda de fazer buscas para satisfazer requisições internacionais*»[20].

As relações com a polícia foram, por aquela altura, outro suplício de Sísifo para a representação portuguesa no Rio de Janeiro. Paço d'Arcos lastimava a negligência das autoridades brasileiras com relação às ameaças e desacatos dirigidos contra vários membros da colónia portuguesa e contra

[19] «Ofício de 12 de Agosto de 1893», *Missão Diplomática ...*, pp. 250-251.
[20] «Ofício de 10 de Maio de 1892 do conde de Paço d'Arcos ao ministro Costa Lobo», *Missão Diplomática...*, p. 13.

o próprio ministro por elementos de vários clubes de índole republicana radical, que o ministro português considerava «*verdadeiros clubes dos Jacobinos da 1ª República francesa*»[21]. Estes clubes reuniam-se em *meetings*, nos quais publicamente «*aclamavam as preposições mais audazes e inconvenientes*» com respeito a Portugal e a vários membros da sua colónia, chegando ao extremo de elaborar e publicar na imprensa listas de suspeitos conspiradores monárquicos portugueses, votando-os à morte. Para grande indignação da Legação portuguesa, as autoridades brasileiras mantinham-se impassíveis perante este tipo de manifestações públicas, limitando-se a agir em situações de extrema gravidade e perante fortíssima pressão por parte do ministro português, como foi o caso da invasão da Sociedade do Centro da Colónia Portuguesa por um grupo de indivíduos dispostos a destruir o retrato do rei D. Carlos e a bandeira portuguesa[22]. Mas neste e noutros casos, tanto mais que alguma das vezes era deles, conivente, a polícia acabava por deixar as responsabilidades por apurar[23].

Ainda na esfera de movimentação destes clubes republicanos, situava-se um em particular que tinha implicações directas com Portugal. Um clube, com sede no Rio de Janeiro, denominado Centro Republicano Português que, poucos dias após a chegada de Paço d'Arcos ao Brasil, se havia encarregado de enviar ao ministro uma sarcástica mensagem de boas vindas, convidando-o a participar das suas reuniões. O ministro português tratou de recolher informações acerca desse clube e participou o resultado das suas pesquisas ao conde de Valbom, em ofício de 12 de Outubro de 1891: «*Existe um centro republicano português que celebra sessões públicas em datas faustosas para os republicanos, e que em sessões secretas se ocupa de empregar todos os meios para o advento da república em Portugal. Pertencem a este clube ou centro muitos caixeiros e comerciantes portugueses e grande número de brasileiros e europeus de várias nacionalidades [...] Dizem-me que o centro faz*

---

[21] «Ofício de 23 de Dezembro de 1891 ao conde de Valbom», *Missão Diplomática...*, p. 121.

[22] «Ofício de 17 de Março de 1893», AHD/MNE. Arquivo da Legação Portuguesa no Rio de Janeiro. Livro 98, p. 230.

[23] Luiz Edmundo relata em suas memórias (*De um Livro de Memórias*, Rio de Janeiro: Imprensa Nacional, 1958) os ataques aos portugueses na área comercial do Rio de Janeiro feitos pelos ditos batalhões patrióticos e com a conivência das autoridades policiais, *apud* Alves, Jorge Luís dos Santos, «Imigração e Xenofobia...», p. 127.

activa propaganda das suas ideias e que a sua correspondência para Portugal é continuada e muito activa».

Sugerindo ainda a conveniência de que «pela polícia portuguesa se procure saber o que é a correspondência com este centro e o que produz em propaganda, em dinheiro e em influências para ai»[24]. Em resposta, o governo português mandou instruções para que Paço d'Arcos fizesse sentir ao ministro das Relações Exteriores a má impressão que causava a existência de tais associações na conivência passiva do governo brasileiro. Não deixando, no entanto, de reforçar que a abordagem ao assunto deveria ser repleta de "reservas" e "cautelas", unicamente por meios verbais e oficiosos[25]. Poucos meses depois, em resposta a dois ofícios confidenciais de Paço d'Arcos a alertar para novas movimentações do centro republicano, o ministro António da Costa Lobo não hesitava em dar recomendações ao diplomata português para que em questões daquela natureza procurasse *«substituir, quanto possível, as notas diplomáticas por comunicações verbais»*, para além de subtilmente dar a entender que o governo português não estava disposto a confrontar abertamente as autoridades brasileiras sobre essa questão[26].

Revelando-se particularmente preocupado com estas movimentações republicanas e não estando a obter do seu Ministério a atenção que ao caso julgava ser devida, Paço d'Arcos resolveu-se mesmo a escrever ao rei D. Carlos, expondo-lhe o que sabia acerca dos referidos clubes e acrescentando até nomes de pessoas envolvidas, obtidos junto de informadores que tinha em Paris. O ministro português parecia estar especialmente sensível às ameaças de um pretenso conspirativismo e particularmente empenhado em debelá-lo, mas no entanto não consta que, quer do Terreiro do Paço quer da Ajuda, tenha tido grande suporte para a sua causa[27].

---

[24] AHD/MNE, Arquivo da Legação Portuguesa no Rio de Janeiro. Livro 98, p. 77.

[25] «Ofício de 16 de Novembro de 1891 do ministro conde de Valbom para o conde de Paço d'Arcos», AHD/MNE. Arquivo do Ministério dos Negócios Estrangeiros – Despachos para a Legação de Portugal no Rio de Janeiro. Livro 2., 45v.

[26] «Ofício de 20 de Janeiro de 1892 do ministro António da Costa Lobo ao conde de Paço d'Arcos», AHD/MNE, Arquivo da Legação Portuguesa no Rio de Janeiro. Maço 29.

[27] «Notas confidenciais do informador de Paris de 15 de Janeiro de 1893. Cópia de carta escrita ao rei, datada de 12 de Fevereiro de 1893», Arquivo do conde de Paço d'Arcos, Colecção Particular.

Mas para além das corriqueiras questiúnculas com as autoridades e governo brasileiros, das crescentes manifestações de lusofobia, dos focos de desentendimento político no seio da colónia portuguesa e, claro, das questões ordinárias relativas à gestão da Legação, a permanência de Paço d'Arcos no Brasil foi marcada por três questões específicas que ocuparam um lugar de peso no conjunto da missão: duas para as quais já havia sido instruído e preparado (a grande naturalização e o tratado de comércio) e outra na qual foi apanhado desprevenido e que haveria de ditar o fim do seu mandato (a revolta da armada). Detenhamo-nos com mais detalhe em cada uma delas.

A grande naturalização

Menos de um mês depois de ser implantada a república do Brasil o governo provisório promulgou, a 14 de Dezembro de 1889, o decreto que ficou conhecido pela *grande naturalização*, estipulando que «*Todo o estrangeiro no Brasil depois de 15 de Novembro de 1889 será considerado cidadão brasileiro, a não ser que, no prazo de seis meses, a contar da publicação deste decreto, faça uma declaração em contrário perante a autoridade municipal competente*»[28].

Ao ser informado da promulgação do referido decreto, o governo português reagiu instruindo o encarregado de negócios da Legação portuguesa no Rio de Janeiro para agir em conformidade com as restantes nações estrangeiras e, independentemente do que colectivamente se decidisse, empregar todos os esforços para facilitar ao maior número de portugueses que «*por temor, ignorância ou desleixo deixem de cumprir as formalidades*» a possibilidade de se manterem oficialmente vinculados à «*terra que os viu nascer*»[29]. A acção colectiva estrangeira verificou-se a 22 de Maio de 1890 com a entrega ao governo brasileiro de um memorando oficial de protesto assinado pelos representantes da Áustria-Hungria, Espanha, França, Inglaterra, Itália e Portugal. Toda a campanha de contestação levada a cabo pelas diferentes nações interessadas foi

---

[28] Brasil. Decretos – Decreto nº 58 de 14 de Dezembro de 1889, Rio de Janeiro: Imprensa Nacional, 1889.

[29] «Despacho de 31 de Janeiro de Hintze Ribeiro a Garcia da Rosa», AHD/MNE. Arquivo do Ministério dos Negócios Estrangeiros – Despachos para a Legação de Portugal no Rio de Janeiro, Livro 20. p. 21-22.

essencial e resumidamente fundamentada nos seguintes argumentos: O decreto 1) restringiu a liberdade individual; 2) era contrário aos princípios fundamentais do Direito Internacional; 3) falhava essencialmente por ausência de base jurídica, fundamentando a escolha de nacionalidade pela negativa, isto é fundando no «*silêncio dos cidadãos estrangeiros a presunção de que escolhiam a nacionalidade brasileira*»; 4) baseava-se numa deliberada inversão da norma no que diz respeito à definição da nacionalidade, dando preeminência ao *ius locis* em detrimento do *ius sanguinis*[30].

A este protesto colectivo o governo brasileiro respondeu, a 2 de Agosto desse ano, com um contra-memorando anunciando que a Constituição, já publicada em projecto, concedia um alargamento do prazo estipulado para a apresentação das declarações de naturalidade. Por sua vez o governo português instruiu o encarregado de negócios no Rio de Janeiro para que dirigisse ao governo provisório um novo memorando insistindo na reclamação. A ordem foi cumprida e a 31 de Janeiro de 1891 foi entregue às autoridades brasileiras uma contra-réplica de protesto da qual não se obteve resposta.

Estava a situação neste ponto quando o conde de Paço d'Arcos assumiu a Legação portuguesa, sendo que o decreto havia já sido oficialmente integrado na Constituição brasileira de 24 de Fevereiro de 1891[31]. Conforme as instruções que obteve do governo, o ministro português dirigiu a 11 de Agosto do ano decorrente uma nota ao governo brasileiro lamentando a ausência de resposta ao último protesto apresentado, à qual o governo brasileiro reagiu declarando que «*ainda mesmo que estivesse disposto a fazer concessões, não as poderia efectuar contra a Constituição já votada, sem assumir poderes que lhe não competiam*»[32]. Escudando-se na legalidade inviolável da Constituição, as autoridades brasileiras mostravam-se irredutíveis com relação ao assunto.

---

[30] «Ofício de 7 de Abril de 1892 do conde de Paço d'Arcos para o Cônsul Geral». *Missão Diplomática* ..., p. 68.
[31] Artigo nº. 69. Alargando-se assim o prazo para os seis meses após a entrada em vigor da Constituição. *Cfr.*, Leite, Fábio Carvalho, «1891: A Construção da Matriz Político-Institucional da República do Brasil», *Dissertação de mestrado*, Rio de Janeiro: Pontifícia Universidade Católica do Rio de Janeiro, 2003.
[32] *Missão Diplomática*..., p. 70.

Em consequência, o ministro português definiu, a partir de então, uma paulatina linha de conduta que consistia em, para além da apresentação continuada de protestos junto do governo brasileiro, facilitar e promover os registos de conservação de nacionalidade portuguesa no circuito das redes consulares espalhadas pelo território brasileiro. Nesse esforço, Paço d'Arcos deparou-se amiúde com a reticência de alguns cônsules em cumprir as ordens do governo português, no sentido de facilitar a entrega de declarações mesmo depois de expirado o prazo estipulado pelo governo brasileiro. O cônsul geral chegou mesmo questionar Paço d'Arcos acerca da legitimidade e a da legalidade das directrizes de Lisboa, tomando a iniciativa de se eximir de fazer os registos que lhe eram solicitados pelos súbditos portugueses. Situação idêntica passou-se com o cônsul do Rio Grande do Sul, a quem o ministro português não hesitou em fazer ver até onde ia empenho do governo português relativamente àquela questão: «*V. S.ª não tem que considerar que o prazo fatal da constituição brasileira para as declarações de nacionalidade já findou. V. S.ª só tem de obedecer às ordens superiores que lhe mandam receber e inscrever as declarações, sempre que lhe seja pedido por patrícios nossos*»[33].

Paço d'Arcos limitava-se a dar cumprimento às instruções recebidas pelo governo de Lisboa e a impor obediência na actividade dos consulados, o que não o impedia de reconhecer a delicadeza da situação perante o ministro dos Negócios Estrangeiros português, a quem confessava considerar bastante razoáveis as dúvidas apresentadas pelos cônsules, admitindo que «*o despacho aos cônsules para aceitarem tais declarações*» era a «*negação formal e precisa do reconhecimento àquele artigo da Constituição brasileira*»[34].

Os problemas levantados em consequência da lei da grande naturalização relacionavam-se ainda directamente com uma outra questão que muito prejudicava os interesses económicos de Portugal: a do movimento dos espólios de súbditos portugueses. Entre 1889 e 1890 verificou-se uma abrupta queda do valor dos movimentos dos espólios nacionais[35]. Situação que foi provocada não só pelo número de portugueses

---

[33] «Carta de 3 de Abril de 1893 ao cônsul do Rio Grande do Sul», *Missão Diplomática...*, p. 74.

[34] «Carta de 14 de Março de 1892 ao ministro Costa Lobo». Arquivo do conde de Paço d'Arcos.

[35] Eduardo Cândido Gonçalves diz a este respeito, citando dados fornecidos pelo consulado geral que em 1889 o movimento dos espólios ascendia a 2.046.410$360 réis fracos e em 1892 registou-se um

que involuntariamente se desnacionalizaram ao abrigo da lei da grande nacionalização, como também pela total ineficácia de acção dos consulados portugueses com relação à reclamação dos ditos espólios, permitindo a sua apropriação por parte do governo brasileiro. Paço d'Arcos alertou insistentemente o governo português para esta questão, fazendo ressaltar a necessidade imperiosa de se fazerem profundas modificações na forma de procedimento e extensão da representação portuguesa no Brasil, sugerindo o aumento da autonomia e do número de consulados paralelamente com o estabelecimento de uma vigilância contínua e eficiente aos mesmos, bem como a diminuição das exigências burocráticas. E sublinhando o contraste com as outras legações estrangeiras, cujo zelo se traduzia em autênticas perseguições aos seus nacionais, ironizava acerca da ingénua displicência portuguesa que não só não se dispunha a visitar os pontos onde havia portugueses como encerrava os postos consulares existentes, esperando «*confiada e mais que benevolamente, que o governo brasileiro ou as suas autoridades nos venham dizer "olhe que aqui morreu um português, venha recolher o espólio, se o quer!"*»[36].

Após três anos em vigência da lei da grande naturalização, Paço d'Arcos confessava-se desanimado com os escassos 250 mil portugueses que se haviam apresentado nos postos consulares para confirmação de naturalidade. Em carta a Hintze Ribeiro o conde relembrava ao ministro que poucos anos antes da queda do Império um ministro da coroa avançara com o número de um milhão e duzentos mil portugueses residentes no Brasil, concluindo, portanto, que ao tempo da promulgação da lei da grande naturalização dificilmente a avaliação seria menor, o que tornava bastante penosa a constatação de que, apesar de todos os facilitismos feitos à custa de umas quantas tropelias legais, apenas cerca de 25% dos portugueses teriam querido reafirmar a sua nacionalidade. A este respeito, Paço d'Arcos era particularmente crítico com relação ao quinhão de culpa que competia às autoridades portuguesas que, por negligência, haviam ampliado o alcance das consequências da já de si nociva lei da grande

---

decréscimo para 130.975$584 réis fracos. Cfr., Gonçalves, Eduardo Cândido Cordeiro, *Ressonâncias em Portugal da Implantação da República no Brasil (1889-1895)*, Porto: Reitoria da Universidade do Porto, 1995, p. 156.

[36] «Oficio de 11 de Agosto de 1893 ao ministro Hintze Ribeiro», *Missão Diplomática* ..., p. 9.

naturalização. As ausências de declarações, dizia Paço d'Arcos, «*tiveram e têm a sua origem na falta de cônsules, funcionários portugueses, que olhassem pelos nossos, que os protegessem, que os animassem, que os aconselhassem, que os não deixassem esquecer a pátria, com os seus deveres e encargos, mas também com as suas garantias. Vêem-se abandonados, como dizem, e consequentemente abandonam-nos!*»[37].

A grande naturalização com a consequente desvinculação passiva de cerca de 75% de conterrâneos, para além de ter revelado a fraca e desadequada representatividade oficial portuguesa em território brasileiro, veio agravar moralmente o desastroso abatimento financeiro que se havia sentido com a baixa do câmbio da moeda brasileira e a quebra das remessas dos emigrantes portugueses para Portugal.

O Tratado de Comércio e Navegação

Desde a independência do Brasil que um dos temas que mais preponderantemente marcaram o relacionamento luso-brasileiro foi o esforço pela assinatura de um tratado de comércio e navegação. A quimera do tratado ocupou obstinadamente a diplomacia portuguesa por longos anos, começando, logo a partir de 1825, pelos esforços de precisão do nebuloso paradigma da «nação amiga e mais favorecida»[38]. As primeiras tentativas no sentido de se chegar a um acordo comercial datam logo do ano seguinte ao reconhecimento da independência, com a reunião de conferências bilaterais que acabaram por ser suspensas em Abril de 1826, devido à morte de D. João VI. Dez anos mais tarde, e com base neste projecto de 1826, voltaram-se a diligenciar negociações para um novo acordo, chegando mesmo à forma de tratado, que depois de assinado não conseguiu a ratificação do parlamento brasileiro. Depois do malogro de

---

[37] *Missão Diplomática...*, p. 11.
[38] Expressão consagrada no artigo 5º do *Tratado de Paz e Aliança concluído entre D. João VI, e o Seu Augusto Filho D. Pedro, Imperador do Brasil, 29 de Agosto de 1825* pelo qual Portugal reconhece oficialmente a independência do Brasil ocorrida já em 1822, *apud* Zília Osório de Castro; Júlio Rodrigues da Silva, e Cristina Montalvão Sarmento (eds.), *Tratados dos Atlântico Sul. Portugal-Brasil, 1825-2000*. Lisboa: Ministério dos Negócios Estrangeiros, 2006, pp. 49-52.

1836, tímidas investidas para o reatamento de negociações foram tentadas em 1840, mas sem continuidade[39].

Passam-se quase 50 anos até Portugal recuperar fôlego para voltar a fazer movimentos de aproximação ao Brasil. Em 1889 a diplomacia portuguesa preparava terreno para o reatar de negociações quando rebentou o golpe de estado que instaurou a república brasileira, frustrando-se novamente as diligências[40]. É pois cerca de dois anos mais tarde, em gravoso estado de debilidade financeira no contexto da crise económica de inícios da década de noventa, que Portugal se vê impelido a reatar negociações com o Brasil. O choque ocorrido em 1891 com a desvalorização da moeda portuguesa em consequência da queda do câmbio brasileiro na praça de Londres veio despertar os mais desatentos para a implacável dependência que a economia portuguesa tinha do Brasil[41]. «*Enquanto vier muito cacau de S. Tomé e muito ouro do Brasil o câmbio há-de ser bom; em não o havendo o câmbio há-de ser mau*» era a forma como um dos directores do Banco de Portugal simplificava a situação em 1891 ao mesmo tempo que confessava o seu cepticismo perante a eficácia de projectos de lei no controlo das flutuações do câmbio[42].

---

[39] Magalhães, José Calvet de, *Relance Histórico...*, p. 21.

[40] «Ofício de 8 de Outubro de 1889», AHD/MNE. Direcção Geral dos Negócios Comerciais: Tratados de Comércio com o Brasil (1888 a 1929), Maço 46.

[41] A economia portuguesa era, desde há muito, deficitária, as suas exportações não pagavam as importações, parte desse défice era compensado com os capitais dos milhares de emigrantes que residiam no Brasil e que assiduamente enviavam as suas remessas de dinheiro para Portugal. Era, portanto, o ouro dos «brasileiros» que permitia criar um excedente de crédito em Londres, possibilitando a Portugal equilibrar a sua balança de pagamentos. Depois de 15 de Novembro, a especulação financeira causada pelo encilhamento e a instabilidade política fazem retrair os investidores e as bolsas internacionais. O câmbio da moeda brasileira caiu em flecha e, para não perderem dinheiro, os emigrantes congelam o envio das suas remessas para a Europa. Foi esta a gota de água que fez transbordar o já instável copo da economia portuguesa. Automaticamente a moeda portuguesa desvalorizou também, obrigando o governo a autorizar que o Banco de Portugal a deixar de converter as suas notas em ouro. O câmbio do dinheiro português disparou, as importações ficaram mais caras, vários bancos declararam falência e o consumo interno ressentiu-se bastante. *Cfr.*, Abreu, Marcelo de Paiva (org.), *A Ordem do Progresso. Cem anos de política económica republicana 1889-1989*. Rio de Janeiro: Editora Campus, 1999 e Ramos, Rui, *A Segunda Fundação (1890-1926)*, vol. VI de *História de Portugal*, direcção de José Matoso, Lisboa: Círculo de Leitores, 1994, pp. 157-170.

[42] Vilhena, Júlio, *Antes da República*, apud Ramos, Rui, *A Segunda Fundação...*, p. 160.

Portugal depositava, pois, num convénio comercial e aduaneiro com o Brasil utópicas esperanças de salvação da economia nacional, tanto mais que as relações comerciais se tinham revelado resistentes às oscilações políticas[43]. Mas o Brasil continuava pouco interessado em se comprometer com quaisquer contratos comerciais com outros países e muito menos em traduzir para factos concretos a premissa de Portugal como «nação mais favorecida», tanto mais que ao nível das exportações, outras nações, como a França, favoreciam bem mais os seus interesses[44].

Foi neste contexto que o conde de Paço d'Arcos partiu para o Brasil incumbido de se dedicar ao estudo de *«tratados do Brasil com outro país, situação financeira da República e condições económicas que tem produzido e pode vir a produzir no comércio com a Europa e especialmente com Portugal»*[45]. A 11 de Julho de 1891, pouco menos de um mês após a sua chegada, recebia ordens de Lisboa para que indagasse «*se o governo brasileiro se acha disposto a encetar negociações sobre tratado de comércio e navegação especial*» com Portugal, devendo «*primeiro propiciar influência e meios precisos para que se assegure uma resposta favorável como muito convém aos dois países*»[46].

Foi precisamente no que dizia respeito ao que o ministro dos Negócios Estrangeiros português se referia por *influências e meios precisos* que foi determinante o empenho e intervenção de Paço d'Arcos. No dia 14 de Julho o ministro português já telegrafava boas notícias para Lisboa: «*o governo brasileiro receberá satisfeito qualquer proposta para se negociar um tratado de comércio e navegação. Deseja porém conhecer primeiro bases da proposta para*

---

[43] Segundo os dados do *Anuário Estatístico de Portugal*, não se verificam quebras nas importações brasileiras de algodão em rama e vinho portugueses entre os anos de 1892 e 1894. Em particular com relação à exportação de vinho deu-se uma progressiva subida do valor dos índices, sendo que no ano de 1889 o valor do índice 100 era de 2.172.124 mil reis, atingindo um índice de 190, 4.117.278 mil reis, no ano de 1892. Cfr., Gonçalves, Eduardo Cândido, *Ressonâncias em Portugal*, pp. 31-37 e Lains, Pedro, «Exportações Portuguesas, 1850-1913: a tese da dependência revisitada». *Análise Social*, n°.91, 1986, p. 398.

[44] Ribeiro, Maria Manuela Tavares, «Vivência das Crises – Vencer a Crise. Tratado de Comércio e Navegação entre Portugal e o Brasil (14.01.1892)», *in*, Zília Osório Castro, *et. al.*, *Tratados do Atlântico*., p. 157.

[45] «Carta de 13 de Maio de 1891 do ministro dos Negócios Estrangeiros, Barbosa du Bocage ao conde Paço d'Arcos». AHD/MNE, Direcção Geral dos Negócios Comerciais, Tratados de Comércio com o Brasil (1888 a 1929), Maço 46.

[46] «Telegrama de 11 de Julho de 1891 do ministro conde de Valbom ao conde de Paço d'Arcos». *Missão Diplomática...*, p. 38.

estudar»[47]. Obtida a disponibilidade do governo brasileiro, foi nomeado um enviado extraordinário e ministro plenipotenciário em missão especial ao Brasil para se encarregar das negociações. Escolheu-se para esse efeito o conselheiro Mattoso dos Santos que após cerca de quatro meses de negociações exaustivas com o plenipotenciário brasileiro, João Pereira de Andrada, obteve a assinatura do Tratado de Comércio e Navegação, a 14 de Janeiro de 1892.

A situação complicou-se, no entanto, na troca das respectivas ratificações. Assim que o governo brasileiro começou a dar sinais de desinteresse, José Dias Ferreira, então chefe do governo, escrevia directamente a Paço d'Arcos exprimindo a sua apreensão com relação ao assunto, relembrando que o facto do tratado não ter sido de imediato submetido às cortes portuguesas foi unicamente para evitar a sua recusa, que seria, com certeza, impossível se quando apresentado na próxima sessão o tratado tivesse já sido aprovado pelo Brasil. E em vésperas da abertura do congresso brasileiro era o ministro dos Negócios Estrangeiros quem insistia com Paço d'Arcos, advertindo que perante a possibilidade da não aprovação do tratado seria porem preferível a «*continuação do actual estado de coisas*». Queria-se a prorrogação do prazo das ratificações[48].

Efectuadas as diligências necessárias Paço d'Arcos escrevia finalmente ao ministro Costa Lobo, pondo-o a par de uma conversa particular que tivera com o ministro da Relações Exteriores brasileiro que lhe dissera que só por muita atenção e delicada deferência para com Portugal o governo brasileiro se consentira a entabular negociações pois, na verdade, não desejava o tratado e que «*no fim de tudo seria melhor não se falar mais nisto e deixar no esquecimento este negócio, para não haver o desgosto de o ver rejeitado no Congresso*»[49]. No mesmo ofício Paço d'Arcos permite-se ainda a dar o golpe de misericórdia nas vãs esperanças do governo português, fazendo uma crua análise retrospectiva da situação:

---

[47] «Telegrama de 14 de Julho de 1891 do conde de Paço d'Arcos para o conde de Valbom». AHD/MNE, Direcção Geral dos Negócios Comerciais: Tratados de Comércio com o Brasil (1888 a 1929), Maço 46.

[48] «Carta de 20 de Abril de 1892 do ministro Costa Lobo ao conde de Paço d'Arcos». AHD/MNE, Arquivo da Legação Portuguesa no Rio de Janeiro, Maço 29.

[49] «Ofício de 24 de Maio de 1892», *Missão Diplomática...*, p. 44.

« Tudo eu esperava e não me surpreendeu. Oficial e semi-oficialmente para esse ministério o disse diversas vezes, e quando propus a graça do titulo de Conde ao Barão de Alto Mearim, disse bem claramente que assim era preciso para nos servirmos da sua influência nos colegas banqueiros que preponderavam, se é que mesmo não dominavam a situação Lucena-Deodoro[50]. A delicadeza e deferência hoje apregoada para Portugal aceitando propostas e entabulando negociações para as quais nomearam ministro especial foi filha de influências particulares e não de um desejo ou de uma ideia de política internacional. [...] Se a situação Lucena continuasse e tivesse força no Congresso, é possível que o Tratado tivesse passado; com situação diametralmente oposta, era de prever a inevitável recusa [...] Faço inteira justiça ao carácter e inteligência política do meu colega Sr. Matoso, acreditando que, quando se retirou devia bem supor (se não estava até bem certo) que as negociações estavam perdidas. »[51]

No entanto, perante a insistência de Lisboa, o ministro português conseguiu, por intermédio de Cabo Frio, adiar um pouco mais a morte anunciada, prorrogando-se o prazo de ratificação até 15 de Setembro de 1893. A partir desse momento, estando consciente da total impossibilidade de se fazer aprovar o tratado no contexto político brasileiro de então, Paço d'Arcos limitou-se a evitar que ele fosse formalmente recusado, para poupar um abalo de consequências imprevisíveis ao governo de Dias Ferreira[52].

Ao aproximar-se o limite da dilatação, o governo português voltou à carga, pressionando insistentemente Paço d'Arcos para que fizesse uso de todos os seus conhecimentos e influências para tentar ressuscitar as negociações, dispondo-se mesmo a fazer ao tratado as modificações necessárias para que o governo brasileiro o aceitasse[53]. A resposta de Paço d'Arcos foi invariavelmente a mesma: governo brasileiro não queria aprovar tratado nenhum e também não tencionava apresentá-lo ao Congresso

---

[50] Referia-se ao grupo político do banqueiro Mayrink. Paço d'Arcos faz explicitamente referência a este banqueiro em ofício ao ministro Ayres de Gouveia de 8 de Junho do mesmo ano, *Missão Diplomática...*, p. 47. Matoso dos Santos foi o ministro plenipotenciário português que foi enviado para tratar exclusivamente das negociações do tratado.

[51] *Missão Diplomática...*, p. 47.

[52] «Carta de 20 de Junho de 1892 do conde de Paço d'Arcos ao visconde de Cabo Frio». Arquivo do conde de Paço d'Arcos.

[53] «Carta de 3 de Agosto de 1892 do ministro Ayres de Gouveia ao conde de Paço d'Arcos». AHD/MNE, Arquivo da Legação Portuguesa no Rio de Janeiro, Maço 29.

desse ano. O ministro português colocava, porém, uma ressalva: tendo em conta o recrudescer da instabilidade política do Brasil, e admitindo o possível regresso da situação ministerial com a qual primeiramente se havia negociado, talvez não fosse de todo desadequado tentar ainda uma nova prorrogação, desta vez por dois anos, esperando pacientemente por contexto político mais favorável[54]. Paço d'Arcos conseguiu obter a dita prorrogação por mais dois anos, evitando uma humilhação formal de Portugal e permitindo ao assunto sobreviver na penumbra da sua própria indefinição, delongando *sine die* o seu despacho.

A revolta da Armada

No dia 6 de Setembro de 1893 a cidade do Rio de Janeiro foi acordada pela notícia de que ao largo da baía da Guanabara a armada se posicionava revoltada, liderada pelo almirante Custódio José de Melo que fizera publicar nos jornais desse dia um manifesto de sublevação contra o governo: «*Contra a Constituição e contra a integridade da própria Nação, o chefe do Executivo mobilizou o exército nacional discricionariamente […] A Nação anseia por ver-se livre de um governo que a humilha! […] Oficial de marinha, brasileiro e cidadão de uma pátria livre, ainda uma vez vou achar-me no campo da acção revolucionária para dar combate aos demolidores da Constituição e restaurar o regime da lei, da ordem e da paz. [...] Que a Nação Brasileira possa e saiba exercer a sua soberania dentro da República, eis o meu "desideratum", eis a cogitação suprema do meu espírito e de minha vontade!*» [55]

Dezasseis navios brasileiros, liderados pelo *Aquidaban*, deram início à insurreição, e ao longo do dia vários outros se lhes foram juntando, incluindo os do batalhão naval. A revolta da armada fazia-se pelas motivações explícitas no manifesto, tendo como objectivo a queda do governo do marechal Floriano Peixoto, que seagundo os revoltosos, se havia transformado numa ditadura militar que conduzia o país para uma situação pior do que aquela

---

[54] «Ofícios de 29 de Janeiro a 6 de Maio de 1893», *Missão Diplomática ...*, pp. 53-62.
[55] Cfr., Peixoto, Sílvio, *No Tempo de Floriano*, Rio de Janeiro: Editora A Noite, 1940, pp. 196-199.

contra a qual se havia levantado o movimento revolucionário de 23 de Novembro de 1891[56].

Quando, a 6 de Setembro de 1893 o conde de Paço d'Arcos foi oficialmente informado pelo ministro das Relações Exteriores brasileiro que parte da armada se sublevara «manifestando franca hostilidade contra o governo», a esquadra portuguesa ao largo da baía da Guanabara era constituída por dois navios, a corveta *Mindelo* e o cruzador *Afonso de Albuquerque*, sob as ordens do comandante Augusto Castilho, a quem o ministro português fez, de imediato, chegar um telegrama com instruções para que agisse de acordo com o comandante da esquadra inglesa. No mesmo dia reuniram-se em conferência, na casa do ministro português em Petrópolis, os ministros da Alemanha, Espanha, Inglaterra e Itália, decidindo não responder ao aviso oficial do governo e aguardar o desenrolar dos acontecimentos.

Nessa mesma noite Paço d'Arcos recebia um telegrama anunciando-lhe a visita de um ajudante do marechal Floriano Peixoto, portador de uma mensagem urgente para o ministro português. O emissário só chegou por volta das 4 horas da manhã, trazia uma comunicação do ministro das Relações Exteriores, convidando todos os representantes das nações estrangeiras que tinham navios de guerra no porto do Rio de Janeiro a comparecer numa conferência com o vice-presidente no palácio do Itamaraty. Alvitrando ainda que o marechal Floriano contava com um certo apoio das esquadras estrangeiras para que se evitasse um bombardeamento da cidade e que contava ainda com os bons serviços do ministro português para agir beneficamente em prol dessa mediação com as outras representações. Paço d'Arcos reagiu dizendo que a situação com que o confrontava o emissário era de extrema delicadeza e que por isso mesmo não podia, de forma alguma, tomar qualquer tipo de resolução individual, sendo que a anuência ao pedido de auxílio que lhe era feito constituiria uma explícita intervenção nos negócios internos do Brasil e que a esse respeito nada poderia fazer sem ordens superiores do seu governo. No dia seguinte, reuniram-se os ministros, na legação inglesa, decidindo rejeitar em uníssono

---

[56] Primeiro levantamento da armada que levou à renúncia de Deodoro e a que Floriano Peixoto assumisse a chefia do Estado como vice-presidente.

o convite para a conferência no Itamaraty e agendar uma reunião colectiva com os comandantes dos navios das respectivas nações aportados na baía do Rio de Janeiro[57].

Em defesa tanto dos interesses próprios (manter os portos abertos ao comércio internacional e protecção dos seus nacionais) como humanitários (impedir o bombardeamento da cidade) e ao abrigo de uma legitimidade de intervenção que oficiosamente o governo legal lhes havia concedido, o facto é que, desde os primeiros dias, o corpo diplomático passou a desempenhar um papel fundamental no processo revolucionário, servindo de interlocutor entre as forças legais e os insurrectos[58].

No dia 5 de Outubro o corpo diplomático conseguiu que as duas forças beligerantes[59] estabelecem um *modus vivendi* que consistia essencialmente no comprometimento da parte de Floriano em desarmar as fortalezas do Rio de Janeiro o que, consequentemente, retirava a Custódio de Melo qualquer pretexto para bombardear a cidade[60]. Joaquim Nabuco, que assistiu *in loco* ao desenrolar dos acontecimentos, deixou-nos um expressivo quadro de como a mediação estrangeira foi percepcionada na altura: «*Durante três meses assistir-se-á na Baia do Rio de Janeiro a um verdadeiro duelo de artilharia regulado, tiro por tiro, pelas testemunhas reunidas a bordo de um dos navios de guerra estrangeiros. São elas que dirão, quase diariamente, a cada um dos combatentes o que lhes é lícito e o que lhes é defeso, o que cabe e o que não cabe no acordo que fizeram; são elas que marcarão a raia do tiro; que observarão de onde

---

[57] «Ofício de 8 de Setembro de 1893 do conde de Paço d'Arcos ao ministro Hintze Ribeiro», *Missão Diplomática...*, pp. 257-264.

[58] Magalhães, José Calvet e Cervo, Amado Luiz, *Depois das Caravelas – As relações entre Portugal e o Brasil 1808-2000*. Lisboa: Instituto Camões, 2000, p. 167.

[59] De destacar que Custódio de Melo e mais tarde Saldanha da Gama nunca conseguiram obter o reconhecimento oficial como beligerantes, em grande parte devido à oposição dos Estados Unidos da América que a este respeito, e no âmbito da doutrina Monroe em vigência, se colocaram numa atitude informal de apoio à causa de Floriano, Cfr., Costa, Sérgio Corrêa da, *A Diplomacia do Marechal. A Intervenção Estrangeira na Revolta da Armada*. Rio de Janeiro: Tempo Brasileiro, 1979, pp. 123-132.

[60] Nabuco, Joaquim, *A Intervenção Estrangeira Durante a Revolta*. Rio de Janeiro: Typographia Leuzinger, 1896. pp. 13-14. «Carta do conde de Paço d'Arcos a Hintze Ribeiro de 6 de Outubro de 1893», *Missão Diplomática...*, pp. 280-282.

partem as provocações; que decidirão, em uma palavra, as questões ocorrentes, tudo como os padrinhos em uma pendência de honra»[61].

Em seus ofícios para Lisboa, Paço d'Arcos não escondia as dificuldades de relacionamento com as forças legais que, segundo ele, se aproveitavam da neutralização dos insurrectos pela intervenção estrangeira para preparar e organizar mais à vontade os seus homens e meios de combate: «*Pelo lado do almirante Mello tem havido sempre proceder por assim dizer correcto, e tendo assegurado logo no começo da revolta em seus manifestos que não bombardearia a cidade, reconhece-se que procura sempre evitar essa extremidade barbara; mas por parte do governo do Marechal tem havido ao contrário evidentemente o intuito de obrigar o Almirante a esse acto selvagem que lhe acarretaria muito odioso. Por isso lhe tem sempre dirigido provocações com as peças colocadas nos morros e nos cais, constituindo um fingido sistema de defesa, que seria absolutamente inútil contra a esquadra se esta quisesse seriamente atacar a cidade [...]*»[62].

A situação foi-se agudizando à medida que se ia sucessivamente golpeando o acordo de 5 de Outubro, o que agravava a preocupação dos representantes estrangeiros que temiam as funestas consequências de uma repentina abertura das hostilidades. Paço d'Arcos insistia com o seu governo na «*necessidade absoluta da vinda de mais navios*»[63], tanto para se fornecer à colónia portuguesa mais garantias de protecção, como forma de intimidação. Perante a crescente anarquia e contra as cada vez mais frequentes arbitrariedades e desacatos cometidos contra súbditos portugueses, Paço d'Arcos e Castilho agiam em uníssono e em frentes complementares. Em cartas ao conselho do Almirantado, Castilho corrobora as preocupações do ministro português: «*As agressões isoladas contra súbditos portugueses nas ruas desta capital, à luz do dia e às vezes mesmo por praças da força armada, as violências para os compelir ao recrutamento das guardas nacionais e do exército, etc. ocorrem com frequência e causam grande trabalho e dificuldade ao pessoal do consulado [...] É por isso que não cessarei de afirmar a urgente necessidade de fazermos nestas águas uma vigorosa demonstração de força. Consta-me que*

---

[61] Nabuco, Joaquim, *A Intervenção Estrangeira...*, p. 27.
[62] «Ofício de 6 de Outubro de 1893 do conde de Paço d'Arcos para o ministro Hintze Ribeiro», *Missão Diplomática...*, p. 281.
[63] «Telegrama de 1 de Outubro de 1893 do conde de Paço d'Arcos para o ministro Hintze Ribeiro», *Missão Diplomática...*, p. 279.

o nosso ministro tem para ai insistido também nesta questão, mas como nem ele nem eu temos recebido sobre o assunto qualquer resposta, continuarei a insistir neste pedido»[64].

Perante o silêncio de Lisboa e o laconismo das poucas excepções que o quebraram, Paço d'Arcos actuou em todo este processo ao abrigo do telegrama de 9 de Setembro que lhe ordenava que procedesse «*de acordo e em comum com as demais nações*»[65]. Mas a excepcionalidade das circunstâncias fizeram com que, ao longo do processo de mediação, tanto o ministro como o comandante português acabassem por se distinguir de entre a restante representação estrangeira. Nos relatórios de Paço d'Arcos a Hintze Ribeiro, não são pois raras as vezes em que o ministro português se queixa da ingrata tarefa de tradutor. Ao descrever as intrincadas negociações do acordo de 5 de Outubro, a páginas tantas relatando a exposição do decano inglês escreve: «*as respostas do ministro Pereira sempre por mim traduzidas, foram titubeantes e cheias de sofismas e mesmo de absurdos, chegando a perguntar se por ventura nós e os Comandantes éramos partidários de Mello que tanto o defendíamos?*». O ministro das Relações Exteriores brasileiro não falava inglês nem francês.

De facto, na opinião pública, ou pelo menos nos jornais que estavam autorizados a representá-la, as desconfianças sobre as representações estrangeiras cresciam de dia para de ida. Para tal contribuíam os boatos acerca da índole monárquica da revolução, acarinhados pela imprensa legalista por servirem a campanha de denegrimento das esquadras internacionais europeias acusadas de dar protecção aos revoltosos da marinha. Jornais como *O Paiz* ou *O Tempo* ocupavam-se zelosamente em destruir a imagem de imparcialidade das representações estrangeiras com acusações explícitas: «*Não pode admitir-se, seria pueril admitir-se, que os diplomatas estrangeiros ignorem os seus deveres e portanto, e daqui não há que fugir, têm até ao presente procedido de má fé!*», como se lia no número de 28 de Novembro de *O Tempo*[66].

---

[64] «Nota de 2 de Novembro de 1893», *in* Augusto Vidal de Castilho Barreto e Noronha, (ed.), *Portugal e Brazil, Conflito Diplomático*, Vol. II, Lisboa: M. Gomes Editor, 1894, p. 80.
[65] «Telegrama de 9 de Setembro de 1893 do ministro Hintze Ribeiro para o conde de Paço d'Arcos», AHD/MNE, Arquivo da Legação Portuguesa no Rio de Janeiro, Maço 30.
[66] *O Tempo*, de 28 de Novembro de 1893.

*Um diplomata entre dois regimes:
o conde de Paço d'Arcos (1891-1893)*

Para além da animosidade instalada contra as representações estrangeiras em geral, a situação foi-se particularizando, aos poucos, com relação aos agentes portugueses. Vários incidentes opuseram alguns elementos das tropas do governo a marinheiros portugueses, causando situações de grande embaraço e tensão entre as autoridades brasileiras e a legação portuguesa. A todos os desagradáveis confrontos foi Paço d'Arcos respondendo com notas de reclamação ao governo brasileiro, que se foram intensificando de tom à medida que aumentava a frequência dos desaguisados. A situação ganhou maiores proporções a partir de inícios de Novembro, depois de um posto armado do exército ter feito descargas de artilharia sobre embarcações da corveta *Mindelo* que arvoravam a bandeira portuguesa. Mas o incidente de todos o mais gravoso foi, sem dúvida, o que se deu no dia 7 do mesmo mês, e que opôs directamente dois oficiais da marinha, o comandante Augusto Castilho e o vice-almirante brasileiro Coelho Neto[67].

Pessoalmente empenhado em obter reparação para o que considerava serem afrontas à dignidade nacional, Paço d'Arcos passou as primeiras semanas de Novembro numa incessante azáfama a redigir notas de reclamação, bilhetes, cartas, relatórios e telegramas, numa tal insistência que começava a deixar o governo brasileiro impaciente: «*não posso ocultar ao Sr. Ministro a estranheza que me causou a celeridade que reclama na solução deste assunto nas circunstâncias actuais*», respondia directamente Cassiano do Nascimento, responsável pela pasta dos Negócios Exteriores, a uma das notas do ministro português, no mesmo dia em que se decidia a telegrafar medidas mais drásticas para Lisboa[68] Mas Paço d'Arcos e Castilho não estavam dispostos a deixar cair o assunto. «*Veremos se, como é de esperar, o nosso Governo entende dar-me algumas instruções; mas quer as tenha, quer não, eu não abandono esta questão, que considero de dignidade nacional*»[69], o ministro português revelava a sua obstinação ao mesmo tempo que se confessava suspeitoso com relação ao apoio com que poderia contar da parte de Lisboa. E as suas reservas tinham razão de ser: no dia 16 de Novembro recebia

---

[67] «Nota de 9 de Novembro de 1893 ao ministro das Relações Exteriores brasileiro», *Missão Diplomática...*, p. 322.

[68] «Nota de 10 de Novembro de 1893 do ministro das Relações Exteriores ao conde de Paço d'Arcos». AHD/MNE, Arquivo da Legação Portuguesa no Rio de Janeiro, Maço 30.

[69] «Nota de 11 de Novembro de 1893 ao comandante Castilho», *Missão Diplomática ...*, p. 323.

um telegrama de Hintze Ribeiro redigido nos seguintes termos: «*Convém na situação desse país defender interesses nossos súbditos evitando quanto possível incidentes difíceis de liquidar-se*»[70]. Com estas palavras evasivas o governo português lavava prudentemente as suas mãos, tentando escapar-se a um confronto directo com governo de Floriano.

Mas no dia 17 de Novembro Paço d'Arcos recebia novo telegrama de Lisboa: «*Por motivos que explicar aqui convém [sic] que V. Ex.ª venha a Lisboa sem demora. Faça comunicação governo brasileiro ficar 1º secretário encarregado de negócios*»[71]. Poucas horas depois, recebia nota oficial de Augusto Castilho pedindo a sua exoneração do cargo de comandante da esquadra portuguesa no Rio de Janeiro, por se julgar desautorizado pelo telegrama do dia anterior[72].

A causa desta chamada repentina a Lisboa foi filha de uma interferência directa do governo de Floriano que se decidiu a não suportar por mais tempo aquilo que considerava a obstinação insolente de Paço d'Arcos. No dia 15 de Novembro o encarregado de negócios da legação brasileira em Lisboa, Vianna Lima, havia recebido um telegrama do governo brasileiro exigindo-lhe que «*verbalmente comunique ao ministro Estrangeiros que Paço d'Arcos envolve-se abertamente política Brasil tornando-se incompatível Presidente. Pede se lhe dê outro destino*»[73]. Ao contrário do que depois de disse, o ministro português teve desde o primeiro momento consciência de que havia sido purgado, conforme confidencia em carta, ressentida, ao comandante Castilho escrita poucos dias antes do seu regresso a Lisboa: «*Quem paga as custas por sabermos ser portugueses! Por termos energia e coragem e brio, para não deixarmos afrontar a nossa bandeira! Sou eu! E é justo que assim seja, visto que sou o mais graduado. Que quer meu amigo, nos somos tão pequenos*

---

[70] «Telegrama de 16 de Novembro de 1893 do ministro Hintze Ribeiro ao conde de Paço d'Arcos». AHD/MNE, Arquivo da Legação Portuguesa no Rio de Janeiro, Maço 30.
[71] «Telegrama de 17 de Novembro de 1893 do ministro Hintze Ribeiro ao conde de Paço d'Arcos». AHD/MNE, Arquivo da Legação Portuguesa no Rio de Janeiro, Maço 30.
[72] «Ofício de 17 de Novembro de 1893 do comandante Augusto Castilho ao conde de Paço d'Arcos». AHD/MNE, Arquivo da Legação Portuguesa no Rio de Janeiro, Maço 30.
[73] Arquivo do Ministério das Relações Exteriores – Palácio do Itamaraty, Missões Diplomáticas Brasileiras. Lisboa: Ofícios de 1891 – 1º Secção – Nº 26.

no nosso Portugal que [até um Floriano][74] pode dar uma bofetada na nossa soberania! Ao Marechal não agradava o nosso proceder correcto! Queria castigar a galegada! E vendo-se agora afrontado com as três enérgicas notas, em que, sabendo cumprir o meu dever, levantei com coragem a luva, que nos atiravam, fez trabalhar o telégrafo e exigiu a minha saída. Tenho a minha consciência tranquila e o amigo deve tê-la também, de que como oficiais e como portugueses, fizemos o que devíamos fazer! E isso deve bastar-nos. Portugal reconhece-se fraco e não quer questões difíceis de liquidar. Faz muito bem! Fica pois o Garcia da Rosa encarregado da liquidação!»[75]

Resta saber de que forma Paço d'Arcos supostamente se envolvia «*abertamente na política brasileira*». Durante muito tempo a imprensa brasileira não se poupou em deixar insinuações no ar: «*muito ao mar e pouco à terra o Sr. Paço d'Arcos mostrava bem que passara a bela quadra da sua mocidade ao serviço da luzidia marinha portuguesa... 'On revient toujours à ses premiers amours'... Daí um tal ou qual sacrifício da diplomacia pelas doces recordações desses felizes tempos da juventude, em que se sente entusiasmo por tudo quanto é aventura*»[76] lia-se n'*O Tempo* poucos dias depois da partida do ministro. Com efeito, para além da suspeição que ensombrava todas as representações estrangeiras, Paço d'Arcos tinha ainda contra si o facto de ser um oficial de marinha o que aparentemente serviria de argumento suficiente para o fazer compactuar com a esquadra revoltosa. Situação que se foi agravando à medida que a propaganda do governo ia conseguindo avivar o rumor de que os sublevados tinham intuitos restauracionistas e que consequentemente contavam com a simpatia, mesmo que oficiosa, das cortes europeias.

A milhares de quilómetros dos acontecimentos, o governo de Lisboa parece ter-se, ele próprio, deixado intimidar pelo peso político desta

---

[74] Na transcrição da carta que foi publicada em *Portugal e Brasil, Conflito Diplomático* há um espaço em branco com reticências entre as palavras "que" e "uma" (por não se ter percebido a letra ou por melindre político). No Arquivo Pessoal do conde de Paço d'Arcos encontra-se o original da resposta de Castilho a esta carta onde se lê: «*Infelizmente, como V. Ex.ª muito bem diz, somos muito pequeninos e até um Floriano nos pode vexar e dar uma bofetada*». O que nos leva a concluir que o que constaria no original da carta de Paço d'Arcos seria: «*... que até um Floriano pode dar uma bofetada na nossa soberania!*». Tomamos, pelas razões expostas, a liberdade de acrescentar tal alteração.
[75] *Portugal e Brazil, Conflito Diplomático...*, p. 154.
[76] *O Tempo*, de 20 de Novembro de 1893.

suspeição, prontificando-se, em menos de 24 horas e sem qualquer tipo de averiguação ou esclarecimento adicional, a retirar a confiança política a um seu representante para dar cumprimento à vontade do governo brasileiro[77]. A escolha do conde de Paraty, figura proeminente da maçonaria lusa, para ir substituir Paço d'Arcos reforça esta ideia. Não obstante a presença de Paraty, a tensão entre a representação portuguesa e o governo de Floriano não logrou diminuir. Quando a 11 de Março de 1894 Augusto Castilho apresentou, como mediador, uma proposta de capitulação dos revoltosos, o marechal Floriano estava já em condições de a recusar, limitando-se a conceder um prazo de 48 horas para uma rendição incondicional. Os acontecimentos acabaram por ultrapassar os próprios homens, e a 13 de Março, aceitando o pedido de asilo que lhe fizera o almirante Saldanha da Gama (que a 7 de Dezembro se havia associado à revolta), Augusto Castilho encontrou-se com cerca de 500 refugiados brasileiros a bordo das embarcações portuguesas.

Depois de complicadas semanas em que a contra informação, os mal-entendidos e as dubiedades marcaram a mais assídua presença, a *Mindelo* e o *Afonso de Albuquerque* deixaram o Rio de Janeiro e dirigiram-se para a foz do Rio da Prata, onde, entre confusas circunstâncias, os asilados acabaram por desembarcar, parte deles juntando-se às tropas federalistas que combatiam as forças governamentais no Rio Grande do Sul. Em todo este intrincado processo o governo português manteve-se impreciso e vacilante, deixando o conde de Paraty com poucas mais instruções do que a já clássica máxima de «*não melindrar o governo constituído e agir em conformidade com as nações estrangeiras*»[78]. Só que, a partir de certa altura, deixou de haver como agir pela bitola estrangeira, porque o assunto passou a ser da exclusiva competência e responsabilidade portuguesa. Os acontecimentos foram-se precipitando-se ao longo de dois conturbados meses até culminarem no dia 13 de Maio de

---

[77] O ministro dos Negócios Exteriores brasileiro telegrafava para Lisboa a pedir a retirada de Paço d'Arcos no dia 10 de Novembro, no entanto o responsável pela Legação brasileira em Lisboa, Vianna de Lima, só recebeu a indicação do dito telegrama por ofício confidencial de dia 15 de Novembro. Vianna de Lima por sua vez só conseguiu encontrar-se com Hintze Ribeiro no dia 16 às 6 da tarde. O ministro dos Negócios Estrangeiros português telegrafa a Paço d'Arcos no dia 17.

[78] Paraty, Conde de, *Portugal e Brasil – Conflito Diplomático. Breves Explicações*. Lisboa: M. Gomes Editor, 1895, p. 56.

1894 com o rompimento de relações diplomáticas com Portugal por parte do Brasil.

Um diplomata entre dois regimes?

Talvez a chave da questão resida na desconstrução desta premissa. Em primeiro lugar, Paço d'Arcos não era um diplomata, era um oficial de marinha que havia já, durante alguns anos, servido na administração do Estado nos territórios ultramarinos. A missão ao Brasil era a primeira experiência do conde ao serviço do ministério dos Negócios Estrangeiros e, na verdade, talvez tenha havido alguma ingenuidade ou algum erro de juízo em achar que o *homme à poigne* que passara a maior parte da sua vida a caçar piratas entre o Atlântico e no Mar da China seria a pessoa indicada para entabular diplomacias com um governo que acentuava de dia para dia o seu radicalismo político[79].

Em segundo lugar, a clivagem tradicionalmente atribuída a este episódio e que opõe monarquia a república parece-nos ineficaz para se compreender o que realmente esteve em jogo. Mais do que um confronto de regimes, diríamos antes que o que se deu foi um conflito entre culturas políticas. Entendendo-se por cultura política a «distribuição particular de padrões de orientação política com respeito a objectos políticos entre os membros da nação» na clássica definição de Almond e Verba[80].

E de facto, não é difícil encontrar elementos de absoluta incompatibilidade entre os padrões de orientação política do sistema liberal constitucional português e aqueles em vigência no Brasil a partir da queda do governo de Deodoro. O espectro das divergências é larguíssimo. Tendo-se associado ao movimento de contestação do regime ao lado dos republicanos civis numa espécie de "casamento de razão", os militares do 15 de Novembro representavam, na verdade, a alternativa formal a uma cultura política até então predominantemente legista e à qual eram imputados

---

[79] Paço d'Arcos fora encarregue do comando de várias missões de controlo e segurança dos mares, das quais se destacam a de 1854 ao Mar da China, em que se derrotara o pirata Apack e a de 1862 em que se expulsara definitivamente o pirata Alabama das águas do arquipélago dos Açores. Cfr., Zuquete, Afonso Eduardo Martins, *Nobreza de Portugal e do Brasil*. Lisboa: Editorial Enciclopédia, 1989, pp. 87-88.

[80] Almond, Gabriel e Verba, Sidney, *The civic culture: political attitudes and democracy in five nations*. Princeton: Princeton University Press, 1989, pp. 11-13.

todos os males do Império. A *fronda pretoriana*, na expressão de Buarque de Holanda, chegara para destituir os "casacas" e purificar o sistema dos vícios que o corroíam[81]. Desde os primórdios do Império que o Brasil sempre se ufanou, de algum modo, da sua especificidade com relação ao resto do antigo território colonial ibero-americano, onde as forças armadas faziam pronunciamentos militares e instauravam regimes dominados pela guerra civil e pela ditadura. A classe militar brasileira sempre se julgou diferente das suas vizinhas, mais educada e progressista e consequentemente mais dada ao consenso político. Mas como notou Buarque de Holanda, mesmo que potencialmente verdadeira, esta crença era especiosa e tendencialmente perversa quando se punham as coisas nestes termos: «*se hoje os generais brasileiros são civilizados e patriotas porque não fazem pronunciamentos, não haverá mal em que montem amanhã o governo da espada, porque são civilizados e patriotas*»[82].

Especioso ou não, o argumento colheu e entre 1891 e 1894 esteve instaurado o regime da espada. Não só no sentido em que cerca de metade dos membros do governo eram militares, como porque o Marechal de Ferro consolidou a república à custa de algumas liberdades e direitos que eram já incontestáveis no anterior regime. Mesmo tendo-se em conta o potencial caricatural da célebre frase que lhe é atribuída: «Fiquem discutindo que eu vou mandando prender!», o facto é que ela corresponde a um certo reflexo da índole autoritária que se guarda dos primeiros anos da república. O autoritarismo da «infância republicana»[83] é, na verdade, indissociável do peso do elemento ideológico na prática política e do magistério positivista que predominava na Escola do Exército. Estes seguidores de Comte estavam genuinamente convictos que era a eles a quem cabia a missão regenerativa da nação, através da vitória do pensamento científico que vinha desautorizar a demagogia pedantocrata dos bacharéis. Com efeito, a república brasileira havia efectivamente trazido para a ribalta uma classe política diferente, de guelra particularmente pujante e impregnada de critérios cientifistas como

---

[81] Holanda, Sérgio Buarque, «A fronda pretoriana», in Sérgio Buarque Holanda (coord.), *História Geral da Civilização Brasileira*, Tomo II, *O Brasil Monárquico*, Vol. 4, *Do Império à República*. São Paulo: Difel, 1985.
[82] Holanda, Sérgio Buarque, «A fronda pretoriana», *op. cit.*, p. 326.
[83] Lessa, Renato, «A Invenção Republicana no Brasil: Da aventura à rotina», in Maria Alice Rezende Carvalho (org.), *A República no Catete*. Rio de Janeiro: Museu da República, 2001, pp. 15-17.

os que justificavam que se nomeasse um médico para juiz do Supremo Tribunal de Justiça Federal, conforme sucedeu em Outubro de 1893, levando à demissão do ministro das Relações Exteriores (doutor em Direito) que considerou o caso uma inaceitável afronta à magistratura e à classe dos homens das leis[84].

Ora era precisamente de fornadas de bacharéis e legistas que, pela mesma altura, se compunha maioritariamente a elite política portuguesa[85]. Detentoras de uma cultura política já republicanizada, as classes políticas da monarquia constitucional davam corpo a um sistema em que oligarquia política coincidia com oligarquia social, pela bitola de um espectro tendencialmente burguês e progressista[86]. Da esquerda à direita do espectro eleitoral, era o liberalismo o bastião sagrado de todos os partidos que, de uma forma geral, estavam uníssona e aparentemente comprometidos com a defesa dos princípios da liberdade e dos direitos individuais. A classe política portuguesa estava amplamente convencida do seu progressismo e não se acanhava em pavonear-se dele: «*Portugal é o país mais liberal do mundo*» podia-se ler num artigo da *Revista de Portugal* em 1891[87].

Mas em Portugal, a cultura política liberal era também a cultura da paralisia do bom senso e do bom gosto. Como dizia Ramalho Ortigão, os portugueses estavam *à espera*, e as opiniões só divergiam em saber de quê[88]. Por outro lado, a classe política portuguesa traduzia ainda as idiossincrasias e as debilidades de um país que, com uma agilidade precária, há várias décadas se conseguia ir mantendo à tona das águas internacionais,

---

[84] *Missão Diplomática...*, p. 309.

[85] Almeida, Pedro Tavares de, «A Construção do Estado Liberal. Elite Política e Burocracia na "Regeneração" (1851-1890)», *Dissertação de Doutoramento em Sociologia Política*, Lisboa: Universidade Nova de Lisboa, Faculdade de Ciências Sociais e Humanas, 1995. Cfr., também Almeida, Pedro Tavares; Pinto, António da, e Bermeo, Nancy, *Quem governa a Europa do Sul?*. Lisboa: Imprensa de Ciências Sociais, 2006.

[86] Cfr., Ramos, Rui, *A Segunda Fundação...*, pp. 62 e 100-102 e do mesmo autor «Oliveira Martins e a ética republicana». *Penélope*, n.º 18, 1998, pp. 167-187. Ver também Pinto, Ricardo Leite, «Uma Introdução ao Neo-Republicanismo». *Análise Social*, Vol. XXXVI (158-159), 2001, pp. 461-485 e Bonifácio, Maria de Fátima, «A republicanização da monarquia (1858-1862)», *Apologia da História Política. Estudos sobre o Século XIX Português*. Lisboa: Quetzal, 1999, pp. 241-359.

[87] Artigo de Jaime Batalha Reis na *Revista de Portugal* 1891, Vol. III, p. 375 *apud* Ramos, Rui, *D. Carlos*, Lisboa: Círculo de Leitores, 2006, p. 103.

[88] Ortigão, Ramalho, *John Bull: o processo Jordon Cumming Lord Salisbury e correlativos desgostos*. Lisboa: Livraria Clássica Editora, 1943, pp. 320-324.

hasteando uma bandeira tecida com as fibras de uma grandeza já caduca. Os políticos portugueses queriam lançar-se sem reservas para o futuro, mas a um futuro que convocava obrigatoriamente os pergaminhos do passado. E, portanto, em particular quando se tratava de questões que se debatiam a uma escala internacional, a política portuguesa era inevitavelmente titubeante e dominada por uma multitude de reservas.

Entre estes dois distantes hemisférios se encontrou o conde de Paço d'Arcos que, por seu lado, não partilhava da têmpera nem de um nem de outro; e não é difícil acreditar que no fim de contas acabasse por dedicar a ambos algum desprezo. A cultura política do seu Portugal ordeiro e liberal obrigava-o a observar com ressentimento o desdém que os militares votavam aos protocolos e às cortesias diplomáticas, e a assombrar-se com a arbitrariedade com que o Marechal apunhalava alguns dos princípios fundamentais do Estado de direito: «É a ditadura!» exclamava Paço d'Arcos em carta a Hintze Ribeiro em que comunicava a decretação de estado de sítio de 14 de Outubro de 1893, o fim das garantias de sigilo da correspondência e liberdade de trânsito, a promulgação de medidas de expulsão de estrangeiros, o armamento do Estado do Paraná. «É a espada com poderes discricionários!», concluía[89]. Com efeito, é também provável que, tal como grande parte dos seus companheiros das outras legações estrangeiras, nunca se tivesse deixado convencer pela ameaça monarquista que o governo tentava colar à revolta da armada, até porque a partir de certa altura passou ele próprio a ser vítima desse espantalho, e que, na verdade, até sentisse alguma secreta simpatia pelos seus camaradas de armas sublevados[90].

Não obstante, era essa mesma cultura política ordeira e liberal que pedia constantes reservas e prudências para lidar com questões que o ministro português considerava serem «de dignidade nacional» acabando por o submeter à humilhação de ser afastado das suas funções para anuir às exigências de uma nação estrangeira. Este conjunto de circunstâncias, agravadas por uma certa dose de mouzinhice de que Paço d'Arcos não

---

[89] *Missão Diplomática...*, p. 299.
[90] Corrêa, Arsénio E., *A Ingerência Militar na República e o Positivismo*. Rio de Janeiro: Editora Expressão e Cultura, 1997, pp. 80-89.

se livrava, fez com que inevitavelmente tivesse uma profunda mágoa pela conduta do governo português, que julgava fraco e timorato[91].

Com efeito, as razões do insucesso da missão do conde de Paço d'Arcos podem mais facilmente ser encontradas num modelo de fricção entre diferentes culturas políticas, do que numa simples oposição entre valores republicanos e monárquicos. A comprová-lo está o estreitamento das relações luso-brasileiras que se intensificou em inícios do século XX depois de, a partir da política dos governadores, a república brasileira ter assumido a sua feição oligárquica e rotinizada. A paz entre os irmãos desavindos fez-se sob os auspícios de um regime republicano e outro monárquico e tinha a sua celebração marcada para o mês de Junho de 1908 com a visita de D. Carlos ao Brasil por ocasião das comemorações do centenário da abertura dos portos brasileiros ao comércio internacional. Para tal viagem preparou-se, com financiamento da colónia portuguesa no Rio de Janeiro, um *Livro d'Ouro* no qual se podem ler enlevos que não deixam dúvidas quanto ao sucesso da reconciliação: «*O Brasil é como a continuação desta pátria que quis e quase conseguiu ter por limites os do mundo inteiro. Vamos assistir a uma festa que também é nossa, a um jubileu que arrebata as nossas simpatias mais caras e nos engrandece como nação [...] A acção da nossa influencia política no Brasil desapareceu para dar lugar à acção da nossa amizade, tal como é demonstrada neste aperto de mão felicitador da nação amiga que nos vem ao encontro para repartir connosco o prazer sentido por esta grandiosa exibição da prosperidade adquirida [...] O afectuoso convite do governo brasileiro, dirigido a S. Majestade soa a nossos ouvidos como hino delicioso de amor*»[92].

---

[91] Houve em todo este processo também um nítido confronto de valores entre Paço d'Arcos e o governo português que pode, por seu lado, ser visto à luz de uma fricção entre éticas militar e política. É, neste sentido, interessante ter noção dos valores de referências e dos quadros de conduta por que se pautava a educação militar em meados do século XIX, a esse respeito veja-se, a título de exemplo: Barreiros, Fortunato José, «Das qualidades que constituem um bom official», *Revista Militar*, Vol. I, 1849, pp. 491-495

[92] *O Livro de Ouro, Comemorativo da visita de Sua Magestade El-Rei D. Carlos I aos Estados Unidos do Brazil e da Abertura dos Portos ao Comercio Mundial – Homenagem ao Brazil e Portugal*. Lisboa: Escola Typographica das Officinas de S. José, 1908, pp. 8-9.

O apogeu da imigração portuguesa para a América do Sul (1904-1914): diversidade socioeconômica e dilemas comparativos com Itália e Espanha

José Sacchetta Ramos Mendes

O início do século XX configurou um momento singular na história dos deslocamentos migratórios para o Brasil no qual se entrecruzaram fortemente os fluxos imigrantistas provenientes de Portugal, da Itália e da Espanha. A turbulenta cena política e econômica vivenciada em cada um desses países constituiu pano de fundo para crises sociais que desestabilizaram as correlações internas de poder. No caso lusitano, profundas alterações domésticas levaram a um novo patamar de relacionamento bilateral com o governo brasileiro. A proclamação da República Portuguesa, em 1910, observada com entusiasmo da perspectiva do Rio de Janeiro, reaproximou os dois Estados, num contexto em que a imigração lusa retomava a dianteira, após duas décadas em que vinha sendo suplantada pela italiana, como a mais numerosa, entre as principais correntes estrangeiras que então aportavam no Brasil[1].

Não obstante o caráter nacionalista e as promessas redentoras do republicanismo português, nos três anos seguintes à instauração da

---

[1] A pesquisa documental que fundamenta este ensaio foi realizada em arquivos e bibliotecas no Brasil e em Portugal, em particular no Arquivo Histórico do Itamaraty (AHI), Rio de Janeiro, e no Arquivo Histórico Diplomático do Ministério dos Negócios Estrangeiros (AHD-MNE), Lisboa. A investigação se deu no âmbito da tese de doutoramento intitulada «Laços de Sangue. Privilégios e Intolerância à Imigração Portuguesa no Brasil (1822-1945)», defendida em abril de 2007 no Departamento de História da Faculdade de Filosofia, Letras e Ciências Humanas da Universidade de São Paulo, sob orientação da Profa. Dra. Maria Luiza Tucci Carneiro, com auxílio do Instituto Camões/Cátedra Jaime Cortesão e bolsa da Fundação de Amparo à Pesquisa do Estado de São Paulo (Fapesp). A tese recebeu em 2008 o Prêmio Fernão Mendes Pinto, outorgado pela Associação das Universidades de Língua Portuguesa (AULP).

República (1911/1913), a emigração lusa ascendeu a mais de 200 mil partidas, maciçamente destinadas aos portos brasileiros[2]. O agravamento das condições econômicas, sobretudo em áreas de maior concentração demográfica e divisão fundiária do Norte e Centro-Norte de Portugal, foi aguçado pela ausência de projeto social por parte do novo regime. Em conseqüência, a onda emigratória que se levantou na última fase da monarquia lusitana atingiu sua crista diante do olhar impotente do novo poder constituído.

Do ponto de vista brasileiro, em decorrente paralelo, os anos entre 1904 e 1914 foram o pico da imigração portuguesa. O período teve início com a drástica redução na chegada de adventícios provindos da Itália e prolongou-se até a Primeira Guerra Mundial (1914/1919), ao longo de mais de um decênio que constituiu o auge do desembarque de portugueses no Brasil em todos os tempos. Foi também o momento culminante da entrada de imigrantes espanhóis no país. A importância conjugada para as três correntes nacionais – portuguesa, italiana e espanhola, historicamente as mais volumosas dentre das migrações européias no Brasil – torna aqueles anos privilegiados para a análise do seu movimento geral, suas concomitâncias e desigualdades. Possibilita ainda vislumbrar o amplo espectro social em que se inseriam aqueles estrangeiros no país de acolhida, tanto no universo do trabalho quanto nos empreendimentos produtivos e mercantis, na agricultura e nas atividades urbanas, como lavradores ou empregados nos serviços e na nascente indústria brasileira.

Ao levar em conta tal diversidade, os países de emigração passaram a buscar vantagens econômicas na presença de seus co-nacionais no Brasil, do modo como já faziam noutro importante destino receptor, a Argentina, por meio de acordos comerciais que os favorecessem. É relevante, nesse aspecto, o debate interno da diplomacia portuguesa, em que comparava Portugal e Itália, tangentemente à obtenção de privilégios em convenções de caráter tarifário e preferencial com o governo do Rio de Janeiro. Com efeito, a proposta de assinatura de acordos de comércio permeava conversações entre lusos e brasileiros desde o último quartel do século

---

[2] A principal fonte de dados imigratórios deste trabalho é o Instituto Brasileiro de Geografia e Estatística, em sua série retrospectiva publicada no *Anuário Estatístico do Brasil*. Rio de Janeiro: IBGE, 1951, v. 11.

XIX. Mas foi em meio à derradeira crise da monarquia em Lisboa que se explicitou a contradição entre a existência de uma numerosa coletividade lusitana no Brasil e a dificuldade de Portugal ampliar suas trocas comerciais com este país.

Para muitos, a chave do problema estava na exígua capacidade de compra dos portugueses, relativa à limitada pauta de exportações oferecida pelos brasileiros – produtos agrícolas tropicais que, em geral, eram também produzidos na Madeira ou nas colônias lusas da África e dali levados para a metrópole européia. De acordo com o raciocínio, não haveria interesse do Brasil em firmar tratado mercantil sem reciprocidade, ou seja, que outorgasse unilateralmente preferência a produtos de Portugal, vinhos e azeite, por exemplo, não por acaso também comercializados pela Itália e Espanha.

Cônsules lusos creditados em distintas regiões brasileiras assinalavam, entretanto, outro obstáculo à ampliação das vendas de produtos portugueses no mercado brasileiro: a suposta "desnacionalização" que se operava entre os seus emigrados no Brasil, conforme a linguagem que utilizavam[3]. Esse alegado motivo de desarticulação do grupo lusitano é mencionado na correspondência de seus representantes consulares em São Paulo, Porto Alegre e Recife, em comunicações diversas remetidas à Legação de Portugal no Rio de Janeiro ou à sua chancelaria em Lisboa. De modo geral, a noção que permeia tais relatos é de que os imigrantes portugueses se incorporavam à pátria que os recebera, deixando de lado sua coesão como grupo estrangeiro.

Afirmava-se que o favorecimento à "absorção" nacional dos portugueses estabelecidos no Brasil era um problema para o mútuo desenvolvimento comercial dos dois países. A questão preocupava aos cônsules, mas, segundo suas análises, poderia ser revertida a favor de Portugal, se a "desnacionalização" de seus cidadãos emigrados pudesse ser evitada.

---

[3] *Relatório sobre Imigração*, elaborado e remetido por José Augusto Ribeiro de Melo, cônsul de Portugal em Pernambuco, a Bernardino Machado Guimarães, ministro responsável pela Legação de Portugal no Rio de Janeiro; Recife, 29.11.1912; anexo ao Ofício n.º 39 de Bernardino M. Guimarães a Augusto César de Almeida Vasconcelos Correia, ministro dos Negócios Estrangeiros de Portugal, Rio de Janeiro: [dezembro] 1912; Legação de Portugal no Rio de Janeiro (LPRJ), correspondência recebida, caixa 231, maço 2, Arquivo Histórico Diplomático do Ministério dos Negócios Estrangeiros (AHD-MNE).

"Analisando as vantagens que usufruímos de uma tão numerosa colónia, não deixo de conhecer que o Brasil é ainda hoje, e apesar de todos os erros, o nosso melhor mercado, e será de futuro, se formos práticos e hábeis, o grande armazém consumidor dos nossos produtos de exportação"[4], escreveu em 1912 o cônsul português no Recife, Pernambuco. Em seu *Relatório sobre Imigração*, ele assim expôs: «*Para evitar maiores prejuízos, convém estudar o espírito da colónia [portuguesa no Brasil], a fim de não perdermos o pouco que de tanto nos resta, entravando por todas as formas a facilidade que têm em se desnacionalizar. Diversas são as causas: por influência do meio, da língua, e pelo preconceito comezinho de se julgarem os portugueses obrigados a adotarem este país, só pelo fato de nele terem conseguido fortuna, esquecendo-se que em troca lhe deram muitos anos de trabalho, o melhor das energias, e que, enriquecendo, contribuíram também para o seu desenvolvimento e prosperidade.*

(...) também por simplicidade do nosso povo, que os chamam "brasileiros", e ainda pela exploração e ridículo a que os submete uma parte do comércio [português] quando lhes compram artigos; pelas exigências da alfândega, quando em viagem de recreio [a Portugal], e impertinente busca nas bagagens, sentem-se empurrados da sua pátria e facilmente se deixam absorver[5]».

Apesar da repetição da idéia de que os imigrantes portugueses no Brasil se deixavam absorver com "facilidade"[6], o argumento deve ser ponderado com rigor. Há consideráveis evidências que não confirmam a simples integração dos lusos no país, menos ainda durante a Primeira República brasileira (1889/1930), quando acirraram conflitos trabalhistas e perseguições de caráter sócio-nacional. Um dado contrário à idéia de esgarçamento do vínculo dos imigrantes com Portugal, em razão de supostamente "adotarem" o Brasil, foi a ampliação do seu associativismo comunitário no período, não apenas no Rio de Janeiro e nas capitais litorâneas, mas agora, sobretudo, no Estado de São Paulo. Este fator surge como um sinal do crescimento das coletividades portuguesas nas duas primeiras décadas do século XX, e de sua provável coesão como grupo

---

[4] Idem, ibidem.
[5] Idem, ibidem.
[6] Entre os autores que assinalaram a tese da inclusão harmoniosa dos lusos no Brasil no início do século XX, Cf., Simões, Nuno, *O Brasil e a emigração portuguesa*. Coimbra: Imprensa da Universidade, 1934.

na zona cafeicultora, principal área de atração de imigrantes no início dos novecentos.

Café e indústria: os portugueses redescobrem São Paulo no século XX

Um incidente em solo europeu alteraria o curso das migrações estrangeiras no Brasil. Em março de 1902, diante de freqüentes denúncias de abusos a trabalhadores italianos nas fazendas de café, o Comissário Geral da Emigração do governo de Roma suspendeu a licença de navios que transportavam imigrantes da Itália para o Brasil com passagens subsidiadas. O Decreto Prinetti – denominação pela qual a medida se tornou conhecida – abalou a cafeicultura de São Paulo, então responsável por 93% da produção nacional. Ainda que a suspensão das licenças não tenha estancado por completo um fluxo que, na época, experimentava grande vigor, fez diminuir a imigração italiana em 3/4, pondo fim à predominância de 30 anos daquela nacionalidade como força de trabalho estrangeira na lavoura paulista. A diminuição da corrente italiana deixava apreensivo o eixo econômico agroexportador, em plena expansão. Como solução imediata, tratou-se de estimular a vinda de trabalhadores de outras origens para suprir a necessidade de mão de obra. Começava aí um novo ciclo imigratório ibérico.

Inicialmente, sobressaiu o incremento significativo da corrente originária da Espanha destinada ao Interior Paulista. Entre 1902 e 1914, aportaram no Brasil quase 250 mil espanhóis, a maioria dirigindo-se para as regiões produtoras de café[7]. Apesar dos espanhóis terem tido presença constante na história brasileira, sua imigração em tão larga escala era desconhecida no país, pois que preferencialmente se dirigia para a Argentina, Cuba e outras ex-colônias hispânicas da América.

O crescimento da imigração portuguesa no Brasil a partir de 1904, por sua vez, deu-se quando a cafeicultura batia recordes sucessivos de superprodução, o que culminou na gigantesca safra de 1906. Naquele ano, foram colhidas mais de 20 milhões de sacas de café, enquanto os países concorrentes colheram juntos 3,5 milhões. O volume superava a capacidade

---

[7] Gonzalez Martinez, Elda Evangelina, *Café e inmigración: los españoles em São Paulo (1880/1930)*. Madrid: Cedeal, 1990, pp. 91-98.

mundial de consumo. A conseqüência foi queda dos preços no mercado externo e crise na grande lavoura. Para minorar os efeitos, o governo federal comprou e mandou queimar milhões de sacas de café, no âmbito de uma política de defesa da economia agroexportadora que incluía empréstimos da União aos fazendeiros, desestímulo à expansão dos cafezais e imposição de taxas a novas lavras[8].

As plantações de café, que entre 1904 e 1906 empregaram milhares de portugueses recém-aportados, perderam por certo tempo a capacidade de acolher novos trabalhadores. Ao contrário, dispensas em massa fizeram com que muitos estrangeiros empregados na grande lavoura deixassem as fazendas. Num movimento concomitante, a diminuição no valor das propriedades permitiu que alguns adquirissem seus próprios lotes de terra, dando impulso à tendência de lavradores imigrantes tornarem-se pequenos proprietários nas zonas cafeicultoras[9]. Entre os lusos, porém, não se viu a mesma propensão. De acordo com o Censo Econômico de 1905, apenas 3% das propriedades agrícolas do Estado de São Paulo pertenciam a portugueses, índice que não teve alteração nos anos seguintes[10].

Mesmo imigrantes provindos do meio agrário de Portugal que se encaminhavam para as zonas cafeicultoras buscaram, na maioria, radicar-se nas vilas e cidades das franjas agrícolas, onde tentavam colocação no comércio e nos serviços. A crise que acompanhou a grande safra levara à expansão dos núcleos urbanos localizados na região do café. Capitais que até então eram reinvestidos nas lavouras financiavam outras atividades nos setores secundário e terciário, utilizando a mão de obra agora excedente e a rede de transportes implantada para escoamento das colheitas. O processo de urbanização foi rapidamente sentido em toda a zona cafeeira, nos Estados de São Paulo e Minas Gerais. Um número crescente de estrangeiros se estabeleceu nas cidades da região, fazendo de locais como

---

[8] Grieg, Maria Dilecta, *Café: histórico, negócios e elite*. São Paulo: Olho D'Água, 2000.

[9] Milliet, Sérgio, *Roteiro do café e outros ensaios*. 3ª ed. São Paulo: Departamento de Cultura do Município de São Paulo, 1941.

[10] No mesmo ano, imigrantes italianos detinham quase 10% das propriedades agrícolas do Estado de São Paulo. «Censo Econômico de 1905», in Camargo, José Francisco de, *Crescimento da população no Estado de São Paulo e seus aspectos econômicos*, vols. 2 e 3, São Paulo: Instituto de Pesquisas Econômicas, Universidade de São Paulo, 1981, pp. 176-177.

O apogeu da imigração portuguesa para a América do Sul (1904-1914): diversidade socioeconômica e dilemas comparativos com Itália e Espanha

Campinas, Ribeirão Preto e Bauru centros cosmopolitas que reuniam grupos imigrantes de várias nacionalidades[11].

O Rio de Janeiro, tradicional pólo de atração de portugueses, passou a partilhar com o porto de Santos o seu desembarque preferencial. A própria cidade de Santos constituiu-se na década de 1910 em importante centro de população imigrante lusitana, abrigando o terceiro maior agrupamento desta nacionalidade no país, só superado, em termos quantitativos, pelas comunidades portuguesas carioca e paulistana[12].

O fortalecimento das coletividades portuguesas no Interior Paulista, por seu turno, levou à criação de uma rede de instituições comunitárias beneficentes, Casas de Portugal, hospitais, associações culturais e imprensa lusitana. A organização e relativa afluência dessas comunidades expressavam-se no fato de existirem 18 consulados, vice-consulados e agências consulares de Portugal em funcionamento no Estado de São Paulo, em 1916. Excetuando os consulados de São Paulo e Santos, todas as repartições situavam-se em cidades das zonas cafeicultoras e eram voltadas para o atendimento a imigrantes[13]. Nunca, em nenhuma outra região do Brasil ou do mundo, houve tamanha concentração de representações oficiais portuguesas, no caso em foco, explicitamente motivadas pela imigração. Em pleno século XX, a presença lusitana voltava a se difundir no interior do território brasileiro, para além das grandes capitais[14].

---

[11] Em 1920, o município de Campinas abrigava em sua população 11 diferentes nacionalidades; Ribeirão Preto e Bauru, nove comunidades cada. *Recenseamento Geral de 1920.* IBGE. *op. cit.*

[12] O Recenseamento Geral de 1920 registrou 172.333 portugueses residentes no Distrito Federal (Rio de Janeiro), 65.037 na cidade de São Paulo e 21.014 em Santos; a quarta e a quinta concentrações lusitanas eram Niterói e Belém, com cerca de 17 mil e 12 mil residentes lusos, respectivamente. IBGE. *Op. cit.*

[13] *Anuario diplomatico e consular português de 1916/1917.* Lisboa: Imprensa Nacional, 1918, p. 112. Em 1922, havia 19 consulados e vice-consulados de Portugal no Estado de São Paulo, a funcionar nas seguintes cidades: São Paulo, Santos, Amparo, Araraquara, Bananal, Barretos, Bauru, Botucatu, Campinas, Casa Branca, Franca, Iguape, Itapira, Jaboticabal, Piracicaba, Pirassununga, Ribeirão Preto, São Carlos e Taubaté. *Anuario diplomatico e consular português de 1922.* Lisboa: Museu Comercial & Instituto Superior de Comercio, 1923, pp. 116 e ss.

[14] Dois outros movimentos de interiorização da corrente imigratória portuguesa no Brasil ocorreram, em menor monta, no final do século XIX e início do XX: na Amazônia, motivado pelo ciclo econômico da borracha, e em Minas Gerais, durante a implantação de Belo Horizonte, a nova capital. *Cf.*, Lopes, Mirtes Esteves, «O imigrante português em Belo Horizonte e o centro da comunidade luso-brasileira

Apesar deste elo da corrente imigratória lusa concentrar-se na região cafeicultora, em seus centros urbanos e adjacências, ele esteve apenas em parte relacionado diretamente às atividades do café. Comércio e serviços permaneciam setores preferenciais de atuação dos portugueses, combinados à tendência ascendente de se empregarem nas fábricas. De fato, a presença dos lusos nos primórdios da formação da classe operária brasileira remonta à segunda metade do século XIX, no Rio de Janeiro. Mas o desenvolvimento manufatureiro pós-virada do século possibilitou que muitos imigrantes obtivessem colocação nesse setor, em prenúncio a uma inserção que aumentaria nos anos seguintes, durante o surto de industrialização em São Paulo[15].

IMIGRAÇÃO PARA O BRASIL EM DOIS MOMENTOS:

1888-1898

NACIONALIDADES	IMIGRANTES	%
Italianos	800.987	59,6
Portugueses	241.893	18,0
Espanhóis	173.306	12,9
Russos	41.312	3,1
Alemães	19.098	1,4
Outras nacionalidades	66.210	4,9
Total de imigrantes no período	1.342.806	100

1904-1915

Portugueses	427.725	38,3
Espanhóis	249.512	22,4
Italianos	217.842	19,5
Russos	51.668	4,6
Alemães	36.839	3,3
Outras nacionalidades	132.566	11,9
Total de imigrantes no período	1.116.152	100

Fonte: IBGE. *Anuário Estatístico do Brasil*, 1950.

(1897/1930)», *Dissertação de mestrado em História Ibero-Americana*: Pontifícia Universidade Católica do Rio Grande do Sul, [orientação de Charles Monteiro], Porto Alegre: 2003.

[15] Lobo, Eulália Maria Lahmeyer, *Imigração portuguesa no Brasil*. São Paulo: Hucitec, 2001, pp. 23-37.

Concomitante à crise agrícola derivada da superprodução cafeeira, fortaleciam-se as lutas operárias de caráter urbano, tanto no Rio de Janeiro quanto em São Paulo. Agitações sindicais, reivindicações diversas, greves e uma intensa atividade de imprensa anarco-sindicalista tiveram como marca a liderança de trabalhadores estrangeiros, com destaque para os portugueses, os italianos e os espanhóis, vários deles de assumida orientação ideológica libertária e anti-nacionalista. Seu protagonismo resultava da experiência de luta política que levaram da Europa para a América do Sul[16].

A participação dos portugueses no movimento sindical, em específico, pode ser dimensionada no contingente de trabalhadores desta nacionalidade que tiveram decretada sua expulsão do Brasil por motivos políticos, entre os anos de 1907 e 1912. Nem sempre tais decretos se cumpriam, mas o maior número de operários lusos ameaçados de expulsão, frente aos imigrantes italianos e espanhóis, sugere algo sobre o seu peso participativo[17]. Vários estudos apontam para a presença lusitana na vanguarda das lutas sociais no Rio de Janeiro, no Estado de São Paulo e mesmo no Rio Grande do Sul. No levantamento realizado pelo norte-americano Sheldon Leslie Maram, os líderes sindicais portugueses aparecem como os mais numerosos na cidade portuária de Santos, entre 1890 e 1920, à frente até das lideranças nascidas no país[18].

Apesar de hostilidades e conflitos de natureza sociopolítica terem ocorrido com imigrantes portugueses em várias regiões do Brasil durante a Primeira República, foi no Rio de Janeiro que se verificavam as acusações mais diversas contra eles naquele período, abrangendo desde a sua participação no movimento operário, a disputa por vagas no mercado de trabalho, até a condição de vários deles serem comerciantes retalhistas ou proprietários de imóveis de aluguel[19]. No Rio, enquanto alguns portugueses

---

[16] Carone, Edgard. *Movimento operário no Brasil (1877/1944)*. 2ª ed. São Paulo: Difel, 1984, *passim*.

[17] Entre 1907 e 1912, foram emitidas 243 ordens de expulsão de estrangeiros residentes no Brasil com base no decreto nº 1.641/1907 (Lei Adolfo Gordo), que reprimia o ativismo operário. Dos atingidos, 74 eram portugueses, 51 espanhóis, 47 italianos e 71 de nacionalidades diversas. Fonte: Ministério da Justiça e Negócios Interiores. *Anuário Estatístico do Brasil*, 1908/1912. Rio de Janeiro, 1916/1917, vol. 1.

[18] Maram, Sheldon Leslie, *Anarquistas, imigrantes e o movimento operário brasileiro*. Rio de Janeiro: Paz e Terra, 1979, pp. 22-33 e *passim*.

[19] Ribeiro, Gladys Sabina, *Mata galegos: os portugueses e os conflitos de trabalho na República Velha*. São Paulo: Brasiliense, 1990, *passim*.

eram suspeitos de anarquismo, outros eram acusados de furar greves, outros, ainda, de serem responsáveis pelos aumentos dos preços no varejo[20].

A respeito dessa variedade de acusações, relatos da época produzidos por diplomatas lusos dão conta de uma interessante percepção de diferença entre o Rio de Janeiro e São Paulo, experimentada por estas autoridades, no que tange ao relacionamento dos brasileiros com a imigração portuguesa. Tanto da parte de governantes, quanto da população em geral. Assim, em dezembro de 1910, a passagem do navio cruzador lusitano *Adamastor* pelo porto de Santos e a visita feita pelos oficiais da embarcação à cidade de São Paulo foram consideradas exemplos de boa acolhida popular aos portugueses: «*São Paulo é o Estado mais culto da União brasileira e, por isso, aquele que melhor conhece quais são os deveres de polidez com que se devem receber os estrangeiros*»[21], opinava em ofício a Lisboa o diplomata António Luís Gomes, ministro responsável pela Legação de Portugal no Rio de Janeiro, admirado com a hospitalidade demonstrada pelos paulistas a seus conterrâneos, aspecto que ele identificou a um convívio menos conflituoso do que então se via na capital federal[22].

A viagem do *Adamastor* pela costa brasileira ocorria dois meses após à proclamação da República Portuguesa, que coincidira com a visita a Lisboa do presidente eleito do Brasil, marechal Hermes da Fonseca (1911/1914), ao término de uma viagem à Europa. Na data do golpe republicano luso, o navio presidencial *São Paulo* estava ancorado no rio Tejo, enquanto, ao lado, o *Adamastor* lançava tiros de canhão contra alvos terrestres de resistência monárquica[23]. O evento foi noticiado com destaque pela imprensa no Brasil, garantindo notoriedade à presença do cruzador português no país. A sincronia da presença de Hermes da Fonseca em Lisboa na queda da

---

[20] Martinho, Francisco Carlos Palomares, «O imigrante português no mundo do trabalho, nos movimentos sociais e nas organizações sociais do Rio», in Carlos Lessa (org.), *Os Lusíadas na aventura do Rio moderno*. Rio de Janeiro: Record, 2002, pp. 199-239.

[21] «Ofício n.º 83-A de António Luís Gomes, ministro responsável pela Legação de Portugal no Rio de Janeiro, enviada a Bernardino Machado Guimarães, ministro dos Negócios Estrangeiros de Portugal». Rio de Janeiro: 27.12.1910; LPRJ, caixa 230, maço 5, AHD-MNE.

[22] Idem, ibidem.

[23] Magalhães, José Calvet de, «As relações de Portugal-Brasil no século XX. A proclamação da República Portuguesa», in Cervo, Amado e Magalhaes, J.C. (orgs.), *Depois das caravelas. As relações entre Portugal e o Brasil, 1808/2000*. Lisboa: Instituto Camões, 2000, pp. 208-210.

monarquia foi sublinhada no discurso de Quintino Bocaiúva que, no Senado brasileiro, saudou a abertura da Assembléia Constituinte luso-republicana, em junho de 1911. Em tom semelhante manifestou-se Coelho Neto na Câmara dos Deputados: «*Por uma graça, por uma mercê da providência, a nossa pátria esteve presente no grande dia. Nas águas do Tejo, o pavilhão brasileiro, alçado no tope do [encouraçado] São Paulo, assistiu o nascimento da República. Foi, a bem dizer, a República Brasileira quem apadrinhou a República Portuguesa*»[24].

A postura favorável do meio político brasileiro diante da instauração da República em Portugal ampliava a perspectiva de melhoria nas relações bilaterais, enfraquecidas desde a proclamação republicana no Brasil. Para o novo regime no poder em Lisboa, se não era factível reduzir de pronto a torrente emigratória, almejava-se ao menos estabelecer um tratado mercantil com o país de destino e fixação preferencial dos seus nacionais. No contexto, a diversidade social dos portugueses no Brasil, sua inserção nos setores produtivos e comerciais e a dispersão pelas regiões brasileiras eram percebidas como fatores que deveriam impulsionar as compras de produtos lusos. Ao longo do pico histórico de desembarque de imigrantes (1904/1914), porém, não se concretizou maior vantagem econômica para Portugal, além do aumento das remessas particulares de dinheiro à terra natal.

Economia e imigração se entrelaçam nos relatos dos Cônsules

A conjunção política e imigratória anterior à Primeira Guerra propiciou, de todo modo, que o governo português retomasse a proposta de negociar um acordo tarifário com o Brasil. O assunto mobilizou seus representantes consulares, como se observa na correspondência destes com a Legação de Portugal no Rio de Janeiro (elevada a embaixada em 1914), e entre esta e a chancelaria de Lisboa. Estatísticas econômicas reunidas pelos cônsules davam conta da ínfima e decrescente proporção das trocas luso-brasileiras. Contrastavam com o progressivo aumento do bem mais volumoso

---

[24] «Moção parlamentar do deputado Henrique Maximiano Coelho Neto na Câmara dos Deputados Rio de Janeiro», 25.06.1911; jornal *O Paiz*, Rio de Janeiro [junho] 1911; recorte anexo ao «Ofício Confidencial de António Luís Gomes, ministro responsável pela LPRJ, a Bernardino Machado Guimarães, ministro dos Negócios Estrangeiros de Portugal». Rio de Janeiro: 28.06.1911; LPRJ, caixa 230, maço 8, AHD-MNE.

comércio do Brasil com a Itália e a Espanha. E levaram a diplomacia lusa a opinar que a pequenez das vendas portuguesas era resultado de não ter «*havido, até agora, iniciativa e decisão bastantes para aproveitar as circunstâncias especiais que nos oferece este vasto território, onde, por motivos de todos conhecidos, ocupamos uma situação especial*»[25].

O entrelaçamento de temas mercantis com a imigração era, contudo, uma meta política a alcançar. É neste sentido que referências comparativas às transações comerciais brasileiras com a Itália e a Espanha aparecem na documentação consular lusitana do princípio do século XX, antes mesmo da instauração da República em Portugal. Tais alusões assinalavam a necessidade de envolver os imigrantes com questões econômicas, considerando o peso e a importância que estimavam ter na «*população do Brasil, na qual a nacionalidade portuguesa talvez ainda hoje predomine, o que, sem dúvida, muito influiria para dar expansão aos nossos produtos*»[26], nas palavras do Conde de Selir, principal diplomata luso no Rio em 1909/1910.

O Consulado de Portugal no Rio Grande do Sul chegou a elaborar, em abril de 1910, relatório e análise comparativos do movimento comercial do Brasil com Portugal, Itália e Espanha, relacionando-o com o tema da imigração. O documento partia da premissa de que os três países emissores de imigrantes nutriam interesse em firmar acordos tarifários com o governo do Rio de Janeiro, baseados na forte presença de seus nacionais, vistos como elemento de expansão dos seus negócios[27]. Deste prisma, medidas restritivas à emigração, como o Decreto Prinetti, da autoridade migratória da Itália, e o Real Decreto – que viria a ser promulgado pela Espanha em agosto de 1910, proibindo a emigração de espanhóis "com passagem gratuita" –, ao atingirem as partidas da Europa para o Brasil, pressionariam a favor de concessões comerciais:

---

[25] *Relações comerciais entre Portugal e Brasil*; relatório do Consulado de Portugal no Rio Grande do Sul; Porto Alegre [1910]; anexo ao Ofício n.º 37 do Conde de Selir, ministro responsável pela Legação de Portugal no Rio de Janeiro, a António Eduardo Villaça, ministro dos Negócios Estrangeiros de Portugal; Rio de Janeiro, 06.05.1910; LPRJ, correspondência recebida, 1909/1910, maço 6, caixa 230, AHD-MNE.

[26] «Ofício Reservado n.º 2 do Conde de Selir a Carlos Roma du Bocage, ministro dos Negócios Estrangeiros de Portugal». Rio de Janeiro: 31.08.1909; LPRJ, maço 2, caixa 230, AHD-MNE.

[27] «Anexo ao Ofício n.º 37 do Conde de Selir a António E. Villaça». Rio de Janeiro: 06.05.1910, *op. cit.*

O apogeu da imigração portuguesa para a América do Sul (1904-1914): diversidade socioeconômica e dilemas comparativos com Itália e Espanha

«(...) *não há duvidas sobre os reiterados desejos destas nações [Itália e Espanha] em realizar uma aproximação comercial com este país (...) desejos estes que o Brasil procurará, tanto quanto lhe for possível, corresponder, em vista da emigração dessas duas potências, um dos problemas que atualmente mais preocupa o espírito do governo [brasileiro]*» [28].

A análise comparativa redigida em Porto Alegre indicou que Portugal imitasse as ações do governo italiano, «*promovendo bem encaminhada propaganda, que deveria ser auxiliada pelas câmaras de comércio que urge fundar no Brasil*»[29]. A Itália era apresentada como exemplo de bom uso de suas comunidades imigrantes, para fins de obter vantagens econômicas dos locais que lhes davam abrigo. A Espanha também aparece como um reino que bem utilizava a imigração de seus súditos, tirando «*bom resultado dos seus esforços nas Repúblicas hispano-americanas*»[30]. Nos termos da comparação, insistia-se que Portugal deveria fazer o mesmo.

O relatório elaborado pelo Consulado de Portugal na capital gaúcha respondia ao questionamento provindo do Ministério dos Negócios Estrangeiros, de Lisboa, sobre concorrência internacional e aumento da produção brasileira de itens tradicionalmente importados, como vinho e conservas. O Rio Grande do Sul despontava, na época, como região vinicultora e era o maior fornecedor de couros para o mercado luso. Os valores do comércio Brasil-Portugal em 1908 informados no documento eram os seguintes:

TROCAS COMERCIAIS ENTRE BRASIL E PORTUGAL EM 1908

Comércio exterior luso-brasileiro	*Valor em mil réis*	*%*
Exportação do Brasil para Portugal	R$ 3.106:643	0,5
Importação de Portugal pelo Brasil	R$ 29.351:954	5,2
Total de exportações do Brasil	R$ 705.790:611	100
Total de importações do Brasil	R$ 567.271:636	100

Tabela adaptada pelo autor. Percentuais arredondados. Fonte: *Relações comerciais entre Portugal e Brasil*; relatório do Consulado de Portugal no Rio Grande do Sul; Porto Alegre [1910]; anexo ao Ofício n.º 37 do Conde de Selir (LPRJ), a António Eduardo Villaça, ministro dos Negócios Estrangeiros de Portugal; Rio de Janeiro, 06.05.1910; LPRJ, correspondência recebida, 1909/1910, maço 6, caixa 230, AHD-MNE.

---

[28] «Ofício Reservado n.º 2 do Conde de Selir a Carlos Roma du Bocage». Rio de Janeiro: 31.08.1909, *op.cit.*
[29] *Idem, ibidem.*
[30] *Idem, ibidem.*

Os principais produtos portugueses importados pelo Brasil eram vinhos, azeite de oliva, batatas, conservas de carne, peixe, frutas e legumes secos, algumas frutas verdes, feijão, fava, alho e cebola. A diminuta exportação para Portugal consistia basicamente de algodão em rama, couro, café e farinha de mandioca. O café, artigo fundamental na balança externa brasileira, era apenas o terceiro produto de venda para Portugal, enquanto o açúcar brasileiro não tinha entrada naquele mercado, já abastecido pelo similar produzido na ilha da Madeira e nas colônias da África. Previsivelmente, o relatório concluiu o que vinha sendo dito: não havia sequer um item brasileiro a que os lusos pudessem oferecer melhores condições comerciais. A ausência de base para negociação de um acordo mutuamente interessante reiterava o dilema apontado pelas mesmas autoridades, de que os imigrantes portugueses no Brasil continuariam a ser «*uma riqueza humana da qual não sabemos extrair lucros nem favores*»[31].

Retorno a Portugal ou re-emigração para a África: visões do Nordeste

Após a instauração da República em Portugal, despontou o receio em certos círculos de que a imigração daquele país se desviasse para a Argentina, «*não só graças à propaganda dos delegados [argentinos] em favor da imigração portuguesa, como também em conseqüência de declaração feita pelo governo português, de que tudo fazia para desenvolver a imigração para a Argentina*»[32], conforme uma nota publicada no *Jornal do Commercio*, do Rio de Janeiro, em dezembro de 1911. Desde o século XIX, o país vizinho disputava a atração dos fluxos imigratórios de alemães e franceses. A possibilidade da corrente lusitana dirigir-se em maior volume para Buenos Aires, porém, mostrava-se inédita, talvez engendrada pelas difíceis condições materiais vivenciadas por muitos trabalhadores estrangeiros no Brasil.

A documentação consular e diplomática portuguesa dos anos 1910 demonstra que notícias sobre miséria e fome no Norte-Nordeste brasileiro alarmavam as autoridades de Portugal, que reservadamente manifestaram

---

[31] *Idem, ibidem.*

[32] «Portugal», *Jornal do Commercio*, Rio de Janeiro: 07.12.1911; recorte anexo ao Ofício n.º 69 de António Luís Gomes, ministro responsável pela LPRJ, a Bernardino Machado Guimarães, ministro dos Negócios Estrangeiros de Portugal. Rio de Janeiro: 28.12.1910; LPRJ, correspondência recebida, maço 9, caixa 230, AHD-MNE.

intuito de desviar a imigração de seus co-nacionais, voltando-a para outros países, ou pelo menos para regiões do Brasil que consideravam mais propícias, do ponto de vista socioeconômico[33]. Os locais sugeridos como destino favorável para os imigrantes lusos não eram o Rio de Janeiro e São Paulo, mas sim os Estados meridionais, justamente onde era mais significativa a presença de estrangeiros de outras origens: italianos, alemães, russos e poloneses.

O bom relacionamento oficial do governo republicano português com o brasileiro encobriu a troca de diretrizes consulares «*secretas, pelo grande melindre que a questão envolve*»[34], destinadas a «*evitar a emigração para o Norte do Brasil, proibindo-a ou canalizando-a para os Estados do Sul: Rio Grande, Paraná e Santa Catarina*»[35], segundo relatou à chancelaria de Lisboa o embaixador de Portugal no Brasil, Amadeu Ferreira de Almeida Carvalho, em Julho de 1914. Nas considerações que fez, acentuaram-se as dificuldades enfrentadas devido ao desembarque nos portos brasileiros de uma média de seis mil imigrantes portugueses ao mês, nos dois anos anteriores[36]. Mas a correspondência não menciona a confluência de fatores agravantes da crise social lusitana, motivadora do êxodo, como as enchentes que assolaram o Norte de Portugal no inverno de 1911/1912 e, novamente, em 1912/1913, impelindo muitos a partir.

Observado de um ponto de vista do Nordeste brasileiro, o ápice imigratório dos primeiros anos da República Portuguesa foi assim descrito pelo cônsul em Pernambuco: «*(...) a maioria é composta de portugueses, passageiros de 3ª classe: vêm aos cardumes e em tão más condições de alojamento que me vejo obrigado a intervir amigavelmente junto dos seus comandantes, como me acaba de suceder na visita de observação que fiz a bordo do Samara, da Companhia Sud Atlantique, onde nossos compatriotas foram miseravelmente tratados.*

---

[33] Ofício n.º 41-B de Amadeu Ferreira de Almeida Carvalho, embaixador de Portugal no Brasil, a Alfredo Augusto Freire de Andrade, ministro dos Negócios Estrangeiros de Portugal. Rio de Janeiro: 07.07.1914; Embaixada de Portugal no Brasil (EPB), correspondência recebida, maço 8, caixa 231, AHD-MNE.

[34] Idem, ibidem.

[35] Idem, ibidem.

[36] Em 1912 aportaram no Brasil 76.530 imigrantes portugueses, em 1913 foram 76.701, perfazendo um total de 153.231 no biênio, média mensal de cerca de seis mil desembarques, ou 200 novos imigrantes lusos ao dia. Instituto Brasileiro de Geografia e Estatística, *op. cit.*

Um número assustador de colonos vindo em busca de fortuna (...) analfabetos no maior número, desprovidos de recursos mais indispensáveis para a luta em terra alheia, encontram toda espécie de dificuldades, e ignorando os princípios essenciais para a conquista do trabalho agrícola, desfalecem de pronto, sob a presa de uma tarefa árdua (...) a par com um clima muito diferente do nosso, pois não lhes sendo fácil colocarem-se nas cidades e seus arredores, são obrigados a explorar o interior (...)»[37].

O relato, de novembro de 1912, explicitava que o distrito consular de Pernambuco, abrangente também dos Estados da Paraíba e do Rio Grande do Norte, não era o destino final de fixação para a maioria dos portugueses que imigravam para o Brasil, e que por ali passavam. Mas sendo o Recife porto de escala obrigatória para muitos navios, «*é assim, aos lotes, que eles aqui vêm parar, e depressa verifico que foram vítimas da ignorância*»[38]. Pobreza e ilusão com a nova terra eram, pois, características que o cônsul identificava nos recém-chegados, em trânsito para as regiões mais prósperas do Sudeste brasileiro.

O posicionamento social distintivo de famílias portuguesas em Pernambuco chocava-se com a realidade dos imigrantes desvalidos que ali desembarcavam, a caminho do Rio de Janeiro ou de Santos, e que podiam ser vistos «*dormindo sobre os bancos, ou [que eram] recolhidos pela caridade da colônia [lusitana] que generosamente os protege na medida de suas forças*»[39]. A análise do momento imigratório português a partir da capital pernambucana traça um peculiar panorama da ascensão social que alguns jovens lusos podiam encontrar no comércio das cidades nordestinas, no começo do início do século XX, trabalhando como negociantes, caixeiros ou, no mínimo, empregados de balcão[40]. No aspecto associativo, porém, assinalava-se a ocorrência de uma lacuna relativa à proteção dos imigrantes pobres. Assim, o aumento dos casos de indigência de portugueses no Recife e em Olinda, a partir de 1910, levou o Consulado de Portugal a propor publicamente a criação de uma "associação protetora de imigrantes"[41],

---

[37] «Relatório sobre imigração», José Augusto Ribeiro de Melo; Recife, 29.11.1912. Cf., nota 3. *op. cit.*
[38] *Idem, ibidem.*
[39] *Idem, ibidem.*
[40] *Idem, ibidem.*
[41] *Idem, ibidem.*

iniciativa que em outros Estados, mesmo na vizinha Bahia, costumava partir das coletividades portuguesas, não de seus diplomatas.

Da parte da Embaixada de Portugal no Rio de Janeiro, o estouro da Primeira Guerra na Europa, em julho de 1914, tornou-se "pretexto"[42] para o embaixador Amadeu Ferreira de Almeida Carvalho solicitar expressamente a Lisboa a suspensão dos embarques de imigrantes para o Brasil, «*não deixando sair homens válidos, a quem poderíamos vir a ter que pagar caras viagens de regresso, por um chamamento às armas. Evitava-se, assim, confessar o verdadeiro motivo: a fome no Brasil*»[43].

Segundo aquela visão, os imigrantes portugueses faziam parte de uma «*onda de miseráveis que vagueia pelas cidades [brasileiras] e a polícia anda, por meio de passes de caminho de ferro, sempre transferindo de lugar, até que a nova cidade assaltada proteste. Interrompidas todas as obras, diminuída a exportação, paradas as docas por falta de importação, suspensa a lavoura por uma longa seca, não é uma emissão fictícia, sem base metálica, que vai melhorar tantos males. A situação é aflitiva e a miséria extrema no presente momento*»[44]. As cores fortes com que o diplomata descrevia o empobrecimento brasileiro corroboravam informes de insatisfação manifestada por imigrantes, provindos das representações consulares.

O Consulado de Portugal em Salvador, Bahia, por exemplo, relatou no segundo semestre de 1914 a existência «*de um grande número de trabalhadores [portugueses] que ali vai pedir para seguir para as (...) colônias da África*»[45]. A repartição solicitava ao Ministério dos Negócios Estrangeiros, de Lisboa, por intermédio de sua Embaixada no Rio de Janeiro, «*providências para o transporte desses (...) colonos para a África, o que é extremamente difícil por não haver navegação portuguesa nem direta, entre o Brasil e a África do Sul, e achar-se interrompida a pouca que havia para Dacar*»[46].

---

[42] «Ofício n.º 55-B de Amadeu Ferreira de Almeida Carvalho, embaixador de Portugal no Brasil, a Alfredo Augusto Freire de Andrade, ministro dos Negócios Estrangeiros de Portugal». Rio de Janeiro: 24.08.1914; EPB, correspondência recebida, maço 8, caixa 231, AHD-MNE.

[43] Idem, ibidem.

[44] Idem, ibidem.

[45] «Ofício n.º 59-B de Amadeu Ferreira de Almeida Carvalho a Alfredo Augusto Freire de Andrade». Rio de Janeiro: 12.09.1914; EPB, correspondência recebida, maço 8, caixa 231, AHD-MNE.

[46] Idem, ibidem.

Os portugueses de Salvador não conseguiram se transferir para a África, ainda que surjam notícias esparsas de imigrantes retornados a Portugal no ano anterior, 1913, e que depois se dirigiram para Angola[47]. A Embaixada de Portugal chegou a propor um plano para iniciar a transferência em massa de seus cidadãos residentes na jurisdição consular baiana.[48] A idéia era aproveitar a festa da posse do novo presidente da República, Venceslau Brás Pereira Gomes (1914/1918), marcada para 15 de novembro de 1914, no Rio de Janeiro, e trazer à costa brasileira, como participante das comemorações oficiais, o navio lusitano *Almirante Reis*. No retorno, «*poderia o cruzador tocar também na Bahia, levando um grupo [e] aproando depois, de novo, a uma das colônias d'África, onde os desembarcasse, no seu regresso a Lisboa*»[49].

O plano da embaixada, nunca tornado público, tomou como precedente o ancoradouro do *Adamastor* na baía de Guanabara, durante os festejos do aniversário da Proclamação da República brasileira, em 1913, quando ofereceu abrigo a imigrantes que pediam para retornar a Portugal. Mas devido ao seu pequeno tamanho, o navio cruzador "só levou 21 [retornados portugueses] por não ter mais espaço, nem na tolda"[50].

Considerações finais: resumo de uma *Década Imigrantista*

O decurso da Primeira Guerra Mundial desenhou um panorama desfavorável às viagens transatlânticas, enfraquecendo a imigração portuguesa para o Brasil, após uma década de vicejante desembarque. Ainda que nos locais de origem muitos possivelmente desejassem partir, as dificuldades para fazê-lo multiplicaram-se no correr do conflito. A exacerbação dos ideais nacionais europeus, manifestos em dimensão continental, imprimiu feitio inusitado à guerra, em meio a insurreições sociais. Também no Brasil o nacionalismo exacerbou-se. Em 1916, a publicação de uma Carta Pastoral pelo arcebispo do Recife, Dom Sebastião

---

[47] «Ofício n.º 17-A de Bernardino Machado Guimarães, ministro responsável pela Legação de Portugal no Rio de Janeiro, a António Caetano Macieira Júnior, ministro dos Negócios Estrangeiros de Portugal». Rio de Janeiro: 29.03.1913; LPRJ, correspondência recebida, maço 4, caixa 231, AHD-MNE.

[48] «Ofício n.º 59-B de Amadeu Ferreira de Almeida Carvalho». Rio de Janeiro, 12.09.1914, *op. cit.*

[49] *Idem, ibidem.*

[50] *Idem, ibidem.*

Leme, deu início a um movimento xenófobo e conservador assumido por setores da Igreja Católica, em oposição aos valores laicos e liberais adotados pela República brasileira. Contra o avanço das lutas sociais e das concepções de modernidade, evocaram-se princípios de ordem, moral e autoridade. Imigrantes estrangeiros estavam na mira das críticas, os portugueses em particular[51].

No dia sete de setembro de 1916, Jackson de Figueiredo, líder leigo do movimento católico conservador, fundou no Rio de Janeiro a Liga de Defesa Nacional. O objetivo era reunir os "sentimentos patrióticos dos brasileiros de todas as classes"[52]. Para tanto, passou a atacar verbalmente os imigrantes portugueses e a excessiva influência lusitana que imaginava exercerem sobre a nacionalidade brasileira. Uma vez mais, a lusofobia renovou o seu caráter político na capital do país.

O Rio de Janeiro comportava um longo histórico de ações hostis aos portugueses. Em plena Primeira República, entretanto, a diversidade social deste grupo estrangeiro no cotidiano carioca ampliou a lista de acusações. A um giro, no Estado de São Paulo, o ciclo imigratório avançava, primeiramente em decorrência da cultura cafeeira, evoluindo em seguida para o emprego dos recém-chegados no setor industrial da cidade de São Paulo, no comércio e nos serviços do porto de Santos e do Interior Paulista. No contraponto, capitais nordestinas, como Recife e Salvador, onde historicamente radicaram-se importantes comunidades portuguesas, mantinham agora presença lusitana reduzida e elitizada.

No conjunto, os altos índices da imigração portuguesa verificados de 1904 a 1914 e as questões dela decorrentes movimentaram as autoridades diplomáticas e consulares lusas. Reiteradamente, buscou-se a colaboração desses funcionários para envolver as coletividades emigradas com os interesses comerciais de Lisboa. Mas o acordo de favorecimento tarifário,

---

[51] Leme, Dom Sebastião, *Carta Pastoral*. Petrópolis, RJ: Vozes, 1916. Na comemoração do centenário da Revolução Pernambucana de 1817, levante anti-português do período do Reino Unido (1815/1822), Dom Leme fez nova preleção xenófoba contra a presença lusa no Brasil. Lustosa, Oscar de Figueiredo, *Igreja e política no Brasil: do Partido Católico à L.E.C.* São Paulo: Loyola, 1983. pp. 16-17.

[52] Figueiredo, Jackson de, «Do nacionalismo na hora presente, 1921», Rio de Janeiro: 02.02.1921, *apud* Velloso, Monica Pimenta. «*A Ordem*: uma revista de doutrina, política e cultura católica», *Revista de Ciência Política*, v. 21, Rio de Janeiro: jun./set., 1978, pp. 117-159.

nos moldes almejados por Portugal, nunca foi assinado pelo Brasil. Nem mesmo o Tratado sobre Imigração acertado pelos dois países em 1922 contemplou o entrelaçamento com a temática comercial, ainda que os festejos do centenário da Independência, naquele ano, tenham reanimado a promessa de amizade eterna entre os dois Estados.

As duas primeiras décadas do século XX foram, pois, um tempo de retomada da proeminência portuguesa nos movimentos migratórios para o Brasil. No final das contas, com alguma margem, os lusos suplantaram os italianos como o mais numeroso grupo estrangeiro no país. Mas a projeção comparativa sobre a política externa mercantil que se acreditava praticada por Itália e Espanha, calcada na presença de grandes núcleos de imigrantes, manteve-se francamente desfavorável a Portugal. Para o Brasil, era preferível comprar azeite e vinho nos mercados onde vendia café e açúcar. Amigos à parte, os negócios bilaterais luso-brasileiros da Primeira República não contaram com a desejada vantagem econômica a ser extraída da diversidade social e dispersão geográfica dos portugueses no Brasil.

Dois lados do mesmo sonho.
A nova imigração brasileira em Portugal

Teresa Rodrigues
Mário Ribeiro

> «*Os homens transitam (…) em busca de pão e de um futuro melhor (…) querem também viver, querem também usufruir regalias (…) deslocam-se e emigram (…) de olhos postos na lumieira que a sua imaginação acendeu enquanto os mais ladinos, aproveitando todas as circunstancias favoráveis ou criando-as até, quando a espertiza é maior, fazem oiro com a ingenuidade dos ingénuos*»
>
> Ferreira de Castro

As pessoas perseguem sonhos, geram expectativas. Migrar é também um meio de atingir um sonho. Mas, talvez não baste querer migrar. E desejar não chega. É preciso mais do que a vontade de procurar noutras paragens a abundância que falta perto de casa. É preciso ter a *possibilidade* de migrar. Alimentar expectativas e encontrar oportunidades. É preciso sonhar *e poder* sonhar. O imaginário íntimo de cada indivíduo pode permiti-lo, ao cultivar a esperança de um futuro melhor, mais confortável; abundante. Mas esse sonho carece de uma via para se tornar possível. É preciso que surja a hipótese de migrar, a possibilidade de partir e não recear.

Com efeito, os recentes desenvolvimentos dos estudos sobre migrações trocaram modelos de interpretação convencionais que remetiam os motivos do fenómeno para uma escolha racional individual, justificada pela tendência do indivíduo maximizar o seu bem-estar numa lógica de custo-benefício, por modelos que consideram o "encastramento social das migrações". Nestas novas abordagens são os laços sociais que cunham as formas como ocorre o fenómeno. Segundo Portes, «*a migração foi reconceptualizada como um processo de construção de redes que, uma vez iniciado, gera a sua própria dinâmica»*[1].

São esses laços que reduzem a incerteza e os riscos inerentes à migração. Alguns amigos ou conhecidos já estabelecidos no destino podem ajudar neste processo. Empresas especializadas na contratação de mão-de-obra também oferecem possibilidades de migrar, com a promessa de reduzir os custos e riscos inerentes a um empreendimento solitário. Algumas poupanças previamente arrecadadas facilitam o estabelecimento e os primeiros dias no novo país. Existe frequentemente entre países emissores e receptores uma relação histórica, com legados culturais, políticos, económicos ou de mera proximidade geográfica.

O episódio lusófono não é excepção. Importante no caso luso-brasileiro é, sem surpresa, a ligação histórica existente desde o período dos descobrimentos. A colonização estruturou a sociedade brasileira e a língua é talvez a mais evidente das consequências. É, aliás, a língua que os imigrantes brasileiros em Portugal apontam como o factor decisivo para a sua escolha de destino, a par da proximidade de costumes que concorre para a expectativa de facilidade de integração[2].

Uma vez posto em funcionamento, o circuito migratório gera a sua própria subsistência. Nele circulam informação, dinheiro e pessoas. Informação trocada de forma imediata entre indivíduos e informação veiculada por meios de comunicação. Dinheiro de remessas de emigrantes para os seus países de origem. Pessoas que perseguem objectivos e geram expectativas. Gente que *sonha* e tem *como sonhar*. Argumentamos que esse facto parece ter um «possibilitador», um fornecedor, ou melhor, um *credor*. Nunes foi o nome que Ferreira de Castro deu a um desses credores, no seu romance *Emigrantes*[3], de 1928. Nunes, o que «*enriquecera com os que tinham*

---

[1] Portes, Alejandro, *Estudos sobre as migrações contemporâneas: Transnacionalismo, empreendorismo e a segunda geração*. Frederico Ágoas (trad); M. Margarida A. M. Marques, (pref.), 1ªed., Lisboa: Fim de Século Edições, 2006.

[2] Acerca dos factores que concorrem para a escolha de Portugal como destino migratório vide: «A 2.ª Vaga da imigração brasileira para Portugal (1998-2003): estudo de opinião sobre os imigrantes residentes nos distritos de Lisboa e Setúbal – Informação estatística e elementos de análise», in Malheiros, Jorge Macaísta (org.) *Imigração Brasileira em Portugal*. 1ªed., Col. «Comunidades», 1, Lisboa: ACIDI, 2007.

[3] Castro, Ferreira de, *Emigrantes*. 6ª ed., Lisboa: Editora Guimarães e C.ª, 1943.

ido»[4]. O Nunes que *"vendeu a passagem e o passaporte ao pai»*[5] engrandeceu, enquanto intermediário neste sonho migratório. Possibilitou viagens. Quem desejava migrar encontrava junto deste actor a possibilidade de partir. Para tal bastava comprar a passagem que ele tinha para vender.

Este autor escrevia noutro tempo, num tempo em que Portugal era país de emigrantes e o Brasil o destino privilegiado de imigração, onde muitos portugueses procuravam a abundância que nas origens não encontravam. Hoje o Mundo é outro, um lugar mais estreito. E a abundância, a haver, é nas sociedades ditas desenvolvidas que parece estar. Mas embora as migrações reflictam hoje um Mundo em rápida mudança, o sonho permanece o mesmo. A miragem, o mito do Eldorado. Um sonho e uma miragem nas esperanças dos *devedores*, que encontramos onde quer que existam *credores*. São eles, muito simplesmente os que *"tinham ido"*, os emigrantes. Este artigo propõe um olhar sobre a dualidade deste sonho. Ou antes, propõe-se olhar para *os dois lados do mesmo sonho*.

Para concretizar esse objectivo apontamos alguns aspectos que na actualidade envolvem e são potenciados pelo fenómeno das migrações, tomando como caso de estudo a imigração brasileira em Portugal. Pretendemos dar conta das suas características gerais, enquadrando-a num complexo de relações culturais entre Portugal e Brasil. É a natureza de uma destas relações que nos importa, designadamente a relação entre imigrante brasileiro e sociedade portuguesa acolhedora.

Iniciamos a aproximação ao tema recorrendo a uma análise de índole sócio demográfica, que poderá apontar para alguns dos desafios impostos pelos actuais movimentos migratórios. Destacaremos a presença das redes enquanto estrutura organizativa, que dá forma ao padrão da segunda vaga de imigração brasileira em Portugal. Uma presença que se mantém, desde o momento original da decisão de abandonar o país até à incorporação dos imigrantes na sociedade acolhedora. Ao assinalarmos essa presença exploramos o sentido da relação que se estabelece entre quem migra e quem oferece a possibilidade de migrar. Oferecemos assim uma sugestão de perspectiva teórica, com o intuito de influenciar o entendimento futuro

---

[4] *Idem*, p. 326.
[5] *Idem*, p. 298.

sobre o fenómeno das migrações, esperando contribuir para uma leitura mais ampla sobre o complexo de relações entre Portugal e Brasil. Uma leitura transdisciplinar, que inspire a exegese de cada um a encontrar-se com as redes de poder do complexo sociocultural luso-brasileiro.

Migrações

Um em cada três cidadãos do Mundo é migrante internacional[6], o que corresponde a duzentos milhões de migrantes, 10 a 15 por cento dos quais são ilegais[7]. Os fluxos migratórios afiguram-se como o testemunho do estreitamento do globo, aliando-se a novas percepções de espaço. As diferenças entre povos, em lugar de se esbaterem, acentuam-se e as migrações são o resultado visível de um Mundo onde a multiculturalidade penetra as fronteiras e agudiza as diferenças. Gradualmente, os locais que apresentam bons indicadores de bem-estar e oportunidades tornam-se *eldorados*, para onde todos sonham ir. Antevê-se que os progressos das comunicações e dos transportes e a difusão de informações aumentem a pressão migratória nos próximos anos. A deslocação e posterior estabelecimento das novas populações arrastam consigo identidades, que esbarram noutras. A diferença fica mais próxima, mais presente, mais evidente, *"está ali mais à mão e salta à vista"*. A distância entre ricos e pobres, ligada a processos de exclusão, passíveis de tradução espacial (assimetrias internas, zonas suburbanas), sobressaem num espaço cada vez mais estreito e mais imediato, arriscando-se a criar percepções e riscos de segurança humana.

O século XXI será o século do envelhecimento demográfico, tornado global[8]. Mesmo tendo em conta a ténue subida esperada dos níveis de fecundidade a partir dos anos 20 a 30 deste século[9], o aumento gradual

---

[6] IOM, *World Migration 2008: Managing Labour Mobility in the Evolving Global Economy*. Genebra: 2008. Disponível em: http://publications.iom.int/bookstore/index.php?main_page=product_info&cPath=7&products_id=62 [consultado a 18 Junho 2009].

[7] Nações Unidas, *World Migrant Stock. The 2006 Revision*. Nova Iorque: 2006. Disponível em: http://esa.un.org/migration/ [consultado a 18 Julho 2009].

[8] Rodrigues, Teresa, «Espaços e Populações». *Janus 2010*, Lisboa: 2010 (no prelo).

[9] Segundo previsões das Nações Unidas: United Nations Population Division, *World Population Prospects: The 2008 Revision*, Nova Iorque: 2009. Disponível em: http://esa.un.org/unpp/p2k0data.asp

da esperança média de vida fomentará uma crescente tensão entre activos e inactivos. Este é o modelo demográfico disseminado um pouco por todos os países desenvolvidos e sobretudo uma tendência inquietante nas democracias ocidentais. Apesar do contributo dos trabalhadores estrangeiros que continuam a chegar, o número de activos será cada vez menor na Europa[10]. Compreensivelmente, as leituras feitas sobre o futuro da relação entre população, recursos e desenvolvimento económico é acompanhada de algum pessimismo, pois o mercado será afectado em termos de produtividade e o peso dos apoios sociais tenderá a absorver cada vez mais recursos. Alguma inovação ou imaginação poderá ser exigida e os governos têm a seu cargo a difícil tarefa de encontrar as soluções mais apropriadas.

Variam entre 5 e 39%[11] as percentagens de população estrangeira nos países europeus. A redução dos fluxos emigratórios do passado convive hoje na Europa com o acréscimo dos volumes imigratórios de cidadãos comunitários e da mobilidade interna, bem como dos refugiados e deslocados, ao abrigo dos Acordos de Schengen e da Convenção Internacional para os Refugiados. Para a UE afluem também trabalhadores de países terceiros. Com origens e perfis distintos, os migrantes são alvo de distintas estratégias legislativas e de políticas públicas de cariz social complexo, destinadas a garantir uma integração que não afecte o quotidiano das sociedades de acolhimento. A atenção das políticas europeias em matéria de imigração tem-se focado nos sectores da justiça e da segurança. As instituições e designadamente os Estados procuram por esta via o controle, a regulação dos fluxos de entrada, os direitos e as garantias. A quebra populacional pode ser minorada com recurso à imigração e aí os governos têm margem de manobra, ao nível de políticas migratórias facilitadoras das entradas: As políticas de imigração estruturam-se em torno de quatro eixos principais: (a) controlo dos fluxos, nomeadamente no que diz respeito a condições de entrada e permanência, estandardizando, reformulando ou apenas clarificando a actual legislação,

---

[consultado a 10 Outubro 2009].

[10] Estima-se uma redução após 2017-2020 (National Intelligence Council, 2008: 22-23).

[11] Residem na UE cerca de 474 milhões de migrantes legais, dos quais 42 milhões de outros Estados membros. Dos restantes, 58,2% são europeus, 17,1% africanos e 11,8% asiáticos. (OCDE, 2005).

a qual regista um progressivo endurecimento; (b) reforço da luta contra a imigração clandestina, através do reforço das fronteiras territoriais e da aposta em acções concertadas de fiscalização dos locais de trabalho pelas autoridades competentes; (c) consolidação de políticas de integração das comunidades imigrantes, garantindo aos já instalados condições favoráveis de estabilidade e recuperando os excluídos das redes regulares de imigração; (d) desenvolvimento de políticas de cooperação internacional, no sentido de uniformizar os procedimentos no universo dos países receptores e promover a fixação de migrantes nos países emissores[12].

O impacto da imigração é ajustado em simultâneo pelas suas características e pelas da sociedade de acolhimento. Relações históricas influenciam a forma como acontecem os fluxos imigratórios e os moldes de relacionamento no terreno. Também as políticas públicas se tentam ajustar às características da imigração e manifestam alguma preocupação de equilíbrio entre a nova composição social e o mercado de trabalho. Mas a sociedade de acolhimento reage à imigração, por vezes de forma hostil, outras nem tanto. Para o imigrante, as reacções da sociedade de acolhimento são de suma importância na gestão das expectativas que o acompanham à chegada. Importa-lhe a natureza das políticas (públicas em geral e de imigração em particular) e as relações interpessoais imediatas que acontecem no meio em que se movimenta, as quais são indispensáveis como garantia de obter casa, emprego, acesso a educação, cuidados de saúde e qualidade de vida.

Historicamente país de emigrantes, Portugal tornou-se atractivo em termos internacionais desde 1993, aumentando a sua dependência face às migrações. Também do ponto de vista económico, essa dependência é indesmentível. As opções económicas tomadas internamente colocam Portugal entre os países desenvolvidos com postos de trabalho para oferecer e os ciclos de expansão ou retracção económica coincidam desde meados dos anos 80 com o aumento e redução dos fluxos de entrada[13].

---

[12] Rodrigues, Teresa, «Portugal. Migrações e Riscos de Segurança». *TIF, Curso de Defesa Nacional 2008/2009*, Lisboa: IDN – MDN, 2009 (policopiado), pp.17-18.

[13] Peixoto, João e Figueiredo, Alexandra, «*Imigrantes brasileiros e mercado de trabalho em Portugal*», in Jorge Macaísta Malheiros (org.) *Imigração Brasileira em Portugal*. 1ªed., Col. «Comunidades», 1, Lisboa: ACIDI, p.89.

Quando se diz que no domínio económico existe uma forte dependência da imigração, admite-se que o país fez uma escolha, que vem seguindo até hoje e que por si só explica muita dessa dependência. Uma opção política e económica, onde o progresso ambicionado é muitas vezes sinónimo de crescimento económico e não tanto de desenvolvimento endógeno de tipo económico, social ou cultural. Isto significa que o vínculo que países como Portugal manifestam relativamente a mão-de-obra estrangeira é mais de ordem conjuntural que estrutural. Por outro lado, se assinalarmos que os ritmos de crescimento dos fluxos de entrada acompanham com atraso o crescimento económico, ou seja, procedem-no, não é o crescimento económico que depende das migrações, mas o inverso. Entre as formas de progresso e desenvolvimento, Portugal aderiu a uma *praxis* em curso um pouco por todo o Ocidente democrático. Talvez ninguém possa estar imune aos processos de globalização, mas alguns aderem voluntariamente. É este, em nosso entender, o caso português.

Com essa adesão dá-se também um processo de metamorfose do tecido económico português e uma reconfiguração do meio social. Novas formas de relacionamento emergem das novas configurações que a globalização impõe. Em Portugal o mercado abriu-se ao estrangeiro e o estrangeiro convergiu com terras lusas. Neste trânsito cruzam-se imagens, preconceitos e estereótipos. Por vezes não se cruzam apenas. Colidem. A imigração brasileira em Portugal assume uma tipologia claramente influenciada pelas proximidades culturais e o relacionamento imediato entre brasileiros e portugueses exprime não só embates de imagens estereotipadas, mas também adaptação de temperamentos.

Relações e estereótipos

No enredo das relações interpessoais, as formas de relacionamento e de entendimento recíproco que se geram acontecem em contextos concretos. Debruçamo-nos neste momento sobre dois tipos de contexto, que são locais e distintos, mas também por vezes justapostos, os quais constrangem a acção dos actores sociais e dão forma aos entendimentos recíprocos. Falamos em primeiro lugar de locais que geram modalidades de relacionamento baseados em expectativas e vivências concretas partilhadas, onde muitas vezes as mesmas expectativas são falseadas pelas vivências.

Locais que constroem os diferentes papéis sociais desempenhados a título individual. Entre eles, o mercado de trabalho, a zona de residência e os espaços de convívio partilhados, espaços físicos onde as relações são imediatas e servem este estudo como casos que importa analisar. O outro tipo de contextos é o que influencia as modalidades de relacionamento de forma menos imediata. Referimo-nos a espaços ou «*locais não físicos*», com os quais as pessoas se deixam envolver e donde recebem influências variadas. Neste tipo de contextos, os mediatos, destacam-se os *media*.

A expressão numérica que a imigração brasileira apresenta, assim como as características que assume, influencia a forma como se olha o imigrante brasileiro em Portugal. Tenhamos ainda em conta que a percepção pública sobre o imigrante é influenciada pelas imagens estereotipadas veiculas pela cultura popular e sobretudo pelos *media*. Convém então explorar os dois tipos de relacionamento e de construção de entendimentos (mediato e imediato) que parecem ser mais relevantes para o objecto em análise, dando conta da produção ou desconstrução de imagens que ocorre em tais contextos.

Relações mediatas: *os media*

Um lugar primordial de criação de representações e de veiculação de imagens são os *media*. Tal facto não constitui novidade. Este espaço discursivo de reconstrução do real medeia os entendimentos recíprocos entre indivíduos no meio social e mormente entre migrantes e sociedades de acolhimento, forjando identidades, nem sempre imunes ao preconceito. Ao fazê-lo, condicionam a forma como os entendimentos recíprocos surgem, enquanto resultado de uma influência que produzem no espectador/consumidor. Segundo F. Cádima, «*de um modo geral, os media produzem um campo simbólico complexo que institucionaliza normas de conduta, valores, comportamentos, criando uma imagem específica e representações de pessoas colectivas, de comunidades e de cidadãos singulares em função do modo como enunciam acontecimentos ocorrências ou mesmo pseudo-acontecimentos relativos aos temas/sujeitos referenciados*»[14].

---

[14] Cádima, Francisco Rui, *et al.*, *Representações (imagens) dos imigrantes e das minorias étnicas na imprensa*. Col. «Estudos Observatório da imigração», nº3, Lisboa: OBERCOM, ACIME, FCT, 2003, p.5.

Através dessa mediação, o discurso dos *media* constrói a relação, ou seja, determina a forma que a relação toma e constrange a sua natureza. Este tipo de discurso gera um contexto artificial e simbólico, que cria um quadro normativo, impondo-lhe limites. Por essa via constrange os entendimentos e as opções dos indivíduos. Atente-se que o discurso assim produzido «*nunca ocorre num vácuo político, económico ou ideológico, mas serve como filtro para organizar a realidade*»[15]. Seguindo este raciocínio, a realidade é *produzida* e o resultado dessa produção pode ser reflexo de relações de poder da sociedade, num possível contexto histórico ideológico que os órgãos de comunicação social vêem espelhar.

Com efeito, as imagens criadas sobre determinados grupos, em especial o papel destes e a forma como surgem no complexo mediático, podem fornecer pistas sobre as relações de poder no seio de uma sociedade. Em Portugal conclui-se que, neste início de milénio, «*o imigrante surge sempre investido de um papel passivo, totalmente dependente da acção das instituições nacionais*»[16]. Tal conclusão oferece uma pista: na artificialidade do complexo mediático, a minoria imigrante surge como actor passivo, que se limita a ver acontecer a construção da sua identidade, sem participar no processo. Por outras palavras, são as instituições da sociedade acolhedora que determinam a imagem/identidade do grupo minoritário em termos colectivos públicos. Sem surpresa, a identidade dos imigrantes é produto das formas de cobertura e produção jornalística. Uma produção de tipo sensacionalista tenderá a divulgar uma imagem nem sempre rigorosa e neutra. No início do século XXI, a cobertura jornalística sobre a migração em Portugal escolhia maioritariamente "*notícias breves*" e peças com pouca profundidade, incidentes, «*associados, sobretudo, aos "Delitos". Com efeito são salientados os problemas que estas comunidades têm com a justiça, muitas vezes sem qualquer contextualização sobre a criminalidade em Portugal*»[17].

---

[15] Silveirinha, Maria João e Cristo, Ana Teresa Peixinho, «A construção discursiva dos imigrantes na imprensa». *Revista Crítica de Ciências Sociais*, nº69, 2004, p.118.

[16] Silveirinha, Maria João e Cristo, Ana Teresa Peixinho, «A construção discursiva dos imigrantes na imprensa». *Revista Crítica de Ciências Sociais*, nº69, 2004, p.135.

[17] Cádima, Francisco Rui, *et al.*, *Representações (imagens) dos imigrantes e das minorias étnicas na imprensa*. Col. «Estudos Observatório da Imigração», 3, Lisboa: ACIME, 2003, p.54.

O estudo deste tipo de informação para anos posteriores mostra algumas mudanças no discurso dos *media*[18], no sentido de um «*tratamento mais cuidado e reflexivo*»[19]. Uma alteração sob a forma de um movimento de atenuação do tom do discurso produzido pelos meios de comunicação. Com efeito «*nota-se que, apesar de se manter a temática Crime, há uma distinção entre o autor do crime e a vítima do crime; por outro lado há um crescente recurso a Fontes provenientes da sociedade civil e aos imigrantes, o Tom é predominantemente neutro, a Argumentação assertiva e o Enquadramento factual*»[20].

Em suma, as imagens produzidas sobre a minoria desenvolvem-se em torno de dois pilares. O grupo parte de uma situação passiva na construção da sua identidade, para outra mais participativa. Por outro, a abordagem mediática sobre os imigrantes troca o tom tendencialmente negativo, para se colocar assertivamente em posição de neutralidade. Se admitirmos que os dois aspectos referidos são reflexo de um mesmo fenómeno, diríamos que ele consiste na procura de incorporação da minoria no seio da sociedade portuguesa. Diferente de assimilação ou aculturação, conceitos ideologicamente marcados, entendemos este fenómeno como um processo onde a minoria ganha alguma autonomia e, em certa medida, consideração, diametralmente diferente também de exclusão, *stricto senso*. A minoria ganha vida e a maioria considera-a.

Todo este processo ocorre sem que se reduza a primazia da temática crime. É discutível se tal recorrência é simples reflexo da realidade securitária do espaço português ou se resulta da hiperbolização que os *media* imprimem ao conflito social. Importa, no entanto, reter um aspecto importante nesta produção mediática e nas suas respectivas implicações para o meio social. A insistência neste ponto justifica-se pelo impacto negativo que o mesmo produz em termos públicos, ao potenciar o

---

[18] Estudos levados a cabo pelo Alto Comissariado para a Imigração e Diálogo Intercultural ACIDI, antigo ACIME, Alto Comissariado para a Imigração e Minorias Étnicas. Disponíveis em: http://www.oi.acidi.gov.pt/modules.php?name=Content&pa=showpage&pid=15

[19] Cunha, Isabel Ferin e Santos, Clara Almeida, *Media, Imigração e Minorias Étnicas II*. Col. «Estudos Observatório da Imigração», 19, Lisboa: ACIME, 2006, p. 103.

[20] Ferin, Isabel e Santos, Clara Almeida, *Media, Imigração e Minorias Étnicas*. Col. «Estudos Observatório da Imigração», 28, Lisboa: ACIDI, 2008.

reforço de sentimentos de rejeição e xenofobia[21]. Admitimos, para além da facticidade dos eventos desviantes à lei levados a cabo por imigrantes, alguma hiperbolização produzida pelos *media* sobre criminalidade, sabendo de antemão que estes elegem «*estórias (...) seleccionadas pela sua capacidade de chocar, ou de entreter*»[22]. Utilizar e reutilizar este tipo de conteúdo fideliza o público. Simultaneamente, reutilizar as peças é menos oneroso do que angariar novas "estórias". Este tipo de estratégia parece ter ganho expressão na comunicação social portuguesa: «*é perceptível que os canais têm uma estratégia de optimização das peças, utilizando-as (...) como peças novas em diversos dias ou exibindo-as meses depois*»[23].

Note-se que o tema migratório «*entrou definitivamente nas rotinas de produção da imprensa e da televisão*»[24], o que reforça a ideia de, pelo menos, existir alguma incorporação desta mesma minoria no seio da realidade mediática. Em todo o caso, nota-se «*uma tendência em evitar os temas que poderão causar polémica*»"[25]. Tendo em conta o "*padrão económico*" dos grupos migrantes, parece existir alguma tentativa de pré-apaziguamento de conflitos. Esta atitude preventiva pode resultar do já referido aumento de "*consideração*" face às minorias, mas pode ser apenas um fenómeno exógeno ao tema, resposta ao mercado e às novas realidades geradas pelo processo de globalização. É sabido que ao mercado interessa o mínimo de agitação social. Mas não só a ele. A sociedade em geral beneficia em segurança com a ausência de conflitos identitários. A atenuação do discurso produzido pelos *media* encaixa numa lógica de estabilização e normalização da sociedade, que importa às instituições em geral, mas sobretudo ao Estado e ao mercado.

Trazer aqui o mercado à colação é mais do que especular uma eventual relação entre as necessidades económicas da sociedade como um todo e a necessidade de estabilização securitária que resulta das primeiras. Não

---

[21] Cunha, Isabel Ferin e Santos, Clara Almeida, *Media, Imigração e Minorias Étnicas II*. Col. «Estudos Observatório da Imigração», 19, Lisboa: ACIME, 2006 p .96.

[22] *Idem, ibidem*, p. 97.

[23] *Idem, ibidem*, p. 97.

[24] Ferin, Isabel; Santos, Clara Almeida, *Media, Imigração e Minorias Étnicas 2005 – 2006*. Col. «Estudos Observatório da Imigração», 28, Lisboa: ACIDI, 2008, p. 104.

[25] *Idem, ibidem*, p. 115.

é despiciendo o facto de, numa altura em que a economia portuguesa apresenta oferta de trabalho para imigrantes e vive um momento de demanda causado pela retoma económica dos anos 90, se assiste a um tratamento mais cuidado dos imigrantes pela comunicação social. Com efeito, as relações entre imigrantes e sociedade acolhedora passam fundamentalmente pelo mercado de trabalho. É lá que muitas vezes se opera a desconstrução de estereótipos, mas também onde se assiste no caso dos brasileiros estantes em Portugal a um aproveitamento da circunstância de ser exótico. De facto, indo ao encontro da ideia de que os imigrantes têm vindo a ser co-autores da sua imagem, ou seja, participativos na sua construção, os brasileiros parecem conseguir tirar benefícios de uma imagem estereotipada: *"longe de serem receptáculos de estereótipos construídos à revelia das suas vontades"*[26] adaptam a sua imagem social às oportunidades oferecidas pela sociedade de acolhimento, o que lhes garante posições relativamente consolidadas na sociedade portuguesa. Tal fenómeno acontece em sede de mercado de trabalho, pelo que importa observar este contexto e nele procurar a forma como maioria e minoria se relacionam.

Relações imediatas: o mercado de trabalho

A economia portuguesa revela «*procura efectiva de trabalho imigrante*»[27]. A direcção dos fluxos migratórios de e para Portugal é em grande parte determinada pela oferta de trabalho[28]. Ora a chamada segunda vaga de imigração brasileira em Portugal vem precisamente preencher postos de trabalho, que se geraram com um segundo ciclo de expansão da economia portuguesa, após a adesão à CEE. A expansão da economia no final da década de 90 abriu espaço ao reforço numérico do fluxo migratório brasileiro. Esse fluxo foi composto por dois movimentos, ou antes, por duas vagas. A primeira intimamente relacionada com a adesão ao espaço comunitário e o desenvolvimento do tecido empresarial português, gerador

---

[26] Machado, Igor, «Reflexões sobre as identidades brasileiras em Portugal», *in* Jorge Macaísta Malheiros (org.), *A Imigração Brasileira em Portugal*. Col. «Comunidades», 1, Lisboa: ACIDI, 2007, p .173.

[27] Peixoto, João, «Imigração e mercado de trabalho em Portugal: investigação e tendências recentes», *in Revista Migrações*, nº2, Lisboa: ACIDI, Abril, 2008, p. 20.

[28] Baganha, Maria Ioannis, «A cada Sul o seu Norte: dinâmicas migratórias em Portugal», *in Globalização: fatalidade ou utopia?*. Boaventura de Sousa Santos (org.). Porto: Edições Afrontamento, 2001, p. 138.

de condições que atraíram mão-de-obra altamente qualificada que viria a ocupar lugares elevados na estrutura social, acedendo a empregos exigentes do ponto de vista da formação e bem remunerados, sobretudo nas áreas da gestão e do *marketing*. A segunda vaga essencialmente direccionada para actividades que não exigem qualificações específicas. Tal não significa que os indivíduos que dela beneficiam não tenham qualificações elevadas, mas apenas que foram forçados a aceitar as oportunidades que o mercado oferece e que resultam do diferencial entre a primeira corrente e os excedentes de procura do factor trabalho daí decorrente ou que entretanto se geraram. Esses excedentes actualmente são oferecidos em sectores empregadores de mão-de-obra intensiva.

Em consonância com os demais estrangeiros a trabalhar em Portugal, os brasileiros vêm principalmente trabalhar por conta de outrem, sendo na sua quase totalidade assalariados, colocados em áreas pouco ou não qualificadas da indústria e dos serviços[29]. Este padrão vem confirmar a tese do mercado de trabalho dual, onde coexiste o mercado principal, com oferta de empregos estáveis e bem remunerados, e o mercado secundário, caracterizado por trabalhos menos prestigiados (os chamados DDD)[30].

Segundo Peixoto, esta situação parece ter a ver com a própria evolução do mercado de trabalho, onde numa primeira fase «*parecem existir mais necessidades no mercado primário (...), enquanto na segunda, predominam as necessidades de mão-de-obra não qualificada*»[31]. Importante é notar que estes sectores secundários parecem muitas vezes permeáveis a lógicas informais, que contornam com relativa facilidade o controlo institucional. O resultado de um eventual equilíbrio entre oferta e procura no mercado de trabalho em Portugal evidencia a dualidade em que se inscreve a própria economia do conhecimento. Neste sentido Portugal é até paradigmático, embora não original. Em termos nacionais, «*a imigração brasileira veio incorporar,*

---

[29] Peixoto, João e Baptista, Patrícia, *As características da imigração em Portugal e os seus efeitos no comércio bilateral.*, Horácio Crespo Faustino (coord.,) ACIDI, 2009, p. 110.
[30] Sobre o mercado de trabalho dualista ver, entre outros: Piore: 1979; Portes, 1981 e 1999; Massey, *et al.*, 1998.
[31] Peixoto, João e Figueiredo, Alexandra, «Imigrantes brasileiros e mercado de trabalho em Portugal», *in* Jorge Macaísta Malheiros (org.) *A Imigração Brasileira em Portugal*, Col. «Comunidades», 1, Lisboa: ACIDI, 2007, p. 104.

no seu seio, a dualidade social e profissional que a imigração, como um todo, já apresentava»[32].

O migrante que se inscreve nestes fluxos e que lhes dá forma é o «migrante económico». Este é, podemos afirmar sem grande margem de erro, o caso típico dos brasileiros em Portugal. O mercado de trabalho é o lugar principal onde se relaciona com os nativos e onde enfrenta os desafios impostos pelas imagens preconcebidas que pairam no meio social. É em função da actividade que desempenha que se fixa o seu lugar na estrutura social. Entre os migrantes predominam «*laços de amizade efémeros, nascidos em função de relações de trabalho ou pela proximidade de residência, sem que se consolidem laços duradouros de sociabilidade e/ou de solidariedade*»[33]. Podemos admitir que essa é a realidade disponível para a multidão que aqui procura trabalho e uma nova vida. Gente que não consolida laços duradouros, mas efémeros, onde parece não existir uma forte coesão, indiciadora da existência de uma comunidade. É a falta de "*coabitação*" entre imigrantes e sociedade acolhedora de tipo comunitário, ou melhor, de coesão que inspire uma comunidade (de sentido, de partilha de interesses e cultura), que nos permite tratar – neste caso analiticamente – os imigrantes como um grupo. Um grupo dentro de uma abstracção maior, que é a sociedade, e que por definição hospeda interesses diversos, por vezes divergentes entre grupos maioritário e minoritário. Na ausência de uma relação comunitária, o que vemos é uma relação imediata de adaptação de interesses também eles imediatos. Repare-se no caso dos imigrantes económicos brasileiros em Portugal e respectiva inserção no mercado de trabalho: estes imigrantes submetem-se «*a uma representação estereotipada do Brasil e da identidade brasileira para conseguir emprego*»[34]. Em paralelo, «*os lugares oferecidos pelo mercado de trabalho português são relativos aos estereótipos*»[35]. Assim se parece comprovar o esforço de adaptação das expectativas entre grupos. E paralelamente o reforço da diferença.

---

[32] *Idem, ibidem*, p. 109.

[33] Bógus, Lúcia Maria Machado, «Esperança Além-mar: Portugal no arquipélago migratório brasileiro» *in* Jorge Malheiros (org.), *Imigração brasileira em Portugal*, Lisboa: ACIDI, 2007.

[34] Machado, Igor, «Reflexões sobre as identidades brasileiras em Portugal», *in* Jorge Malheiros (org.) *A Imigração Brasileira em Portugal*, colecção comunidades, 1, Lisboa: ACIDI, 2007, p. 171.

[35] *Idem, ibidem*, p. 173.

É evidente que este perfil não se aplica a todos os indivíduos estrangeiros imigrados em Portugal, o que de resto é uma dificuldade que a própria análise quantitativa enfrenta. De qualquer modo, de acordo com estudos empíricos podemos dar conta do perfil do imigrante brasileiro, maioritariamente do sexo masculino, com idade inferior a 35 anos e em busca de emprego e melhor remuneração[36].

Migram por motivos económicos e para muitos são os factores económicos a via de acesso à emigração. A possibilidade de migrar. Muitos dos que rumam a Portugal em busca do sonho são «*recrutados e contratados através de agências de viagem, que financiam as passagens e providenciam alojamento provisório, para os primeiros dias após a chegada a Portugal, para além da documentação necessária*»[37]. Neste domínio, o caso de Londrina no Paraná, «*onde se instalaram, inclusive, agências de recrutamento de trabalhadores para estabelecimentos portugueses*»[38], é paradigmático.

Assim, os imigrantes brasileiros são em muitos casos gente recrutada por agências ou que opta por migrar, porque pode pagar a passagem e beneficia, casualmente, de algum apoio de redes sociais que ligam a origem e o destino dos fluxos migratórios, sobretudo os de segunda vaga, que «*tem como principal canal de emigração o apoio de parentes e amigos que já cá estavam*»[39]. Trata-se de indivíduos que sem demora integram o mercado de trabalho, aproveitando-se em alguns casos da sua circunstância exótica, e beneficiando da existência de uma imagem estereotipada que lhe é favorável. Embora se trate de actividades e postos de trabalho precários, eles existem em abundância e servem os propósitos destes sonhadores, que se «*sujeitam a qualquer tipo de trabalho, na esperança de obter melhores condições em momento posterior*»[40].

---

[36] Vide: «A 2.ª vaga da imigração brasileira para Portugal (1998-2003): Estudo de opinião a imigrantes residentes nos distritos de Lisboa e Setúbal – Informação estatística e elementos de análise», *in* Jorge Macaísta Malheiros (org.), *Imigração brasileira em Portugal*, Lisboa: ACIDI, 2007.

[37] Bógus, Lúcia Maria Machado, «Esperança Além-mar: Portugal no arquipélago migratório brasileiro», *in* Jorge Malheiros (org.), *Imigração brasileira em Portugal*, ACIDI, 2007, p. 52.

[38] Idem, ibidem, p. 51.

[39] «A 2.ª Vaga da imigração brasileira para Portugal (1998-2003): estudo de opinião imigrantes residentes nos distritos de Lisboa e Setúbal – Informação estatística e elementos de análise» *in* Jorge Malheiros (org.) *Imigração brasileira em Portugal*. Lisboa: ACIDI, 2007, p. 234.

[40] Idem, ibidem, p. 40.

De ambos os lados do sonho migratório Brasil-Portugal estão presentes apoios, incentivos, amizade, interesses e muitas vezes sangue, ou melhor, consanguinidade. Coexistem redes sociais, laços sociais e familiares, interesses económicos e sancionamento por parte do único actor a quem é reconhecido o direito exclusivo de controlo fronteiriço. Só o Estado tem legitimidade para rastrear quem entra. Como opera a selecção das entradas e em função de que critérios? A resposta desvenda a natureza da relação entre os actores desta trama.

Em todos os casos, esses critérios podem fundir-se num só: o interesse nacional, ou os compromissos de política externa mesmo quando esse interesse nem sempre coincida com o interesse público. Admitindo que é, então está dada uma primeira resposta: entra no país (legalmente) quem interessa à sociedade de acolhimento. Encontrada a resposta, como fica a relação entre quem migra e quem pode oferecer as possibilidades de migrar? Sabemos em função de que critério se opera a selecção, mas o que nos diz esse critério acerca do papel dos actores sociais envolvidos no fenómeno das migrações?

Se, ainda antes de aceitarmos a fusão dos critérios de selecção num só, olharmos cada um deles singularmente, podemos então descortinar os papéis desempenhados pelos actores envolvidos. A legislação evidencia os aspectos que importa reter, no sentido em que expressa (com maior ou menor rigor) o interesse da sociedade que a produz e as relações de poder dominantes. Legislou-se em Portugal tendo em vista conciliar o controlo dos fluxos migratórios com as necessidades do mercado de trabalho, ou seja, tendo «*subjacente uma política de imigração que pretende fomentar a imigração legal em conformidade com o mercado de trabalho*»[41]. Acento tónico no mercado e conformidade entre imigração e os seus imperativos. Tudo isto debaixo da alçada do Estado; o mesmo é dizer, legalizado, controlado, sancionado. Estado e mercado desempenham ambos o papel de *facilitadores* da migração, quando esta converge com as necessidades económicas e pretende ser legal. Com o conhecido Acordo Lula sobre a contratação de trabalhadores, o Estado português pretendeu obter maior facilidade em

---

[41] Ferreira, Eduardo Sousa, *et al.*, *Viagens de Ulisses: efeitos da imigração na economia Portuguesa*, Col. «Observatório da Imigração» 7, Lisboa: ACIME, 2004, p. 32.

marcar a sua presença nos dois campos e monitorizar com maior rigidez o mercado de trabalho e a legalidade dos seus procedimentos, da sua *praxis*: «*podemos ver nas entrelinhas do Acordo, nas suas regulamentações e nos roteiros obrigatórios, a intenção de o Estado Português lograr uma maior transparência nos mercados laborais, não só na perspectiva da incorporação legal do trabalhador nas empresas, mas também na perspectiva de controlo do Estado sobre essas empresas, exigindo o cumprimento de diversas regras*»[42].

Mas tal não sugere o aligeirar do poder central enquanto controlador fronteiriço, contrabalançando o seu estatocentrismo com a transnacionalidade inerente aos fluxos migratórios. Pese embora o ónus do Estado no controlo do fenómeno migratório e a tentativa de ajustar a legalidade do processo com as solicitações económicas, há ainda um aspecto a considerar, que se liga directamente com a natureza informal de alguns mercados secundários. É que os mercados secundários acolhem uma população que se encontra em situação precária, «*muito exposta à informalidade, sendo por vezes cúmplice mas, mais frequentemente, alvo de exploração laboral*»[43]. A fragilidade em que se encontram estes trabalhadores indicia que a sua permanência depende das possibilidades que a conjuntura económica e o mercado lhes oferece. Recordemos: o migrante afasta-se dos baixos salários ou do desemprego para incorporar espaços onde a oferta de mão-de-obra é convidativa. Não estará o migrante económico sempre dependente da oferta que possa responder às expectativas geradas em torno do sonho de uma vida mais abundante? É com esta pergunta como pano de fundo que partimos para a análise da relação que se estabelece entre quem migra e quem pode oferecer a possibilidade de migrar.

Imigrantes e sociedade acolhedora: credores-devedores

Como parece, não basta ao emigrante desejar migrar. De facto, as teorias das migrações que assumiam o fenómeno da migração como o produto de escolhas individuais racionais, cedem lugar a interpretações, que refutam a

---

[42] Padilla, Beatriz, «Acordos bilaterais e legalização: o impacte na integração dos imigrantes brasileiros em Portugal», *in* Jorge Macaísta Malheiros (org.), *Imigração brasileira em Portugal*. Lisboa: ACIDI, 2007, p. 221.

[43] Peixoto, João, «Imigração e mercado de trabalho em Portugal: investigação e tendências recentes». *Revista Migrações*, nº2, Lisboa: Abril, 2008, p. 37.

hipótese de uma escolha racional isolada, descontextualizada em termos socioculturais. Com efeito, a decisão de deixar um país rumo a outro não acontece no vácuo, baseia-se numa realidade influenciada por diversos factores em constante mutação. A decisão tem um contexto subjacente.

A dependência relativamente ao mercado internacional de trabalho (o contexto económico subjacente às migrações económicas) é transversal a todo o processo migratório. Está presente no antes, no durante e no depois. Sabemos também que o migrante económico mantém laços fortes com as suas origens e alimenta a vontade de voltar, vendo-se a si mesmo como um migrante temporário, que voltará à sua terra. Sendo assim, o imigrante está no país de acolhimento, *na possibilidade* de ali ter condições de estar. Em suma, se por um lado nos deparamos com os actores Estado e mercado no papel de *possibilitadores* do sonho migratório então, do outro lado deste sonho, são os imigrantes quem se encontram na circunstância de dependentes, ou melhor, no papel de devedores, numa relação de tipo *credor-devedor* do sonho migratório. Nesse género de relação, o credor oferece possibilidades e o devedor está dependente dessas possibilidades.

Para o trabalhador imigrante são os factores de conjuntura económica que mais influenciam a possibilidade de migrar e os *media* que assume o protagonismo na divulgação e veiculação de informação sobre a mesma. Ao país de origem chegam notícias sobre as vitórias ocorridas nesse âmbito noutros locais. Cria-se deste modo uma primeira ligação ou elo, neste caso de natureza informativa, que estabelece a primeira ponte entre origem e destino. Com essa ponte, o potencial migrante dispõe de um pouco mais de segurança para se lançar no sonho migratório, do que teria na ausência de informação. Adicionalmente, o migrante pode também ter conhecimentos nos países de destino, pelo que amigos ou família somam confiança a todo o processo. Mais seguro do que sem qualquer ligação por onde transite informação e se gere a ousadia, o migrante precisa de garantir de seguida suporte financeiro e jurídico. A globalização dos mercados alimenta as empresas dedicadas à contratação de mão-de-obra em países terceiros, que oferecem possibilidades aos potenciais interessados em se lançarem no seu sonho. Claro que muitos não chegam ao país de destino através dessas empresas, mas outro aspecto do processo de globalização concorre para a facilitação das migrações e consiste na redução generalizada dos custos de passagens aéreas. Ainda assim, falta ao imigrante dispor de autorização para entrar e se estabelecer num País que não o seu. O que anteriormente divisámos foi precisamente a actuação dos Estados no sentido de facilitar tais mobilizações.

Se o imigrante está em trânsito por motivos laborais e tem como prová-lo (através de contrato de trabalho), as suas expectativas têm boas hipóteses de serem atingidas. Estado, mercados e instituições estarão presentes no processo migratório na qualidade de facilitadores. Serão fornecedores dessa facilidade; *providers* das possibilidades do sonho migratório. O imigrante surge neste processo na qualidade de devedor, com o qual se pretende designar a situação em que o indivíduo beneficia de facilidades oferecidas por outrem na prossecução dos seus objectivos, mantendo uma situação de sujeição, neste caso para com as instituições da sociedade acolhedora. Esta sujeição é evidente quando lembramos que o imigrante vem jogar as regras do jogo que lhe são apresentadas, limitando-se a aceitar a legislação em vigor[44].

Uma vez que é o mercado de trabalho internacional quem oferece as possibilidades de almejar a miragem que os fez deixar as suas origens, diremos que este actor desempenha o papel de *credor*. É este racional e abstracto *credor* que pode oferecer expectativas de uma viva boa, mais confortável: o sonho do Eldorado. Contudo, o mercado não surge isolado, mas sim acompanhado pelo Estado, pois aquilo que é possível ao primeiro é-o por consentimento do segundo. O Estado controla, legisla e institucionaliza a *praxis* do processo migratório. Estabelece-se então entre imigrantes, por um lado, e mercado apoiado pelo Estado da sociedade acolhedora, por outro, uma relação curiosa que importa notar: a relação *credor-devedor*.

No presente caso, a relação que se estabelece entre imigrantes brasileiros e as instituições da sociedade acolhedora parece ser desta natureza e pode fornecer sugestões sobre as relações de poder que se constituem na realidade portuguesa. De qualquer forma, este tipo de relação poderá não

---

[44] Não obstante o argumento de que o imigrante concorda com os termos das regras quando aceita o processo legal de migração. Acontece que aceitar não é sinónimo de participar na sua elaboração dando consentimento prévio. Em todo o caso saber se o imigrante deve ou não participar do acto legislativo é outro debate que escapa aos propósitos deste capítulo.

ser exclusivo do facto luso-brasileiro, hipótese que carece de evidência, sob a forma de estudos empíricos a realizar.

Apontamentos finais...

A circulação de pessoas e bens cria novas realidades e fenómenos sociais, políticos e económicos. Contudo, as migrações não são um fenómeno novo, mas uma prática ancestral. Novas são, isso sim, as modalidades ou formas que adoptam os fluxos migratórios contemporâneos. O homem sempre migrou e hoje podemos detectar formas padronizadas e previsíveis de movimentações. Este estudo não procurou os motivos que levam à migração, nem pretendeu somar propostas para o debate construtivo de uma teoria das migrações. Pretendeu tão só desenvolver uma abordagem que foca a natureza da relação que se estabelece entre os actores envolvidos neste fenómeno, numa perspectiva económica.

Mas se as migrações podem ser vistas como «*um reflexo da mudança rápida dos laços económicos, políticos e culturais entre países*»[45], também espelham a manutenção de laços culturais abrangentes cunhados pela História. Sobretudo quando essa História se fez em confluência e vinculou dois povos, por vezes confundidos num só.

É o caso do Brasil e de Portugal. Uma História conexa entre os dois lados do Atlântico parece oferecer a possibilidade de uma migração facilitada e de uma incorporação também ela mais harmoniosa. De ambos os lados, embora em tempos diferentes, podemos assistir à projecção do mito do Eldorado para lá do Oceano. Mais do que a mudança das estruturas sociais e económicas, notamos a manutenção de elos entre culturas. Não para explicar *porque* migram, mas antes *como* migram. É a manutenção de proximidade (cultural) que parece facilitar no caso luso-brasileiro o processo migratório. A proximidade nas opções políticas e contígua convergência de interesses económicos oferece o plano de incentivo à mobilidade, cada vez mais globalizada, tal como o é o mercado, e como tal sancionada pelos Estados.

Esses mesmos movimentos de população são tidos como reflexo das novas estruturas sociais que se formam em ambiente de globalização, mas

---

[45] Giddens, Anthony, *Sociologia*. 6ª ed., Lisboa: Fundação Calouste Gulbenkian, 2008.

também como movimentos que *moldam*, na medida em que também produzem novidades e engrenam novas relações sociais. Sem espanto, é com diversidade social e étnica que afectam os espaços sociais onde estabilizam. Deste ponto de vista, a multiculturalidade que geram é um facto e o Estado-nação está obrigado a repensar-se em termos de identidade. Não por acaso, a própria Teoria Social parece *"obcecada"* com o tema da identidade[46]. Identidade que é também um dilema, a avaliar pelos debates, já longos na teoria política, em torno do conceito de multiculturalismo.

As migrações podem ser vistas como um dos muitos desafios à soberania do Estado, da sociedade como um todo e dos vários grupos que a compõem, incluindo as minorias étnicas, porque provocam excessivas alterações na sua composição identitária[47]. No início do milénio, o Estado perde a capacidade mobilizadora que antes tinha em torno dos símbolos nacionais: *"Este deslizamento progressivo da sociedade nacional para a sociedade multicultural é em si mesmo uma fonte de enfraquecimento para o Estado de acolhimento que deixa de ter na mobilização dos símbolos nacionais os mesmo recursos que tinha antes"*[48].

De facto, a homogeneização pressuposta por um Estado unitário coeso deixou de existir. Em tempo de globalização, que significa também integração, a homogeneização cultural não é um facto adquirido e as democracias ocidentais são forçadas a repensar a sua capacidade mobilizadora e a ter em conta formas diferenciadas de obediência e fidelização ao poder. Para além do aspecto identitário enquanto critério de coesão, importa também reconhecer a importância dos actores na construção das identidades. Tanto os mais imediatamente interessados, neste caso os imigrantes, como as instituições da sociedade acolhedora participam na construção das

---

[46] Santos, Boaventura de Sousa, «Modernidade, identidade e cultura de fronteira». *Revista Crítica de Ciências Sociais*: "Descobrimentos/Encobrimentos", nº38, Coimbra: C.E.S, 1993.

[47] Bigo, Didier, «Security and Immigration: Toward a critique of the governmentality of unease». *Alternatives: Global, Local, Political*, 27, 2002, pp.1 e ss. Disponível em: http://findarticles.com/p/articles/ mi_hb3225/is_1_27/ai_n28906099/pg_1?tag=artBody;col1 [consultado a 10 Junho 2009]; Stivachtis, Yannis A., «International Migration and the Politics of Identity and Security». *Journal of Humanities & Social Sciences*, Vol.2, Issue 1, 2008. Disponível em: http://www.scientificjournals.org/journals2008/articles/1387.pdf [consultado a 13 Julho 2009].

[48] Badie, Bertrand, *La fin des territoires. Essai sur le désordre international et sur l'utilité sociale du respect*. Paris: Fayard, 1995; Smouts, Marie-Claude, *O Mundo em Viragem*. Lisboa: Instituto Piaget, 1995, p. 132.

identidades públicas. Os *media* são provavelmente os actores com mais peso na construção e veiculação das identidades, porque a forma como abordam, tratam e transmitem as imagens ou estereótipos influenciam o resultado dessa construção identitária. Por outro lado, as mudanças nas suas formas de abordagem revelam em certa medida as forças presentes na sociedade. Em Portugal, a alteração do tom negativo, securitário e superficial da abordagem jornalística, a assertivo, neutro e cuidado reflecte, desde logo, a incorporação das minorias na sociedade acolhedora, ou melhor, a consideração dedicada pela maioria à minoria. Entendemos por *consideração* não apenas a circunstância da sociedade acolhedora observar e aceitar o imigrante, mas o facto do grupo minoritário ser respeitado na sua alteridade e ter a sua representação. Através dela *existe*, porque não é desconsiderado e, por consequência, excluído.

As relações existentes entre maioria e minoria tendem actualmente para uma coabitação pouco hostil, reflexo de um país relativamente tolerante e tendencialmente multicultural. Tal não significa que se dissolva ou dilua a diferença, mas que ela se gere não apenas verticalmente, ou seja pelas instituições, mas horizontalmente, o que significa que os próprios interessados participam na construção da sua imagem. Os diferentes adaptam as suas diferenças e convivem em relativa harmonia, fortificada pelas semelhanças que também têm e que reforçam. Portugal já era multicultural; agora é-o ainda mais e com a consciência desse facto. Consciente sobretudo dos desafios que o mercado internacional tendencialmente liberalizado coloca e das necessidades sociais que em seu torno emergem.

Do ponto de vista do Estado, face a uma concorrência em sede de mercado de trabalho internacional, assiste-se ao incentivo à mobilidade, firmado por acordos bilaterais. Acordos através dos quais os Estados se manifestam interessados no fenómeno e de onde pretendem extraír proveitos. Se os receptores beneficiam da mão-de-obra estrangeira, porquanto esta vem oferecer juventude e braços em falta nos mercados secundários, também «*os exportadores de mão-de-obra vêem nesses fluxos algumas vantagens (...): afluxo de divisas, de mercadorias, formação profissional e reabsorção do desemprego*»[49]. Não será por acaso que no recente acordo

---

[49] *Idem, ibidem*, p 131.

entre Portugal e Brasil se pode ler, a propósito da contratação mútua de trabalhadores, que as partes contratantes (os Estados) se manifestam «*conscientes da necessidade de facilitar a circulação dos seus nacionais para a prestação de trabalho no território dos Estados Contratantes*»[50].

Quem persegue um sonho, como é o que enforma a migração económica, muito agradece a quem o facilita.

---

[50] Acordo entre a Republica Federativa do Brasil e a República Portuguesa sobre a contratação recíproca de nacionais

Joaquim Barradas de Carvalho:
Um navegante em exílio perpétuo

Guido Fabiano Pinheiro

«Sinto-me exilado no meu próprio país.»[1]

Conheci Joaquim Barradas de Carvalho na minha graduação e, desde então, ele tem sido uma figura sempre presente na minha trajetória profissional e pessoal. Quando travamos contato pela primeira vez fiquei profundamente impressionado com a eloqüência e sagacidade com que defendia o seu brilhante projeto: a formação de uma Comunidade Luso-Afro-Brasileira, uma comunidade internacional a unir os países de colonização portuguesa e sua antiga metrópole, ou melhor, a solidificação de uma rede ininterrupta de trocas materiais e ideológicas que tem sobrevivido por mais de cinco séculos, ou ainda, a versão moderna e democrática do glorioso Império Português. Nunca as nossas diferenças de formação ou de geração impediram ou mesmo atrapalharam uma identificação profunda, e nem menciono a diferença de nacionalidade pois ela, no fundo, jamais existiu. O carisma de Barradas ultrapassou qualquer barreira, mesmo a do tempo... Infelizmente, no final de 2002, quando o conheci através do brilhante texto *Rumos de Portugal*[2], sua presença física já havia desaparecido há 22 anos. Há uma coisa que precisa ser dita sobre Barradas: sem menosprezar a sua competência profissional é preciso reconhecer que a marca que deixou entre nós, tantos anos depois, se deve muito mais à força de sua personalidade do que a genialidade de suas idéias. Isso o coloca em

---

[1] Moniz, Egas, *apud,* Joaquim Barradas de Carvalho, *O obscurantismo salazarista,* Lisboa: Seara Nova, 1974
[2] Carvalho, Joaquim Barradas de, *Rumo de Portugal (A Europa ou o Atlântico).* Lisboa: Horizonte, 1974.

uma situação muito singular dentro do meio acadêmico – ele conquistou nossa atenção pelo que *foi* e não apenas pelo que *pensou*. Um dos objetivos deste texto é demonstrar a profunda coerência que havia entre o *ser* e o *pensar* de Barradas, coerência que se materializaria na trajetória de vida que o levou a uma travessia de ida e volta do Atlântico e a um exílio que jamais terminou...

Exposto esse objetivo, surge a necessária pergunta: quem foi Joaquim Barradas de Carvalho? Alguns dados biográficos devem ajudar-nos: Nasceu no dia 13 de junho de 1920 em Arroios, no Alentejo. Era o filho mais velho de Manuel Teles Barradas de Carvalho e de Lubélia Godinho Braga Barradas de Carvalho. Era de uma tradicional família alentejana e o pai era um ilustrado monarquista. Formou-se em História e Filosofia em 1946 pela Faculdade de Letras da Universidade de Lisboa com uma tese sobre *As Idéias Políticas e Sociais de Alexandre Herculano*, a qual, seria revista e publicada pela primeira em 1949[3]. Seus estudos e pesquisas prosseguem depois em Paris, onde, em 1961, doutorou-se em Estudos Ibéricos pela Faculdade de Letras e Ciências Humanas da Universidade de Paris, Sorbonne, defendendo tese sobre o *Esmeraldo de Situ Orbis* de Duarte Pacheco Pereira. Durante esse período convive intensamente com a escola historiográfica dos *Annales*, o famoso grupo de historiadores franceses fundado por Lucien Febvre e Marc Bloch, sucedidos por Fernand Braudel com quem Barradas alimentou uma relação muito próxima.

Em Portugal, Barradas fora discípulo de Vitorino Magalhães Godinho, a quem considerava «*o maior historiador português contemporâneo, depois da morte de Jaime Cortesão, Duarte Leite e Veiga Simões*»[4]. Ele fora aluno de Godinho quando este dera aula na Faculdade de Letras de Lisboa, e após a sua saída da Universidade, chegou a organizar, junto com outros ex-alunos, um "curso privado" para continuar a ter aulas com o admirado professor. Esse curso parece ter durado até 1947 quando o professor aceita uma bolsa de estudos das Relações Culturais do Ministério dos Negócios Estrangeiros da França e segue para Paris[5]. Na França Godinho se tornou pesquisador do

---

[3] Idem, *As Ideias Políticas e Sociais de Alexandre Herculano*, Lisboa: Tip. Garcia & Carvalho, 1949.
[4] Idem, *O obscurantismo salazarista, op. cit.* Esse mesmo trecho aparece repetido, de forma idêntica, diversas vezes em diferentes artigos do livro.
[5] Conforme *Ibidem*, p. 52.

CNRS e acabou sendo um dos principais pontos de contato entre Barradas e Braudel.

O principal campo de reflexão histórica de Barradas sempre foi a História das Idéias, ou, mais precisamente a História das Mentalidades. No entanto também se destacou por sua atuação política como militante do Partido Comunista Português e ferrenho opositor do regime salazarista. Oposição que o levou ao exílio após se envolver diretamente no ataque ao quartel da Beja[6], primeiro na França, depois no Brasil. Mas não foi só esse episódio que o levou a sair do país. A rigidez do Regime salazarista, com a rigorosa censura, a perseguição, a oposição, a intervenção nas faculdades e todo o aparelho coercitivo que dificultava a vida intelectual lusitana já o sufocava, fazendo-o sentir-se, como na citação que faz de Egas Moniz que reproduzimos na epígrafe, um exilado no seu próprio país.

Em 1964, Barradas chegou em São Paulo na condição de professor contratado pela USP. Barradas já havia visitado o Brasil com objetivos acadêmicos antes: em Agosto de 1959 ele havia participado "Colóquio de Estudos Luso-Brasileiros", realizado na Bahia, onde fizera os primeiros contatos com o meio universitário brasileiro. O primeiro convite para dar aulas no Brasil partiu de Eduardo d'Oliveira França[7], no que certamente contou com o apoio do então diretor do Departamento de História, Professor Eurípedes Simões de Paula, e com o intermédio de Vitor Ramos, grande amigo de Barradas, exilado há mais tempo no Brasil. Foi o último que lhe transmitiu a notícia da sua contratação em carta de novembro de 1963[8]. Barradas ficara radiante com a notícia, apesar das objeções de Fernand Braudel, que queria mantê-lo na França[9].

---

[6] Conforme, Albuquerque, Luis de, «Lembrança de Barradas de Carvalho», in Joaquim Barradas de Carvalho, *Esmeraldo de Situ Orbis de Duarte Pacheco Pereira* (Edição Crítica). p XI e Mota, Carlos Guilherme «Joaquim Barradas de Carvalho». Estudos avançados., vol.8, n.22. set./dez. 1994, p 290.

[7] Cf. Arruda, José Jobson de Andrade, «Joaquim Barradas de Carvalho: o itinerário de um missionário dos novos tempos (Lisboa, Paris, São Paulo)», in Leite, Rui Moreira e Lemos, Fernando, *A Missão Portuguesa: rotas entrecruzadas*. p 128 e Novais, Fernando, *Entrevista concedida a Guido Fabiano Pinheiro Queiroz*. São Paulo: 14 Dez, 2007.

[8] Ramos, Vitor, «Carta para Joaquim Barradas de Carvalho». Assis: 5 Nov. 1963. Documento do Arquivo Pessoal de Vitor Ramos, sob a custódia do Centro de Apoio à Pesquisa em História (CAPH) da FFLCH-USP.

[9] Cf. Carvalho, Joaquim Barradas de. «Carta para Vitor Ramos». Paris: 18 Dez. 1963.

Ironicamente Barradas chegou aqui às vésperas do golpe de 1964. Ainda assim encontrou a universidade paulista em um momento de grande efervescência cultural, o que de certa forma era reflexo de uma efervescência cultural que ocorria em âmbito mundial, ou, pelo menos, europeu, na década de 60. Apesar do golpe militar, o aparelho repressivo do Regime ainda não tinha se consolidado totalmente – era ainda uma "ditadura envergonhada", para usar a expressão de Elio Gaspari – e o ambiente universitário gozava de relativa liberdade. Talvez, inclusive, a situação política brasileira contribuísse para essa ebulição cultural, na medida em que gerava um crescente debate político e mobilização do movimento estudantil[10].

Do ponto de vista pessoal, Barradas teceu muitas amizades sólidas. O texto de Carlos Guilherme Mota a respeito de seu amigo e professor nos ajuda a traçar essa imagem: «*Foi um anfitrião inexcedível, um português ao alcance de todos (como costumava dizer), generoso, interessante e interessado (...). Em tempos difíceis lá e cá, sua casa no Butantã, junto à Cidade Universitária, era um refúgio de inteligência e boa acolhida portuguesa. Uma luz nas trevas. A cultura portuguesa que circulava por sua casa – intelectuais, artistas, professores – não era sombria tampouco, a começar pelo saudoso Vitor Ramos, ex-professor Titular de Literatura Francesa da USP, também exilado. Os exilados em São Paulo constituíam punhado de gente do mais alto nível humano e intelectual, que contrastava com o Portugal oficial e soturno dos jornais nacionais. Aos poucos, íamos conhecendo intelectuais e professores que por aqui passavam (Joel Serrão, Oscar Lopes, Urbano Tavares e muitíssimos outros que se sentavam à bem-posta mesa de sua mulher – Margarida –, também historiadora). Uma casa portuguesa democrática. Juntos, nela recebemos tantos outros amigos, como Frédéric Mauro, os saudosos Doyen Jacobin, Jacques Godechot e o montagnard Alberto Soboul, historiadores notáveis e depois amigos queridos. Era a nossa República do Butantã*»[11].

Além dos portugueses exilados freqüentavam também a "República do Butantã" os amigos brasileiros, principalmente colegas de trabalhos e

---

[10] A respeito da política brasileira na época, inclusive sobre o movimento estudantil, o cenário universitário brasileiro, e até mesmo a "ebulição cultural" internacional, ver Gaspari, Elio, *A ditadura envergonhada*, Vol. 1. Col. «As Ilusões Armadas», São Paulo: Companhia da Letras, 2002 e *Idem*, *A ditadura escancarada*, Vol. 2, 1ªed., Col. «As Ilusões Armadas», São Paulo: Companhia das Letras, 2002.

[11] *Idem*.

alunos, entre os quais os mais próximos eram o próprio Carlos Guilherme e Fernando Novais.

Para a confecção de minha dissertação de mestrado[12] realizei uma série de entrevistas com pessoas que conheceram Barradas durante seu exílio no Brasil. A maior parte dos entrevistados ressaltou o caráter "aglutinador" da sua personalidade e sua casa é sempre descrita como um ponto de encontro, um importante espaço de sociabilidade desse grupo (formado por exilados portugueses, professores da USP e, até, por alguns alunos) – um espaço onde os convidados tinham a oportunidade de conviver não apenas com Barradas, mas com todos os outros intelectuais que freqüentavam a casa, um espaço de trocas de idéias e experiências, conforme ressalta Ulpiano Bezerra de Meneses:

«*Então essa alusão que eu fiz à casa do Barradas, como se fosse o Consulado Português, e eu também diria, Consulado Acadêmico, Consulado da USP, Consulado da História, ao largo da Cidade Universitária. E eram reuniões, se bem me lembro, quase que semanais; começava não se sabia a hora; terminava não se sabia quando. Então, era uma casa de portas abertas. Chegava e saía gente, era um ambiente extremamente estimulante*»[13].

Como podemos ver, Barradas construiu uma sólida rede de amigos e colaboradores brasileiros no pouco tempo que permaneceu entre nós. Muitos entrevistados ressaltaram o fato de que parecia extremamente adaptado ao Brasil. De certo esse ambiente que construiu aqui contribuiu de forma fundamental para a ligação especial que passou a ter com o nosso país. De fato, conforme ressaltou Maria Lúcia Perrone, Barradas destoava do estereotipo de exilado na medida em que, no Brasil, não conheceu a solidão[14]. Uma leitura que me parece particularmente interessante para

---

[12] Queiroz, Guido Fabiano Pinheiro, «Os Espelhos De Barradas de Carvalho – Crônica Política e Historiografia de um exilado», *Dissertação de mestrado em História*, Rio de Janeiro: Pontifícia Universidade Católica do Rio de Janeiro, 2008

[13] Meneses, Ulpiano Toledo Bezerra de, «Entrevista concedida a Guido Fabiano Pinheiro Queiroz». São Paulo: 14 Dez, 2007.

[14] Passos, Maria Lúcia Perrone, «Entrevista concedida a Guido Fabiano Pinheiro Queiroz». São Paulo: 13 Dez, 2007.: «*Eu acho também, é importante que se diga, que a queixa de todo exilado é a solidão, o isolamento. Mas ele logo cercou – o Joaquim e a Margarida Barradas de Carvalho – a casa deles, que era perto da Cidade Universitária, [de amigos]. Era um ponto de encontro de intelectuais, de historiadores (...) Eles tinham sempre a casa cheia de amigos, (...) então, acredito que ele não tenha sofrido como outro exilado, tanto de solidão*».

explicar essa enorme adaptação de Barradas ao meio paulista é a de Marlene Suano: «*Ele tinha um relacionamento, na realidade mais chegado com os brasileiros do que com os portugueses. Eu sempre tive essa impressão... A idéia dele de Império Português, era tão marcada, que ele aqui não se sentia fora. (...) Ele não se sentia fora porque fazia parte desse sonho dele, dessa idéia, desse Império Português*»[15].

É sempre lembrado como "um ser sorridente e afável"[16]. Encontrou poucos detratores nos meios em que circulou e sua personalidade fascinante permitiu reunir como amigos pessoais figuras que tinham posicionamentos políticos muito diversos dos seus, como o diretor do departamento de História da USP na época, o professor Eurípedes Simões de Paula[17]. Exercia especial fascínio sobre seus alunos de *História da Civilização Ibérica*, cadeira que ocupou desde o inicio do seu exílio no Brasil, ou do curso de *História da Cultura de Portugal*, optativa que ministrou nos últimos dois anos. O que o tornava tão admirado, apesar da barreira imposta pelo forte sotaque, era a forma como tratava os alunos, abrindo mão da tradicional posição hierárquica, tratando-os como iguais, convidando-os a discutir, ouvindo suas opiniões e acatando-as quando eram pertinentes. Barradas não tinha dificuldades em mudar de posições quando se convencia de que estava errado (embora convencê-lo fosse, geralmente, um pouco difícil).

Na qualidade deste papel de preceptor, Barradas organizou com alguns alunos selecionados da sua primeira turma um grupo de estudos sobre a literatura portuguesa de viagens da época dos Descobrimentos – seu grande tema de pesquisa –, com especial atenção para os documentos relativos ao Descobrimento do Brasil. Em uma época em que inexistiam as famosas

---

[15] Suano, Marlene, «Entrevista concedida a Guido Fabiano Pinheiro Queiroz». Com a expressão "Império Português" Suano certamente pretendia referir-se à Comunidade Luso-Afro-Brasileira, projeto de Barradas a que fizemos referência no inicio deste artigo.

[16] Conforme Arruda, José Jobson de Andrade, *op. cit.*, p. 125.

[17] Como prova de sua afeição Barradas dedicou *As fontes de Duarte Pacheco Pereira no "Esmeraldo de Situ Orbis"*. Coleção da Revista de História. Nº XXX. São Paulo: 1968. ao Professor Eurípedes Simões de Paula, «*o responsável pela edição deste pequeno livro, e o responsável mais próximo pela minha vinda para o Brasil, para São Paulo. E também, sobretudo, pela confiança que em mim sempre tem depositado e que me tem permitido fazer, no Brasil, um pouco daquilo que quereria ter feito no meu País, mas que as forças obscurantistas, reinantes até agora, têm impedido*».

"bolsas de iniciação cientifica" do CNPq, ou qualquer outro incentivo governamental de apoio à pesquisa no âmbito da graduação, o projeto do professor Barradas ofereceu aos seus participantes um primeiro contato com o ofício do historiador. Além disso, sua atuação como professor ajudou, sem dúvida, a divulgar, em um meio-acadêmico ainda precoce e incipiente – como, então, era o brasileiro –, o que na época eram os mais recentes desenvolvimentos historiográficos internacionais, especialmente aqueles vinculados à Escola dos "Annales", com a qual estava fortemente ligado. Certamente Barradas, ao formar uma parcela significativa dos professores universitários que o sucederiam na USP, assim como em outras instituições, contribuiu para o desenvolvimento da excelente reputação que os "Annales" gozaram na academia brasileira por muito tempo.

Ao lado da historiografia francesa, fazia parte de suas discussões, em sala de aula ou em conversas informais, reflexões de inspiração marxista. Portanto ele contribuiu também na divulgação de leituras marxistas mais recentes, como a de Althusser. O professor Ulpiano atribui à atuação de Barradas um papel de destaque na consolidação dessas novas concepções historiográficas – sobretudo a dos "Annales" – na Universidade de São Paulo:

«*O Braudel esteve na USP por vários anos. O Eurípedes foi um assistente dele. Ele não tinha deixado marcas mais significativas que a gente pudesse perceber. Foi por intermédio do Barradas, que eu havia [conhecido] Braudel. Não só Lucien Febvre e Marc Bloch... Mas o próprio Braudel, que tinha estado na casa tanto tempo! Foi esta Historiografia Francesa que o Barradas [introduziu] – eu não diria que ele foi um herói-fundador, mas que ele deu significado, vida e presença. Havia, é claro, outros colegas, Fernando Novais, gente que estava em contato com essa historiografia. Mas eu diria que a coisa realmente assumiu o papel de uma referência importante, fundamental, em grande parte em virtude dessa presença do Barradas aqui. No meu caso pessoal, sem sombra de dúvida. Eu comecei a me interessar por essa historiografia a partir das nossas conversas da faculdade, mas sobretudo na casa dele, do Barradas. (...) E do ponto de vista diretamente da docência, eu não fui aluno dele, mas assisti a algumas conferências, e eu acho que o Barradas foi um dos responsáveis para que essa historiografia tivesse uma presença efetiva dentro da USP. Para que ela não significasse apenas alguma coisa de abstrato (sobre a qual você lê, ou tem noções), mas alguma coisa que tem sentido na sua própria atividade acadêmica.*»[18]

Além da vida acadêmica, Barradas atuava, junto a outros exilados portugueses na luta anti-salazarista, destacando-se nesse sentido suas publicações no jornal *Portugal Democrático*, um jornal de oposição ao Salazarismo organizado por exilados portugueses sediados em São Paulo. A pouca recepção que suas sua militância tinha entre os imigrantes, conforme Fernando Novais, foi uma das maiores fontes de frustração de Barradas no Brasil, o que era perfeitamente compreensível, especialmente quando se tem em mente o contraste que ele deve ter encontrado entre as Colônias Portuguesas do Brasil e da França[19].

Mas, apesar do grande círculo de amizades construído no Brasil, e da bem sucedida carreira de professor universitário aqui construída, o desconforto de Barradas cresceu muito com o encrudescimento da ditadura após o ano de 1968. Até esta data, apesar do golpe e da instalação regime militar de direita – que eram contrários, a um só tempo, aos seus princípios democráticos e às suas convicções comunistas –, Barradas

---

[18] Meneses, Ulpiano Toledo Bezerra de, *op. cit.*
Ver também nesse sentido o depoimento de Fernando Novais. *Op. cit.*: «...*ele também foi muito importante porque a orientação intelectual dele é a mesma da faculdade: a Escola dos Annales. Mas não era dominante na época. Quando ele veio pra cá era dominante a história econômica. Eu mesmo, nos anos 50, quando eu fui aluno aqui, lembro do grande impacto que teve pra mim, no segundo ano, em 1954, quando eu fui assistir o curso de historia moderna: era do professor França e era sobre o Renascimento Italiano. Todos os outros cursos eram ou sobre História Geral (política) ou História Econômica. Todos, todos... E não tinha história da cultura. Ora, o Barradas veio com História da Cultura! Ele veio com a mesma orientação, em História da Cultura. Nesse sentido ele tem uma importância fundamental. Sobre a historiografia brasileira.*»

[19] «*O que o incomodava mais era a colônia portuguesa. Imagine a colônia portuguesa no Brasil! Isso o Barradas nunca se conformou por mais historiador, cientista, objetivo que ele fosse. Comentou dezenas de vezes, desde o começo. (...) [Eu dizia a ele]: 'Você tem que ver o que domina a colônia portuguesa no Brasil são os comendadores, são todos salazaristas. A Casa de Portugal aqui era salazarista. O resto, você tem pobre e tal, classe média (...), são totalmente apolíticos, quando não são salazaristas também. Imigrante de esquerda aqui? Não tem! É o grupo que você tem com seus exilados (...). É um grupo parcial, o do Partido Comunista. Atuando furiosamente em torno do jornal. E vocês não conseguem vender esse jornal aos portugueses aqui, quem lê esse jornal aqui são os brasileiros.' Agora, quem é a colônia portuguesa em Paris? É tudo de esquerda. Têm ódio [de Salazar]. São perseguidos em Portugal, mandam dinheiro para sustentar o Regime que ainda os persegue quando eles passam a fronteira. Então é tudo gente contra. Eles atuam: As organizações de esquerda em Paris têm um campo de ação que aqui não tem. O campo de ação do Barradas aqui eram os brasileiros. Isso era uma coisa que entristecia o Barradas*».

mantinha-se relativamente afastado das questões políticas brasileiras, encarando com otimismo o futuro do país que o recebera. Na sala de aula era discretíssimo e evitava ao máximo se referir às questões políticas. Sua rede de relacionamentos, porém, denunciava suas simpatias. Nas conversas informais as críticas apareciam mais facilmente. Mas, até 1968, ele, na verdade, não parecia tão incomodado com o Regime Militar tanto quanto os brasileiros que o cercavam. Ele já tinha conhecido, em sua terra natal, uma ditadura plenamente estabelecida e sabia que as coisas poderiam piorar. Aos mais jovens dizia, com uma ironia que geralmente os irritava muito: «*Vocês ainda não viram nada!*»[20]

Após o AI-5, com a censura funcionando plenamente e a intervenção política direta na Universidade, o clima se tornou insuportável para Barradas. Ao mesmo tempo Braudel se esforçava por levar seu amigo de volta à França. Acabou partindo para Paris em 1970, acompanhado de sua esposa Margarida e dos dois filhos mais novos, que praticamente haviam sido criados aqui e eram forçados a adaptarem-se a vida de perpétuo exilado do pai.

Mas, por mais que o clima estivesse tenso – ele chegou a ser envolvido em um Inquérito Policial-Militar (IPM) –, não me parece que haveria uma ameaça efetiva contra ele. É certo que as ameaças dos militares foram menos importantes para sua decisão de partir do que a definitiva quebra da liberdade intelectual que a Ditadura impunha ao Brasil a partir de 68. Barradas não conseguia mais conviver com o Regime que tornara o seu ambiente tão parecido com aquele do qual fugira em Portugal. Essa hipótese é confirmada pelo relato de Fernando Novais a respeito do IPM que ocorreu na USP:

> «*Houve, no começo de 69, com a cassação de professores universitários, um processo aqui, no Departamento de História, um IPM, em que estivemos envolvidos o professor Barradas, a professora Emília, o Carlos Guilherme, eu, o professor Boris Fausto... Tivemos que prestar depoimentos, eu tive que ir uma*

---

[20] Conforme Suano, Marlene, *op. cit.*: «*Agora uma coisa que eu sempre achei muito estranho quando se falava da ditadura no Brasil – Claro ele nunca foi favorável! –, mas eu sempre tinha impressão que ele caçoava da gente e dizia: 'Vocês ainda não viram nada'. Porque, quem tinha visto, o Salazarismo (...), aquilo ali, entre 66, 67 e 68 (que era mesmo muito disfarçado), ele achava que era colírio*».

vez ao DOPS (...). Então, nessa época, o Barradas ficou muito aborrecido com essa coisa e achou que, evidentemente, ele não podia mais continuar aqui. Ele tinha saído da França para vir para o Brasil. Ele tinha muitos anos de ditadura de direita. Quer dizer, não tinha sentido ele ficar aqui. E, sobretudo, ele achava que não conseguia fazer as coisas, não conseguia escrever. Eu me lembro que a Margarida não queria ir, as crianças não queriam ir. E a Margarida me disse que ela se convenceu de ir para França por que ela se convenceu de que, se ele ficasse aqui, ele não conseguiria escrever as coisas que queria escrever. Ela achava melhor ficar aqui, e as crianças ficarem aqui. [Achava] que esse negócio de IPM não iria dar em nada. Ou, se desse... se desse eles voltavam»[21].

Acompanhando esse depoimento considero que o aspecto fundamental na decisão de Barradas de voltar para a França foi a quebra do ambiente de convívio intelectual, marcado por uma liberdade relativamente grande, que ele havia conseguido construir aqui durante os primeiros anos da Ditadura. Sem esse ambiente ele não conseguia manter sua atuação profissional. Peço desculpas ao leitor, mas não resisto à tentação de citar mais um trecho de Novais a esse respeito: «*O Barradas estava muito ligado a sua atividade de professor, a atividade política, a atividade no sentido banal, a sociabilidade dele com os amigos, isso, para ele e para a Margarida, era uma coisa muito ligada, intricada, estava tudo muito ligado. Envenenou um setor, os outros todos param de funcionar. Eu acho que o Barradas, ele se sentiu, depois do AI-5, depois que houve as cassações, ele sentiu que não tinha condição (esse setor profissional, se ele fosse desligado ele poderia ficar, se ele fosse um advogado, ou um profissional-liberal, ele podia continuar indo às reuniões dos portugueses do Portugal Democrático... mas não era o caso), ele realmente achou que não tinha condições aqui. Ele estava escrevendo a tese dele (...), isso é uma coisa muito trabalhosa, e depois do fim de 68 pra frente ele dizia que não conseguia fazer. Isso mostra que ele estava realmente amargurado. Isso por causa do fechamento do Regime. O ambiente ele não tinha mais. (...) Ele dizia: "é o mesmo ambiente que eu vivia em Portugal. Eu tenho que voltar"*»[22].

---

[21] Novais, Fernando, *op. cit.*
[22] *Ibidem.*

Realmente, o retorno à França possibilitou a conclusão de sua Tese sobre o *Esmeraldo de Situ Orbis*, um verdadeiro calhamaço que foi publicado posteriormente em dois volumes com um total de 846 páginas, na versão francesa[23]. Porém, não resta dúvidas de que o período de exílio no Brasil foi central para o desenvolvimento de uma série de reflexões que só mais tarde tomariam a forma de publicações, a exemplo de *Rumo de Portugal* e *O obscurantismo salazarista*. Ambas foram publicadas em 1974, mas sem a experiência do exílio jamais teriam existido[24]. O segundo livro, que será mais detidamente analisado adiante, trata-se, na verdade, de uma coletânea de artigos escritos pelo autor entre os anos de 1964 e 1970, durante o seu exílio, para o *Portugal Democrático*.

Rumo de Portugal, por outro lado, é especialmente importante por representar uma sistematização e argumentação em favor do seu projeto da Comunidade Luso-Afro-Brasileira. É, a um só tempo, uma análise historiográfica – centrada principalmente no Renascimento Português, que é visto como fruto da experiência da expansão marítima – e uma obra panfletária, onde Barradas expõe o seu projeto para o futuro de Portugal. Publicado na era pós-salazarista, o texto pretende guiar o país, agora liberto das amarras da ditadura, em direção a sua verdadeira vocação: o Atlântico. Diante da alternativa de integração ao resto da Europa, Barradas apresenta a sugestão da criação de sua Comunidade Luso-Afro-Brasileira, e argumentando em favor desse projeto, eleva o período dos Descobrimentos ao patamar de fase áurea da cultura portuguesa, um tempo que precisava, necessariamente, ser resgatado.

Barradas ainda se encontrava em Paris quando recebeu, radiante, a notícia da eclosão da Revolução dos Cravos e do fim do Salazarismo. Retornou, enfim, o mais breve que pode, deixando em Paris a esposa e os filhos, que só mais tarde se transferiram definitivamente para Portugal.

---

[23] Carvalho, Joaquim Barradas de, *A La Recherche de la Specificite de la Renaissance Portugaisse: l'"Esmeraldo de Situ Orbis" de Duarte Pacheco Pereira et la litterature portugaise de voyages a l'époque des grandes descouvertes – Contribution à l'étude des origines de la pensée moderne*.

[24] Isto é incontestável quanto ao *O obscurantismo salazarista*, uma coletânea de artigos originalmente publicados no Brasil. Quanto ao *Rumo de Portugal*, é o próprio Barradas quem reconhece, na introdução deste livro, a importância do período de exílio no Brasil para sua confecção. Segundo ele data deste período o nascimento das reflexões mais tarde sistematizadas em forma de texto.

Barradas encontraria, porém, uma situação que ainda o fazia se sentir um exilado em seu próprio país, como na época da ditadura. A terra natal não o acolheu como ele esperava e merecia. Encontrou muitas dificuldades em se inserir no recém-democratizado meio universitário lusitano[25], o que o amargurou profundamente. E, ao que tudo indica, não só o meio acadêmico o decepcionava no novo Portugal. Os rumos da política e da sociedade portuguesa pós-revolucionária o desconcertavam. Nesse sentido, o professor Jobson Arruda nos informa que: «*Seus desencontros e vicissitudes levaram-no a pensar em um livro sobre o clima pós-revolucionário, uma espécie de contraponto ao obscurantismo salazarista, e que deveria chamar-se O obscurantismo anti-salazarista, uma demonstração inequívoca de seu desencanto com os desdobramentos da Revolução, mas que nunca chegou a publicar*»[26].

Esse sentimento de desgosto o acompanhou até o seu falecimento, seis anos depois do 25 de Abril, no dia 18 de junho de 1980, aos 60 anos. Era como se morresse de desgosto.

Se refazer essa trajetória incrível nos permitiu traçar um retrato bastante nítido de nosso personagem, somente com uma cuidadosa leitura de suas obras é que poderemos entrever seu pensamento. Cumpre informar que nesta ocasião daremos prioridade às opiniões e posicionamentos políticos de Barradas, deixando para outra oportunidade uma análise de sua produção acadêmica. Para cumprir essa tarefa será necessário retroceder um pouco nossa narrativa: Voltemos então para 1964, quando, chegando no Brasil, ele logo se envolveu na confecção do Portugal Democrático, um jornal de oposição ao governo português formado por exilados portugueses sediados em São Paulo e ligado ao Centro Republicano Português. Esteve tão ligado ao PD que chegou a integrar seu conselho de redação[27].

Conforme já foi dito, Barradas escreveu nesse jornal uma série de artigos que mais tarde foram publicados no livro *O obscurantismo salazarista*. Deixarei o próprio autor apresentar idéia que orienta esse trabalho, da qual o título já nos dá uma pista:

---

[25] A Universidade de Lisboa recusava-se a reconhecer seus títulos no exterior e a equipará-lo formalmente à condição de professor catedrático. Conforme Arruda, Jobson, *op. cit.*, p. 130.
[26] *Ibidem*.
[27] Conforme Rodrigues, Miguel Urbano, «Portugal Democrático – um jornal revolucionário», *in* Leite, Rui Moreira e Lemos, Fernando, *A Missão Portuguesa: rotas entrecruzadas*. p. 189.

«...nem o actual governo português tem nada a ver com a ciência nem a ciência tem nada a ver com o actual governo português. A verdade, a verdade científica, é algo subversivo para o actual governo português. A procura de algo novo, a pesquisa ao serviço do Homem percorrem um caminho que não pode interessar ao actual governo português, cuja base é a falsificação, a mentira, a apologia da esclerose nos domínios intelectuais, o obscurantismo, em suma»[28].

A imagem que Barradas traça do governo salazarista é a de um regime que atua na perseguição aos intelectuais pelo simples fato de serem intelectuais. Para ele, a manutenção da estrutura de poder que sustentaria Salazar passava, necessariamente, pelo cultivo da ignorância e pela perseguição à ciência. Para fundamentar essa idéia, cita uma infinidade de professores e cientistas portugueses que, segundo ele, teriam sofrido perseguições pelo simples fato de se dedicarem a atividades intelectuais.

Mas vamos nos aprofundar mais na leitura das crônicas políticas de Barradas de Carvalho, detendo-nos mais atentamente na sua caracterização da perseguição intelectual salazarista: «*Entre os professores universitários demitidos pelo regime salazarista encontramo-los de todos os credos políticos e religiosos, não faltando mesmo no amplo naipe os monárquicos e os católicos. Mas se o regime salazarista não distinguiu entre os credos políticos e religiosos, alguma coisa ele distinguiu, e bem: a competência científica e docente dos atingidos. Não sofre dúvidas para ninguém, nem para a própria minoria salazarista, que os demitidos parecem ter sido cuidadosamente escolhidos entre os melhores quadros científicos e docentes das já pobres Universidades portuguesas...*»[29]

Assim, para Barradas, a perseguição salazarista estava longe de ser uma simples perseguição política. Trata-se, mais exatamente de uma perseguição à ciência, visto que:

«*A ditadura salazarista, muito logicamente, é inimiga da investigação científica. O imobilismo salazarista não se pode coadunar com a pesquisa, com a busca do novo, com o progresso. A verdade científica não é compatível com a quietude do cemitério que é o Portugal de Salazar*»[30]

---

[28] Carvalho, Joaquim Barradas de, *O Obscurantismo Salazarista...*, p. 38.
[29] *Ibidem*, p. 14.
[30] *Ibidem*, p. 41.

Porém, Barradas vai ainda mais longe: para ele não apenas o regime português persegue a intelectualidade, como também não há colaboração possível entre intelectuais e o regime. Concebe a Ciência e a ditadura salazarista como dois elementos tão radicalmente opostos que não consegue ver a menor possibilidade de associação entre eles. É com um certo pesar, portanto, que ele critica a participação de Armando Cortesão (irmão de Jaime Cortesão, mestre admiradíssimo por ele) no Colóquio de Estudos Luso-Brasileiros realizado nos Estados Unidos em 1967, como chefe da delegação oficial enviada pelo regime: «*Este colóquio (...) provou uma vez mais que não é possível conciliar a vida intelectual, a ciência, a arte, a cultura, com o salazarismo. São possíveis contra o salazarismo, mas nunca com o salazarismo. O dr Armando Cortesão, agora chefe da chamada 'delegação oficial', foi um grande historiador, realizou uma grande obra científica, mas realizou-a à margem do salazarismo, contra o salazarismo, perseguido, exilado, durante uma vintena de anos. Lamentamos profundamente que ele seja hoje uma caução do salazarismo obscurantista*»[31].

A associação ao salazarismo seria assim uma mácula a manchar Armando Cortesão: apesar de reconhecer sua importante trajetória científica, a partir do momento em que colabora com a ditadura ele perde o seu estatuto de intelectual. Para usar expressão do próprio autor, o intelectual, enquanto intelectual, deve estar "à margem do salazarismo".

Mas é sempre com muito otimismo que Barradas vê o futuro de Portugal. Visto que concebe a intelectualidade como a antítese do salazarismo, é na atuação dessa mesma intelectualidade que ele projeta suas esperanças: «Mas ao fim e ao cabo, sejamos otimistas. Nunca a força bruta, o obscurantismo, conseguiu prevalecer, sair vencedor. A melhor prova de que assim também não será em Portugal está na coragem dos nossos intelectuais, na coragem de nossa juventude, com uma menção especial, neste momento, para os valentes estudantes de Lisboa, Porto e Coimbra»[32]. Essa mesma idéia reaparece a seguir: «*Mas, apesar dos dias negros que temos passado e estamos passando, somos levados a uma atitude otimista em relação ao futuro, o futuro que julgamos bem próximo. E entre muitas outras razões temos*

---

[31] *Ibidem*, p. 82.
[32] *Ibidem*, p. 67.

o facto de que os escritores portugueses do nosso tempo conseguiram – apesar do salazarismo, apesar da repressão brutal obscurantista – ganhar a simpatia, a solidariedade, a admiração do mundo, pelo valor, pelo nível da sua produção e também por algo mais que no fundo está ligado, a este nível, a este valor da produção literária, que é a sua grande e insofismável coragem cívica»[33]. Como podemos ver a verdadeira atividade intelectual, para Barradas, é, antes de tudo, uma ação corajosa. Coragem temida por Salazar e seus colaboradores: «*As últimas notícias que nos chegam de Portugal, após a extinção da Sociedade Portuguesa de Escritores, mostram bem o pânico existente nas hostes salazaristas. Algumas centenas, não muitas de escritores, 'armados-até-os-dentes-com-canetas-de-tinta-permanente', fazem tremer o 'sólido' edifício salazarista!*»[34]

Esses são os heróis de Barradas: os intelectuais. Heróis que nos trazem a memória os heróis da "idade de ouro" de Portugal: aqueles heróis que, não à toa foram chamados de "descobridores". Afinal, tinham sido esses homens a desafiar a ignorância lançando-se corajosamente no mar desconhecido para descortinar para a humanidade todo um mundo novo. A essa analogia não faltam nem mesmos os riscos que toda a aventura implica. Afinal só há coragem se há perigo! Se os navegantes enfrentavam os oceanos bravios, os intelectuais portugueses teriam de enfrentar a violência do Estado Novo. Afinal "a investigação científica é a distração mais perigosa a que um cidadão português se pode dedicar."[35] Assim eram, para Barradas, escritores e navegantes, heróis de épocas diferentes, em comum o desafio à ignorância e ao medo com os olhos postos no futuro.

No quadro que Barradas nos traça poderíamos ainda fazer mais uma aproximação entre os intelectuais portugueses do século XX e os navegadores do século XVI: a experiência da viagem como principal forma de materialização da sua coragem. Viagem que, em ambos os casos, tem como destino preferencial, o "Novo Mundo" ou, mais especificamente, o "mundo descoberto por Portugal", Brasil e África. Viagem que, para os

---

[33] *Ibidem*, p. 71.
[34] *Ibidem*, p. 65.
[35] Esta frase teria sido dita ao biologista português Flávio Resende por um amigo, quando o primeiro voltou da Alemanha com idéias de abrir em sua terra natal um Centro de Pesquisas. O episódio é narrado em *Ibidem*, p. 41.

navegantes do século XVI, convencionamos chamar de "conquista" e que, para os intelectuais a que Barradas se refere, chamamos de "exílio".

Ao acompanhar o trabalho de Douglas Mansur da Silva[36] podemos perceber como Barradas e outros intelectuais portugueses exilados no Brasil formavam um grupo que, embora bastante heterogêneo, estabelecia relações muito estreitas entre si[37]. Essas "redes de relações" ultrapassavam o domínio estritamente acadêmico ou cultural: embora pertencessem às mais variadas áreas dos saber, a oposição ao salazarismo os aproximava esses homens, de certa forma ganhando precedência sobre as divergências de ofício. Formava-se entre eles a idéia de que seriam uma "elite política e cultural" que – ao se inserir no debate sobre as relações histórico-político culturais entre Brasil e Portugal (ou luso-brasileiras) contrapondo-se às manifestações 'oficiais' do regime – estava a exercer no Brasil uma "missão cultural" que possuiria um duplo sentido: por um lado inserir-se, dialogar e confrontar-se com elementos constitutivos do discurso nacional brasileiro, e, por outro, realizar a atividade cultural como oposição diferencial ao sistema oficial salazarista que não foi possível em sua terra natal. Tratava-se, portanto, de «*uma 'luta simbólica' pela definição das regras éticas e estéticas do 'sistema cultural-nacional português' e para a constituição de uma 'tradição', oposta àquela oficializada pelo regime salazarista*»[38].

Barradas de Carvalho entende o que o regime salazarista é, em essência, o oposto da atividade intelectual. Se esse regime domina Portugal rigidamente a única opção para o intelectual que queira exercer sua atividade livremente é sair do país. É disso fundamentalmente que tratam as primeiras Crônicas políticas do livro editado por Barradas: intermináveis listas de intelectuais emigrados do país, quando não em virtude das perseguições

---

[36] Silva, Douglas Mansur da, «Intelectuais Portugueses Exilados no Brasil (1926-1974): Aspectos Metodológicos de uma Pesquisa». *Revista Estudios Avanzados Interactivos*, v. 3, n. 5. Santiago do Chile: 2004.

[37] Mansur trabalhou com intelectuais das mais diversas áreas de atuação: Fidelino de Figueiredo, Jorge de Sena, Adolfo Casais Monteiro, Vitor Ramos, Paulo de Castro, Agostinho da Silva, Carlos Maria de Araújo e Fernando Lemos (críticos de literários/professores de literatura); Jaime Cortesão e Joaquim Barradas de Carvalho (historiadores); Miguel Urbano Rodrigues e Victor da Cunha Rego (jornalistas); e Ruy Luis Gomes e Zaluar Nunes (matemáticos). *Ibidem*.

[38] *Ibidem*, p. 15.

da ditadura, apenas com objetivo de continuarem exercendo suas atividades profissionais.

Assim, se a caracterização de exílio como "refúgio político" é válida, acredito que, no caso de Barradas, poderíamos caracterizar o exílio igualmente como "refúgio intelectual". A palavra refúgio, porém, não deve dar ao leitor uma idéia equivocada, afinal o exilado político nem sempre é aquele que se retira da vida política de seu país fugindo para outra pátria. Pelo contrário, muitas vezes o exílio é uma forma de se manter atuando politicamente, mesmo que fora de sua terra natal. Assim o "refúgio intelectual" do qual falamos é, para Barradas, o local que lhe permite manter sua atuação intelectual longe da pátria mergulhada no obscurantismo. É uma maneira de se manter politicamente na Pátria, mesmo que fisicamente fora da Pátria.

Nesse sentido acredito ser útil ter em mente o que Douglas Silva nos diz a respeito da auto-atribuição dos intelectuais portugueses como exilados:

«*O exílio é uma forma de migração que se diferencia das chamadas migrações econômicas por seu caráter forçado. O exilado é um migrante involuntário que havia desejado ficar em seu país, mas foi expulso dele ou teve de deixá-lo para escapar de perseguições ou de ameaças graves. O emprego da categoria 'exílio', ao invés de 'imigrante' também é significativo: quando auto-atribuído carrega uma conotação particular que implica na existência de certos vínculos, mais ou menos fortes, com o país de origem. Talvez por esse motivos os exilados prefiram migrar preferencialmente para países próximos geograficamente ou, quando não, hipoteticamente, próximos em termos da língua ou de uma história em comum. No caso dos exilados políticos é indispensável ter em conta esta dimensão subjetiva, para além da situação objetiva e de experiências coletivas*» [39].

Aliás, se entendêssemos a pátria do intelectual como o *Conhecimento*, esse deveria, na verdade, se sentir exilado em um país mergulhado na ignorância, como era o caso do Portugal salazarista. Vamos acompanhar essa idéia em Barradas: «*Enfim, na austera, 'apagada e vil tristeza' que é o ambiente da vida científica e universitária no Portugal de hoje houve um homem*

---

[39] *Ibidem*, pp. 15-16.

eminente que muito bem soube definir o estado de espírito do homem da ciência que sobrevive nesse ambiente. Esse homem foi Egas Moniz, professor catedrático de Neurologia na Faculdade de Medicina de Lisboa e Prémio Nobel de Medicina, quando um dia escreveu: "sinto-me exilado no meu próprio país"»[40].

Coerente com o sentimento descrito por Egas Moniz, Barradas não pensou duas vezes antes de sair do Brasil quando a Ditadura Militar começou a impor reais dificuldades à atividade intelectual. Infelizmente, ao retornar a Portugal após a Revolução dos Cravos ainda encontrou lá obstáculos para o exercício daquela que ele entendia como sua mais importante função: a produção de conhecimento. Se o obscurantismo permanecia, agora na forma de "Obscurantismo anti-salazarista", também permanecia seu sentimento de exílio na própria terra.

Novamente o período em que estivera no Brasil parece ter determinado, desta vez de forma inesperada, o futuro de nosso personagem. Nesse sentido, Jobson Arruda atribui a rejeição vivida por Barradas em sua terra natal, em grande parte, a auto-imagem que se formou em seu intimo entre os anos de 1964 e 70: «*Joaquim Barradas de Carvalho reencontrou-se no Brasil a tal ponto que passou a assinar-se 'um luso-brasileiro'. Mas, ao fazê-lo, teria lugar em Portugal? Sua plena identificação com as coisas do Brasil não o tornaria, paradoxalmente, um exilado em seu próprio país, cumprindo a tragédia do desterro perpétuo?*»[41].

Na verdade, não me parece que a identificação de Barradas com Brasil seja a explicação para essa sensação de exílio que o acompanhou por toda a sua vida. Primeiro por que a identificação como luso-brasileira não excluía, apenas completava, a sua identidade portuguesa. Além disso, antes mesmo de sair de Portugal sentia-se um exilado dentro do clima de "obscurantismo" do Estado Novo português – seu posicionamento político e intelectual não permitia que ele se sentisse à vontade em sua própria Terra Natal. Depois experimentou a sensação de exílio *de fato*, vivendo na França e no Brasil. Aqui, talvez, esse sentimento tenha sido um pouco aliviado pelas fortes relações profissionais e afetivas que cultivou. Talvez tenha construído em São Paulo, brevemente, sua verdadeira pátria,

---

[40] Carvalho, Joaquim Barradas de, *op. cit.*, pp. 20-21.
[41] Arruda, José Jobson de Andrade, *op. cit.*, p. 132.

a *"República do Butantã"*, para usar as palavras de Calos Guilherme. Lá entravam apenas os seus verdadeiros patrícios: aqueles que eram, como ele, verdadeiros intelectuais – necessariamente engajados politicamente. Somente lá podia sentir-se à vontade.

Porém, o endurecimento do Regime Militar destruiu essa pátria e, mais uma vez, só lhe restou o exílio. Exílio que nem mesmo a Revolução dos Cravos e seu retorno a Portugal puderam terminar. Talvez, no seu retorno, Barradas tenha descoberto que o sentimento de exílio não era fruto da distância física do país, nem mesmo do desconforto causado por uma ditadura. Talvez ele tenha descoberto, em seu intimo, que o sentimento de exílio é inerente à condição de intelectual. Ou pelos menos, uma condição inerente ao tipo de intelectual que Barradas desejava ser – o intelectual engajado, gramsciano[42].

De fato, embora não haja referências explicitas a Gramsci na sua obra, me parece evidente que a noção de "intelectual orgânico" tenha exercido fundamental influência na sua auto-definição como intelectual. Se tivermos em mente que essa idéia de que o intelectual não deveria ser alguém encapelado – isolado em uma "torre de marfim" sem intervir de forma decisiva no mundo material – era muito difundida na década de 60, e que Gramsci foi uma das fontes mais importantes na formação dessa concepção, não parecerá estranho que Barradas tenha entrado em contato com a obra do comunista italiano, mesmo que indiretamente. Arnaldo Contier, no depoimento que me concedeu, levanta essa possibilidade: «*O Gramsci eu não sei se ele lia, se ele lia não citava... Mas lia-se muito Grasmci nessa época, anos sessenta. Decerto ele acreditava nos conceitos fundamentais do Gramsci: 'intelectual orgânico', 'intelectual tradicional', essas coisas todas... Acho que ele acreditava realmente no intelectual como um agente transformador da sociedade na medida em que ele era fiel ao socialismo e marxismo*»[43].

O "intelectual orgânico" de Gramsci é aquele que, ao contrário do "intelectual tradicional", considera-se um legítimo representante de uma classe social produtora e trabalha no sentido de organizar a consciência

---

[42] *Todos* os entrevistados confirmaram a importância da idéia da militância intelectual para Barradas, embora apenas Arnaldo Contier tenha feito uma referência direta a Gramsci. Contier, Arnaldo, «Entrevista concedida a Guido Fabiano Pinheiro Queiroz», São Paulo: 15 Dez. 2007.

[43] *Ibidem*.

dessa classe e de construir as bases para a construção de sua hegemonia. A visão do intelectual como um segmento totalmente desvinculado das classes sociais e da produção teórica como algo alheio, superior à infra-estrutura, ao mundo material – transcendente ao *bloco histórico*, portanto –, era combatida por Gramsci. Assim, toda camada social possuiria seus intelectuais. Se existia um grupo de intelectuais orgânicos da burguesia – composto por profissionais ligados à manutenção do *status quo* –, também existiriam os intelectuais do proletariado, cujo papel seria superar o espírito abstrato, empenhando-se na formação de uma nova moral e uma nova cultura, que podem ser entendidas também como uma contra-hegemonia burguesa, já que o objetivo final das lutas organizativas seria, no seu momento histórico, o socialismo. No entanto, para cumprir esse papel, o intelectual deveria estar *organicamente* comprometido com a classe trabalhadora, o que só seria possível se houvesse uma efetiva *unidade* entre a *idéia* e a *prática*. Ou seja, a vida material do intelectual deveria ser honestamente guiada pelas idéias que defendia e estas deveriam representar de forma sincera o seu posicionamento político.[44]

As vinculações da definição de intelectual de Barradas com essas idéias me parecem muito fortes, mas essa influência não explica o sentimento de exílio que o acompanhou por toda vida. Afinal, a concepção de intelectual gramsciana não parece comportar a noção de exílio. Pelo contrário, o intelectual *organicamente* comprometido com uma classe social é aquele efetivamente ligado a essa classe, aquele que, portanto, de alguma forma, encontrou o seu lugar.

Talvez os insucessos de Barradas (e do resto da oposição portuguesa no Brasil) em sensibilizar a maior parte da colônia portuguesa contra o Salazarismo fizessem aumentar esse seu sentimento de exílio, afinal, isso impedia que ele efetivasse a sua ligação *orgânica* com a classe que pretendia representar. Parece-me, no entanto, que esse sentimento era algo mais profundo, um elemento constitutivo da personalidade de Barradas, e não um simples fato conjuntural, vinculado à sua permanência no Brasil ou às frustrações políticas. Opinião semelhante seria sustentada pelo professor

---

[44] Vide: Gramsci, Antonio, *Materialismo histórico e a filosofia de Benedetto Croce*, s.n.t.
Gramsci, António, *El materialismo historico y la filosofia de Benedetto Croce*. Buenos Aires: Lautaro, 1958.

Ulpiano: «*Como exilado político o Barradas sempre foi uma personalidade utópica – utópica no sentido literal da palavra, acho que ele nunca se sentia bem em nenhum lugar. Porque ele tinha um projeto. Não um projeto de vida... Esse projeto [era] um projeto irrealizável! Projeto de uma sociedade justa e equilibrada.... (...) O Barradas era uma pessoa bem quista, de família tradicional, proprietário de quintas com vinhas, etc e tal. E você sabe que ele doou isso tudo para o Partido Comunista. É pra ver o tipo de pessoa [que ele era]: que acreditava a tal ponto nas suas idéias que empenha toda a sua vida nisso. (...) [Mas] é claro que ele também devia perceber a impossibilidade desses ideais se realizarem, minimamente (...). Então a situação de Portugal era uma situação se tornou mais crítica essa impossibilidade de realizar o ideal. E no Brasil, quando ele chega, ele vai viver uma situação, se não dizer semelhante, mas com pontos em comum com aquela que estava fugindo, não é? Então era uma pessoa que se sentia exilado aqui. Mas tenho certeza que se sentia exilado em qualquer lugar. Como deve ter se sentido exilado em Paris, como depois da volta dele à Europa, ele se sentiu exilado. Exilado, inclusive, em Portugal, onde ele foi, eu diria, muito maltratado após a volta, e por razões, nem eram razões políticas, mas de interesse pessoal, de colegas que não queriam, vamos dizer, um confronto com alguém que tinha um certo peso. (...) O Barradas era um visionário. Então, mesmo essa história de Império Português e tal, diz muito do temperamento dele: era um visionário. Como todo visionário, é claro, que tem um mínimo senso de realidade – ou você se torna um Dom Quixote ou então você sente, como é que eu vou dizer... uma sensação de impotência de não poder transformar o mundo como você pensa que o mundo podia ser transformado. Sempre acreditando que isso é possível. Isso é o que é bonito e trágico [na figura do visionário]. (...) O papel político devia ser o fermento da massa. Ele não via a possibilidade do intelectual se isolar na torre de marfim. É o intelectual que deve pensar as coisas e abrir os caminhos. É claro que acreditar nisso era um dos componentes dessa sua figura de temperamento visionário e da sua inadequação a qualquer contexto. Está nesse [seu estado] de exílio permanente. Mesmo que ele se sentisse confortado pelas suas amizades, pela atuação profissional, mesmo assim, ele era sempre uma figura exilada. Em qualquer espaço, em qualquer lugar*»[45].

No desenvolvimento dessa interpretação acredito ser muito importante o conceito de "intelectual como exilado" de Edward Said, tal como descrito

---

[45] Meneses, Ulpiano Bezerra de, *op. cit.*

por Keith Jenkins, onde o intelectual é visto necessariamente como um *outsider* (necessariamente por que para ele ninguém pode ser um intelectual se não for um *outsider*). Para Said o intelectual é um tipo particular de pessoa: Não é um mero *expert*, tecnocrata, especialista ou acadêmico – é alguém que se mantém independente do *status quo*.

Esse conceito de intelectual parece muito próximo daquela imagem concebida por Barradas e pode nos ser útil para explicar o perpétuo sentimento de exílio que o acompanhou. Prosseguindo a leitura de Jenkins, vemos que o intelectual de Said é uma pessoa capaz de apresentar uma descompromissada mensagem de emancipação, cujos trabalhos confrontam o dogma e a ortodoxia. Uma pessoa que nunca consegue se sentir totalmente ajustada na realidade habitada pelas outras pessoas, os "nativos", por isso é chamado por Said de "exilado". É um desobediente por natureza que não apenas aceita essa dolorosa posição, de relativo exílio, como também se alegra com ela, pois sabe que seus pontos de vista excêntricos, que desagradam a tantos, lhe conferem liberdade e integridade. É, portanto, alguém que gosta de ser marginal e está disposto a aceitar as conseqüências dessa posição que são nunca estar completamente assentado, nunca estar permanentemente em conforto e tranqüilidade. É alguém que sabe que «*it is part of being ethical, part of morality, not to be (as Adorno put it) "at home in one's home."*»[46].

O intelectual de Said tem algo de heróico. Pensamos em herói como alguém que abnegadamente abre mão de seus próprios interesses para envolver-se em grandes dificuldades por aquilo em que acredita. Aquele que opta por fazer *o que é certo*, e não *o que é melhor para si*. O próprio Said define melhor esse posicionamento ao expor as atitudes que são repreensíveis para o intelectual:

> «*Nothing in my view is more reprehensible than those habits of mind in the itellectual that induce avoidance, that characterist turning away from a difficult and principled position wich you know to be the right one, but which you decide not to take. You do not want to appear too political; you are afraid of seeming controversial; you need the approval of a boss... you want to keep*

---

[46] Jenkins, Keith, «Ethical Responsibility and the Historian: on the possible end of a History 'of a certain kind'». *History and Theory, Theme Issue*. nº 43, Middletown: 2004, pp. 56-57.

a reputation for being balanced, objective, moderate; your hope is to be asked back, to consult, to be on a board or prestigious committee, and to remain whithin the responsible mainstream... for an intellectual thes habits of mind are corrupting par excellence»[47].

Por se posicionar de forma semelhante Barradas não aceitava a colaboração de intelectuais com o Salazarismo. Para ele isso era uma ação "corruptora por excelência", que significava "abrir mão de uma posição que sabia ser a certa" em troca de prestigio, segurança, conforto, comodidade... Por isso a crítica tão severa a Armando Cortesão, e por isso toda a admiração por aqueles que haviam sido perseguidos, demitidos, exilados... O trecho a seguir demonstra a proximidade do conceito de intelectual de Barradas em relação ao de Said: «*[são aqueles] que têm, corajosamente, intransigentemente, sem oportunismos, sem carreirismos, sem arrivismos, dado o melhor de si mesmos, e algumas vezes mesmo a própria vida, na luta contra o fascismo salazarista, contra a fome, contra a opressão, contra o obscurantismo*»[48].

Em outro trecho citado por Jenkins, Said explica melhor sua concepção de "intelectual como exilado": «*... to be as marginal and undomesticated as someone who is in real exile is for an intellectual to be unusually responsive to the traveller rather than to potentate, to the provisional and risky rather than to the habitual, to innovation and experiment rather than the authoritatively given status*

---

[47] Said, Edward, *Representations of the Intellectual. cit. por* Jenkins, Keith, «Ethical Responsibility and the Historian: on the possible end of a History 'of a certain kind'». *History and Theory, Theme Issue.* nº 43, Middletown: 2004, pp. 56-57.

[48] Carvalho, Joaquim Barradas de., *op. cit*, p. 84.
No trecho acima citado Barradas não se refere diretamente a "intelectuais". No trecho a seguir, entretanto, essa definição é ainda mais explícita: «*Intelectuais honestos, cônscios das suas responsabilidades, várias vezes convidados a colóquios e congressos, vêm agora dizer o que pensam da situação da cultura e da investigação científica no Portugal Salazarista. E dizem-no provocando o espanto e até a indignação dos epígonos de Salazar – mestres da arte de comprar consciências. Chegam ao ridículo de se manifestarem nestes termos: 'O professor X, a quem nós convidamos várias vezes a colóquios e a congressos, com viagens pagas, hotéis de primeira, banquetes opíparos com profusão de lagostas, etc., etc., faz-nos agora a descortesia, a vileza, de denunciar o nosso medo da livre inteligência' (!!!). Não lhes passava pela cabeça que entre esses intelectuais, para a glória da inteligência, houvesse alguns que não se deixassem comprar nem subornar. Mesmo se alguns beneficiaram das tais viagens, hotéis e banquetes oferecidos mais não fizeram do que lhes era devido na sua qualidade de intelectuais de renome universal. A verdade é que, com estes, o salazarismo e respectivos serviços de propaganda nada têm a ganhar.*» Ibidem, pp. 27-28.

quo. The exilic intellectual does not respond to the logic of the conventional but the audacity of daring, and to representing change, to moving on, not standing still»[49].

Esse *"to moving on, not stand still"* de Said é efetivamente materializado pela trajetória de Barradas. Acompanhando essa leitura, não nos parece mais surpreendente que Barradas possa tornar tão próximas as três categorias: "intelectual", "viajante" (ou "navegante descobridor") e "herói". Como em Said, para Barradas o intelectual é um herói que – tal como ele, filho de família tradicional, fez – abre mão dos confortos e facilidades pela fidelidade que tem aos seus princípios e posicionamentos. Ao fazer essa opção, o intelectual, que só através dessa escolha torna-se um verdadeiro intelectual, se transforma em uma espécie de "viajante", um eterno exilado, colocando-se para sempre em uma posição marcada pelo "provisório", pelo "arriscado" e pelo "inovador". É como o navegante que abandona a imobilidade e segurança da terra firme para se lançar às incertezas do mar – desconhecido e inconstante – com o único objetivo de *conhecer*, e que conscientemente aceita as duras conseqüências desse corajoso ato.

---

[49] Said, Edward *cit. por* Jenkins. *op. cit.*, p. 57.

O 'mundo a haver'
de Agostinho da Silva

Cristina Montalvão Sarmento
Isabel Mariano Ribeiro

*« A visão mais alta que podemos ter de Deus, nós que somos apenas
uma parte do Universo, é uma visão de Inteligência e de Amor »*[1].

Agostinho da Silva (1906-1994) deve ser considerado um dos mais paradoxais pensadores portugueses do século XX, na constante tentativa de tornar real, sonhos e esperanças, que confluem nos impulsos do tempo. Intelectual comprometido com o presente e o futuro, não limitou o pensar e o agir, a escolas de ideias ou movimentos político-ideológicos. Imagem da cultura portuguesa, será no Brasil, liberto de constrangimentos racionalistas, com intensa espiritualidade, que Agostinho se projecta de e por Portugal, fundado na absoluta igualdade e fraternidade entre os homens.

Repensar a orientação do protagonismo atlântico, independentemente de limites geográficos ou histórico-culturais é reavivar a visão agostiniana da liberdade sem fronteiras; transfigurar a divisão entre o ideal e o vivido para, sem relativismos, reduzir a sua distância.

O exílio brasileiro pôs Agostinho em contacto com Portugal, concebido como comunidade, num outro espaço mundo. À semelhança de Vieira, partilha do espiritualismo e providencialismo genuinamente portugueses, comunga de um desejo de redenção, que parte da crítica das instituições dominantes. Ao Portugal «real» projecta um passado exemplar e um futuro que se deseja brilhante. Impõe o espírito e a língua, ao território e à matéria.

---

[1] Silva, Agostinho da, «Doutrina cristã», *in* Paulo A. E. Borges (org.) *Textos e Ensaios Filosóficos I*. 1ªed., Lisboa: Âncora, 1999, p.81.

Cristina Montalvão Sarmento
Isabel Mariano Ribeiro

Trilhos sinuosos

Embora formado academicamente na Faculdade de Letras do Porto[2], não se inclui na «filosofia portuguesa»; participa no «Grupo Seara Nova», todavia afirma pela voz heterónima de J. J. Conceição da Rocha, que *«o seu interesse pela política»* é *«praticamente nulo»*[3]. Não recua perante o embate das forças políticas instaladas com o golpe de 1926 e, por imperativo moral, demite-se em 1935, em resultado da aplicação da «Lei Cabral» e dedica-se doravante ao ensino livre[4].

A perseguição da Polícia de Vigilância e Defesa do Estado, decorrente da sua acção e obra[5], concorre para que se «auto-exile» em 1944, o que o levará às terras da América do Sul: Brasil, Uruguai e Argentina. «*O decreto,*

---

[2] Agostinho da Silva (George Agostinho Baptista da Silva), após concluir a licenciatura em Filologia Clássica na Faculdade de Letras do Porto, em 1928, com 20 valores (discípulo de Teixeira Rego, Hernâni Cidade, Damião Peres, Newton Macedo). Auto-pressiona-se a um doutoramento, uma vez que a sua faculdade estava em vias de extinção, obtendo o grau em Filologia Clássica, com a tese «O Sentido Histórico das Civilizações Clássicas», onde refuta a proposição de Spengler acerca do sentido da história. Vide: Santos, Cândido, *Universidade do Porto. Raízes e Memória da Instituição*, Porto: Reitoria da Universidade do Porto, 1996, pp.302-303 e Pina, Luís de, «Faculdade de Letras do Porto (Breve História)». *Cale. Revista da Faculdade de Letras da Universidade do Porto*, Vol. I, Porto: FLUP, 1968, pp. 59-172.

[3] Silva, Agostinho, (J.J. Conceição da Rocha – heterónimo se assim o pudermos considerar uma vez que em termos mais analíticos correspondem os heterónimos de Agostinho mais a pseudónimos), «"Agostinho da Silva"- As Folhas Soltas de S. Bento e outras», *Textos Vários, Dispersos*. 1ªed, Lisboa: Âncora: 2003, p.18.

[4] Demite-se de professor efectivo no Liceu de Aveiro (cargo exercido desde o regresso dos estudos em Paris, em 1933) e dedica-se ao ensino livre no Colégio Infante Sagres, inovador pela sua pedagogia e funda o Núcleo Pedagógico Antero de Quental. Obteve uma bolsa da Junta de Educação Nacional e da *Junta de Relaciones Culturales de España*, trabalha no Instituto de Estudos Históricos de Madrid, «onde se interessou pela mística do século XVII e pelo trabalho de Giner de los Ríos». Em 1936, regressa a Portugal devido à iminência da Guerra Civil Espanhola, onde de 1937 a 1944, publica várias obras de conteúdo pedagógico. Este «[…] empenhamento activo de Agostinho da Silva na divulgação cultural, coevo do mesmo empenhamento de Bento de Jesus Caraça e de outros intelectuais comunistas na divulgação dos livros da editora Cosmos, bem como a ligação [….] aos círculos esperantistas portugueses, de tendência anarquista e internacionalista, tornam a sua actividade suspeita aos olhos da PVDE, a polícia política do regime, que a classifica como "comunista"». Real, Miguel, *Agostinho da Silva e a Cultura portuguesa*, Lisboa: QUIDNOVI, 2007, pp.40-41.

[5] Recusa-se a cancelar a «Conferência de Estarreja» e obras como o *Cristianismo*, levam-no à prisão em 24 de Julho de 1943. Após a sua libertação, fixa residência em Portimão, Algarve.

cortando-me a carreira universitária, me arrancou a biblioteca e rodas de vizinhos, me fez marinheiro doutro jeito. O drama se cumpriu»[6].

Instala-se no Brasil, onde reside até 1969. Durante os 25 anos que lá permaneceu, desmultiplica-se[7]: entomologista, professor e escritor. A partida para o novo mundo permitiu-lhe, como a outros da sua geração, a liberdade necessária ao desenvolvimento e concretização de ideais.

Assim se compreende a actividade pedagógica desenvolvida no Brasil, continuidade natural da acção desenvolvida em Portugal; mantendo-se fiel ao princípio de servir o seu semelhante e a cultura, numa avassaladora obra criadora. Com ele, nascem Institutos e Centros de Estudos e de Investigação[8], Centros de divulgação da língua e da cultura portuguesas[9]. Fundador de Universidades[10], pois «*como disse o insigne e ilustrado crítico*

---

[6] Silva, Agostinho da, *Caderno de Lembranças*. Lisboa: Zéfiro, 2006, p.74.

[7] AA.VV, *A Presença de Agostinho da Silva no Brasil*, Rio de Janeiro: Edições Casa de Rui Barbosa – (FCRB/MinC), 2007.

[8] Sociedade de Ciências Naturais da Paraíba (1953); Departamento de Pesquisas Históricas do Itamarati (1954); Sociedade de Cultura Francesa, Sociedade de Cultura Alemã, Instituto de Cultura Norte-Americana, Casa de Cultura, todos em Santa Catarina (1957); Centro de Pesquisa Oceanográfica de Santa Catarina (1958); Núcleo de Pesquisas «Casa Reitor Edgard Santos» na região do Recôncavo Baiano (1966); Centro Internacional de Estudos Superiores de Rivera e Livramento (1966); Estudos Gerais Livres (1969), com o Professor Manuel Viegas Guerreiro, em Lisboa; Centro de Estudos da América Latina do Instituto de Relações Internacionais da Universidade Técnica de Lisboa; Gabinete de Apoio do Instituto de Cultura e Língua Portuguesa do Ministério da Educação (1983).

[9] Centro de Estudos Filológicos da Universidade de Lisboa (1931), actualmente «Centro de Linguística» da Universidade Clássica de Lisboa; Centro de Estudos Filológicos (Universidade de Santa Catarina) 1955; Núcleo de Estudos Portugueses (Universidade de Santa Catarina) 1955; Centro de Estudos Afro-Orientais da Universidade da Bahia (1959); Centro de Estudos Brasileiros do Lobito, Angola (1960); Centro de Estudos Brasileiros em Lourenço Marques, Moçambique (1960); Centro de Estudos Brasileiros em Tóquio, Japão (1960); Centro de Estudos Brasileiros da Universidade Federal de Goiás (1961); Centro de Estudos Latino-Americanos da Universidade do Rio Grande do Sul (1961); Centro Brasileiro de Estudos Portugueses da Universidade de Brasília (1962); Comissão de Estudos Ibéricos da Universidade de Mato Grosso; Centro de Estudos Portugueses da Universidade do Paraná; Centro de Estudos Brasileiros da Universidade de Sophia, Tóquio, Japão (1963); Centro de Estudos Brasileiros em Adis-Abeba (1966).

[10] Universidade Federal da Paraíba (1951/52) (Com o governador João Américo impulsiona a Universidade em João Pessoa, cidade então, «divorciada» do sertão, primeiro cria-se a Faculdade Filosofia que habilitava a ensinar no Ensino Secundário, seguidamente, a de Medicina. Lançar-se-ia posteriormente, o Departamento de Cultura Popular); Universidade de Santa Catarina (1955); Universidade de Goiás e Universidade de Brasília (1961); (Silva, 1988, 1.ed. p. 23-24).

Dr. João Gaspar Simões, que, a meu ver justamente, lhe nega talento literário, mas lhe reconhece alguma habilidade de mestre-escola, o país o considera bastante sob o ponto de vista pedagógico»[11].

O ideal pedagógico, que em Portugal o aproximara de sectores contrários à afirmação da sua vertente espiritualista[12], no Brasil, será pela dimensão espiritual da consciência, que se expande[13]. Entre a publicação de *A Religião Grega* em 1930 e a sua partida para o Brasil em 1944, Agostinho pelejara, a par de António Sérgio, por uma reforma das mentalidades, revelando a originalidade que, por certo, deriva da cultura clássica adquirida na Universidade e de uma perspectiva comunitarista do cristianismo.

Aliás, já no opúsculo *A Religião Grega*, Agostinho demonstrara um marcado interesse pela fusão entre cultura e religião na vivência quotidiana, rejeitando a dicotomia do sagrado e do profano[14]. Todavia, só no Brasil o ideal pedagógico emerge acompanhado do entendimento místico da história e da reflexão, quanto ao papel de Portugal. Na década de 50, as suas revelações providencialistas em *Reflexão à Margem da Literatura Portuguesa* (1957) e *Um Fernando Pessoa* (1959) não serão estranhas à influência da pesquisa efectuada em colaboração com Jaime Cortesão[15], no âmbito da organização da *Exposição do Quarto Centenário da Cidade de São Paulo* (1954) e a adesão ao «Grupo de São Paulo»[16].

Crente no valor da ciência que revela biograficamente nos seus estudos de entomologia, em particular, na colaboração com o Instituto

---

[11] Silva, Agostinho, (J.J. Conceição da Rocha), «"Agostinho da Silva"- As Folhas Soltas de S. Bento e outras», *Textos Vários, Dispersos* Lisboa: Âncora Editora, 2003, p.19.

[12] Nos anos 40, a partir da publicação de *Conversação com Diotima* (1944), *Sete Cartas a um Jovem Filósofo* e dos opúsculos *Cristianismo e a Doutrina Cristã*, Agostinho revela a visão espiritualista e mística. Vide: Borges, Paulo «Criação e Mística em Agostinho da Silva», in AA.VV., *Agostinho da Silva e o Pensamento Luso-Brasileiro.* Lisboa: Âncora Editora 2006, pp. 213-249.

[13] A visão pedagógica surge primeiro, próxima da linha racionalista, para, em 1970 (*Educação de Portugal*) a vertente espiritual prevalecer.

[14] Pinho, Romana Valente, *Religião e Metafísica no Pensar de Agostinho da Silva*. Lisboa: INCM, 2006, pp. 47-61.

[15] Com quem já tinha colaborado numa pesquisa sobre Alexandre de Gusmão.

[16] Fundado por Miguel Reale, corresponde a um núcleo de intelectuais que vão reunir-se em torno da revista *Diálogo* e do Instituto Brasileiro de Filosofia.

Oswaldo Cruz (1948), onde esclarece as limitações do conhecimento humano, reversível e parcial. Para Agostinho a ciência, ao abarcar apenas uma dimensão provisória e incompleta da explicação do real, não pode perspectivar o mundo na sua multidimensionalidade. A filosofia assume a importância de forma reflexiva, mas não é veículo definitivo e exclusivo para o conhecimento. O mesmo se poderia dizer quanto à estética. Será o religioso que assume no pensamento agostiniano, uma posição de destaque para a compreensão do mundo; *cosmogonia* e *teosofia* implicam-se. O mundo é *sacralizado*, é panteísta: «*Tudo o que existe contém Deus, Deus contém tudo o que existe*»[17].

O mundo, o homem e a sociedade são invadidos pelo sagrado, numa visão mística que não sendo escape à realidade, funciona, antes, como paradigma[18]. Opõe-se, deste modo, à organização social que, tal como existe, o bloqueia. Subvertem-se as categorias de criador e de criado e o domínio do espiritual não se contém, invadindo as concepções antropológicas e sociais; «*a assunção de Deus no homem*» reverte-se numa escatologia ecuménica, «*da realização ético-práxica por via do ecumenismo superador de fronteiras culturais, civilizacionais, religiosas e filosóficas*»[19].

A mediação interior, a disponibilidade para a convivência aberta, para a vida, constitui-se em empenhamento na acção pedagógica conducente à restauração da plenitude divina, do reino de Deus, o reino do Espírito Santo[20]. Ao homem caberia a obrigação de «*atingir a plenitude de Deus. E só por um meio o alcança: o de, ao longo da vida, se tornar no homem que é*»[21]. Um agir valorativo que se impõe a toda a vivência.

Agostinho entende que o vício deflagra com a ideia de propriedade e do hedonismo materialista. O modelo social atinge a perfeição na liberdade cultural, de organização social e da liberdade económica. «*No Reino Divino, na organização humana mais perfeita, não haverá nenhuma restrição de cultura, nenhuma coacção de governo, nenhuma propriedade. A tudo isto se poderá chegar*

---

[17] Silva, Agostinho da, «Doutrina cristã», *Textos e Ensaios Filosófico I*. Lisboa: Âncora Editora, 1999, p. 81.
[18] Pinho, Romana Valente, *Religião e Metafísica no Pensar de Agostinho da Silva*. Lisboa: INCM, 2006, p. 53.
[19] Real, Miguel, *Agostinho da Silva e a Cultura Portuguesa*. Lisboa: QUIDNOVI, 2007, p.192.
[20] Soveral, Eduardo A. Do, «Agostinho: um homem de Deus», *in* Pedro Calafate (dir.), *História do Pensamento filosófico português*, vol. V, Tomo I, Lisboa: Caminho, 2000, p. 276.
[21] Silva, Agostinho da, *Reflexões, aforismos e paradoxos*. Brasília: Thesaurus, 1999, p. 93.

gradualmente e pelo esforço fraterno de todos»[22]. A verdadeira liberdade é indissociável da existência de equidade económica entre todos os cidadãos. Auxiliando-se das propostas de Schumpeter (1883-1950), considerando a «entropia do capitalismo», defende uma economia que assente sobre o princípio de «distribuição gratuita»; «*uma economia, não de competição, mas de mutualismo, uma economia em que todos se ajudam uns aos outros*»[23].

Finalmente, Agostinho defende que «*à política presida sempre um espírito moral e um sentido largo de valores, de respeito pela subordinação destes entre si*»[24]. A política não corresponde ao mero governo da *polis* ou da *res publica*; não se define como a «*arte de bem governar os povos*», concepção que encerra em si, a nítida distinção entre governante e governados, é o risco de ultrapassar o dever de «servir» e de interpretar os indivíduos, como meros súbditos: «*encaro mais a política como o interesse pela cidade, por todas as actividades e sobretudo por aquela leve centelha de futuro que todas elas contêm; a política seria assim o esforço de cada cidadão por se melhorar a si e aos outros, como duas tarefas que se cruzam e interpenetram*»[25].

Como forma próxima do ideal de Estado, admira a monarquia medieval portuguesa, «*das liberdades municipais, da agricultura colectiva e da liberdade religiosa*»[26]. «*Portugal liberal da Idade Média [...] dos concelhos, das aldeias de propriedades comunitaristas [...] que dizia 'Não!' aos Reis, o Portugal que era ao mesmo tempo científico e prático, o Portugal que reunia cristãos, mouros e judeus na cerimónia em honra do espírito santo que Nuno Gonçalves pintou*»[27]. O modelo político que melhor se harmonizava com a sociedade portuguesa e não os estrangeiramentos que se lhe seguiram. A missão de Portugal é levar ao mundo, esse modelo de governo de coordenação, de economia comunitária e de culto ao Espírito Santo[28].

---

[22] *Idem*, «A Doutrina Cristã», *Textos e ensaios Filosóficos I*. Lisboa: Âncora Editora, 1999, p. 82.

[23] *Idem*, «Divagações quanto a futuro», *Revista de Educação*, nº2, vol.1, 1987, p. 102.

[24] *Idem*, «Inquérito ao livro em Portugal, bibliotecas culturais, XXII». *Seara Nova*, nº869, Abril de 1944, p. 206.

[25] *Idem*, «Glossa: Vontade». *Seara Nova*, nº389, Maio de 1934, p. 75.

[26] *Idem*, «O Baldio do Povo, 2», *Dispersos*. Lisboa: ICALP, 1988/ 1989, p. 534.

[27] *Idem*, *Reflexão à margem da Literatura Portuguesa*. Lisboa: Guimarães Editores, 1990, p. 140.

[28] Manso, Artur Manuel Sarmento, «Filosofia Educacional na Obra de Agostinho da Silva», *Tese de doutoramento em Educação, área de especialização em Filosofia da Educação*. Braga: Universidade do Minho, 2007, p. 348.

Face à «*invasão de renascimentos*»[29], à corrupção pelo direito romano do império e pelo movimento de contra-reforma que o afastou Portugal do verdadeiro culto do Espírito Santo[30], o Brasil surge interpretado como reduto da verdadeira especificidade portuguesa, o local para onde partiram os que não se acomodaram à nova ordem; a partir de então, Portugal estava fadado a realizar-se lá fora.

A renovação mundial assente em princípios e valores de amor, de exigência, de obediência e de serviço que preconiza encontra-se, portanto, intrinsecamente ligada à visão providencialista da História de Portugal; à necessidade de a partir de um abraço fraternal ao Brasil, se fazer emergir uma comunidade (luso-afro-brasileira), irmanada pela língua, pela cultura e pelos valores de humanidade, depois de obrada a fusão de culturas e de religiões a nível mundial, depois de restabelecida nos homens a capacidade de criar e de sonhar, será possível a emergência de uma civilização finalmente virada para os valores do espírito, tendente a uma era de plenitude final, uma Era de desejável convergência entre o humano e o divino que existe em cada ser.

A especificidade dos portugueses não era a do sentimentalismo saudosista aventado pela «Renascença Portuguesa» ou cantado no fado; a especificidade do povo português está na acção[31], mais importante porquanto, «*o valor da vida não consiste em pensá-la mas em vivê-la*»[32].

Agostinho viverá intensamente o seu ideal; consequentemente, emerge o esforço pedagógico, «*para um mundo a haver*» e procura a aproximação entre as comunidades de cultura portuguesa. Já naturalizado cidadão brasileiro, na década de 60, participa na criação da Universidade de Brasília e do seu Centro de Estudos Portugueses em 1962, para, dois anos mais tarde, criar a Casa Paulo Dias Adorno em Cachoeira e idealizar o Museu do Atlântico Sul em Salvador. Ainda, de forma ousada e inovadora, como

---

[29] Silva, Agostinho da, *Reflexão à margem da Literatura Portuguesa, op. cit.*, p. 67.
[30] Cf., «A nossa obrigação é ser poeta à solta (entrevista a Carlos Câmara Leme)», *Dispersos*. Lisboa: ICALP, 1989, pp. 165.
[31] Manso, Artur Manuel Sarmento, «Filosofia Educacional na Obra de Agostinho da Silva», *Tese de doutoramento em Educação, área de especialização em Filosofia da Educação*. Braga, Universidade do Minho, 2007, p. 33.
[32] Silva, Agostinho da, «Originalidade portuguesa», *Ensaios sobre cultura portuguesa e brasileira II*, Lisboa: Âncora Editora, 2001, p. 27

assesor de Política Cultural Externa do Presidente Jânio Quadros (1961), influenciará a política externa do Brasil em relação a África[33].

Retornado a Portugal, com a *primavera marcelista*, mantém o seu empenho concorrendo para a criação dos Estudos Gerais Livres (1988) e apelando à institucionalização das comunidades de língua e cultura portuguesa.

Elos luso-brasileiros e o ideal universalista

«*Eu não sou profeta, porque não vi nenhuma espécie de eternidade nem tenho nenhum sentido especial que os outros não tenham*»[34], no entanto, Agostinho da Silva, confiava devotamente que Portugal tinha uma função no destino da Humanidade. Elabora, por isso, uma exegese das profecias sobre Portugal, reabrindo o ciclo da inserção da dimensão metafísica na política; debruçando-se sobre a questão da identidade, futuro e missão de Portugal de e para o mundo.

À margem do imaginário do Estado Novo, as teses espiritualistas e providencialistas de Agostinho recuperam as antigas teses quinto-imperialistas[35], tendo em vista um «complexo civilizacional futuro» que encerrava em si a possibilidade de conciliar patriotismo e imperialismo, reinterpretados misticamente, com estruturas políticas transitórias. Desvenda este novo horizonte cultural em *Reflexão à Margem da Literatura Portuguesa* (1957) e *Um Fernando Pessoa* (1959), publicados no Brasil.

Para António Quadros a originalidade da obra de Agostinho concentra-se na sua mostra hermenêutica das teses profético-imperialistas longamente presentes na história portuguesa[36] «*agora sob um ângulo escatológico simultaneamente social e paraclético*»; reafirma, inovadoramente, o papel do povo, em defesa do dinamismo luso-brasileiro, para o evoluir da

---

[33] Agostinho, Pedro, «Agostinho da Silva: Pressupostos, Concepção e Acção de uma Política Externa do Brasil» in *Agostinho*, Rodrigo Leal Rodrigues (ed.). São Paulo: Editora Green Forest do Brasil, 2000.

[34] Silva, Agostinho da, «Tema: Responsabilidade Portuguesa». *Vida Mundial*, 11 de Agosto de 1972, p. 38.

[35] «Os ideais messiânicos pareciam ter-se esgotado com a publicação do Quinto Império de Augusto Ferreira Gomes (1934) e da *Mensagem* de Fernando Pessoa (1935), fora os desaires nacionalistas salazaristas». Real, Miguel, *Agostinho da Silva e a Cultura Portuguesa*, op. cit., 16.

[36] Sobre as profecias e análise temática, consulte Manso, Artur Manuel Sarmento, «Filosofia Educacional na Obra de Agostinho da Silva», *op. cit.*, p. 371 e ss.

história «*o Encoberto, o mediador humano, social e histórico do Espírito Santo, o D. Sebastião colectivo […] é o povo português ou antes, por ampliação crónico-tópica, o povo luso-brasileiro*»[37].

Assente num espírito sintético e sincrético, Agostinho constrói a sua 'profecia' seleccionando alegorias de escritos anteriores e reinterpretando-as.[38] Recupera «*primeiro o profetismo do Culto do Espírito Santo*[39]. *Um segundo profetismo, o de Fernão Lopes, dizendo que Portugal inauguraria a Sétima Idade; o terceiro profetismo, de Camões […] a ilha dos Amores; o quarto profetismo, o do António Vieira com o Quinto Império; Por último, o quinto profetismo, o de Fernando Pessoa*»[40]. Recupera a ideia camoniana de que «*novos caminhos se descobririam, não para externas Índias, mas para internas Ilhas, a todo o mundo, império de corpo e alma, onde, finalmente, o reino dos deuses fosse também dos homens*»[41], a «Ilha dos Amores» é a alegoria onde o plano humano e divino se encontram. Reinaugura, na vida e na obra, a ponte construída por António Vieira entre o atlântico, físico e anímico, explorando as duas grandes dimensões da comunidade lusófona, Portugal e Brasil; cruzando a real dependência com a ânsia de infinito e totalidade.

Efectivamente, para Agostinho, a dualidade entre Portugal e Brasil era aparente, constituindo uma mesma realidade. Portugal não correspondia apenas a um espaço geográfico, antes a «uma ideia a difundir pelo mundo»[42], numa interpretação vocacional e intrinsecamente pacifista[43]. O quinto império revelar-se-*ia* «*pela realização de uma ideia. […] o importante*

---

[37] Quadros, António, *Introdução à Filosofia da História*, Lisboa: Verbo, 1982, p. 282.

[38] Agostinho elabora uma fusão actualizada e original do pensamento de J. de Fiore e franciscana do Império do Espírito Santo, da teoria Vieiriana e Pessoana do V Império e da tradição espiritualista camoniana. Real, Miguel, *Agostinho da Silva e a Cultura Portuguesa, op. cit.*, p. 78-79.

[39] Distinguindo o culto do povo português desde o século XIII, trazido de Itália e inserto em Portugal por frades franciscanos, pela propaganda de Arnaldo de Vilanova, na corte de D. Isabel e D. Dinis; do da liturgia oficial canónica. A sua apetência por este culto deriva da alegoria à pureza genésica do homem, envolvido no ideal do «menino imperador».

[40] Acerca da inserção de outros como Bandarra, vide para opiniões diversas: Manso, Artur Manuel Sarmento, «Filosofia Educacional na Obra de Agostinho da Silva», *op. cit.*, p. 372.

[41] Silva, Agostinho da, «O pensar de Camões sobre o seu tempo», *Ensaios sobre cultura e literatura portuguesa e brasileira II*. Lisboa: Âncora Editora, 2001, p. 331.

[42] Idem, *Reflexão à margem da Literatura Portuguesa*. Lisboa: Guimarães Editores, 1990, p. 100.

[43] Idem, *ibidem*, p. 101.

aí é a noção de Portugal»[44]. O império só poderia surgir «*quando Portugal, sacrificando-se como Nação, apenas for um dos elementos de uma comunidade de língua portuguesa*»[45]: uma plataforma de entendimento plasmada num bloco social e político das comunidades de língua e cultura portuguesa; modelo para que se (re) pensasse «*o mundo inteiro, de plena paz, de inteira liberdade do pensamento de cada um e de toda a liberdade de existir*»[46].

As iniciativas de construção de uma organização política surgem como consequentes de uma concepção messiânica de Portugal[47], mediador de uma edificação da humanidade fraterna, próxima das concepções religiosas cristãs. Na sua concepção teleológica, qualquer organização social e política é uma forma de construção social transitória, caminho para o estádio superior, de liberdade total.

A forma transitória ideal seria fundada na aspiração comunitarista, cooperativa, das autonomias locais, ligadas entre si pela fraternidade e universalidade do ecumenismo católico; e, posteriormente, aquela que se estabelece sob o serviço e a oração, a do ideal monástico de contemplação e regra. O modelo de liderança política futura dos povos, assim organizados, só podia ser o do «menino deus/imperador». Ideal pedagógico de uma educação, para a imaginação e a liberdade.

Para estabelecer o reino universal do Espírito, na terra, é essencial compreender como Agostinho o concretiza, no espírito dos homens e «*muito mais o estará para este Quinto Império de que falamos, O Império do Espírito Santo, a que iam os portugueses de hoje, o que significa os que hoje no Mundo falam e sentem português*»[48].

Esta forma de entendimento do «mundo novo a haver» implica por conseguinte, duas ordens de considerações, uma pedagógica e outra de

---

[44] Sousa, Antónia de, *Agostinho da Silva, O Império Acabou. E Agora?* Lisboa: Editorial Notícias, 2000, p.109.

[45] Silva, Agostinho da, *Ensaios sobre cultura e literatura portuguesa e brasileira I, op. cit*, p. 117.

[46] *Idem, Um Fernando Pessoa*, Porto Alegre: Instituto Estadual do Livro, 1959; Lisboa: Guimarães Ed., 1996, p. 110.

[47] Casulo, José Carlos, *Contributos para o estudo da pedagogia portuguesa contemporânea*. Braga: Universidade do Minho, Centro de Estudos em Educação e Psicologia, 2001, p. 117.

[48] Silva, Agostinho da, «Considerando o quinto Império», *in* Paulo A.E. Borges (org.) *Dispersos*. Lisboa: ICALP, 1978, p. 197.

vínculo cultural, ambas associadas à ideia de vocação atlântica e ao seu reduto exemplar, o Brasil.

«*Deus não pode abandonar o seu outro povo eleito e, passado o domínio da Europa, quando a técnica tiver esgotado todas as possibilidades, quando a economia protestante se verificar plenamente anti-humana, quando a centralização estatal se revelar estéril, Portugal virá de novo construir o seu mundo de paz*»[49].

Portugal e a vocação Atlântica

Cabia a Portugal, segundo Agostinho da Silva, consumar a 'Terceira Idade' anunciada por Joaquim de Fiore (1135-1202), fadado que estava pela sua essência, a poder agregador e inclusivo[50], facto indicado pela miscigenação, nessa capacidade de «*misturar gente*»[51], cristalizada no Brasil.

A vocação atlântica de Portugal encerra uma função fulcral no elenco das profecias sobre Portugal partilhadas por Agostinho, para instauração de um império laureado pela liberdade e fraternidade. Vocação que o centralismo estatal havia toldado. O escol da nação estrangeirara-se, ao longo de cinco séculos, esquecera-se da síntese na pluralidade que constitui a nação portuguesa, aqueles que contrariaram o governo da 'Corte' experimentaram as forças que se opunham aos seus projectos. «*Albuquerque, o D. Francisco de Almeida, o D. João de Castro, toda essa gente apanhou do lado da corte! Eu próprio, ia apanhado do lado da corte se o Brasil não fosse independente*»[52].

O destino de Portugal na sua interpretação providencialista-messiânica[53] obrigava à portugalidade, aquela que se busca no povo, elemento que não se estrangeirara: «*Daí que não haja verdadeira vida nova se não recuperar o Povo o*

---

[49] Idem, *Um Fernando Pessoa*. Lisboa: Guimarães Editora, 1959, p. 15.
[50] A proposta de Agostinho difere daquela lançada pelo Luso-Tropicalismo de Gilberto Freyre. Veja-se Pinho, Romana Valente, *Religião e Metafísica no Pensar de Agostinho*, Lisboa: INCM, 2006, pp. 192 e ss.
[51] Silva, Agostinho da, «A época mais decisiva do mundo». *Notícias – Magazine*, 31 de Dezembro de 1989, p. 7.
[52] Sousa, Antónia de, *Agostinho da Silva, O Império Acabou. E Agora?*. Lisboa: Editorial Notícias, 2000, p.202.
[53] Este modo de pensar Portugal, que envolvia todas as suas concepções político-sociais, foi alvo de duras críticas da linha racionalista; crítica de que é exemplo a de Mário Sottomayor Cardia que o classifica de «irracionalismo devaneante». (Cf., Cardia, Mário Sottomayor, *Sobre o Antimarxismo Contestatário ou a Infelicidade de um Idanovista Ofuscado pelo Neocapitalismo*, Lisboa: Ed. Seara Nova, 1972, p. 183.)

poder que séculos roubaram»[54] e, no recolocar a vocação atlântica, que não se limita geograficamente, que se funda em todos os que partilhem da cultura e da língua.

Se a revolução de Abril, em 1974, libertara Portugal da condição de metrópole, não mudara o foco de preocupações do Estado Português: a vertente económica e uma política externa errónea. Portugal não se poderia limitar ao continente; a realização de um Portugal ideal passava pelas relações que se estabelecessem com a Índia, Goa e China, com a 'África portuguesa', e mais forçosamente com o Brasil, relações bem diferentes daquelas que se fundavam entre a metrópole e as suas 'províncias'.

Deste modo, Agostinho rejeitava o rumo que a integração europeia[55] denunciava tomar, crendo que Portugal a participar, fá-lo-ia «*não para ser mensageiro ao mundo, como da outra vez, mas para trazer a quem tão mal os ouve os recados humanos do dito mundo*»; a verdadeira ligação à Europa fazia-se a quem preferia «*a qualquer Europa, o mar aberto*»[56], por via de uma península ibérica de autonomias unidas, mas sem domínio temporal ou material, sem uma capital administrativa, mas com capital espiritual em Santiago de Compostela. Entendia esta unidade livre e descentralizada como «*uma Península que tivesse estendido o sistema de governo peculiar da Idade Média portuguesa […] companhia de repúblicas unificadas por uma coroa.*»[57]. Cuidava que para os portugueses «*escolher entre a Europa e o seu espaço marítimo; só uma escolha se lhes impõe: a de persistirem em ser ou de se demitir*»[58].

Agostinho desejava ver Portugal restaurado a partir do povo, na sua raiz 'ibérica'; desse iberismo, bem diferente do oitocentista, «*relativo a acabar a fronteira de Portugal e Espanha e constituir-se um só Estado*»[59] e de uma

---

[54] Silva, Agostinho da, «Carta chamada Santiago. 17.08.4.», *Dispersos, op. cit.*, p. 606.

[55] Agostinho vinha desde *Reflexão à Margem da Literatura Portuguesa* (1957) criticando duramente a ideologia europeísta, naquilo que pudesse conter de subserviência para Portugal e para a cultura portuguesa.

[56] Silva, Agostinho da, «Há quem proponha chamar-se-lhe docimologia», *Ensaios sobre cultura e literatura portuguesa e brasileira II*, Lisboa: Âncora Editora, 2001, p. 190

[57] Idem, «Reflexão à margem da literatura portuguesa», *Ensaios sobre cultura e literatura portuguesa e brasileira I*. Lisboa: Âncora Editora, 2000, p. 30

[58] Idem, «Há quem proponha chamar-se-lhe docimologia», *Ensaios sobre cultura e literatura portuguesa e brasileira II*. Lisboa: Âncora Editora, 2001, p. 191

[59] Idem, «Entrevista do Prof. Agostinho da Silva ao ICALP», *Dispersos*. Lisboa: ICALP, 1989, p. 65.

comunidade alargada dos povos de língua e cultura portuguesa. Defende face ao europeísmo uma comunidade de cultura portuguesa ibérica e atlântica[60]. «*Não sou iberista, sou apenas [...] da Língua Portuguesa [...] Portugal deve ter simultâneas, duas políticas externas; a dos Países de Língua Portuguesa, e a das outras línguas espanholas ou ibéricas [...] Ambas devem ter uma 'intenção federativa [...]*»[61]. Afirmava pois que: «*Portugal perdeu o Brasil, como colónia, desde o embarque do Príncipe e o estabelecer da sua corte no rio: foi esse o impulso que veio a dar o estabelecimento liberal. A consciência da perda dos territórios entre Angola e Moçambique deu a República. A derrota nas colónias provocou o 25 de Abril, revolução que apenas começou e que só quando for plenamente apoiada pelo Brasil e pela África encarreirará o País à segunda época de Descobrimentos, a da fraternidade humana. Só o conjunto de todos os Povos de Línguas Ibéricas levará à terceira, essa metafísica e mística – a do Espírito Santo*»[62].

O Brasil ensoberbecia-se no pensamento agostiniano, assumindo um papel essencial no evoluir histórico de Portugal. O Brasil era interpretado não à luz dos autores do século XIX, como Oliveira Martins que o concebe como exemplo da construção colonial perfeita, mas reconhecendo-lhe função fundamental no novo Portugal a erguer-se na política internacional exemplar. «*não há decadência alguma em Portugal nos séculos XVII e XVIII, o que há é a ascensão dele no e pelo Brasil [...]. A Revolução de 1640 é, no fundo, uma tentativa brasileira de talhar Portugal a seu modo, isto é, de restaurar em Portugal um Portugal independente, não ligado pela Espanha à difícil e perigosa política europeia [...] o Portugal democrático, conservado no Brasil, empenhado em derrubar o Portugal autocrático desde os fins do século XV*»[63].

Brasil, o *Novo Portugal* 'que ao deixar de ser', *Será*

Segundo Agostinho, o Brasil fora construído por aqueles que reagiram ao centralismo, à política medíocre estrangeirada que invadira o Portugal no século XV, modelo que não correspondia à essencialidade portuguesa:

---

[60] Manso, Artur Manuel Sarmento, «Filosofia Educacional na Obra de Agostinho da Silva», *op. cit.*, p. 364.
[61] Agostinho da Silva, «Correspondência com António Quadros», *in* Quadros, António, *A arte de continuar português*, Lisboa, Edições do Templo, 1978, pp. 191-193.
[62] *Idem, Reflexões, Aforismos e Paradoxos*. Brasília: Thesaurus, 1999, pp. 143-145.
[63] *Idem*, «Tema: Responsabilidade portuguesa». *Vida Mundial*, 11 de Agosto de 1972, p. 38.

«*O Brasil passa a ser Terra de Promissão, desde que Portugal se transformara num Egipto de faraós*»[64]. O Brasil fora o herdeiro moderno da glória medieval de Portugal «*com o seu original pensamento religioso, seus municípios republicanos, seus campos, seus animais, seu forno ou seu moinho comunitário (...)*»[65], embora tivessem havido desvios constituía modelo, para Portugal e para o mundo, dado que o seu povo mantinha a predilecção por uma «*convivência humana [...] fundada sobre a fraternidade e não sobre a lei, sobre a liturgia e não sobre a conquista, sobre o predomínio da vontade de Deus e não sobre o predomínio da vontade do homem. Convivência que poderá ser a maior dádiva do Brasil ao mundo*»[66].

É exemplo deste escol brasileiro a figura de António Conselheiro (1828-1897), pela tentativa de «*fundar uma nação de fraternidade, que reuniu à sua volta brancos, pretos e índios, e que se não desprendeu, para o fazer, das tradições portuguesas, antes pelo contrário, sobretudo se alicerçando nas concepções populares que nunca desesperaram dos destinos do País, nunca viram cultura nossa como inferior às dos outros povos, antes a olharam como possibilidades superiores, e conceberam como a perfeição de Portugal estar ao serviço da paz e da prosperidade entre os homens*»[67].

O Brasil, reduto ao estrangeiramento e invasão dos europeísmos que haviam contaminado Portugal, pela sua pluralidade vivencial miscigenada e fraterna é o arauto de toda a *teosofia* agostiniana; ponto de partida «*de uma União Internacional dos Povos, União de Paz interna donde a externa brota [...] libertando as Nações de seus Estados e tornando-as a todas elas, por plenitude, universais*»[68].

O Brasil é o «*verdadeiro ponto de encontro da Europa, da Ásia e da África*» não só antropologicamente, como também na construção geopolítica para um mundo melhor. Em «Folhas de S. Bento e Outras», Agostinho

---

[64] Idem, *Reflexão à margem da literatura portuguesa*. Rio de Janeiro: Ministério da Educação e Cultura, 1957 (Cadernos de Cultura, nº 103); Lisboa: Guimarães Ed., 1996, p. 98.
[65] Idem, «Composição do Brasil», *Dispersos*. Lisboa, ICALP, 1978, p. 553.
[66] Idem, «A cultura brasileira», *Ensaios sobre cultura e literatura portuguesa e brasileira I*. Lisboa: Âncora Editora, 2000, p. 247.
[67] Idem, «Barca D'Alva – Educação do Quinto Império. Fascículo 2», *Dispersos*. Lisboa: ICALP, 1978, p. 489.
[68] Idem, «Vicente, filosofia e vida», *Textos e ensaios filosóficos II*. Lisboa: Âncora Editora, 1999, p. 279.

em diálogo com o seu heterónimo J.J Conceição, mostra uma «Roma» que se cumpre nos descobrimentos portugueses, tendo-se firmado o eixo dessecante leste – oeste, faltava agora um eixo norte-sul para uma revolução cultural, *«porque só isso fará que o mundo passe a ser um lugar realmente habitável»*, e nesta o Brasil, particularmente Brasília, teria função primordial[69].

Face ao crescente relevo de desigualdades norte-sul e perante as responsabilidades políticas que se impõem, Agostinho da Silva propõe um novo fuso para o entendimento: o eixo Pequim-Brasil[70]. Porquanto, só uma sólida aliança entre Portugal e o Brasil suportaria a «política ABC», ou seja, um entendimento duradouro entre África, Brasil e China.[71]

Agostinho entendia que a nação portuguesa dividida em dois estados Portugal e Brasil, *«porque não tiveram êxito as políticas do Padre António Vieira, de D. Luís da Cunha e de D. João VI»*, poderia vir a ser *«um só Estado embora federal como o Brasil é hoje, ou regional, como talvez tenha de vir a ser, por serem os Estados, já, um pouco artificiais»*[72]. Competia aos dois países, unidos, divulgarem as concepções políticas medievais portuguesas, reavivarem-nas, criar um modelo de organização política baseado no comunitarismo municipalista, fonte de universalidade.

Evocando uma cultura comum, universal e ecuménica, na sua própria realização, cumpre a esse 'Portugal alargado' a missão de ajudar os outros povos a libertarem-se dos seus «grilhões»; o móbil de uma comunidade engrandecida de cultura e línguas portuguesas pode criar um espaço capaz de reunir ecumenicamente os diversos povos em «inteira liberdade»[73], promotor de uma ordem mundial «universalista», fraterna e livre, reconstituição da imagem literária da «ilha dos amores» camoniana.

---

[69] Guadalupe, Mateus-Maria, «Teorética cabocla da filologia clássica"As Folhas Soltas de S. Bento e Outras», *Textos Vários – Dispersos*. Lisboa: Âncora Editora, 2003, pp. 80-81.

[70] Idem, «Um modo de entender Portugal», *Dispersos*. Lisboa: ICALP, 1978, p. 876.

[71] Agostinho está consciente da «olipolização» do poder e do peso da dimensão económica; da flagrante clivagem entre este tríptico e o nomeado «Terceiro mundo». Reconstrói portanto, numa linguagem mística e cultural a voz do «grupo dos 77» e do princípio de equidade entre o Norte e o Sul, afirmado na 1ª CNUCED (1964) e na 2ª CNUCED (1968).

[72] Idem, «Beira – Moçambique. Clássicos do mundo português: Um prefácio geral», *Dispersos*. Lisboa: ICALP, 1978, p. 503.

[73] Idem, «Nota a cinco fascículos», *Dispersos*. Lisboa: ICALP, 1978, p. 544.

Um *'mundo a haver'* pela educação

A experiência de estrangeiramento no Brasil constitui para Agostinho, a alavanca para aprofundamento das ideias trazidas de Portugal[74]. Para a maturação do envolvimento metafísico do autor terão contribuído as relações com o casal Dora e Vicente Ferreira da Silva, a vivência na comunidade mística da serra de Itatiaia[75]; o contacto com espiritualismo afro-brasileiro do candomblé[76]; e as relações com o classicista Eudoro de Sousa e, muito em particular, com Jaime Cortesão[77], através da sua pulsão franciscana, do conceito de «humanismo universalista» gerador do conceito agostiniano de «ecumenismo»[78]. É com este pensamento solidificado que propõe em 1959 uma intervenção no Colóquio Internacional de Estudos Luso-brasileiros, mal recebida e apelidada de mística. «*A missão de Portugal, agora, se de missão poderemos falar, não é a mesma do pequeno Portugal, quando tinha apenas um milhão de habitantes, que se lançou ao Mundo e o descobriu todo, mas a missão de todos os que falam a língua portuguesa. Todos esses povos têm de cumprir uma missão importante no Mundo*»[79].

O esforço de 're-aportuguesamento' veio ancorar-se em dois pilares essenciais de actividade: «*o da formação de uma comunidade que teria muito de uma ordem, sem os cânones, e cujo objectivo fundamental estaria em apurar o pensamento de uma idade nova e em estudar todos os seus reflexos de ordem social e individual*», e o da «*fundação de um instituto em que se meditassem todas as características do Brasil e, sob o ponto de vista do Brasil, todas as correntes de*

---

[74] Reconheça-se aqui a aplicabilidade a sentença de António de Figueiredo de que «A emigração sempre foi em Portugal, não um corte definitivo com a cultura nacional, mas um despertar para a consciência das suas próprias nacionais e culturais». (Cf., Figueiredo, António de, «A Crise do nacionalismo português». *EXPRESSO*, Lisboa: 12/06/1982.

[75] Na Fazenda Peneda, ex. colónia de finlandeses, e por onde passaram nomes como Jaime e Luísa Cortesão, Portinari, Murilo Mendes, Djanira, Oswald de Andrade, entre outros.

[76] Pinho, Romana Valente, *Religião e Metafísica no Pensar de Agostinho da Silva*. Lisboa: INCM, 2006, pp. 223 e ss.

[77] Note-se a proximidade familiar: Agostinho estabeleceu uma relação amorosa com Judite Cortesão, em 1945 (depois, de um casamento na década de 30 com Berta David).

[78] Pinho, Romana Valente, *Religião e Metafísica no Pensar de Agostinho da Silva, op. cit.*, p. 177.

[79] Medanha, Victor, *Conversas com Agostinho da Silva*. Lisboa: Pergaminho, 1994, p. 31.

ideias ou todos os procedimentos, nacionais ou não, que apareciam no mundo como criação ou herança»[80].

O primeiro realiza-o em experiências pela comunidade organizada idealmente; como a experiência comunitarista de Itatiaia, que compartilhou com Vicente Ferreira da Silva (1916-1963): «*a base de dois movimentos sobre que se poderia alicerçar uma renovação do Brasil, ou antes, um regresso ao Brasil pelo sacudir de seus vícios europeus*»[81]. O segundo pilar alicerça-se na sua concepção pedagógica de um mundo a haver[82], cuja projecção prática foi profícua e reverteu especialmente na criação de vários centros.

No projecto de construção utópica radica o projecto pedagógico: um ensino construído na igualdade da figura de docente e discente livre, um pensamento científico a que se aliasse a intuição e a descoberta; um ensino fora de quaisquer currículos, que privilegiasse o contacto com a vida, que caminhasse ao lado da descoberta vivencial. Assume, entre outros, o ideal socrático[83]-platónico, o exemplo de Montaigne, Pestalozzi e a influência da Educação Nova e das pedagogias libertárias; uma escola não burocrática e examinadora, que promovesse a cooperação; um ensino não mercantilizado que não ignore a religião, uma escola que se construa sob o signo ecuménico.

Defende a substituição da escola como a conhecemos[84] por um sistema educativo, cooperativo, que tivesse por base os interesses comuns; neste sentido elogiou Paulo Freire, que conheceu pessoalmente: «*Foi ele quem promoveu, no Brasil, uma campanha de alfabetização, apoiado numa grande e*

---

[80] Silva, Agostinho da, «Vicente: Filosofia e Vida», *Textos e ensaios filosóficos II*. Lisboa: Âncora Editora, 1999, p. 282.

[81] *Idem, ibidem*, p. 281.

[82] O «nó contraditório» entre a visão racionalista do ensino e da criança e a visão sagrada que a criança assume, enquadrada da sua teoria providencialista (Cf. Real, Miguel, *Agostinho da Silva e a Cultura Portuguesa, op. cit.*, p. 52), reverte no plano teórico numa prevalência das teses espiritualistas, e no plano prático num reaproveitamento das primeiras de molde a servir os modelos providencialistas.

[83] Ao professor cabia disponibilizar informação na máxima liberdade. A liberdade considerada por Agostinho não é a teórica, afirmada por via legal, mas uma liberdade ética, despojada de constrangimentos materiais ou sociais.

[84] Onde «se aprende a separar o corpo da alma e a corrompê-los a ambos» (Silva, Agostinho, «Considerando o Quinto Império», *Dispersos, op. cit.*, p. 196). A noção de cultura de Agostinho da Silva era sociológica-antropológica. O que Agostinho descreve, como Cultura, é a inovação em que baseia o «Departamento de Cultura», que cria e que dirige, em Santa Catarina (Faculdade de Filosofia, Ciências e Letras). É ainda, em Santa Catarina que funda o «Serviço de Missões Culturais».

competente equipa. Tentava, desse modo, fazer povo, porque o povo não existia. Podia ter escolhido outro modo de o fazer, mas decidiu-se pelo mais simples, pelo mais directo, alfabetização»[85].

No pensamento de Agostinho da Silva, educação e reforma económico-social dependem, interagem. É impossível pensá-las isoladamente. Agostinho imagina a *política dos três S's*: Sustento, Saber e Saúde. A alfabetização não vale por si, bem como o diploma universitário que pode não ter sentido real. «*Cuidado com o pleno sucesso escolar, só criará infelizes. O sucesso escolar tem que passar pelo sucesso humano*»[86]. A educação e liberdade implicam-se; esta não deve ser castradora, impositora e aniquiladora da criatividade. Uma escola que deixasse de modelar soldados e libertasse poetas[87]. O ensino concentra-se, não no sucesso académico mas na felicidade pessoal e na construção de cada indivíduo para uma sociedade melhor: «*o que vale é a obra comum*»[88].

Agostinho da Silva acreditava que o melhor modelo educacional se encontrava no Brasil: «*Na Europa [...] a mania é de que os alunos têm de aprender o que se lhes ensina. [...] O Brasil já está com o futuro; infelizmente ainda é obrigatório ir à escola, mas já não é obrigatório aprender. Pelo menos não terão desaprendido de ser gente, que é o que acontece com quem estuda*»[89].

A crítica ao modelo de ensino vigente estende-se às Universidades. Pugna pelo restabelecimento da instituição na sua pureza original, através de reformas adequadas. Visão dum modelo que enquadre o ideal de fraternidade e o espírito ecuménico do catolicismo, aberta à investigação, porquanto a Universidade não se quer meio de difusão de conhecimento feito, nem fábrica de operários para um sistema capitalista, especializado

---

[85] «Agostinho da Silva ou a cultura portuguesa em Portugal e no mundo. O que é preciso é criar povo, (entrevista a um grupo de jovens)». *A Ilha – suplemento cultural do Jornal da Madeira*, Funchal: 15 de Novembro de 1970, p. 7.

[86] Silva, Agostinho da, «Agostinho da Silva: A Europa vai morrer (entrevista a João Tocha)». *Universus*, 28 de Março de 1988, pp. VIII-IX.

[87] Idem, «Entrevista: Agostinho da Silva (entrevista a Ana Maria Guardiola & Maria da Conceição Moita)». *Cadernos de Educação de Infância*, nº 10, Lisboa: Abril-Junho de 1989, pp. 13-15.

[88] Silva, Agostinho da, «Onde a terra se acaba...», *Textos e Ensaios Filosóficos II*. Lisboa: Âncora Editora, 1999, p. 267.

[89] Idem, «Dona Rolinha», *Lembranças Sul-Americanas de Mateus Maria Guadalupe seguidas de tumulto seis e clara sombra das faias*. Lisboa: Cotovia, 1989, p. 31.

e desumanizado. Tomando em mãos este ideal, empenhou-se em materializá-lo na construção da Universidade de Brasília de forma modelar: *«um ponto de apoio, do qual vamos partir para essa aventura extraordinária que é a de reatar o que ficou interrompido nos século XV e XVI»*[90].

Em «Presença de Portugal» (1962) retrata um ensino universitário brasileiro *«totalmente divorciado não só do estado económico em que se encontra o Brasil e até do seu desenvolvimento cultural, mas divorciado ainda da própria mentalidade brasileira»*[91]. Compreendendo o «peso morto» que tal tipo de ensino significava e explicando o quão difícil era mudar instituições já estabelecidas, foca as suas esperanças numa Universidade criada de raiz segundo novas directrizes. *«Simplesmente aconteceu que, também por várias circunstâncias, se pôde criar no Brasil uma cidade nova para ser capital do país. E então apareceu naturalmente e como necessidade imediata que houvesse nessa capital uma Universidade. E surgiu, depois dessa necessidade, uma possibilidade – a de que essa Universidade fosse totalmente diferente das outras universidades do país.»*[92]; uma Universidade em que os vestibulares fossem apenas de carácter selectivo; em que para além da especialização se pensasse no indivíduo em si; com uma organização curricular diversa, sem professores carreiristas, aberta pelos cursos livres, exposições, conferências, entre outras actividades, à população não universitária; atribuição de bolsas, aberta aos alunos dos estados federados, a um determinado contingente de latino-americanos e africanos; uma Universidade fraterna e ecuménica[93].

O ideal de ensino inovador, fora do academismo vigente, também foi defendido, pelo antropólogo Darcy Ribeiro, idealizador, fundador e primeiro reitor da UnB – Universidade de Brasília[94]. Esta, seria criada, dois anos após Brasília se tornar a terceira capital da Republica Federativa do Brasil, a 21 de Abril de 1960, pelo então Presidente Juscelino Kubitschek de

---

[90] Idem, «Presença de Portugal», *Ensaios sobre Cultura e Literatura Portuguesa e Brasileira I*, 1ª ed., Col. «Obras de Agostinho da Silva», Lisboa: Âncora Editora, 2000, p. 131.

[91] Idem, ibidem, p. 119.

[92] Idem, ibidem, p .120.

[93] Idem, ibidem, pp. 261-264.

[94] A UnB foi a primeira Universidade no Brasil a ser dividida em Institutos Centrais e faculdades. Os cursos tinham um tronco comum e depois de dois anos prosseguiam nos respectivos Institutos e faculdades.

Oliveira. Após intensas quezílias quanto à sua localização[95], foi autorizada a 15 de Dezembro de 1961, pela lei 3.998 sancionada pelo, então, Presidente da República João Goulart.

Esta devia ser encarada como uma Universidade de integração, no duplo sentido de integração de todas as universidades brasileiras numa rede, bem como do próprio Homem. A formação não poderia significar predomínio da técnica sobre o humano. A Filosofia devia ser tomada no sentido universal e englobante. Neste sentido, sustenta que na Universidade de Brasília não se devia enquadrar uma Faculdade de Letras sem quebrantar o sucesso da própria Universidade na sua totalidade. Questão que defendeu perante carta ao reitor, mas não aplicada.[96] Devia garantir-se uma formação social alargada e que possibilitasse aos alunos frequentar cadeiras externas ao seu curso. Recorrendo ao ideal monástico de S. Bento e da comunidade por ele formada[97], o pedagogo portuense, apontava, nesta altura, que «*Precisaríamos de juntar a tudo o que a Universidade de Brasília já é, ou teoricamente poderá vir a ser, dois elementos que lhe faltam: o trabalho e a pobreza*»[98].

Para garantir o ideal de agregação, Agostinho projecta o Instituto de Teologia, para que a integração começasse dentro da Universidade. O ideal integrador é aqui entendido em dois sentidos: o centro é projectado «*como centro agregador de toda a formação ministrada na nova Universidade, totalmente virada para a integração dos saberes*»[99], para que da Universidade

---

[95] Acabando por ser fundada em 21 de Abril de 1962, fazendo parte do Plano Piloto da capital. As disputas em torno da sua fundação não se limitaram à questão física alargando-se ao projecto de ensino; as discussões encaminhadas pelo seu primeiro presidente do Conselho Director da Fundação Universidade de Brasília, o pedagogo Anísio Teixeira (1900-1971), responsável pela criação da inovadora Escola--Parque na Bahia e combatente por ensino para todos; reitor da UNB em 1963 e o antropólogo Darcy Ribeiro (1922-1997), seu discípulo, eleito seu primeiro reitor. Com o golpe de 1964 o projecto inicial foi comprometido. Sendo palco durante a ditadura da revolta estudantil e da entrada de militares na instituição em 1968. Veja-se a este respeito: Ribeiro, Darcy, *UnB – Invenção e Descaminho*, Brasília: Avenir ed., 1978.

[96] Silva, Agostinho da, «Presença de Portugal», *Ensaios sobre Cultura e Literatura Portuguesa e Brasileira I*. Lisboa: Âncora Editora, 2000, p. 120.

[97] Manso, Artur Manuel Sarmento, «Filosofia Educacional na Obra de Agostinho da Silva», *op. cit.*, p. 194.

[98] *Idem*, «Notas para uma posição ideológica e pragmática da Universidade de Brasília», *Dispersos, op. cit.*, pp. 246-247.

[99] Manso, Artur Manuel Sarmento, «Filosofia Educacional na Obra de Agostinho da Silva», *op. cit.*, p. 195.

saiam, futuramente, «poetas à solta», «criadores»[100]. E para que se cumpra a «*integração de um vasto mundo que o Brasil está fadado a assumir a liderança [...] dentro de inabaláveis tradições de fraternidade cristã, de humanismo liberal e disponibilidade criadora*»[101].

Após uma recusa inicial do reitor «*passado um ano, ou passados dois anos, a ideia foi realizada e aqueles homens, que são fundamentalmente de mentalidade positiva, tinham feito duas coisas extraordinárias – chamaram para o Conselho Director da Universidade o Provincial dos Dominicanos, Frei Mateus, e introduziram nela um Instituto de Teologia que vai precisamente ser entregue à Ordem dos Dominicanos. [...] há um alicerce sobre o qual terão de construir aquilo que desejam construir. // Quando lhes perguntei qual seria a minha função naquela Universidade, disseram-me que seria ali a «presença de Portugal»*»[102].

O problema de ser «presença de Portugal» ia para além do ensino da Literatura ou da História; no caso de outros países o problema tinha sido resolvido sob a forma de convénio com as embaixadas e de seus governos com Brasília, instituindo-se as «Casas Nacionais». Agostinho recusou, imediata e veementemente, essa solução para Portugal: «*- Ou arranjamos outra solução, ou virei aqui apenas ensinar Literatura Portuguesa como poderia ensinar em qualquer outra parte do Brasil, mas nada mais! [...] porque nós não somos estrangeiros. [.] não só não somos, como estamos no próprio cerne da nacionalidade brasileira*»[103].

A noção de nação, alargada por todas as comunidades que partilham da mesma língua e cultura, e a concepção providencialista e ecuménica para Portugal, impunham uma prática diferente. Para Agostinho a criação, por conseguinte, deveria ser interna à Universidade. Neste sentido, funda com Darcy Ribeiro (reitor) o «Centro Brasileiro de Estudos Portugueses», pelo qual se tornaria responsável, assente na alegoria do «*encontro das*

---

[100] Silva, Agostinho da, «Notas para uma posição ideológica e pragmática da Universidade de Brasília», *Dispersos, op. cit.*, pp. 243-245.

[101] Silva, Agostinho da, «Carta do Brasil – Portugal na Universidade de Brasília», *Colóquio Revista de artes e Letras*, nº18, Lisboa, Maio de 1962, p. 46.

[102] Idem, «Presença de Portugal», *Ensaios sobre Cultura e Literatura Portuguesa e Brasileira I*, Lisboa, Âncora Editora, 2000, p. 121.

[103] Idem, ibidem, p. 125.

duas nações»[104]. Algo que reconstituísse a presença portuguesa, algo que se construísse no coração da Universidade e assim, foi pensado junto ao «Museu da Civilização Brasileira», perto da entrada da Universidade. Os Arquitectos Alcides da Rocha Miranda, Lúcio Costa e Niemeyer propõem o transporte, simbólico e real, de uma casa de Portugal «*a plantação de terra de Portugal no coração do Brasil*»[105]. Proposta a que Agostinho adiciona a ideia de plantar pinheiros do Pinhal de Leiria, aquilo que Portugal, tem de mais lírico e aventureiro; impõe-se criar uma presença forte e telúrica.

O centro foi assim criado em Brasília, numa universidade inteiramente pública e flexível, ponto de apoio ao relançamento da aventura portuguesa interrompida no século XV e XVI, onde o Portugal em crise se poderia relançar ao mundo. Propôs-se Agostinho partir de um barracão, lançar a sua inauguração no simbólico dia 13, esperando que outro edifício nascesse de dentro desse; o importante era construir a «História do Futuro» de Vieira – desse Império do Espírito Santo simbolizado na Capela do Espírito Santo e promover o «Centro de Estudos Clássicos» que funcionou até 1968, sob a direcção de Eudoro de Sousa; «*em que o (...) alvo de filologia clássica (...) não era Heidelberg, alma mater desse extraordinário sábio e pensador que é Eudoro de Sousa, mas o encontro do mais profundo que havia nos matos caboclos, mesmo que da cidade fossem, donde vinham seus melhores discípulos*»[106].

Deste centro foram colaboradores: João Evangelista de Andrade, Xavier Carneiro, António Telmo Vitorino, Ordep Serra, João Ferreira, Jair Gramacho, Emanuel Araújo, Maria Luísa Roque, entre outros. O ideal de um «Serviço Geral de documentação», a construção da excelente «Biblioteca do Centro de Estudos Clássicos»[107]; corporificam o ideal de conhecimento disponível a todos.

O «Centro Brasileiro de Estudos Portugueses», criado por Agostinho, «*no meio de toda a confusão e ajudado, em Brasília, pelo desperto entendimento*

---

[104] Idem, ibidem, p. 126.

[105] Idem, ibidem, p. 127.

[106] Silva, Agostinho da, «"Nota prévia" – Bahia – Colecção de Folhetos», *Textos Vários e Dispersos*. Lisboa: Âncora Editora, 2003, p. 161.

[107] Sobre este assunto e sobre a perspectiva de reconstrução de um Centro Brasileiro de Estudos Clássicos, veja: Silva, Agostinho da, «"Centros" – Bahia – Colecção de Folhetos», *Textos Vários e Dispersos, op. cit.*, pp. 171 e 172.

de Darcy Ribeiro, em Lisboa, pela decidida acção de Adriano Moreira [...] ponto de união de todos os intelectuais do mundo português»[108] foi pensado como continuação natural do «Centro de Estudos Afro-Orientais»[109] que havia criado em 1959, com o reitor Edgard Santos, na Universidade Federal da Bahia, dedicado ao estudo das influências africanas e asiáticas na cultura brasileira, por certo atraído pela espiritualidade baiana de raiz africana.

Neste interesse em pensar Portugal, esse Portugal estendido sobre os cinco continentes, Agostinho vê a criação do «Centro de Estudos Portugueses» em Brasília como um local privilegiado para a investigação e aproximação destas nações separadas artificialmente; para um reforço das relações Portugal-Brasil e para que dele partisse um esforço de compreensão do Brasil, em si mesmo. Neste sentido, retoma a ideia do «Núcleo de Pesquisas do Recôncavo»[110], no Convénio entre as Universidades de Brasília e Bahia, propõe ainda, instalar um posto de pesquisas no Maranhão. Este centro seria também propedêutico à criação de um «Centro Brasileiro de Estudos Indígenas».

Porquanto pretendia que se estudasse tudo o que confluía para o Brasil e identificava as comunidades de língua portuguesa na sua pluralidade. A compreensão da sua tradição cultural significava para o Brasil, o seu progresso político; importava para que Portugal fosse pensado enquanto «amálgama de comunidades»[111].

É com afinco ecuménico que idealiza a «Capela do Espírito Santo» que pretendia erguer e que reataria simbolicamente esse rumo, foco de irradiação do génio português e do seu jeito de conviver[112]; «*ajudando a cumprir a profecia de D. Bosco, de quem se diz ter sonhado que no remoto interior das Américas*

---

[108] Silva, Agostinho da, «Cartas a São Félix», in *Ensaios sobre Cultura e Literatura Portuguesa e Brasileira II*. Lisboa: Âncora Editora, 2001, p. 119.

[109] Sobre o CEAO veja, Silva, Agostinho, «Da existência do CEAO», Idem, *Ensaios sobre cultura e literatura portuguesa e brasileira II, op. cit.* pp. 37-40.

[110] Sobre as dificuldades sentidas depois do movimento de 64 a este projecto, as lutas interinas da universidade pela sua politização, a burocratização, a dificuldade quanto aos fundos, Silva, Agostinho, «Cartas a São Félix», *Ensaios sobre Cultura e Literatura Portuguesa e Brasileira II, op. cit.*, pp. 120-121.

[111] Idem, «Presença de Portugal», *Dispersos*. Lisboa, ICALP, 1989, p. 218 e ss.

[112] Idem, «Presença de Portugal», *Dispersos, op. cit.*, p. 218; «Portugal na Universidade de Brasília», *Colóquio, Revista de artes e Letras*, nº18, Lisboa, Maio de 1962, p. 46 e «Notas para uma posição ideológica e pragmática da Universidade de Brasília», *Dispersos, op. cit.*, pp. 241-252.

haveria de nascer uma cidade completamente nova que se assumiria, na sua dimensão ecuménica e face ao resto do Mundo, como capital da esperança»[113].

Este foi um sonho por cumprir, uma vez que tanto o «Centro de Estudos Portugueses» como o «Centro de Estudos Clássicos» viriam a encerrar: «*o único foco de inteligência que, passados os tempos da fundação, animou a Universidade de Brasília e foi, por isso, extinto; como era natural dentro dos domínios que estudavam e das atitudes que assumiam, acabaram todos, direitinho, por engolir suas cicutas*»[114]. Acerca deste facto, Agostinho escreve: «*a extinção do Centro de Estudos Clássicos da Universidade de Brasília [...] lhe destruiu o centro, o eixo, o núcleo cultural, tornando-a simples fábrica de engenheiros, médicos professores ou advogados; como a extinção do Centro Brasileiro de Estudos Portugueses a desnacionalizaria, tornando-a uma simples sucursal ou cópia [...] de qualquer medíocre Universidade americana*»[115].

Ao projecto se «*opunham as estruturas económicas, educacionais, políticas e burocráticas que não eram, nem podiam ser, nas circunstâncias, objecto de qualquer espécie de reforma [...] é como criar batata-doce no Pólo Norte: é possível enquanto a estufa funcionar: mas a estufa governamental que protegia Brasília durou apenas dois anos, e dois anos muito mal aproveitados*»[116].

No seu regresso, Agostinho catapulta para Portugal o seu ideal de ensino. À semelhança de Alexandre Ferreira e Bento Caraça que estiveram à frente da Universidade Popular, nos anos 20, da sua própria actividade e motivação nos finais da década de 30 e princípios de 40, lançar-se-á no projecto de institucionalização em prol do livre conhecimento[117]. Por

---

[113] Manso, Artur Manuel Sarmento, Filosofia Educacional na Obra de Agostinho da Silva, *op. cit.*, p. 198.

[114] Silva, Agostinho da, «"Nota prévia" – Bahia – Colecção de Folhetos», *Textos Vários e Dispersos*. Lisboa: Âncora Editora, 2003, p. 161.

[115] Silva, Agostinho da, «Beira-Moçambique. Clássicos do mundo português. Um prefácio geral», *Dispersos*, *op. cit.*, p. 505.

[116] Silva, Agostinho da, «Cartas a São Félix», *Ensaios sobre Cultura e Literatura Portuguesa e Brasileira II*, *op. cit.*, p. 118.

[117] Já com a criação do Núcleo Pedagógico Antero de Quental pretendia promover um ensino aberto: «... realizar missões de cultura, organizar uma Universidade Radiofónica, cursos por correspondência, visitas a Museus, e [...] a publicação dos trabalhos de iniciação cultural» – Silva, Agostinho da, dir. do núcleo, em «carta – circular» (p. 2) pertencente ao espólio particular do Prof. Joaquim de Magalhães.

escritura de 21 de Julho de 1988, no Cartório Notarial de Portel, são criados os Estudos Gerais Livres (EGL)[118].

Os EGL resultam da conjugação de forças de um grupo de professores com o objectivo de criar um ensino gratuito. Resulta antes de mais, numa associação de direito público, sem fins lucrativos e que se quer independente de tendências e partidarismos políticos, visando transmitir à comunidade o resultado a investigação dos seus associados[119]; incentivar a investigação em geral; estimular o estudo e difusão da cultura portuguesa e contribuir para o intercâmbio e difusão de conhecimentos. Seria uma educação livre, gratuita, sem provas de admissão ou diplomas ministrado por meio de conferências, cursos livres, seminários, congressos, visitas de estudo, entre outras formas de acção a serem promovidas em consonância com os objectivos em vista. Resulta dum entendimento, «uma profissão de fé»[120] comum dos dois professores Agostinho e Viegas Guerreiro[121], no ideal de «ensinar tudo para todos»[122], «ideal profundamente cívico»[123].

Impõe-se ensinar sem o constrangimento do «rendimento»: *«Queremos lançar para fora ideias, conceitos, pontos de vista, informação e teorias que apuram o que é isso da cultura, sem que os professores tirem disso qualquer benefício material. Tal como os alunos nada têm de pagar, e é esta dimensão que é curiosa: aprende-se para ensinar e quer quem ensina, quer quem aprende, nada tem de pagar. Isto é um princípio que deveria até poder um dia ser geral»*[124].

Inicialmente, os EGL terão tido apoio por parte da Secretaria de Estado e Ensino Superior[125], tendo sido disponibilizados pelas entidades

---

[118] Foram outorgantes na escritura de constituição dos Estudos Gerais Livres: («Primeiro») Professor Manuel Viegas Guerreiro; («Segundo») e («Terceiro») Dr. Alexandre Lafayette Palermo Estevão da Silva.

[119] Começam por ser 150. Ferreira, Francisco Melo, *Fotobiografia de Manuel Viegas Guerreiro*, Col. «Fotobiografias», s.l., Fundação Viegas Guerreiro, 2006, p. 171.

[120] Ferreira, Francisco Melo, *Fotobiografia de Manuel Viegas Guerreiro, op. cit.,* p. 175.

[121] Sobre o contacto e mútua admiração entre estes dois mestres veja-se Ferreira, Francisco Melo, *Fotobiografia de Manuel Viegas Guerreiro, op. cit.,* pp. 165-168 e 173-179.

[122] «Agostinho da Silva abre Estudos Gerais», *Jornal SÁBADO, apud,* Ferreira, Francisco Melo, *Fotobiografia de Manuel Viegas Guerreiro, op. cit.,* p. 171.

[123] Martinho, Maria Antónia, «"Estudos Gerais Livres" ou a Infinita Liberdade de Ensinar», [Entrevista ao prof. Manuel Viegas Guerreiro]. *Diário de Lisboa*, 27 de Abril de 1989, p. 7.

[124] *Idem, ibidem,* p. 7.

[125] *Idem, ibidem,* p. 7.

públicas dois espaços para as «lições»: o Auditório do Museu Nacional de Arte Antiga (onde se realizariam várias conferências às quartas-feiras) e o Pavilhão das Descobertas (cedido pelo presidente da Câmara Municipal de Lisboa).

A primeira conferência intitulada «Estudos Gerais» foi apresentada por Agostinho da Silva a 3 de Maio de 1989, no Auditório Nacional de Arte Antiga, à abertura presidiu o Sr. Presidente da República, Dr. Mário Soares. Pensava Agostinho em alargar a acção dos EGL, através da criação de delegações regionais uma vez que «*o verdadeiro analfabetismo nunca acaba, já que o grave não é o não saber ler e sim o não entender o que se lê. […] o ideal é haver em cada aldeia portuguesa pessoas que possam ensinar aquilo que as outras desejam aprender, num intercâmbio que começa a ser colocado em prática com os Estudos Gerais Livres*»[126]. Segundo o testemunho de Viegas Guerreiro a saúde de Agostinho «*não lhe consentiu que acompanhasse de perto, como seria seu gosto, as actividades dos Estudos Gerais Livres*»[127].

No ano da morte de Agostinho, em 1994, através do «Protocolo Cultural entre os Estudos Gerais Livres e a Universidade de Lisboa», fica estabelecido um modelo de cooperação, com enfoque nos «aspectos infra-estruturais», tendo sido disponibilizada a sala de conferências da Reitoria da Universidade de Lisboa «para a realização das suas acções e disponibiliza na medida do possível o apoio logístico à sua concretização através do Gabinete de Relações Públicas»; abrindo na cláusula 5 a possibilidade de maior abrangência cooperativa[128].

As comunidades de língua e cultura portuguesa

Agostinho reconheceu em Adriano Moreira, um autor da construção efectiva de uma comunidade luso-afro-brasileira, que desde os anos 60 trabalhava a ideia de forma inovadora: «*o Prof. Doutor Adriano Moreira, que […] com Darcy Ribeiro […] realizaram em Moçambique, a Academia*

---

[126] «Agostinho da Silva abre Estudos Gerais», *Jornal SÁBADO, apud* Ferreira, Francisco Melo, *Fotobiografia de Manuel Viegas Guerreiro, op. cit.*, 2006, p. 171.

[127] Guerreiro, Manuel Viegas, *cit. por* Ferreira, Francisco Melo, *Fotobiografia de Manuel Viegas Guerreiro, op. cit.*, p. 171.

[128] Cf., *Protocolo Cultural entre os Estudos Gerais Livres e a Universidade de Lisboa*, Reitoria – Universidade de Lisboa, 25 de Outubro de 1994.

Internacional de Cultura Portuguesa e a União das Comunidades de Cultura Portuguesa»[129]. De facto, Agostinho partilhou com Adriano Moreira, o objectivo do estreitamento dos laços entre os povos de expressão portuguesa.

Reverte o seu ideal de 'mundo a haver', na praxis pedagógica, em particular através do incentivo à criação de centros para a investigação e apontando como destino a criação de uma «Universidade de Língua Portuguesa» e do claro objectivo político de (con) federar os povos[130]. O modelo pedagógico de escola organizada em comunidade, em torno de interesses comuns e interculturalidade, aliava um providencialismo internacionalista e um voto ecuménico, propondo a abertura de centros para a investigação do «ser português» nas suas diversas cambiantes; em Macau um «Centro Brasileiro de Estudos do Oriente», um «Centro Brasileiro de Estudos Ibéricos», na Galiza. Em 1988, em Moçambique, propõe a «Casa de Estudos – Tomás Gonzaga». Propostas várias de conteúdo cultural eminente, para a tradução de obras em português «*para que fiquem disponíveis aos estudantes*»[131], uma universidade fincada na «revelação»[132] e a reciprocidade de contactos de alunos e professores de todos os países que mantêm o ensino de língua portuguesa[133], têm um conteúdo político subjacente: o desejo de criar uma universidade de língua portuguesa; ideia que indica ter colhido em «Oliveira Ramos do Porto e do Deus Pinheiro de Braga»[134].

Nesse sentido, e enquanto não estivessem criadas as condições ideais[135] a tal projecto, propõe a criação de uma «Associação das Universidades de

---

[129] Idem, «Beira-Moçambique. Clássicos do mundo português: Um prefácio geral», *Dispersos, op. cit.*, p.508.

[130] Agostinho exibe uma perspectiva, que apesar do cariz espiritualista, vai de encontro ao que outros apresentam como opção geoestratégica racional: aproveitar «o peso internacional da sua língua após a descolonização, com o subsequente aparecimento de novos países de língua portuguesa na cena internacional, aumentam a influência portuguesa na articulação entre a Europa e a África.» (Ferreira, J. Medeiros, *Estudos de Estratégia e Relações Internacionais*, Lisboa, Imprensa Nacional, 1981, p. 27).

[131] Idem, «Beira – Moçambique. Clássicos do mundo Português: Um prefácio geral», *Dispersos, op. cit.*, p. 502.

[132] Idem, *Ir à Índia sem abandonar Portugal* [entrevista a Gil de Carvalho e Hermínio Monteiro]. Lisboa: Assírio & Alvim, 1994, p. 45.

[133] Idem, «Proposta aprovada por aclamação em 25/03/83 no encontro: Portugueses no mundo – uma cultura a preservar", *Dispersos, op. cit.*, p. 750.

[134] Idem, «Agostinho da Silva: A Europa vai morrer (entrevista a João Tocha)», *Universus*, 28 de Março de 1988, pp. VIII-IX, p. VIII.

[135] Momento que associa a transição de Macau para soberania chinesa.

Língua Portuguesa», sediada em Cabo-Verde ou na Guiné[136], cuja fórmula mais aproximada se consubstancia na «Associação das Universidades de Língua Portuguesa» – AULP.

Agostinho, no sonho e na acção, terá contribuído para a criação da CPLP[137] – Comunidade de Países de Língua Portuguesa. Sabe-se hoje como foi fundamental a sua influência junto do então Embaixador do Brasil José Aparecido de Oliveira, um dos fundadores da Comunidade Política[138]. Isabel Pires de Lima, Ministra da Cultura do XVII Governo Constitucional de Portugal, considera-o uma espécie de «visionário», «*anteviu a importância de uma comunidade de países de língua para a afirmação de cultura lusófona num mundo globalizado que é dominado pela cultura anglo-saxónica*»[139].

O processo de descolonização, iniciado no seguimento do 25 de Abril de 1974, conflui para a necessidade de repensar e redefinir o 'conceito estratégico nacional'. Esgotado o modelo de messianismo assente no ideal evangelizador tal como era firmado na *Constituição de 1933*; face às mudanças estruturais internas e de contexto internacional; na sequência da alteração do carácter das fronteiras, do processo de integração europeia em curso e da tendência globalizadora; coloca-se a necessidade de repensar

---

[136] Silva, Agostinho da, «É urgente unir as Universidades de Língua Portuguesa (entrevista a Orlando Raimundo)», *Dispersos, op. cit.,* pp. 121-123.

[137] Lançada em Novembro de 1989, em São Luís do Maranhão, por ocasião da realização do primeiro encontro dos Chefes de Estado e de Governo dos países de Língua Portuguesa – Angola, Brasil, Cabo Verde, Guiné-Bissau, Moçambique, Portugal e São Tomé e Príncipe, a convite do Presidente brasileiro, José Sarney. Em Fevereiro de 1994, ano da morte de Agostinho, foi dado um passo decisivo: os ministros dos Negócios Estrangeiros e das Relações Exteriores, reunidos em Brasília, decidem recomendar aos seus Governos a realização de uma Cimeira de Chefes de Estado e de Governo com vista à adopção do acto constitutivo da Comunidade dos Países de Língua Portuguesa e acordaram na constituição de um Grupo de Concertação Permanente, sedeado em Lisboa. Em 17 de Julho de 1996 «foi criada a Comunidade dos Povos de Língua Portuguesa (CPLP), incluindo Portugal, Angola, Guiné-Bissau, Cabo-Verde, Moçambique, São Tomé e Príncipe e Brasil, uma tentativa de definição de *solidariedades horizontais*, como acontece com o projecto da *francofonia*, (...)» Moreira, Adriano, «*Situação Internacional Portuguesa*». *Análise Social, vol. XXXV (154-155),* 2000, p. 319.

[138] Mota, Helena Maria Briosa e, «*Cidadania e Educação: sonho e realidades. Agostinho da Silva, um precursor exemplar, em Portugal e no Brasil, de uma efectiva educação para a cidadania*», in *Congresso internacional Agostinho da* Silva, Lisboa, 2004. Disponível on-line em *http://www.scribd.com/doc/6387093/Agostinho-da-Silva-1* [consultado a 1 de Agosto de 2009].

[139] Lima, Isabel Pires de, *apud* «CPLP deve aproveitar potencialidades da RTP Internacional». *Notícias Lusófonas,* 12 de Maio de 2005.

o lugar de Portugal no mundo[140]. Tal como para Adriano Moreira, para Agostinho não se trata duma questão de crise de identidade; para ambos é mais uma crise do Estado Soberano[141]. Frente a este facto, ambos assinalam a importância estratégica de cooperação com os países de cultura e língua portuguesa.

Como homem do seu tempo, não são estranhas às ideias de Agostinho, a partilha e a crítica de ideias que se impunham em outros autores de viragem na primeira metade do século, as concepções milenaristas presentes em Pessoa; os ideias educativos, a crença no aperfeiçoamento humano ou ainda essa experiência lusófona que se reconhece em Jaime Cortesão. Num projecto escatológico que vivia da espiritualidade, da crença, da exaltação da liberdade, comutava a prioridade material da regeneração por um esforço educativo; por uma aposta descentralizadora, pela abolição da propriedade, na direcção de uma fraternidade ecuménica.

O Império de que Agostinho falava não diz respeito a uma concretização física, territorial, a uma qualquer centralização do poder ou domínio dum povo; antes o concebe como um almejar colectivo. Importava um Império de fraternidade, nele «*o Espírito fluiria livremente*»[142].

Intelectual comprometido, Agostinho da Silva defendeu a liberdade, cumprida pelo sonho individual. Para a equidade, escolheu como armas de combate, a divulgação cultural e a conferência, a biografia e a ficção, a poesia e a tradução, a reflexão, o ensaio poético e filosófico; conceptualizou e disseminou o sonho de uma Confederação dos Povos de Língua Portuguesa. Assim, também contribuímos nós.

---

[140] Moreira, Adriano, «Situação Internacional Portuguesa», *Análise Social*, vol. XXXV (154-155), 2000, pp. 315-326.

[141] Para o Prof. Doutor Adriano Moreira destaca-se a necessidade de relançar Portugal a nível geoestratégico, perante a reformulação da «hierarquia de potências» a nível internacional; para Agostinho é antes de mais, uma questão de valores (*lusófonos* e *europeístas*); mas ambos são coincidentes na indispensabilidade de reconsiderar alinhamentos políticos, da cooperação com o mundo português e do papel imprescindível que a educação tem a desempenhar, neste processo de adaptação a um novo contexto nacional e internacional.

[142] Agostinho, Pedro, «Agostinho da Silva, Pressupostos, Concepção e Acção de uma Política Externa do Brasil com Relação a África». *Encontros*, Revista Luso-españolas de investigaciones en Ciências Humanas y Sociales, nº 3, Olivenza, 1997, p. 37.

Adolfo Casais Monteiro:
o percurso errante de um homem de cultura

Paulo Vicente

Adolfo Casais Monteiro nasceu no Porto, na freguesia de Massarelos, no dia 4 de Julho de 1908 e faleceu no dia 24 de Julho de 1972, em São Paulo, terra que o haveria de acolher em resultado das perseguições policiais de que fora alvo durante vários anos. Condicionado profissional e intelectualmente, em 1954 foi convidado pela Universidade de São Paulo para proferir uma conferência sobre Fernando Pessoa, Crítica Literária e Literatura Portuguesa e nunca mais regressou. Com o exílio consolidou os laços afectivos com o Brasil, sem nunca esquecer o seu país, denunciando a natureza autoritária do Estado Novo e do seu mentor, Salazar.

A obra de Casais Monteiro é vastíssima e prolonga-se não só pelos estudos, poesia e compilações de artigos publicados, mas, sobretudo, pelos textos publicados nas inúmeras revistas literárias e jornais. Ao revelar-se a vida multifacetada de Casais Monteiro como escritor, cronista, poeta, intelectual, cidadão activo e, acima de tudo, um homem a quem a Europa se assoma, o autor torna-se a voz de uma época[1].

Percurso cívico e intelectual

Depois de terminado o curso secundário em 1925, Casais Monteiro licenciou-se em 1929 na Faculdade de Letras da Universidade do Porto

---

[1] Tornada, Joana de Matos, «Adolfo Casais Monteiro – a voz de uma época», Coimbra: Faculdade de Letras, Universidade de Coimbra, Junho de 2004. Trabalho de Seminário subordinado ao tema Elites Intelectuais, Política Cultural, Percepção da Europa sécs. XIX-XXI orientado pela Professora Doutora Manuela Tavares Ribeiro.

no curso de Ciências Históricas e Filosóficas, donde lhe ficou a profunda estima e amizade pelo professor e filósofo Leonardo Coimbra. Em 1930 começou a frequentar o Liceu Normal, em Coimbra, onde se licenciou em ciências pedagógicas. Exerceu a profissão de docente, no Liceu Rodrigues Freitas, até 1937 no Porto.

No período de universitário contara com colaborações em revistas literárias e jornais como a *República*, com Eduardo Salgueiro, e mais tarde com Leonardo Coimbra e Sant'Ana Dionísio participou na direcção da revista *A Águia*.

Em 1930, integrou a direcção da *Presença*[2] (depois do afastamento de Branquinho da Fonseca), a convite de José Régio, onde esteve até 1940 (ano da sua extinção[3]). Casais Monteiro iniciou a sua participação na *Presença* em 1928 quando publicou na revista o artigo «Sobre Eça de Queirós» (nº17, Dezembro de 1928), mas assumir a direcção da revista foi para o autor uma *iluminação*. Em 1929, vem à estampa *Confusão*, sob a égide das edições Presença, o seu primeiro livro de poesia.

Da sua colaboração na *Presença*, assinalam-se ensaios, poemas e críticas de pendor vanguardista e reflexivo. Casais empenhou-se na divulgação e celebração dos poetas do *Orpheu*, especialmente Mário de Sá-Carneiro e Fernando Pessoa[4], nos quais admirava a sublime expressão da humanidade do homem. Igualmente importante foi a actividade de divulgação de poetas brasileiros, entre eles, Manuel Bandeira, José Lins do Rego, Cecília Meireles.

À volta da revista *Presença* reuniu-se um grupo de colaboradores, de diferentes gerações (Pessoa, Álvaro de Campos, Sá-Carneiro, Luís de Montalvor, Adolfo Rocha, António Pedro, Carlos Queiroz, Mário Dionísio, entre outros), que se assumiram como um grupo com objectivos claros: divulgar os modernistas que se haviam destacado no *Orpheu* («mestres da

---

[2] A *Presença, folha de arte e crítica*, foi criada a 10 de Março de 1927. Publicada em Coimbra, dirigida por João Gaspar Simões, José Régio e Branquinho da Fonseca, a revista foi um espaço de divulgação e convívio da vanguarda intelectual portuguesa.

[3] Monteiro, Adolfo Casais, *O que foi e o que não foi o movimento da Presença*. Lisboa: Imprensa Nacional – Casa da Moeda, 1995.

[4] Destaque-se a preciosíssima correspondência que manteve com Fernando Pessoa, em particular a famosa carta de 13 de Janeiro de 1935, onde Pessoa clarifica a origem dos seus heterónimos, publicada na *Presença*, nº49, Junho de 1937, pp. 1-4; seguida de uma nota de Adolfo Casais Monteiro.

independência») e dar a conhecer outros autores europeus, nomeadamente, Valéry, Proust, Gide, Apollinaire, Freud, Bergson. No panorama literário português distinguem-se pela juventude, pelos novos valores (modernos de originalidade e sinceridade) e até com um aspecto gráfico inovador, dadas as colaborações significativas de Almada Negreiros, Mário Eloy e Arlindo Vicente. Os «presencistas» esforçaram-se por arejar o mundo intelectual do país e dedicaram-se à crítica, teorização e produção literária (publicaram poemas, excertos de romances, canções e peças de teatro). Elevaram o cinema, a dança e a pintura ao nível das outras artes. Defendiam a crítica livre contra o jornalismo rotineiro, a valorização do individual sobre o colectivo, do psicológico sobre o social e da intuição sobre a razão.

Órgão controverso e avesso a cartilhas, Casais Monteiro integra a direcção depois da cisão que levou Branquinho da Fonseca, Edmundo Bettencourt e Miguel Torga a afastarem-se da revista. A sua colaboração fica marcada pelo ensaio crítico, poesia, artigos de opinião (onde não faltam por vezes a crítica mordaz e ironia cortante), crítica literária, bem como divulgação de autores brasileiros[5]. Casais encontra nos textos dos autores brasileiros um sentimento comum, o de sentir profundamente o homem e a humanidade na sua complexa natureza.

Em 1940, a revista extingue-se, fruto de desentendimentos entre os seus directores. Casais Monteiro defendia que a literatura devia dar mais atenção aos problemas sociais e políticos do seu tempo («*a minha atitude crítica e a minha actuação como director da «Presença» se caracterizaram desde sempre por uma diferença, todavia, não me parecia... diferença*[6]».), o que não era entendido por José Régio e, especificamente, por João Gaspar Simões. Este rompimento, naquele contexto, não pode ser alheio à transformação rápida do mundo em 1940, mudança mais significativa quando se olha para as

---

[5] «A obra de homens que de um e outro lado do Atlântico tinham consciência de representar o espírito vivo dos dois países (...) cumprindo realmente a sua função de intelectuais». Monteiro, Adolfo Casais, «Saudação a José Lins do Rego», in Seara Nova, n.º 1248-49, ano XXX, 1, 8, 15, 22 e 29 de Março de 1952, p. 34. Cit. Tornada, Joana de Matos, art. cit., p. 12.

[6] Excerto da carta de Adolfo Casais Monteiro enviada a Eduardo Lourenço em resposta ao seu artigo «"Presença" ou a Contra-Revolução do Modernismo», in Tempo e Poesia, 1a ed., s.l: Gradiva, 2003. Este artigo, que motivou a pronta reacção de Casais Monteiro, foi inicialmente publicado no Comércio do Porto – Suplemento Cultura e Arte, 14 de Junho e 6 e 28 de Julho de 1960, onde se omitem as referências a Casais Monteiro por imposição da censura.

últimas décadas. Na verdade, o choque provocado pela Guerra Civil de Espanha e pela Segunda Guerra Mundial não poderiam passar indiferentes a homens de grande sensibilidade como Casais Monteiro.

A colaboração de Casais Monteiro na revista *Seara Nova* começou com o artigo «Entre a arte e a política» (nº224, 30 de Outubro de 1930). Imediatamente se constata como reflectiu sobre o problema dos intelectuais e artistas perante o poder político, manifestação oculta de uma questão mais profunda sobre o papel do intelectual e da cultura na transformação da sociedade e impotência com que este se deparava. O período entre as duas guerras foi assinalado por constrangimentos à actividade intelectual e artística, graças à imposição de paradigmas e limites às expressões criativas. Casais Monteiro insiste em afirmar que o artista é aquele que se liberta, por isso está ligado à vida e age nela (tal como o político). Mas é preciso não incorrer em erros como exigir do intelectual ou artista a resposta a «inquietações sociais»[7]. O autor insurge-se aqui contra a *mecanização* da arte, na medida em que, ao contrário do que outros afirmavam, o homem é transformado e elevado pela arte. Com efeito, o intelectual/artista nunca se alheia da realidade, exprime o que a humanidade sente. A «arte é *necessária*[8]», ela não pode comprometer a sensibilidade de cada um, pelo contrário ela deve mostrar a todos aquilo que são capazes: a arte vale pela incomparável afirmação de unidade que ela é e num mundo cada vez mais injusto e desigual ela talvez seja o único sinal de que se pode esperar alguma coisa do homem.

No artigo «André Gide» publicado na *Seara Nova* (nº1208-211, 3, 10, 17, 24 e 31 de Março de 1951), verificamos que inquietava a Casais Monteiro o ambiente intelectual europeu entre as duas guerras (e talvez depois da sua vivência durante a II Guerra Mundial ganhasse ainda mais sentido): «*foi necessário que a primeira guerra mundial despertasse os adormecidos, e abrisse, ao comum dos espíritos, horizontes que em vão tinham sido desvendados. Os homens, tirados das ilusões confortáveis pela sacudidela*

---

[7] Monteiro, Adolfo Casais, «A arte e o povo (conferência)». Seguimos o texto inserido na colectânea de textos do autor, *De Pés Fincados na Terra. Ensaios*. Lisboa: Imprensa Nacional – Casa da Moeda, 2006, p. 55.

[8] Monteiro, Adolfo Casais, *ibidem*, p.57. Itálico no original. *Cf.*, Monteiro, Adolfo Casais, «A arte contra a ordem», compilado na colectânea de textos do autor *Considerações Pessoais*, Lisboa: Imprensa Nacional – Casa da Moeda, 2004, pp. 25-34.

violenta da tragédia, quiseram ouvir vozes que lhes falassem ao homem real, que lhes dessem mais alguma coisa do que a beleza da forma ou a comodidade das ideias feitas»[9]. Casais Monteiro encontrará em André Gide e Henri Michaux («Um aventureiro da imaginação Henri Michaux», nº1105, 12 de Março de 1949) dois pensadores com voz autorizada num momento de ruptura e incerteza.

O *Orpheu* marcou sobremaneira a geração de Casais e a *Presença* procurou continuar o seu trabalho. Para o autor, não importa se a literatura portuguesa acompanha a estrangeira, o que importa é que ela se encontrou a si mesma. No artigo «Ainda algumas notas sobre poesia» (*Seara Nova*, nº780, 25 de Julho de 1942) já tinha afirmado sobre a poesia modernista que esta surgiu sob o signo do individualismo e que depois a tinham acusado de «excesso de individualismo» porque tratava a transformação do mundo. Mas a literatura é a expressão de uma época, é a arte de comunicar com o mundo[10], tal como a pintura, a escultura e a música.

A 11 de Maio de 1946 saiu o primeiro número da revista *Mundo Literário*, da qual Adolfo Casais Monteiro integrará desde logo o corpo directivo, esforçando-se por dinamizar aquela publicação periódica. A revista propunha-se diminuir a distância que existia entre os leitores e a arte, a ciência e a literatura. A tarefa não era fácil dado o controlo dos meios de comunicação social e a propaganda do regime, transformando grande parte da população numa massa acrítica. O *Mundo Literário* propunha-se a abrir os horizontes intelectuais do país, divulgando o mundo da arte, da ciência e da literatura do efervescente século XX.

O tema recorrente de Casais Monteiro é a problemática do homem. Questiona-se acerca da existência do homem, como vive e porque vive (o que o faz viver). Neste sentido, perturba-se com os quadros de Picasso («Guernica», nº10, 13 de Julho de 1946) ou os desenhos de Júlio («Sobre os desenhos de Júlio», nº31, 7 de Dezembro de 1946) onde encontra manifestações da vida e da sociedade. Qualquer assunto, das ciências à arte e literatura, é pretexto para uma reflexão sobre a Humanidade, cujos índices de consciência e moral roçam valores mínimos. A Guerra Civil

---

[9] Cit. Tornada, Joana de Matos, «Adolfo Casais Monteiro – a voz de uma época», *art. cit.*, p. 15.

[10] Tornada, Joana de Matos, *art. cit.*, p. 16.

de Espanha, a Segunda Guerra Mundial, o genocídio, a bomba atómica, os totalitarismos provocaram uma enorme inquietação. Os homens que sobreviveram encontravam-se embrenhados no presente e os desejos de paz, o diálogo das culturas, a essência da Humanidade tinham perdido valor. Casais Monteiro sente a necessidade de compreender o presente de modo a que o passado não se repita e o futuro seja auspicioso. A Europa é neste período o espaço onde se confronta o horror, a angústia e o cansaço, mas é também o lugar onde o futuro será diferente porque os homens de 1946/47 não são os mesmos da década anterior[11].

As imagens que emergem das suas palavras são o drama da existência (a angústia, a inquietação) que encontrou também noutros autores. Nas obras de Dostoïevsky, Gide, Valéry, Pessoa, entre outros, Casais Monteiro aprendeu a ver o mundo, a descobrir os seus mecanismos, as suas falhas e, sobretudo, a sua beleza, aprendendo assim a comungar com o mundo. Outra das imagens que sobressai das suas palavras é a luta pela arte: «A arte é, não *serve*[12]». É a afirmação da arte como expressão do homem.

Casais Monteiro é um homem comprometido com a sua época, daí também ter reflectido sobre a ideia de modernidade. A modernidade foi, na verdade, um movimento que começou no início do século e que pretendeu ser tudo. Depois de no século XIX se terem desenhado utopias e ideais políticos derrotados na Primeira Guerra Mundial, o homem pretendeu criar um mundo novo, capaz de desvendar a plenitude da Humanidade. Porém, o resultado foi frustrante: Casais escreve que «*hoje parece-me ridículo falar em modernidade; sabe a cinzas, a dia de finados. Só como História se pode falar em modernidade. Os últimos decénios foram suficientemente eloquentes para quem quis olhar de frente a verdade. Quem pode ainda, honestamente, duvidar que o homem não presta? Esta condição de imprestável só podia valer, contudo, se o homem tivesse sabido ressuscitar. Não soube. A História repete-se? Pois é isso mesmo: quanto mais ela se repete mais se verifica que o homem nem sequer merece ser destruído pela bomba atómica ou outra melhor*»[13]. Depois da Revolução Russa, da Guerra

---

[11] Tornada, Joana de Matos, *ibidem*, p. 17.
[12] Seguimos a reprodução do texto em Monteiro, Adolfo Casais, *De Pés Fincados na Terra. Ensaios*, Lisboa: Imprensa Nacional – Casa da Moeda, 2006, pp.35-40. Itálicos no original.
[13] Monteiro, Adolfo Casais, *A Palavra Essencial. Estudos sobre a Poesia*, 2a ed., Lisboa: Editorial Verbo, 1972, pp. 20-21, 24. As mesmas ideias são já defendidas pelo autor na década de 1950 e podem ser

Civil de Espanha e da bomba atómica, não ficou nada. Perante uma crise da consciência europeia, verificada entre as duas guerras mundiais, em Portugal (e os portugueses exilados pelo mundo) sentiu-se a necessidade de pensar a problemática da realidade portuguesa, como o mostram as inúmeras revistas publicadas na altura. Mas do medo dos homens nasceu a fragilidade e com ela a inanidade.

Em Casais Monteiro constata-se a importância das suas leituras do tempo da *Presença*, mas foram ainda mais importantes as traduções que fez depois de 1937, complementadas pelas leituras críticas anteriores. Como tradutor, desempenhou um papel excepcional na divulgação de autores estrangeiros que trouxeram para Portugal ideias de vanguarda (Baudelaire, Bergson, Sartre, entre outros) e que revolucionaram o mundo. Nos seus artigos publicados em muitas revistas encontramos o caminho da Europa, isto é, a sua cultura, no cruzamento do património estético-literário e mental, veiculado pelas vozes dos intelectuais europeus (surrealistas, existencialistas): *lugares de memória* do espírito europeu.

Ao longo da sua obra poética verificamos uma evolução na continuidade, na medida em que a temática dos seus versos gira sempre à volta da angústia de uma nova consciência do mundo, das coisas e do homem. A poesia do autor ficou ligada ao grupo da *Presença*, sem o qual talvez o poeta Casais Monteiro tivesse desistido. Foi neste grupo e em Coimbra que Casais passou a ver o mundo de uma forma diferente. Inspirado pelo modernismo do *Orpheu*, é nas suas críticas que se revela uma personalidade dura, afirmando que a poesia só podia ser a expressão da condição humana.

Os primeiros poemas põem em evidência o confronto entre um mundo ideal e um mundo real (experiência e o sonho) que depois conduzem ao desencanto e frustração de um homem que insiste em sobreviver. Casais Monteiro e a sua poesia são a voz de um mundo que sente que tudo está por fazer. Não desespera porque tem esperança e espera que o passado não se torne pretexto da degradação do homem, mas se transforme no impulsionador de um novo mundo. O poeta debate-se com a sua condição

---

confrontadas em Monteiro, Adolfo Casais, «Para uma certidão de óbito da modernidade». *Pentacórnio*, Rio de Janeiro: 18 de Novembro de 1956, pp. 29-34.

humana face à impotência para salvar o mundo e sente-se um modesto espectador da Humanidade. Mas apesar de toda a angústia e desespero[14], o poeta entrega-se à vida e procura a sua plenitude.

É a partir do *Canto da Nossa Agonia* que o poeta exprime o drama do mundo contemporâneo: a incerteza e a angústia da condição humana, reflexo da crise do homem – ao qual o poeta não podia ficar indiferente – e um apelo para a realização de um ideal. E é a partir de então que o *nós* se assume plenamente como expressão da Humanidade e que o individual se dissolve no espírito colectivo. O sujeito poético expressa o alheamento que a mecanização do mundo potencializa, a violência da guerra e do despotismo. Da constatação dos horrores da guerra emergiu o sentido humanístico e democrático do poeta Casais Monteiro. A sua poesia é uma voz de protesto contra o *paraíso fascista* de Hitler, Mussolini, Franco e Salazar. E o sonho de uma Europa livre subsiste: «Europa, sonho futuro! / Europa, manhã por vir / fronteiras sem cães de guarda, / nações com o seu riso franco / abertas de par em par![15]», não obstante a voz na rádio falar de mortos e cadáveres abandonados. A Europa que se encontra nas palavras do autor é um espaço de liberdade, mas não é livre. É também o espaço do homem, aquele que é capaz de construir mundos melhores e caminha para a paz e a harmonia.

Nos poemas do pós - Segunda Guerra Mundial, a poesia assume-se como lugar de combate onde prevalece um desespero humanista, como nota em *Noite Aberta aos Quatro Ventos* [1943 e 1959]: «*Nada, nem um soluço, / tenho hoje para a vida (…) / Só esta alheia indiferença, / só este «não vale a pena» / – que, embora, sinto e renego / como um rótulo mal colado*». Apesar disso, o poema termina com «*amanhã ainda é dia*»[16] e o poeta entrega-se à doce incerteza do futuro. As palavras de Casais respondem à dor, à insatisfação e aos sonhos de todos os tempos, a Humanidade tornou-se a causa de todas as batalhas, daí a sua poesia ter sido traduzida em várias línguas.

---

[14] Ver prefácio de Leone, Carlos, «Os caminhos da arte são caminhos da terra», *in* Monteiro, Adolfo Casais, *De Pés Fincados na Terra. Ensaios.* Lisboa: Imprensa – Nacional Casa da Moeda, 2006, pp. 9-22.

[15] Seguimos a reprodução dos versos em Monteiro, Adolfo Casais, *Europa*, Porto: Nova Renascença, 1991, p.13. Este poema foi lido por António Pedro aos microfones da BBC de Londres em 23 de Maio de 1945, quinze dias depois de consumada a vitória dos Aliados sobre o Eixo nazi-fascista.

[16] *Cit.* Tornada, Joana de Matos, «Adolfo Casais Monteiro – a voz de uma época», *art. cit.*, p. 23.

Nádia Battella Gotlib conclui sobre a faceta poética de Casais Monteiro que «a poesia de Casais guarda esta coerência com o real, que conserva, até às derradeiras instâncias do seu verso, e de modo definitivo: a linguagem insaciável questiona a quebra das barreiras e é marca que serve para registar a persistência e a renovação do seu caminho poético, definitivamente sujeito ao não sujeitar-se: caminho que termina justamente na interrogação esperançosa diante da ocorrência possível de novas mudanças, tão pressentidas e tão desejadas, neste seu percurso reiterado de «estrangeiro definitivo»: «*Ariadna, serás tu?*»[17] O estado de exílio marcou significativamente a última fase da sua obra poética, acentuando o inconformismo do eu poético: a escolha do Brasil como morada pode ser interpretada como natural, dada a consciência crítica da sua trajectória poética e trajectória de vida, enquanto força de resistência, na acção continuada contra as limitações redutoras[18].

O ambiente político e social em Portugal é adverso à livre criação artística, o salazarismo impõe-se sob os valores de autoridade, ordem, tradição nacional e da civilização cristã. Fez-se sentir, sobretudo, a sua interferência ideológica na produção cultural (Secretariado da Propaganda Nacional), no sentido de consolidar um aparelho ideológico autoritário, intervencionista, anti-democrata, anti-parlamentar, anti-liberal e anti-comunista. O regime criou mecanismos repressivos de inspiração fascista (P.V.D.E, mais tarde P.I.D.E) que procuravam aniquilar a afirmação de atitudes ideológico-culturais de contestação ao regime, em si mesmas muito diversas e distintas que disputaram entre si a hegemonia. Protagonizou-se ainda uma forte orientação ideológica do ensino e do enquadramento ideológico da família, do trabalho e da cultura (Mocidade Portuguesa, Legião Portuguesa, Federação Nacional para a Alegria no Trabalho). O regime consagrou a ruralidade, o culto do chefe (Salazar era o guia da nação) e a história dos heróis gloriosos da pátria.

Casais Monteiro lutou toda a vida contra as arbitrariedades do salazarismo que tolhia a liberdade do país. Foi preso político, mas destacou-se

---

[17] Gotlib, Nádia Battella, *O Estrangeiro Definitivo. Poesia e Crítica em Adolfo Casas Monteiro*, Lisboa: Imprensa Nacional – Casa da Moeda, 1985, pp. 345-346.
[18] Gotlib, Nádia Battella, *O Estrangeiro Definitivo*... , op. cit., pp. 337-338, 343-345.

sobretudo como uma voz dissonante e infatigável, indignada, por um lado, com a violência do regime, e, por outro, com a consciência popular e o seu empenho na luta pela liberdade. A sua passagem pela Faculdade de Letras do Porto (encerrada definitivamente em 1928, devido às vozes discordantes que aí se faziam ouvir), o convívio com o Professor Leonardo Coimbra e com os colegas moldaram a sua personalidade, inquieta e inquisitiva. Casais não esqueceu os acontecimentos que presenciou a 31 de Maio de 1931[19], manifestou o seu inconformismo desde os anos académicos através da participação em jornais da oposição e em 1933 aderiu ao movimento de Renovação Democrática.

As décadas de 1920 e 1930 foram vividas em Portugal num ambiente contestatário. Na *Seara Nova* desenhava-se uma terceira via democrática que se opunha ao comunismo e à ditadura resultado do golpe militar de 1926. Em 1933 triunfa definitivamente uma nova ordem política autoritária que desejava silenciar vozes dissonantes. É neste período que em Portugal melhor se manifestaram os intelectuais portugueses com a voz contestatária e crítica do regime vigente. Devido à falta de liberdade e à censura, os intelectuais encontraram nas revistas literárias o eco da sua luta e dos seus ideais. A década de 1930 foi um período de grande indefinição ideológica. António Sérgio, uma das vozes mais importantes da *Seara Nova*, defendeu um idealismo político, contrário ao Estado Novo, que se afastava do povo e tornava-se cada vez mais elitista. Acreditava que só a elite mais perto da razão poderia descobrir as trevas onde o povo estava mergulhado. O país só podia mudar pela educação, prática cívica e vivência democrática, ideias que contrariam os ideais do Estado Novo e também do comunismo (cujas concepções foram divulgadas pelo *O Diabo* e *Sol Nascente* – o *novo humanismo* ou *neo-realismo*), esperando-se uma nova atitude dos intelectuais na sociedade[20].

---

[19] *Vide*: Monteiro, Adolfo Casais, «Portugal oprimido». *O País do Absurdo. Textos Políticos.* Lisboa: Imprensa Nacional – Casa da Moeda, 2007, pp. 313-316.

[20] Tornada, Joana de Matos, *art. cit.*, p.26. *O Diabo* – "semanário de crítica literária e artística" (1934-1940) foi um importante meio de oposição salazarista onde colaborou Adolfo Casais Monteiro; *Sol Nascente* – "quinzenário de ciência e arte" (1937-1940) foi uma das principais revistas divulgadoras do neo-realismo em Portugal e que contou com a colaboração de Casais Monteiro.

A vida familiar (os seus pais descendiam de uma família burguesa rural), o ambiente académico e o grupo da *Presença* determinaram substancialmente a sua acção política de oposição ao regime. Sempre se afirmou democrata, logo não podia aceitar o Estado Novo. Para si, o homem concretizava-se pelos ideais de liberdade, verdade e justiça[21].

O exílio de Casais Monteiro: o activismo do outro lado do Atlântico

A prisão de 1937 e depois o Processo Lapa – Casais (1949) balizam uma vida de desgaste e de angústia por não ser capaz de realizar a mudança de regime. Da sua ousadia política, bastará mencionar que participou na candidatura de Norton de Matos (1949) e mais tarde apoiou Humberto Delgado (1958).

O exílio tornou-se uma opção quando em Portugal não o deixavam falar e lutar pelos seus ideais livremente. Talvez sentisse que no estrangeiro a luta pela liberdade poderia ser mais eficaz (na verdade, é após a ida para o Brasil que conhecemos mais testemunhos da sua activa acção de resistência). Na poesia encontrou a liberdade de expressão e independência para si fulcrais e a literatura apresenta-se como cadinho das agruras do homem contemporâneo. Para Casais, a poesia não pode conter a verdade, mas também não engana; combina e revela o racional e o irracional (o psíquico).

Por ocasião do Encontro Nacional de Escritores, realizado em São Paulo, de 9 a 15 de Agosto de 1954, integrado nas comemorações do Centenário da Fundação da Cidade de São Paulo, deixou Portugal. Até à sua morte, em 1972, não regressou mais a Portugal, mas nunca se desligou do seu país

---

[21] Desde muito cedo, Casais Monteiro viu os seus textos e as referências ao seu nome visados pela censura. Todavia, mantém-se fiel à ideia de compromisso social do intelectual/escritor, espelhada muitas vezes na expressão «escritor *engagé*» ou «escritor participante». Ver Monteiro, Adolfo Casais, «A função do escritor», «O escritor e a sociedade», «O escritor "participante"», *O País do Absurdo. Textos Políticos, op. cit.*, pp. 277-288. Também da mesma obra veja-se «O crime de discordar e o direito de ir para a cadeia», pp. 37-40; Cf., Monteiro, Adolfo Casais, «Contra os falsos defensores da cultura ocidental», «A cultura em regime democrático», *Melancolia do Progresso*. Lisboa: Imprensa Nacional – Casa da Moeda, 2003, pp.71-78; Ver prefácio de Leone, Carlos, «O valor poético da crítica», *Considerações Pessoais*. Lisboa: Imprensa Nacional – Casa da Moeda, 2004, pp. 9-20. Veja desta obra o texto «Da inquietação», pp. 133-148, em especial pp. 146-147; Cf. Prefácio de Leone, Carlos, «Crónicas do reinado de D. Maria III: auto-retrato de um escritor participante», *O País do Absurdo. Textos Políticos, op. cit.*, pp. 11-16, 26-29.

nem se furtou a comentar os temas quentes da agenda política, a natureza repressiva do Estado Novo e a falta de legitimidade do regime de Salazar.

É então que Casais Monteiro discorre sobre o problema colonial[22] (criticando a política colonial do Estado Novo e a desumanização no tratamento que é dado aos nativos, num momento em que cresce o movimento pela autodeterminação dos povos e a posição portuguesa é condenada nas instâncias internacionais) e a relação próxima da Igreja católica portuguesa com o governo. Neste particular, Casais reprova a posição da Igreja e, em particular, a controversa carta do bispo do Porto, D. António Ferreira Gomes. Sobre esta declaração escreve que «*dá-me a impressão de alguém que dá conta de um desvio alheio, mas não de quem reconhece o próprio erro; e, se isso não diminui a importância do documento, quanto aos seus efeitos imediatos, e como sinal de alarme, deixa contudo de reflectir a verdade, porque suprime a causa. E a causa está numa conspiração que vem de longe: na conjura contra a República, da qual a condução do Sr. Oliveira Salazar ao poder não foi senão a apoteose. D. António Ferreira Gomes parece ignorar, ou esquece, que não existia qualquer necessidade duma ditadura militar, em 1926. Parece supor que a solução de força fosse uma solução. Precisaria de nos ter dito que a crise teve início quando a Igreja se serviu daquela para levar ao poder um homem «apenas conhecido pelas suas actividades no campo católico»*[23].

No exílio, Casais Monteiro procura despertar a comunidade brasileira para o entorpecimento moral dos espíritos em Portugal: «*Creio mesmo que a presença aqui de portugueses exilados por idênticos motivos, dos mais variados partidos, ajudaria muito os brasileiros a compreenderem que são unicamente razões de ordem política que têm divorciado do Estado Novo tantos homens, de todas as tendências, dos mais diferentes níveis de cultura, muitos deles sempre alheios a qualquer forma de política activa – mas sobretudo uma estrutural repulsa à deformação moral, à subserviência, ao culto pelos falsos valores de toda*

---

[22] *Vide:* Monteiro, Adolfo Casais, «O problema colonial», «As soluções do Sr. Henrique Galvão para o problema colonial», «Goa e a demagogia patrioteira», *O País do Absurdo. Textos Políticos, op. cit.*, pp. 117-127. Ver ainda no mesmo volume outro artigo contundente sobre o assunto, «Nas vésperas da derrocada», pp. 103-108.

[23] Monteiro, Adolfo Casais, «O despertar da Igreja em Portugal», *O País do Absurdo...*, pp. 51. Ver na mesma obra outros dois textos de crítica às relações Estado Novo-Igreja, «Salazar, um mito para medíocres» e «Nas vésperas da derrocada», pp. 95-108.

a espécie; homens que não só não poderiam «colaborar», mas não podem sequer "respirar", no ambiente nacional instituído pela mentalidade estado-novista»[24].

Refira-se que na primeira década do pós-guerra o modo de actuar da oposição variou de tentativas de golpes *putschistas* e acções de protesto como abaixo-assinados, até campanhas que despertassem uma mobilização popular. Tais actividades matizavam sectores de legalidade e de clandestinidade. A alternativa apresentada pelo Movimento de Unidade Nacional Antifascista (MUNAF), criado em 1943, de possíveis acções armadas para a tomada do poder, via golpe militar (ala republicana) ou por uma insurreição popular (comunistas), foi substituída por acções legalistas do Movimento de Unidade Democrática (MUD), fundado em 1945, sem que aquelas tentativas deixassem de ocorrer. A fragmentação da oposição em decorrência da Guerra Fria teve como contrapartida a utilização do discurso e de práticas democráticas como formas de protesto.

Este foi então o contexto que marcou a formação política da maioria dos exilados que vieram a constituir o *Portugal Democrático*. A participação nessas acções determinou quer o modo de actuação política, a partir do exílio, quer a representatividade da diversidade de maneiras de se pensar a acção política. Douglas Mansur da Silva sustenta que «*desde então, em Portugal e no exílio, o maior esforço passou a estar voltado à opção por uma tomada do poder através da mobilização popular, legal e/ou clandestina, o que mais tarde foi acompanhado de um questionamento frontal da ideologia nacional do regime, incluindo a"questão colonial". Contudo, as acções golpistas não deixarão de suceder e, em especial, após a campanha presidencial de Humberto Delgado em 1958, as divergências em relação à maneira de conceber a acção política despertarão discussões acirradas a respeito da conduta ética mais adequada à oposição e seus valores – o que tornará a unidade cada vez mais fluida e, em alguns casos, as cisões serão definitivas*»[25].

A década de 1950 registou o maior volume de entradas no Brasil dos autoproclamados «imigrantes políticos» que compuseram a «resistência antifascista» na cidade de São Paulo (onde Casais Monteiro também

---

[24] Monteiro, Adolfo Casais, «Figuras e problemas do nosso tempo. O País do absurdo», *O País do Absurdo. Textos Políticos, op. cit.*, pp. 33-34.

[25] Silva, Douglas Mansur da, *A oposição ao Estado Novo no exílio brasileiro, 1956-1974*. Lisboa: Imprensa de Ciências Sociais, 2006, p. 50. Itálico no original.

viveu), em particular no *Portugal Democrático*. Este fluxo estendeu-se até ao final da década seguinte, tendo, a partir de então, diminuindo paulatinamente em sua intensidade. O crescimento desses contingentes nos anos 1950 fica a dever-se às frustrações políticas desse período, em que a oposição sofreu derrotas e foi desarticulada a unidade conquistada nos anos 1940, para o que foi de capital importância o início da Guerra Fria, seguida da bem sucedida difusão do «anticomunismo», que lhe foi característica. Simultaneamente, a entrada de Portugal na NATO e na ONU deu novo suspiro ao regime e à sua readaptação interna, permitindo a reestruturação e o exercício intensificado da repressão política. A posição da ONU em relação a Portugal só foi modificada após o início das guerras de libertação em África.

Sob a alegação de motivos políticos ancoravam-se vários sentidos: a discordância em relação a aspectos sociais, económicos e culturais que, no todo, se referiam às múltiplas limitações – e exclusões – impostas pelo regime em termos de perspectivas de vida. Os motivos que podemos classificar de estritamente políticos também eram diversos: perseguições pela PIDE; actividades políticas clandestinas; falta de oportunidades profissionais devido ao comprometimento com actividades políticas, sendo alvo de exclusões, da censura. Em suma, qualquer forma de militância, de actividade política contestatária (ou simplesmente falta de expectativas) tornava-se gradualmente um descontentamento com o país, na medida em que tornava improvável a realização pessoal, profissional e afectiva. Uma das melhores expressões desse sentimento pode ser encontrada na frase de Adolfo Casais Monteiro: «nos tempos de Salazar era impossível ser-se dignamente português».

Com efeito, o exílio já se iniciava no país natal, em virtude da completa rejeição da identificação do país – ou da pátria – com o regime, tanto ideologicamente quanto por contingências concretas. Segundo Mansur da Silva, «aqui chegados, viam que as suas aspirações eram diferentes das que motivaram a maioria dos imigrantes portugueses no Brasil, alcunhada genericamente de «imigração económica», do mesmo modo que a presença institucional portuguesa no Brasil – alcunhada oficialmente de «colónia», era por assim dizer uma «extensão do regime», corporações do Estado que procuravam divulgar o regime junto dos emigrados, ao mesmo tempo que se reproduziam as exclusões dos «dissidentes do regime» ou «insubmissos da colónia», existentes em Portugal[26]».

Os imigrantes políticos do pós-guerra, no Brasil, reelaboraram o legado da oposição da primeira metade do século (denúncia da pobreza do emigrante e as misérias e perseguições políticas que se viviam em Portugal), através de temas que lhes foram caros como a crítica à propaganda oficial[27], às associações, aos órgãos governamentais e à associação entre apoio ao regime e patriotismo. Foi o caso do *Portugal Democrático* – e da presença significativa de Sarmento Pimentel e Jaime Cortesão, antigos republicanos, que participaram na fundação deste jornal, juntamente com a parte maioritária de novos exilados. O primeiro tornou-se numa espécie de «decano» dos exilados anti-salazaristas de São Paulo e Jaime Cortesão[28] foi considerado um notável «arauto de democracia», apesar da sua curtíssima colaboração no jornal.

Do sentimento de ser um exilado no próprio país (como proclamara Jorge de Sena), passava-se agora à condição de exilado, embora apenas uma parte desses militantes fossem oficialmente considerados «refugiados», com estatuto de asilado político. Simbolicamente, tratava-se de realizar a própria vida que não era possível em Portugal, ou então procurar realizar e inventar o Portugal que não era possível fazer-se em Portugal. Muitos «antifascistas» fizeram questão de frisar em memórias e depoimentos que rejeitavam sistematicamente o regime, as relações e as condições que

---

[26] Silva, Douglas Mansur da, *A oposição ao Estado Novo no exílio brasileiro, 1956-1974*, op. cit., p.54. Cf., Paulo, Heloisa, «"Aqui também é Portugal". A Colónia Portuguesa do Brasil e o Salazarismo», Tese de doutoramento em História. Coimbra: Faculdade de Letras, 1997.

[27] O Acordo Cultural Luso-Brasileiro (1941), assinado por António Ferro do Secretariado de Propaganda Nacional (SPN) e por Lourival Fontes (um dos homens fortes de Getúlio Vargas) do Departamento de Imprensa e Propaganda (DIP) saldou-se entre outras coisas pela publicação da revista *Atlântico*, que aproximou a intelectualidade comprometida com os dois regimes aquém e além-mar. Sobre a propaganda oficial nos dois países ver Paulo, Heloisa, *Estado Novo e Propaganda em Portugal e no Brasil. O SPN/SNI e o DIP*, Coimbra: Minerva-História, 1994.

[28] Casais Monteiro louva as qualidades cívicas e morais de Jaime Cortesão, ainda para mais quando é feito preso pelas autoridades portuguesas e a contas com uma saúde frágil. Ver do autor, «Jaime Cortesão: o heroísmo sem alarde», *O País do Absurdo. Textos Políticos*. Lisboa: Imprensa Nacional – Casa da Moeda, 2007, pp.301-304. No mesmo volume encontramos o elogio da República e a condenação do Estado Novo, do seu autoritarismo e da censura em Portugal. Veja «A verdadeira face do absolutismo salazarista», pp.53-58.

produzia, mas que jamais negariam o seu país. O que estava em causa era uma mentalidade e uma estrutura, mas também a possibilidade de se pensar e realizar, ainda que contingentemente, um outro país a partir do exílio[29].

Em Junho de 1952, o governo português enviou ao governo brasileiro um contraprojecto de Tratado de Amizade e Consulta não divergindo muito do projecto brasileiro, sendo este contraprojecto aceite pelo lado brasileiro com alterações pontuais. O Tratado veio a ser, finalmente, assinado no Rio de Janeiro, em 16 de Novembro de 1953, sendo os instrumentos de ratificação trocados em Lisboa, em 4 de Janeiro de 1955. De acordo com os princípios fundamentais deste Tratado, a cooperação, na estreita prossecução dos interesses portugueses e brasileiros, iria tomar forma no futuro[30].

O Tratado de Amizade e Consulta, a assinar entre Portugal e o Brasil com vista à constituição de uma comunidade, é condenado por Casais Monteiro devido ao quadro político oposto que é vigente nos respectivos países (democracia no Brasil; ditadura em Portugal): escreve Casais que *«quando uma democracia entra em acordo e se liga por tratados com uma ditadura, não é preciso congeminar muito para se descobrir que isso só terá como resultado uma infiltração fascista no país democrático. O Brasil, país democrático, está prestes a assinar com o governo salazarista um tratado que faz dos dois países uma comunidade política. Ora isto só parece ter duas saídas: ou sai dele a democracia para Portugal, ou a ditadura para o Brasil. Contudo, isto é absurdo, dir-me-á qualquer português do Brasil, conhecedor de quanto o espírito democrático faz corpo com a vida nacional Sim é absurdo recear que, em globo, do tratado possa resultar uma ditadura no Brasil. Mas já não é absurdo supor que, à sombra dos dispositivos do tratado, se infiltrarão na legislação brasileira determinadas disposições, pois já começam a infiltrar-se nos actos do governo, antes mesmo da sua assinatura, como já se pode verificar através de revelações recentemente feitas, sobretudo no magnífico discurso do embaixador Álvaro Lins, publicado na imprensa de São Paulo e do Rio»*. Simultaneamente, Casais Monteiro avança com uma inevitável reacção anti-portuguesa

---

[29] Silva, Douglas Mansur da, *Op. Cit.*, p. 60.

[30] Magalhães, José Calvet de, «As relações Portugal-Brasil no século XX», in Cervo, Amado Luiz, Magalhães, José Calvet de, *Depois das Caravelas. As Relações entre Portugal e o Brasil, 1808-2000*, Lisboa: Instituto Camões, 2000, p .221.

desencadeada pela assinatura do Tratado, mais concretamente ao «*reacordar de antipatias, à, digamos, reacção anticolonialista, a qual, senão justa, é pelo menos compreensível, quanto mais não seja pelas dúvidas que levante (por exemplo, quanto a implicações de política internacional) sobre a dependência resultante para o Brasil em vista dos compromissos «portugueses» assumidos por força do Tratado de Amizade e Consulta*». Os democratas portugueses, como Casais, no Brasil, em Portugal ou noutras paragens não podem, prossegue, «*considerar o governo de Salazar idóneo para representar o nosso país em qualquer tratado, e, muito especialmente, num tratado com o Brasil, tratado que propõe uma "comunidade" absurda tendo em conta a incompatibilidade política entre o regime democrático do Brasil e o ditatorial de Portugal. E tememos, até em vista do que já vai acontecendo, que, pela parte que toca aos portugueses daqui, ele venha a ter consequências muito mais graves para a nossa luta do que poderia ter para os brasileiros, os quais pela própria estrutura do regime, estarão sempre a tempo de rejeitar quaisquer implicações que resultassem em prejuízo da sua própria liberdade política*»[31].

Neste contexto, Casais Monteiro reclama a supressão de uma exigência do Itamaraty, cujo alcance só assim seria uma afirmação dentro do espírito da comunidade luso-brasileira: refere-se «*ao controlo que a polícia política portuguesa é chamada a exercer sobre a vinda de emigrantes para o Brasil, através de uma disposição consular, do tempo de Getúlio Vargas, que faz depender da sanção daquela a concessão dos vistos. E que determina essa disposição? Que o emigrante nunca tenha sido preso por motivo político! Aquilo que, num país democrático, não constituiria mal particularmente grave, significa condicionar, tratando-se de Portugal, a emigração de portugueses para o Brasil a uma polícia arbitrária e omnipotente, ou seja, a tornar forçosamente viajantes clandestinos todos aqueles, a legião daqueles, que um dia passaram pelas prisões do Estado Novo, acusados de toda a espécie de "crimes", e, em primeiro lugar, evidentemente, do crime de pretenderem ser homens livres*».

Mas o que deseja Casais Monteiro deste Tratado? Gostaria que «*(...) através dele Portugal pudesse arejar-se um pouco, recebendo do Brasil uma lição de respeito dos direitos humanos, uma lição de tolerância, uma lição, em*

---

[31] Monteiro, Adolfo Casais, «Um tratado contra a democracia», *O País do Absurdo. Textos Políticos*, op. cit., pp. 153-155.

suma, capaz de fazer que tal sonhada comunidade não vá esbarrar nos muros levantados, em Portugal, por trinta anos de liquidação do espírito democrático. Porque não vejo, realmente, como o governo do Estado Novo possa estabelecer qualquer comunidade com outro povo, quando a sua principal obra foi criar abismo entre os portugueses que puxam o seu carro triunfal, e os que, não tendo nascido para cavalos, foram, são e serão adversos a uma política assente na opressão e na coacção». Na verdade, o que falta em Portugal é a liberdade de imprensa, *«(...) pois de contrário receio que a essa futura comunidade luso-brasileira terá por força que faltar um elemento essencial, que é o próprio português, e ela terá que ficar reduzida a uma comunidade entre o Estado Novo e o Brasil, em vez de entre Portugal e o Brasil. O povo português, unanimemente, iria de braços abertos para um estreitamento de laços que se pretende realizar: mas é necessário que ele próprio o diga, como entender, e da forma que entender, através de governos eleitos por ele próprio, de delegados que o representem, em vez de representarem precisamente aquele grupo político mais incapaz de compreender o Brasil da independência e da República; aquele grupo político que, na História de Portugal dum dos seus mais lídimos representantes, suprimiu Pedro IV da lista dos reis portugueses, para lá pôr D. Miguel, o símbolo da opressão»*[32].

A ideia de uma comunidade luso-brasileira, materializada em traços culturais ou acordos diplomáticos, ou forjada em projectos políticos mais arrojados, é uma constante em todo o período mais actual da diplomacia dos dois países. Quando da visita de Café Filho a Portugal, em Maio de 1955, a expressão "Comunidade Luso-Brasileira" é assumida com destaque pelo Presidente brasileiro quando diz que *«se é verdade que Portugal e o Brasil ainda tem muito que realizar em prol da civilização ocidental e do progresso da humanidade, não é menos certo que nos devemos congratular mutuamente pelo espaço de unidade que estamos cultivando. Ainda agora, neste encontro fraternal, as nossas pátrias acabam de demonstrar positivamente ao mundo que estão sempre unidas. Nos quadros da política internacional, a comunidade luso-brasileira sobressai cada vez mais como um factor básico e decisivo»*; idêntico

---

[32] Monteiro, Adolfo Casais, «Se o Brasil quer dar uma lição de democracia», *O País do Absurdo. Textos Políticos, op. cit.*, pp. 129-132. Itálicos no original. Casais põe igualmente em evidência o Brasil como país que respeita as liberdades fundamentais e os direitos humanos em «Pela amnistia» (pp. 75-78), bem como assinala a pobreza da política cultural do Estado Novo em «Cultura e diplomacia» (pp. 221-224), naquele volume.

pensamento é expresso por Oliveira Salazar quando afirma que «para além daqueles aspectos sentimentais a que, filhos do meu sangue, dotados do mesmo coração, não podemos fugir a render pleito, está aí – na Comunidade Luso Brasileira – uma fonte inesgotável de inspiração e acção política»[33].

No dia 12 de Janeiro de 1959, o general na reserva Humberto Delgado apresentou-se na chancelaria da embaixada do Brasil em Lisboa solicitando asilo político em virtude de considerar iminente a sua prisão por motivos políticos. Delgado havia sido o candidato da oposição governamental nas eleições presidenciais do ano transacto, contestou a validade do processo eleitoral, fazendo em seguida várias declarações contra o regime vigente, o que levou à aplicação de sanções disciplinares e à sua exclusão das Forças Armadas Portuguesas. Este episódio causou uma certa tensão entre os dois países quando o próprio embaixador brasileiro em Lisboa, Álvaro Lins, se comprometeu pessoalmente na sua protecção e no garantir das condições que permitissem ao general o seu embarque para o Brasil, a 21 de Abril de 1959.

Para a oposição, a chegada de Delgado ao Brasil é encarada como um alento, como a vinda de um símbolo que ajudaria a manter a árdua tarefa de combate à propaganda promovida em torno do regime de Salazar. O clima de optimismo e a expectativa em torno da imagem de Delgado provoca um reflorescimento nos meios oposicionistas, como assegurou o director da Associação Luso-Brasileira Humberto Delgado, Luís Abreu de Almeida Carvalhal[34]. A imagem que a Associação e a oposição procuram veicular de Salazar é aquela que o próprio sustentou durante a campanha eleitoral em Portugal. Desde a primeira hora, no momento da sua chegada ao Rio de Janeiro, fica patente a tentativa de apresentá-lo como um contraponto a Salazar e um líder carismático para a oposição e para os portugueses em geral.

Segundo Casais Monteiro, o Brasil está solidário com o povo português e com a sua causa pela liberdade, pois com o «caso» Delgado os portugueses parecem ter despertado da «prisão» a que o Estado Novo

---

[33] Cit. Paulo, Heloisa, «"Aqui também é Portugal". A Colónia Portuguesa do Brasil e o *Salazarismo*», op. cit., p. 172.

[34] Paulo, Heloisa, *ibidem*, p. 407.

votou o país e por isso mesmo *«já não é possível a todas as polícias juntas impedir a entrada e a circulação no País da voz da esperança que lhe vem do exterior, como na recente e magnífica onda de solidária revolta que correu o Brasil, ao saber-se da prisão de Jaime Cortesão e dos seus companheiros. Os que lutam lá dentro terão, na voz liberta do general Humberto Delgado, um centro do qual irradiará o fermento da revolução»*[35].

No entanto, apesar da imagem que a oposição quer imputar a Humberto Delgado, ele é, acima de tudo, um militar. O seu comportamento em público e o seu desejo de «acção» acabam por se desvirtuar da conduta ponderada da figura de um líder oposicionista no exílio, capaz de aglutinar o capital de simpatia de uma colónia dividida entre os velhos emigrados políticos, os salazaristas e aqueles que se colocavam à margem de todo o debate, pela falta de experiência e interesse político[36]. A táctica da oposição no Brasil está centrada no combate ideológico ao regime salazarista e na elaboração de uma «contra-propaganda», na qual a figura de Delgado assumiria um papel de destaque. Contrariamente, o general pretendia formar uma oposição militarizada e pronta para um combate frontal com o Estado Novo, o que vai contribuir para o rompimento entre a imagem idealizada por ambos os lados. Das acusações de Delgado à «falta de coerência da oposição» e de «relações estreitas com as massas», responde a oposição contra o autoritarismo e o despotismo do general; o general entende que os emigrados no Brasil assumem uma oposição «teórica», ao passo que para estes a imagem de Humberto Delgado não corresponde ao esperado para um líder oposicionista no estrangeiro.

A *ruptura* de Delgado com a oposição brasileira, as dissidências internas no meio oposicionista, no qual passam a figurar elementos mais novos, vinculados ao partido comunista, a força da propaganda salazarista, muito

---

[35] Monteiro, Adolfo Casais, «Entre a prisão e o exílio», *O País do Absurdo. Textos Políticos, op. cit.*, pp. 69-70. Casais Monteiro enaltece a obra *Missão em Portugal*, de Álvaro Lins, por colocar a nu a natureza do regime fascista em Portugal, podendo transformar-se numa sementeira para a interiorização da consciência nacional para a mudança e com capacidade para despertar a comunidade internacional para a crueldade do Estado Novo em Portugal. Veja-se «A missão de Álvaro Lins» naquela colectânea, pp. 161-167 e ainda «Um defensor do Sr. Salazar» (pp. 157-160), no qual Casais condena a campanha negativa desenvolvida no Brasil por Assis Chateaubriand, embaixador brasileiro em Londres, visando Álvaro Lins por se ter empenhado na defesa dos direitos de Delgado na embaixada brasileira em Lisboa.

[36] Paulo, Heloisa, «"Aqui também é Portugal"... », *op. cit.*, p. 410.

mais expressiva e com maior recepção entre a colónia, a própria situação do Brasil, com a radicalização dos grupos de direita e o encaminhar para uma nova ditadura fazem com que os emigrados políticos retomem a campanha opositora ao regime salazarista nos antigos moldes do combate discursivo. A mudança de estratégia não parece trazer outros resultados dado o peso da tradição do ideário salazarista na colónia. Além disso, os simpatizantes do regime tornam-se cada vez mais combativos, assegurando as posições já conquistadas[37].

Casais Monteiro sustenta que Delgado desenvolve uma campanha medíocre no Brasil e não obstante poder ser visto como o legítimo Presidente da República portuguesa, o seu pensamento político e as suas acções revelam uma estratégia pobre e limitada. Na mesma linha, os militares portugueses não têm uma visão política de fundo, a sua visão da «ordem» é distorcida e, como Delgado, defendem um chefe e não alguém com uma visão, uma ideia para o país[38]. O Movimento Nacional Independente (MNI), criado pelo general Delgado, é visto como um movimento sem futuro. Por outro lado, desconfia do capitão Henrique Galvão pelo facto de desejar torna-se, de acordo com Casais, o «chefe» da oposição, facto que o leva a temer a chegada de um segundo Salazar. É por isso que desconfia das suas atitudes e legitimidade política ao querer «sobrepor-se» ao general Delgado. Casais apoia a Unidade Democrática Portuguesa (UDP), criada por Mário de Azevedo Gomes em 1961, cuja característica inovadora é a falta de líderes e chefes assumidos, procurando ser um movimento de todos os democratas[39]. No meio do turbilhão do «caso» Delgado, Casais Monteiro entende que o Brasil, ao tomar conhecimento dos métodos de governação e opressão do Estado Novo, não pode cobrir os golpes infligidos aos que ousam contestar a repressão da administração Salazar, daí criticar o jornal *O Globo*, por considerá-lo órgão oficial do regime português no Brasil.

---

[37] Paulo, Heloisa, «"Aqui também é Portugal"... », *op. cit.*, pp. 411-413.
[38] Monteiro, Adolfo Casais, «As ideias e os homens do 28 de Maio até hoje», *O País do Absurdo. Textos Políticos, op. cit.*, pp. 87-93.
[39] Monteiro, Adolfo Casais, «Unidade democrática», in Monteiro, Adolfo Casais, *O País do Absurdo. Textos Políticos, op. cit.*, pp. 181-183.

Casais acusa as instituições culturais portuguesas, de natureza oficial, de se servirem no Brasil da estrutura estado-novista e condicionarem a produção intelectual independente, inclusive daquela que, por falta de liberdade, se exilou no Brasil. Este país reconhece a importância da liberdade e não pode permitir que à custa dela as estruturas do Estado Novo português condicionem a actividade isenta e descomprometida da inteligência portuguesa ali residente. Na verdade, a opinião pública brasileira desperta para a causa do povo português, pois torce para a queda de Salazar e seus sequazes e a consequente instauração da democracia no país[40].

Um dos *campos sociais* que mais dinamizavam a actividade «antisalazarista» no Brasil, sobretudo em São Paulo, com consequências para o estabelecimento de redes e de contactos com o movimento em diversas partes do mundo e internamente no Brasil, foi a actividade intelectual. Tais redes promoveram e mobilizaram a vinda de expressivos e numerosos contingentes de intelectuais ao Brasil e sua inserção nessa sociedade. Entre os contactos estabelecidos no interior dessas redes, e que possibilitaram a actuação dessas personalidades no Brasil, encontram-se os casos de Fernando Lemos, Adolfo Casais Monteiro, Jorge de Sena, Castro Soromenho, Joaquim Barradas de Carvalho, Agostinho da Silva, entre outros. Destaque também para os jornalistas oriundos do *Diário Ilustrado*, Miguel Urbano Rodrigues, Victor da Cunha Rego e João Alves das Neves ou ainda do grupo de académicos que se estabeleceu no Recife formado por Rui Luís Gomes, José Morgado, Manuel Zaluar Nunes, Alfredo Pereira Gomes e António Brotas. Mansur da Silva esclarece que «este núcleo de intelectuais do Recife manteve, desde a sua formação inicial em 1952 até 1974, um estreito contacto com a oposição em São Paulo, e com o *Portugal Democrático*. Tais contingentes vieram em decorrência de vínculos profissionais, de parentesco ou amizade, ou político-partidários, estabelecidos com intelectuais portugueses que se radicaram no Brasil ou com brasileiros. João Sarmento Pimental e Jaime Cortesão foram, em diversos casos, importantes *nós* nessa rede[41]».

---

[40] *Vide:* Monteiro, Adolfo Casais, «O confortável mito», «Os atrevidos lacaios de Salazar», «Salazaristas teleguiados», *O País do Absurdo. Textos Políticos, op. cit.*, pp. 133-144.

[41] Silva, Douglas Mansur da, *A oposição ao Estado Novo no exílio brasileiro, 1956-1974, op. cit.*, pp. 85-86.

No plano das relações culturais entre Portugal e o «país irmão», Casais Monteiro salienta que «*cinco anos de vida no Brasil deram-me uma certeza: o intercâmbio cultural luso-brasileiro não pode ser coisa de governos, pela razão evidente de que entre uma democracia e uma ditadura as trocas são impossíveis; porque esta só quer saber de prolongar deste lado do Atlântico a mentira em que se baseia, lá, todo o edifício. Ora, sucede que a cultura não pode alimentar essa mentira. Se o governo português cuidasse seriamente de difundir a cultura nacional, estaria difundindo aquilo mesmo que por todos os meios procura abafar, pois cultura e ditadura são termos antitéticos. (...) Aqui no Brasil, onde os intelectuais e professores portugueses são recebidos de braços abertos, não se espera deles que sejam enviados da ditadura, mas representantes da cultura portuguesa. (...) É muito cómodo dizer que se é "alheio" à política. Mas como pode um professor ser alheio à demissão dos seus colegas de ontem, cujo valor intelectual não ignora? (...) Esse alheamento com que julga poder justificar-se chama-se covardia, e o seu resultado é que ele se torna tão político como o poder que lhe impõe o silêncio. É por isso que pomos em dúvida a contribuição que possam dar a qualquer espécie de autêntico intercâmbio cultural luso-brasileiro indivíduos ou instituições que não são livres de debater os problemas da cultura, pois esta se encontra agrilhoada a um sistema de governo que pretende fazer dela expressão do seu reaccionarismo, tutelando-a e dirigindo-a. Em vista do que a palavra caberá em última análise ao medo, e não à opinião*»[42].

O *Portugal Democrático* publica uma separata, em Dezembro de 1959, com o título de *Quando os lobos uivam*, que reúne depoimentos de intelectuais brasileiros e de nomes da intelectualidade portuguesa radicada no Brasil, como o próprio Casais Monteiro e Jorge de Sena. A oposição emigrada faz-se representar politicamente através do nome de Sarmento Pimentel. Em resposta ao clima gerado por estas acusações, a colónia «oficial» contra-ataca, sendo este um dos primeiros casos pontuais levantados pela oposição que gera a reacção dos «salazaristas». Perante as acusações de violência do regime e ante o noticiário acerca da prisão de Aquilino Ribeiro em Caxias, a *Voz de Portugal* desmente categoricamente o facto, dando a questão por encerrada, salvando, a seu ver, a «honra»

---

[42] Monteiro, Adolfo Casais, «O colóquio e a comunidade», *O País do Absurdo. Textos Políticos*, op. cit., pp. 145-147.

do salazarismo. Aquilino Ribeiro é amnistiado em 12 de Novembro de 1960, pelo Decreto 43 309, que concede a amnistia a diversas infracções classificadas como «de natureza ideológica». Este caso ressalvou o êxito da pressão internacional movida por intelectuais e pela oposição ao regime português[43].

A oposição portuguesa, de acordo com Casais Monteiro, praticamente não tem outra arma além da sua voz[44] e esta deve ser o instrumento de denúncia das arbitrariedades do regime, cujas políticas são já alvo de condenação em alguns organismos internacionais[45].

Nos artigos publicados por Casais Monteiro no Suplemento Literário de *O Estado de São Paulo*, entre 1956 e 1970, encontramos reflexões sobre temas (já recorrentes na sua vida literária) como o que é o modernismo, a literatura, a crítica, a poesia, o movimento da *Presença*, o escritor, a política e a relação com a cultura. É na sua relação com o tempo em que vive e com os homens (escreve «para toda a gente») que cresce. Talvez se acentue ainda mais uma certa angústia porque a sociedade não muda. Nessas páginas verificamos que a poesia, a crítica e a literatura não mudam o mundo, mas representam uma esperança. A cultura é liberdade e o autor interroga-se: «*E qual é a diferença fundamental entre o cidadão autor privado pela censura de se comunicar com os seus semelhantes e o cidadão analfabeto, privado pela sociedade em que vive de ter acesso a qualquer espécie de cultura?*[46]» *Simultaneamente, o Estado Novo em Portugal manchou o progresso cultural ao*

---

[43] Paulo, Heloisa, «"Aqui também é Portugal"...», *op. cit.*, pp. 406-407. *Vide*: Monteiro, Adolfo Casais, «Prefácio de *Quando os Lobos Julgam*», «Quando os cães mordem», *O País do Absurdo. Textos Políticos*, *op. cit.*, pp. 329-336.

[44] Monteiro, Adolfo Casais, «Discurso de 5 de Outubro de 1962», *O País do Absurdo...*, *op. cit.*, pp. 185-189.

[45] A política colonial portuguesa é condenada por vários países desenvolvidos e do Terceiro Mundo, pelos movimentos de libertação e pela ONU. O Brasil, por sua vez, também se distancia de Portugal nesta matéria, representando tal facto um revés para o regime de Salazar. Sobre o tema ver Magalhães, José Calvet de, «As relações Portugal-Brasil no século XX», *in* Cervo, Amado Luiz e Magalhães, José Calvet de, *Depois das Caravelas. As Relações entre Portugal e o Brasil, 1808-2000*, *op. cit.*, pp. 227-243.

[46] Monteiro, Adolfo Casais, «A Cultura em regime democrático», publicado a 6 de Dezembro de 1958, ano III, nº 110, *in Cadernos de Teoria e Crítica Literária*, nº 12 (número especial). Artigos de Adolfo Casais Monteiro publicados no Suplemento Literário de *O Estado de São Paulo*, vol.I, Araraquara, Universidade Estadual Paulista – UNESP, 1983, p. 351. O mesmo texto pode ser encontrado numa outra colectânea de textos do autor *Melancolia do Progresso*, *op. cit.*, pp. 75-78. O papel dos intelectuais e da cultura na sociedade foram autênticos cavalos de batalha de Casais Monteiro.

interferir na actividade crítica ao concluir que «nem irradiante nem receptiva, a "cultura" defendida pelo Estado Novo é a própria imagem da estagnação. Como já tive ocasião de mostrar, os seus promotores definem-na quase exclusivamente à base do "não", involuntária confissão da sua irremediável ausência de conteúdo»[47].

Casais Monteiro lamenta o desconhecimento generalizado da herança e produção cultural dos portugueses no Brasil e vice-versa, o que compromete uma possível comunidade luso-brasileira e por isso «antes de mais nada importa mostrar uns aos outros o que temos, e acabar com a grande ignorância que os dois povos têm um do outro, em que pese ao otimismo oficial e acadêmico[48]». Este desânimo será repetido mais tarde por Casais Monteiro e com alguma mágoa quando nota que «(...) *é não obstante na "desatenção mútua" que me parece estar a raiz do mal. Se é certo que sempre tem havido, nos últimos trinta anos, curiosidade e em certos casos até entusiasmo em Portugal pela "nova literatura do Brasil", desde os poetas, com Bandeira e Carlos Drummond à frente, aos romancistas (sobretudo Jorge Amado, Graciliano, Lins do Rego e Érico Veríssimo), a verdade é que esse interesse não se prolongou à totalidade da literatura brasileira, do que só darei como exemplo o pouco conhecimento da obra de Machado, e o praticamente nenhum da de Lima Barreto. E aqui é também necessário dizer que a crítica portuguesa ignora, excetuando-se muito poucos críticos, a literatura brasileira»*[49].

Considerações finais

Intelectual, homem de esquerda, professor (inclusive em algumas universidades brasileiras), escritor e crítico, o estrangeiramento de Casais Monteiro trouxe-lhe pelo menos dois benefícios: a liberdade de expressão e a liberdade de pensamento[50], como o atestam a colaboração em inúmeras

---

[47] Monteiro, Adolfo Casais, «A defesa da cultura em Portugal», publicado a 20 de Dezembro de 1958, ano III, nº112, *in ibidem*, p. 362.

[48] Monteiro, Adolfo Casais, «Não é com proibições que se cria progresso», publicado a 4 de Janeiro de 1957, ano I, nº 13, *in idem*, p. 43.

[49] Monteiro, Adolfo Casais, «Mútuas ignorâncias», publicado a 7 de Novembro de 1959, ano IV, nº 156, *in Cadernos de Teoria e Crítica Literária*, nº12 (número especial). Artigos de Adolfo Casais Monteiro publicados no Suplemento Literário de *O Estado de São Paulo*, vol.II. Araraquara: Universidade Estadual Paulista – UNESP, 1983, p. 477.

[50] Leone, Carlos, *Portugal Extemporâneo. História das ideias do discurso crítico português no século XX*, vol.II. Lisboa: Imprensa Nacional – Casa da Moeda, 2005, pp. 350-353.

revistas e jornais. Com um discurso marcado pela melancolia e desgastado com a situação política, social e cultural que se vive na sua pátria, Casais procura inverter o rumo da situação com as armas que tem à sua disposição: a pena e a voz[51].

Os «imigrantes políticos» procuram com frequência estabelecer-se em países onde já se encontram compatriotas seus, com a finalidade de formar núcleos de actividades políticas ou dar continuidade a uma militância. Por ser naquela altura o maior núcleo da emigração portuguesa, o Brasil pode ter sido atractivo por este motivo. Porém, geralmente a perspectiva de manutenção do engajamento faz também com que não se distanciem muito geograficamente do país de origem. Neste caso, de facto, a França, mais do que o Brasil, foi o centro do exílio «anti-salazarista».

O principal valor ou virtude ética do agente da resistência é a «acção unitária». O individualismo nas acções, em nome ou não de lideranças históricas, é condenado como acção antitética ou mesmo «aventurismos», que põem em risco a continuidade do trabalho de «resistência» de muitos. Os meios de acção são colectivos, mas cada um actua de acordo com um imperativo da sua consciência. A este vínculo entre uma ética e a acção política Mansur da Silva chama de *práxis*, unindo nestes termos, razão simbólica e razão prática. Conclui o autor que «a política, nestes termos, é ainda «conquista», o vir-a-ser, portanto, algo a ser imaginado e praticado dia a dia. Tal sentido de uma ética nas práticas políticas – e da pessoa humana –, justificaram e avaliaram, criticamente, todas as acções – ou utopias – da «tarefa de resistir»[52]».

A comunidade luso-brasileira terá de se assumir como uma só manifestação artística, onde a cultura assume o papel central. Casais escreve que «trata-se pois de dignificar o que especificamente nos pertence, de elevar à dignidade que lhe compete aquele sector do ensino universitário ao qual mais directamente cumpriria «dar realidade» à cultura luso-brasileira, não em oposição a quaisquer outras, mas pela evidente necessidade de

---

[51] Ver prefácio de França, José-Augusto, «Na melancolia do progresso», *in* Monteiro, Adolfo Casais, *Melancolia do Progresso, op. cit.*, pp. 9-24.
[52] Silva, Douglas Mansur da, *A oposição ao Estado Novo no exílio brasileiro, 1956-1974, op. cit.*, pp. 148-149. Casais Monteiro realça a luta de todos aqueles anónimos pela liberdade e dignidade humanas em «Aos heróis sem nome», *O País do Absurdo. Textos Políticos, op. cit.*, pp. 79-81.

darmos ao conhecimento de nós próprios a proeminência que obviamente lhe cabe. E se digo aqui «nós», incluindo portugueses e brasileiros, é por não me parecer que tenha sentido a separação, que só poderia ser artificial, entre uma cultura brasileira e uma cultura portuguesa; e digo ainda «nós» porque tão necessária se me afigura a sugerida «experiência» no ensino superior do Brasil como no de Portugal. Simplesmente, numa democracia vale a pena sugerir e tentar a realização dela, quando, em Portugal, nem sequer me seria lícito expô-la através da imprensa [53]» Esta foi, pois, uma das batalhas importantes da sua vida, a par da defesa da democracia no seu país, deste inconformado «estrangeiro definitivo».

---

[53] Monteiro, Adolfo Casais, «Por um ensino humanístico». *Melancolia do Progresso, op. cit.*, p. 240.

Carlos Malheiro Dias
e os círculos intelectuais luso-brasileiros

Jorge Luís dos Santos Alves[1]

Ao longo do século XIX e até meados do século XX o intercâmbio cultural entre Brasil e Portugal efetivou-se, principalmente, por meio dos círculos intelectuais nos quais a polêmica, a crítica ou a comunhão de idéias manifestavam representações do português e do brasileiro. A literatura e a história foram as expressões preferenciais para a afirmação da percepção distinta do ser brasileiro em relação ao português, discutida em jornais, revistas, livros e conferências. A presença de intelectuais portugueses no Brasil ia além da visita do conferencista ilustre, da reprodução de artigos de jornais ou da edição de livros. Entre os emigrantes portugueses no Brasil encontramos uma parcela, reduzida em termos quantitativos, mas significativa na vida cultural brasileira de indivíduos dedicados ao trabalho intelectual em jornais, revistas e gabinetes literários por meio dos quais mantinham contato com os seus congêneres brasileiros e, desta forma, constituíam redes de relações nos dois lados do Atlântico. O presente estudo examina as relações culturais luso-brasileiras seguindo a trajetória de um desses intelectuais, o escritor e jornalista Carlos Malheiro Dias (1875-1941) e suas vinculações com os círculos intelectuais atuantes nas duas margens do Atlântico.

Malheiro Dias teve intensa participação nas instituições mantidas pela colônia de imigrantes portugueses no Rio de Janeiro. Estas atividades

---

[1] O texto é uma versão modificada do capítulo III da tese «Malheiro Dias e o luso-brasileirismo – Um estudo de caso das relações culturais Brasil-Portugal». Cf. Jorge Luís dos Santos Alves. "Malheiro Dias e o luso--brasilianismo". Tese de Doutoramento apresentada ao Programa de Pós-Graduação em História da Universidade do Estado do Rio de Janeiro. Rio de Janeiro, 2009.

proporcionaram acesso e visibilidade às redes de intelectuais e políticos brasileiros e portugueses identificados com a defesa dos laços históricos e culturais entre Brasil e Portugal. As polêmicas e os problemas suscitados por estas relações encontraram Malheiro Dias numa posição de "facilitador" de iniciativas cujo escopo era a valorização do luso-brasileirismo como foi o caso da edição da *História da Colonização Portuguesa do Brasil*. Convém iniciar este estudo com uma descrição da trajetória intelectual e política de Malheiro Dias para depois abordar de forma mais específica as relações desse intelectual com a cultura e os intelectuais luso-brasileiros.

A trajetória intelectual e política de Carlos Malheiro Dias

Carlos Malheiro Dias nasceu no Porto em 13 de agosto de 1875. O pai, Henrique Malheiro Dias, era representante de uma companhia francesa de seguros e a mãe, Adelaide Carolina de Araújo Pereira, era brasileira natural do Rio Grande do Sul. A ascendência brasileira pelo lado materno foi sempre salientada por Malheiro Dias, principalmente nos momentos de acirramento das polêmicas em que se envolveu com antagonistas brasileiros.[2] As origens sociais de Malheiro Dias estão enraizadas no meio burguês do Porto oitocentista. Cidade mercantil, voltada para o ultramar e núcleo de imigrantes "torna-viagem" – os "brasileiros" – que, por meio de suas pequenas poupanças ou grandes fortunas, dinamizavam a economia regional.

Malheiro Dias matriculou-se no curso de Direito em Coimbra, mas em razão do interesse e da vocação literária logo se transferiu para o Curso Superior de Letras, em Lisboa, concluído em 1899. Por ocasião do ingresso em Coimbra, Malheiro Dias não era um desconhecido no meio literário, pois no Brasil publicara em 1896 uma obra literária, *A Mulata*, um *best-seller*, ao qual seu nome foi sempre lembrado e nem sempre por motivações puramente literárias.

Aos 18 anos, Malheiro Dias rumou para o Rio de Janeiro, cidade na qual viveu entre 1893-1897 e onde estreou na literatura, publicando contos

---

[2] Cf., Vida Social. Carlos Malheiro Dias. *O Paiz*, 29.6.1918. Dias, Carlos Malheiro. «Traços autobiográficos». *Ocidente: Revista Portuguesa de Cultura* (1), v. I, Lisboa: Maio 1938, pp.55-56.

e folhetins em jornais e revistas literárias[3]. O comércio e a carreira caixeiral eram os alvos de milhares de jovens emigrantes do norte português que anualmente demandavam ao Brasil para trabalhar no retalho e atacado das cidades litorâneas. Oriundo de uma família burguesa envolvida com o comércio, nada mais natural que o direcionamento de Malheiro Dias para essa atividade. No Rio de Janeiro, empregou-se numa firma de comércio de café em cujas proximidades residia num pequeno quarto cedido pelo patrão. O jovem caixeiro demonstrou mais intimidade com a literatura do que interesse pelo comércio. O fato foi percebido pelo patrão, o negociante Vasconcelos, que adotou uma atitude condescendente em relação ao aprendiz.[4] Logo, Malheiro Dias tornou-se colaborador de *A Semana*, revista dirigida por Max Fleiuss e Valentim de Magalhães, e nela publicou os seus primeiros textos literários.

Na mesma época teve início a carreira de Malheiro nos jornais provavelmente com a publicação de folhetins. Primeiro colaborou em *A Notícia* e depois na *Cidade do Rio* cujo proprietário, José do Patrocínio, impressionou e influenciou a reação de Malheiro Dias aos ataques de certas *cotêries* literárias da rua do Ouvidor, seguidoras do credo do simbolismo, os nefelibatas, praticantes de uma poesia de "versos decadentistas", detratores de Machado de Assis, Raimundo Corrêa e Émile Zola, e que apontaram o jovem Malheiro Dias como réprobo de sua geração.[5]

É nesse contexto que Malheiro Dias publica *Cenários. Fantasias sobre a História Antiga*,[6] seguido da peça teatral, em cinco atos, *Corações de Todos* (1896) e *A Mulata* (1896)[7]. Este último romance é ambientado no Rio de Janeiro no início da república, e nele, o jovem Malheiro Dias inspirou-se em elementos colhidos pelo testemunho pessoal tanto dos distúrbios políticos – a guerra civil dos governos de Floriano Peixoto e Prudente de Moraes (revolução federalista, revolta da Armada, a campanha lusófoba) – como

---

[3] «Carta de José Vicente de Azevedo Sobrinho a Filinto de Almeida». São Paulo: 2.7.1918. [114] RGPL. Coleção Carlos Malheiro Dias.
[4] Schwalbach, Eduardo., *A lareira do passado*. Lisboa: Edição do Autor, 1944, p. 380.
[5] Cf., Duque, Gonzaga, «Carlos Malheiro Dias». *Kosmos*, Ano IV, nº 4, Rio de Janeiro: Abr. 1907.
[6] Dias, Carlos, *Cenários. Fantasias sobre a História Antiga*. Rio de Janeiro: Joaquim Cunha & Cia. Editores, 1894.
[7] Dias, Carlos, *A Mulata*. 2ª ed., Rio de Janeiro: Livraria do Povo. Quaresma & Cia., 1896.

da vida literária da época. *A Mulata* propiciou uma fama precoce ao seu autor, que então se assinava Carlos Dias. A reação ao romance por uma parcela do público motivou o seu retorno a Portugal. De fato, publicada em plena inquietação nacionalista na primeira década republicana, *A Mulata* foi alvo de críticas acerbas, mais de cunho político do que literário, e garantiu para o autor uma acolhida bastante desfavorável nos círculos intelectuais e políticos nacionalistas antilusitanos da então capital federal. O romance tornou-se uma prova do antibrasileirismo do seu autor e da "perversidade lusitana" em relação ao Brasil e aos brasileiros.

A residência no Brasil entre 1893 e 1897 proporcionou a Malheiro Dias, de um lado, a estréia na literatura e no jornalismo, e, de outro, o vínculo com o comércio – empreendimentos aparentemente antagônicos, mas que o acompanharam por toda a vida numa multiplicidade de intervenções na esfera cultural e na esfera econômica que possibilitaram a tessitura de uma notável rede de sociabilidades. Nessa primeira estadia no Brasil, Malheiro Dias fez-se presente nos círculos literários do Rio de Janeiro *fin de siècle*, cujos indivíduos eram freqüentadores assíduos das confeitarias e livrarias da rua do Ouvidor, onde se discutia as últimas novidades da vida política e intelectual local e aquelas provenientes da Europa, principalmente da França. No âmbito da colônia portuguesa, Malheiro Dias manteve relações com os comendadores, os grandes patronos da Beneficência Portuguesa, do Gabinete Português de Leitura e do Liceu Literário Português, instituições relevantes do mundo cultural e social do Rio de Janeiro no fim do século XIX.

Nos primeiros anos do século XX, Malheiro Dias alcançou grande êxito político e literário em Portugal. Apoiado por relações familiares e de amizade, como o conde de Arnoso e o conde Paçô Vieira, foi eleito deputado pelo Partido Regenerador nas legislaturas de 1901, 1902, 1905 e 1910. Em paralelo às atividades políticas, dedicou-se à literatura e ao jornalismo. Datam desse período a publicação dos romances *O Filho das ervas* (1900), *Os Teles de Albergaria* (1901) e *Paixão de Maria do Céu* (1902); da peça teatral *O Grande Cagliostro* (1905) e do volume de contos de *A Vencida* (1907). Em 1906, foi eleito para a Classe de Letras da Academia das Ciências de Lisboa e, no ano seguinte, para a Academia Brasileira de Letras, como sócio-correspondente, na vaga de Eça de Queiroz, algo emblemático para um escritor apontado como epígono do realismo queirosiano, por iniciativa de Euclides da Cunha, Olavo Bilac e Salvador de Mendonça.[8] Ainda em 1907, partiu para o Rio de Janeiro, em missão jornalística e diplomática, com o objetivo de preparar a malograda visita de D. Carlos ao Brasil, prevista para 1908, por ocasião da comemoração do Centenário da Abertura dos Portos. Tornou-se editor e cronista da *Ilustração Português* onde acumulou grande expertise na imprensa cotidiana aplicada posteriormente no Brasil como editor da *Revista da Semana* e *O Cruzeiro*[9].

Dessa forma, o período entre 1899 e 1910 foi marcado por uma vertiginosa acumulação de variadas formas de capital social por Malheiro Dias, demonstrável pelas insígnias de reconhecimento social como o recebimento de comendas honoríficas e a participação nas academias. João do Rio com a sua argúcia ao recolher, durante sua visita a Portugal, impressões sobre o meio literário português, registrou o seguinte sobre Malheiro Dias: «*Quem conversa com o elegante Malheiro Dias, imagina a sua obra, quem lhe lê os livros, imagina o homem fino*».[10]

Após a proclamação da república portuguesa, em 5 de outubro de 1910, Malheiro Dias abandonou a ficção e dedicou-se totalmente ao jornalismo e, em razão do envolvimento em debates e polêmicas políticas, enfronhou-se no estudo da história como base para fundamentar suas posições ideológicas. O seu interesse maior centrou-se nas vicissitudes de uma república que acusava de radicalismo, principalmente as ações de Afonso Costa, o "Robespierre português", ministro da Justiça em 1911-1912 e presidente do Conselho de Ministros, entre 1913 e 1914.

Aos problemas políticos e financeiros, juntaram-se outros de foro íntimo e familiar que o levaram ao exílio voluntário no Brasil, em 1913[11]. Ao retornar ao Brasil, Malheiro Dias reconheceu ser indispensável conquistar o que chamou "situação moral e intelectual", e não apenas

---

[8] Cf., Vida Social. Carlos Malheiro Dias. *O Paiz*, 29.6.1918. A cadeira ocupada por Malheiro Dias, a número 12, tem como patrono Antônio José da Silva, o Judeu. Atualmente é ocupada por Mário Soares.

[9] Dias, Carlos Malheiro, *Ciclorama crítico de um tempo (Antologia)*. Mário Mesquita (introd.), Lisboa: Veja, 1982.

[10] Rio, João do, *Portugal d'Agora. Lisboa-Porto. Notas de viagem. Impressões*. Rio de Janeiro: Paris: H.Garnier Livreiro Editor, 1911, p. 100.

[11] O divórcio do primeiro casamento, motivado por sua relação com Selda Potocka Heisenstein, causou desavenças familiares e escândalo nos meios sociais freqüentados pelo escritor. Cf., Mesquita, Mário. (introd.), *in* Dias, Carlos Malheiro, *Ciclorama critico de um tempo (Antologia)* ... , p. 16.

material, para garantir a sobrevivência[12]. Em 1915, Malheiro Dias entrou em sociedade com Arthur Brandão e Aureliano Machado na Companhia Editora Americana, proprietária da *Revista da Semana*, então um dos principais semanários do Brasil e na qual introduziu várias modificações desde a impressão até o direcionamento para o público leitor feminino e o aspecto mundano da sociedade, com textos de João do Rio e ilustrações de Raul Pederneiros, Julião Machado e Correia Dias[13]. Estas características não impediram que a *Revista da Semana* destacasse o desenvolvimento da Grande Guerra e que as simpatias pela Tríplice Entente assumissem um caráter explícito com a entrada, em março de 1916, de Portugal no conflito.

A Primeira Guerra Mundial provocou novas tensões e acirrou antigos conflitos então subjacentes à *Belle Époque*. A dinâmica dos acontecimentos, acelerada pela guerra e seus desdobramentos econômicos e sociais, encerrou o liberalismo e sua forma de organização do Estado numa crise de princípios. Os efeitos da guerra foram percebidos pelo jornalista Malheiro Dias que não se furtou em comentá-los em artigos publicados na grande imprensa do Rio de Janeiro, principalmente, em *O Paiz*, nos quais atacou o expansionismo alemão e o bolchevismo, e apoiou a intervenção portuguesa no conflito[14].

No Brasil, a entrada na guerra em 1917 ocorreu no momento de ascensão da instabilidade social nos meios urbanos e também do início de uma vaga nacionalista que se espraiaria até meados da década de 20. O antilusitanismo, uma das faces da desconfiança em relação ao estrangeiro, mormente ao imigrante, retornou com força acompanhando os debates em torno da questão nacional e da crise do Estado liberal oligárquico. Nessas polêmicas, a imprensa foi um campo fértil de manifestações para a mobilização da opinião pública por parte de diversos grupos de pressão reunidos em diversas formas de associação (ligas, centros, partidos).

---

[12] Dias, Carlos Malheiro, «Traços autobiográficos», *op. cit.*, p. 57.
[13] Sodré, Nelson Werneck, *História da Imprensa no Brasil*. Rio de Janeiro: Civilização Brasileira, 1966, pp. 340-344.
[14] Vários destes artigos, como «À baioneta» e «O elogio de Lênin», foram publicados na coletânea *A Esperança e a Morte*. Lisboa/Rio de Janeiro: Portugal e Brasil Ltda. Sociedade Editora – Cia. Editora Americana/Livraria Francisco Alves. s.d.

A discussão em torno da influência da herança colonial e de Portugal na formação da nacionalidade brasileira ou no seu caráter inconcluso abrangeu desde a dimensão cultural até a avaliação da presença e ação do imigrante português no meio social. As lutas de representação travadas em torno de uma memória a ser chamada de "nacional" mobilizou um espectro amplo da intelectualidade da época, os especialistas dotados da eficácia argumentativa capaz de balizar e interpretar de forma lógica as múltiplas perspectivas sobre a história luso-brasileira.

Nesse cenário de exacerbação nacionalista, Malheiro Dias adquiriu proeminência ao assumir a defesa da herança portuguesa no Brasil frente tanto ao discurso antilusitano quanto às reações brasilófobas provocadas em Portugal e em parte da colônia portuguesa. Nessas intervenções, ele assumiu-se como *escritor luso-brasileiro* com o qual foi louvado nos panegíricos construídos em torno da "fraternidade luso-brasileira" e prestigiado como orador oficial do Real Gabinete Português de Leitura do Rio de Janeiro.

A partir de 1916, com a conferência *Rumo à Terra*, Malheiro Dias interveio de forma constante nas questões políticas e culturais do luso-brasileirismo. Este envolvimento marcou também o "retorno" do escritor à vida cultural e política portuguesa da qual estava afastado desde a emigração para o Brasil. Em *Rumo à Terra*, Malheiro Dias defendeu a prevalência portuguesa – tanto no aspecto cultural quanto social – na formação da nação brasileira. Esta tese guiou a organização e a escrita da *História da Colonização Portuguesa do Brasil* assim como os discursos pronunciados por ocasião das comemorações do Centenário da Independência em 1922. Encaminhou também as polêmicas em torno da literatura e da história nas quais procurava tangenciar a política interna brasileira de modo a não ferir as sensibilidades extremadas pelo fervor nacionalista. A cautela, porém, teve parcos resultados, como demonstraram as polêmicas travadas com Antonio Torres, Jackson de Figueiredo, João Ribeiro e Lima Barreto entre 1918 e a primeira metade dos anos 1920. Malheiro Dias tornou-se alvo da lusofobia do semanário ultranacionalista *Gil Blas*, tão atacado quanto João do Rio. A polêmica não se limitou aos antilusitanos. A estratégia de moderação e comprometimento do escritor a favor da consolidação das relações Brasil-Portugal gerou reações adversas em alguns setores da colônia portuguesa no

Rio de Janeiro e em Portugal. Nesse caso, mesclavam-se fatores da política interna dos dois países na passagem dos anos 1910 para os anos 1920.

O fim da presidência de Sidónio Pais (dezembro de 1918) e da guerra trouxe novamente a descoberto a divisão das elites da colónia portuguesa entre republicanos e um amálgama de insatisfeitos, que reunia desde monarquistas até aqueles grupos autoidentificados como patriotas descontentes com a situação vivida pela mãe-pátria. Malheiro Dias foi chamado de monárquico e arrivista pelos "afonsistas" (partidários de Afonso Costa) que controlavam o Grêmio Republicano Português no Rio de Janeiro. Era o porta-voz das elites antirepublicanas apontava o editorial de um jornal da colónia. «*Parece-nos, porém, que se alguém lhe passou procuração, ela deve tão somente ter sido subscrita pelos 'comendadores, 'Barões', 'Viscondes' e mais bípedes semelhantes.*» [15] No mesmo tom, o Grêmio Republicano Português, que argumentava representar as forças patrióticas e republicanas, a "verdadeira colónia", era intolerável que Malheiro Dias se proclamasse o representante do conjunto da comunidade dos emigrados portugueses.

«*Representar a Colónia portuguesa do Brasil? Qual colónia? A comedieval fração dos Comendadores? A "seleta" coorte dos mascarados flibusteiros do dezembrismo? A sórdida gentalha dos trauliteiros, candidamente patrocinada pelo J. Rainho, nobre sucessor desse predestinado fratricida que tomou a direção de Vigo? (...) A Colónia Portuguesa que o senhor Malheiro Dias fala é esta mesma, e nem pode ser outra!*»[16]

A questão dos poveiros (1920) e os ataques a Portugal promovidos pela imprensa xenófoba e associações nativistas causaram inquietação entre os imigrantes portugueses. Em Portugal houve uma reação brasilófoba, cuja manifestação mais incisiva foram as invectivas dos jornalistas Guedes de Oliveira e Homem Christo. Malheiro Dias procurou, mais uma vez, o "juste milieu". De um lado, defendeu a posição dos pescadores portugueses – os poveiros – instalados no Brasil. Louvou-os como patriotas que preferiram retirar-se do Brasil a perder a nacionalidade portuguesa. De outro lado, criticou a campanha antibrasileira conduzida por Guedes de Oliveira

---

[15] S.a Editorial. *Nun'Alvares.* s.d. [24]. Recortes de jornais e revistas. RGPL. Coleção Carlos Malheiro Dias.

[16] Dias, Carlos Malheiro, «Lixo monárquico. Varrendo a nossa testada». *Alma Luzitana* (15), 9.8.1919, p. 11.

e Homem Christo e dissociou do sentimento lusófobo as autoridades brasileiras, simbolizadas pelo presidente Epitácio Pessoa[17].

Guedes de Oliveira (professor de estética e diretor da Escola de Belas Artes do Porto) e Homem Christo (editor de O Povo do Aveiro, professor de história da Faculdade de Letras do Porto) representavam, para Malheiro Dias, a demagogia letrada e jacobina que julgava dominar Portugal desde 1910.

«*A insólita atitude assumida por esses dois homens vulgares ante a explosão dos sentimentos lusófobos de algumas dúzias de brasileiros (...) representa uma das mais significativas e intoleráveis manifestações de iconoclastia grosseira e da arrogância que anima esta espécie maligna de demagogia letrada, este terrorismo panfletário, só possíveis no período de depressão moral em que vivemos*»[18].

No contexto da sociedade brasileira os lusófobos estavam isolados e limitados a um "panfleto jacobino", o semanário *Gil Blas*, órgão de imprensa da *Propaganda Nativista*.

«*O pseudo Brasil nativista (...) circunscreve-se ao Rio de Janeiro, e no Rio de Janeiro à pequena sala de redação dum panfleto jacobino, onde alguns patriotas escrevem desaforos contra Portugal e os portugueses, a que o Sr. Homem Christo replicava no Povo de Aveiro, com desaforos ao Brasil e aos brasileiros. Daquele panfleto, lido quase exclusivamente pelos portugueses, se originou a visão deformada dum Brasil lusófobo. É dar importância exacerbada a uma revista semanal e depreciar humilhantemente uma nação do tamanho da Europa, fazendo-a caber no tinteiro dum panfletário*».[19]

O descontentamento estendia-se também àquela fração da colônia identificada com os interesses dos grandes capitalistas portugueses que controlavam as instituições culturais e filantrópicas e eram os alvos prediletos dos panfletos nacionalistas. Os "comendadores" eram muito próximos dos círculos políticos e diplomáticos do Brasil e Portugal e os grandes divulgadores das relações fraternais luso-brasileiras. A visibilidade de Malheiro Dias, quase um porta-voz dos "comendadores", tornava-o alvo

---

[17] «Carta de Carlos Malheiro Dias a João de Barros». 14.6.1922, *apud Cartas Políticas a João de Barros*, pp. 224-228.

[18] Dias, Carlos Malheiro. *Carta aos Estudantes Portugueses*. Lisboa: Portugal-Brasil Lda. s.d. [1922], p. VII.

[19] Dias, Carlos Malheiro, *op. cit.*, p. 10.

fácil dos nacionalistas xenófobos, mas também dos descontentes com o domínio social dessa parcela da elite da colônia.

No âmbito de Portugal, Malheiro Dias, apresentava-se como um defensor do luso-brasileirismo. Essa atitude esteve associada também à sua intervenção na política e na cultura portuguesa contemporânea em que a nação era interpretada pelo viés tradicionalista, idealista e socialmente conservador. E essa posição foi manifestada na polêmica travada com António Sérgio entre 1924 e 1925, em torno da publicação de *Exortação à mocidade*. Nessa época, o pensamento político de Malheiro Dias aproximou-se dos princípios doutrinários do nacionalismo tradicionalista e autoritário, defendido por António Sardinha, muito embora os laços com os princípios do liberalismo político ainda estivessem presentes.

A partir de 1917, as visitas mais constantes a Portugal, levaram Malheiro Dias a manter contato e assimilar o nacionalismo reacionário e o antiliberalismo de correntes político-ideológicas disseminadas desde o período pré-guerra na Europa ocidental, como a *Action Française* de Charles Maurras, e divulgadas em Portugal no ideário do *Integralismo Lusitano*. O conservadorismo social e o nacionalismo do pensamento político de Malheiro Dias encontraram no *Integralismo* aspectos doutrinários bastante atraentes – como o tradicionalismo, o passadismo e o anátema do vintismo – para torná-lo um simpatizante daqueke movimento.[20]

Se a *Exortação à Mocidade* era o auge da atividade de polemista e a *História da Colonização Portuguesa do Brasil*, um esforço ímpar de erudição histórica, a fundação e o êxito editorial de *O Cruzeiro* (1928) significaram a fortuna e a segurança financeira almejadas desde a mocidade por Malheiro Dias como coroamento de uma projeção social conquistada como homem de letras. Na segunda metade dos anos 1920, após as polêmicas sobre a questão dos poveiros e o sebastianismo; encerrada a edição da *História da Colonização Portuguesa do Brasil* e com a vigência da ditadura militar em Portugal, a atenção de Malheiro Dias concentrou-se no lançamento de *O Cruzeiro*, tarefa à qual se dedicava com grande entusiasmo conforme indica a correspondência com João de Barros.

---

[20] *Vide:* Raposo, Hipólito, «Através dos jornais e das revistas. Movimento Nacionalista». *Nação Portuguesa* (4). 3ª Série, Lisboa: 1924-1926, p. LXXXIII.

«*Voltarei eu a Portugal? Por agora o meu programa de vida é a criação de uma grande empresa editorial que principiará por editar a revista "Cruzeiro". Sobre isso e do que espero da sua cooperação lhe escreverei um destes dias. As oficinas de impressão e gravura estão montar-se com o vagar tropical. Têm que chegar ainda máquinas da Alemanha para a instalação da rotogravura*»[21].

Além do projeto editorial de O Cruzeiro, Malheiro Dias estava envolvido no projeto de criação da Casa de Portugal, um "organismo coordenador de todas as iniciativas e influências portuguesas" no Brasil.[22] Aspiração materializada em 1931, com a fundação da Federação das Associações Portuguesas no Brasil, da qual foi o primeiro presidente, um reconhecimento ao intelectual que, ao longo dos anos vinte, combateu pela defesa dos interesses de Portugal no Brasil, mas principalmente pela construção da fraternidade luso-brasileira.

A fortuna amealhada no Brasil, porém, perdeu-se em negócios que escapavam da sua compreensão. Homem de boa fé e inapto para o comércio esta seria no entendimento de Sarmento Pimentel, a combinação de qualidades fatais na vida de Malheiro Dias.

«*Regressado ao Porto, apareceu-lhe, em certa altura, um negócio de vinhos, um tanto suspeito, e o nosso Malheiro Dias, que era um homem de boa fé caiu na esparrela que lhe armaram. A Casa estava em vésperas de falência e lá se foram os mil e duzentos contos que o Malheiro Dias investiu naquele negócio fatal*»[23].

Na década de 30, as concepções de uma sociedade pautada pela hierarquia, ordem e tradição com as elites numa posição central pareciam próximas do triunfo. Se em Portugal, o «*prodigioso taumaturgo Oliveira Salazar*» [24] já iniciara a reconstrução da nação sob a égide de sua férrea

---

[21] «Carta de Malheiro Dias a João de Barros». Rio de Janeiro: 8 de abril de 1928, *apud Cartas a João de Barros*. Seleção e Prefácio de Manuela de Azevedo Lisboa: Livros do Brasil, s.d. [1972], p. 116. *O Cruzeiro* foi a principal publicação do império jornalístico de Assis Chateaubriand, os *Diários Associados*.

[22] *Pátria Portuguesa*. Ano II (86), 22.8.1926, apud Maria Beatriz Nizza da Silva. *Documentos para a História da Imigração Portuguesa no Brasil. 1850-1938*. Rio de Janeiro: Editorial Nórdica/Federação das Associações Portuguesas e Luso-Brasileiras, 1992, p. 105.

[23] Lopes, Norberto, *Sarmento Pimentel ou uma geração traída. Diálogos de Norberto Lopes com o autor das "Memórias do Capitão"*. Lisboa: Editorial Áster, 1977, p. 160.

[24] Dias, Carlos Malheiro, «Discurso no lançamento da pedra fundamental do prédio do Liceu Literário». *Liceu Literário Português: 100 anos de vida a serviço do ensino e da cultura*. Rio de Janeiro: s/ed. 1968, p. 33.

autoridade, no Brasil, o mesmo caminho era trilhado por meio do movimento integralista liderado por Plínio Salgado.

«Há uma outra juventude adolescente que participa mais com o coração do que com o cérebro na grande obra de metamorfose e cuja imagem representativa vejo passar nas ruas, marchando militarmente ao compasso dos tambores e dos clarins, com as suas camisas verdes, conduzindo a bandeira venerada do seu núcleo, entoando hinos patrióticos»[25].

O Estado Novo aparentava ser a restauração do Portugal tradicional. Liberto das injunções da tirania da maioria fundada pela república democrática, a nação recuperava a identidade e a glória dos Descobrimentos. Esta imagem envolveu e conquistou o pensamento, e atraiu o apoio de uma fração da intelectualidade portuguesa desiludida do liberalismo e marcadamente nacionalista, como foi o caso de Malheiro Dias cujos discursos, no princípio dos anos 30, exaltavam a ditadura do general Carmona e depois o Estado Novo. Sob a influência da fundação deste último, que materializava o retorno de Portugal ao princípio da tradição, Malheiro Dias interpretava o golpe de 1926 como a *«conversão de uma democracia individualista, que revelava sintomas de caducidade prematura, num estado novo, que uma constituição dotou com amplos poderes de liberdade e de continuidade governativa»*[26].

A malograda nomeação para embaixador na Espanha, em fevereiro de 1935, seria a recompensa à sua adesão ao regime[27] ou, nas palavras de Sarmento Pimentel, Salazar "trouxe-o à corda com a promessa de fazê-lo embaixador em Madrid".[28] Talvez a embaixada fosse algo mais transcendental do que recompensa ou astúcia de Salazar. Para Augusto de Castro, tratava-se de uma aspiração da adolescência e a consagração oficial da existência moral e material de Malheiro Dias.[29] A incerteza quanto à efetivação da embaixada, em razão da gravidade das sucessivas doenças que o acometeram na mesma época, trouxe dissabores a Malheiro Dias

---

[25] Dias, Carlos Malheiro, *Pensadores brasileiros. Pequena Antologia*. Lisboa: Livraria Bertrand, s.d, p. 9.

[26] *Idem, op. cit.*, p. 86.

[27] A nomeação, segundo Eduardo Schwalbach, foi acordada entre ele, Antonio Ferro e Vasco Fernandes. Eduardo Schwalbach. *op. cit.*, p. 382.

[28] Lopes, Norberto, *op. cit.*, p. 161.

[29] Castro, Augusto de, *op. cit.*, p. 161.

então em difícil situação financeira e familiar.[30] O problema da embaixada foi solucionado pela intervenção de Marcelo Caetano, admirador confesso do escritor[31].

No Brasil, durante a primeira metade da década de 30, Malheiro Dias, além da presidência da Federação, dedicou-se a conferências nas associações e grêmios portugueses e ao envio de artigos para o *Diário de Notícias* até ser acometido, em 1935, pela hemiplegia que o deixou afásico e incapacitado para o exercício da embaixada em Madrid. Não obstante esses obstáculos, Malheiro Dias tentou exercer, nos limites das seqüelas deixadas pela doença, as atividades de escritor e os vínculos com o Brasil. Enviou artigos esparsos para o *Diário de Notícias*, reuniu várias conferências e artigos em coletâneas e intentou interessar João de Barros na fundação de um jornal no Rio de Janeiro voltado para a colônia portuguesa[32].

O retorno definitivo a Portugal, ainda em 1935, ocorreu debaixo de uma situação bastante delicada. A saúde abalada, os problemas familiares, a falência econômica e a frustrada embaixada formam o pano de fundo dos últimos anos de vida de Malheiro Dias até o falecimento em 19 de outubro de 1941. Julio Dantas, ao discursar no sepultamento do amigo, louvou as características literárias da obra de Malheiro Dias, mas, sobretudo, destacou o fato de que a vida do escritor/criador ter superado o drama dos personagens saídos da sua imaginação.[33]

Malheiro Dias e os intelectuais luso-brasileiros

Foi no contexto do nacionalismo literário que, em 1918, Malheiro Dias envolveu-se na campanha de João Ribeiro[34] contrária ao projeto da Confederação Luso-brasielira e da política literária de aproximação luso-

---

[30] Cf., Álvaro Pinto, «Carlos Malheiro Dias. Apontamentos para a história de seus últimos anos de vida dramática». *Ocidente* (43), v. XV, Nov. 1941, p.148.

[31] «Carta de Marcelo Caetano a Malheiro Dias». Lisboa: 27.7.1937. J 74. RGPL. Coleção Carlos Malheiro Dias.

[32] «Carta de Malheiro Dias a João de Barros». Lisboa: 17.6.1937, *apud Cartas a João de Barros*, p. 118.

[33] Cf., Chorão, João Bigotte, *Carlos Malheiro Dias na ficção e na História*. Lisboa: Instituto de Cultura e Língua Portuguesa (ICALP), 1992, p. 101.

[34] Crítico literário, filólogo, historiador, pintor, professor e tradutor, João Ribeiro (1860-1934) participou ativamente da vida cultural brasileira entre as últimas décadas do século XIX e o primeiro terço do século XX. João Ribeiro foi eleito para a Academia Brasileira de Letras em 1898.

brasileira defendida por Alberto de Oliveira, Bethencourt-Rodrigues, João de Barros e João do Rio. Para João Ribeiro, a idéia confederativa não passava de mais uma manifestação gongórica e hiperbólica dos lusófilos, dissociada da opinião pública brasileira e a aproximação era um fenômeno sentimental que expressava o teimoso desconhecimento dos intelectuais portugueses da realidade brasileira. Ribeiro também era um ardoroso defensor das peculiaridades adquiridas pela língua portuguesa no Brasil e criticava o que considerava descaso da literatura brasileira em Portugal. Todas estas questões foram tratadas por Ribeiro numa coluna do jornal carioca *O Imparcial*, entre 1916 e 1919, como manifestações do enraizado colonialismo cultural lusitano em relação ao Brasil.

Embora reconhecesse a autoridade de João Ribeiro como crítico literário, Malheiro Dias propôs-se a esclarecer os «*erros que circulam com direitos de cidadão em certas regiões da república das letras brasileiras*». Nesse mister, apoiou-se justamente nos vínculos afetivos e culturais que o ligavam ao Brasil e a Portugal para combater o que considerava manifestação nativista e seu desdobramento no mundo das letras, o "jacobinismo literário".

«*E por não esquecer uns e outras [sic] é porque sempre tenho prescrito a minha nacionalidade brasileira de 'escritor' (pois que o obscuro homem de letras que há em mim aqui se revelou) que a minha dor é maior perante o insulto e a ruindade do injusto, do improcedente, do gratuito ódio nativista*»[35].

Em sua coluna "A República das Letras", publicada no *Rio Jornal*, Malheiro Dias reconheceu parcialmente o valor das críticas de João Ribeiro.

«*Sou o primeiro a reconhecer que a literatura brasileira está muito longe de haver encontrado em Portugal a leitura que merece, mas nego firmemente que os homens mais representativos da intelectualidade portuguesa desconheçam e não admirem veementemente a obra magistral de um Machado de Assis (...) e não tenham sentido o deslumbramento em que nos deixa a leitura do genial Euclides da Cunha, cuja obra capital é um dos monumentos da língua comum aos dois povos*»[36].

Um mal disfarçado luso-centrismo literário, no entanto, transpareceu no raciocínio de Malheiro Dias quando comparou as literaturas brasileira e

---

[35] Dias, Carlos Malheiro, «A República das Letras - Carta a João Ribeiro». *Rio Jornal*, 18.5.1918.
[36] Dias, Carlos Malheiro, «A República das Letras. Uma nova questão do Hissope». *Rio Jornal*, 6.5.1918.

portuguesa do século XIX, com a superioridade desta última e, ao inverso, comparava de forma favorável ao Brasil a balança literária luso-brasileira do início do século XX.

«*Seria da minha parte lisonja ocultar que a literatura brasileira ainda não produziu no teatro uma obra comparável ao 'Frei Luiz de Souza', de Garrett, uma obra de historiador com a substância de Alexandre Herculano, romancistas superiores a Camilo e a Eça de Queiroz, mas seria arrogância deixar de reconhecer que ninguém em Portugal, presentemente, cultiva com a majestade de Rui Barbosa a eloqüência vernácula e o grande estilo; que todos os cem livros de Teófilo Braga valem menos que as páginas de Tobias Barreto e Silvio Romero; que 'Os Sertões', do grande Euclides são um dos mais grandiosos monumentos da língua; e que a poesia brasileira atingiu uma perfeição que raros poetas contemporâneos alcançaram (...)*»[37].

De um lado, são listados autores portugueses oitocentistas classificados como clássicos (Garrett, Herculano, Camilo e Eça), em razão da opulência do estilo ou por afinidades literárias (caso de Eça), e com significativo público de leitores no Brasil nas primeiras décadas do século XX. O estilo e o purismo da língua guiaram a citação de Euclides da Cunha e Rui Barbosa, dois escritores bastante apreciados por Malheiro Dias, um fiel praticante da hipercorreção gramatical, da precisão do léxico e do estilo fulgurante.

Os ânimos se exaltaram, pois a polêmica de fato era extra-literária. Malheiro Dias identificou o florescimento da "obsessão nativista" em uma fração dos intelectuais brasileiros da imprensa carioca, abrigados nos diários *O Imparcial*, *A Notícia* e *Gazeta de Notícias* e nos semanários *Brazilea* e *Dom Quixote*[38].

Nas páginas de *Brazilea*, Antônio Torres redargüiu iradamente com a afirmação dos caracteres mestiços da identidade brasileira e sua autonomia em relação a Portugal.

«*A intelectualidade portuguesa, domiciliada na imprensa brasileira atacou "Brazilea" por defender a autonomia do Brasil. E o dissemos porque sabíamos que ao luso jamais poderia ser agradável o nosso esquecimento de que somos 'uma obra*

---

[37] Dias, Carlos Malheiro, «A República das Letras. Carta a João Ribeiro». *Rio Jornal*, 18.5.1918.
[38] Dias, Carlos Malheiro, «A Republica das Letras. Prosseguindo através da tormenta». *Rio Jornal*, 24.5.1918.

sua'. O antigo senhor da terra jamais se convenceu de que somos um produto de três raças diversas (...)»[39].

Na exacerbação nacionalista, Malheiro Dias depois de acusar os oponentes de jacobinismo foi por eles classificado de inimigo da nacionalidade brasileira. Inimizade emblematizada nas situações narradas em *A Mulata*[40] e que Malheiro Dias redarguiu pela lógica do eurocentrismo.

«*A bandeira do chauvinismo, do jingoísmo desfraldada por certos patriotas, alguns aliás, muito ilustres, muito dignos e muito eloqüentes é uma bandeira de egoísmo, desconfiança e retrocesso, que não resolve nada e nada garante. A América tem nas veias o sangue, a inteligência e a riqueza dos seus antepassados, que não os apaches, os guaranis ou os africanos, mas os ingleses e os iberos, os saxônicos e os latinos cuja substância vivente, cujas tradições, cujas idéias, cujos capitais nos geraram, nos criaram, nos educaram, nos opulentaram, até sermos o que hoje somos*»[41].

Na polêmica contra os anti-lusitanos, o escritor português, porém, não estava isolado. Na Academia Brasileira de Letras e na imprensa, Malheiro Dias contou, por exemplo, com a solidariedade de Coelho Neto e Filinto de Almeida que o defenderam mais pela virulência dos ataques xenófobos do que pela partilha de seus conceitos sobre a literatura brasileira e portuguesa.[42] Para João Ribeiro, no entanto, o autor de *A Mulata* cometia um equívoco ao associar o sentimento antilusitano às questões literárias. A idéia do "jacobinismo literário" era uma contradição e mostrava-se inadequada com a vida literária brasileira ilustrada, lembrava Ribeiro, pela presença do próprio Malheiro.

«*Jacobinismo literário é uma contradição nos seus próprios termos. Todos nós admiramos Eça, Camilo, Guerra Junqueiro, internacionalmente, intimamente. Os portugueses não nos admiram por ignorância ou porque não mereçamos admiração*

---

[39] Torres, Antônio, «O Momento». *Brazilea* (15) Jun. 1918, pp. 1-2.
[40] Figueiredo, Jackson, «O Ensino gratuito». *A Notícia*, 11 e 12.6.1918. «Opiniões de um jornalista impossível». *A Notícia*, 18 e 19.6.1918. Pontes, Elói, «Nacionalistas?... Jacobinos? ... ». *A Notícia*, 14 e 15.6.1918.
[41] Dias, Carlos Malheiro, «Respondendo em poucas palavras». *A Notícia*, 16.6.1918.
[42] Luiz, Paulo de São, «Vida Literária. Os artigos de Carlos Malheiro Dias». Extrato de jornal s.i., 8.5.1918 [17]. «Germanismo embuçado em brasileirismos. O sr. Malheiro Dias acusado de ser português». *Braz Cubas*, 6.6.1918. [25] Barata, Hamilton, «Carlos Malheiro Dias». *Tribuna*, 19.6.1918.[20]. Recortes de jornais e revistas. RGPL. Coleção Carlos Malheiro Dias.

alguma (razão muito aceitável) (...) Ele [Malheiro Dias] é um representante das letras portuguesas na nossa mofina academia, aqui espontaneamente solicitado, reclamado e acolhido pelo escol das nossas letras; não sei como se sente obrigado a repelir os desdens sectários e jacobinos movidos contra os escritores de além-mar. Carlos Malheiro Dias é, ainda mais quase nosso; aqui revelou os dotes magníficos do seu invejável talento (...) Ignoro, pois quanto a mim, o sentido das suas palavras ou dos seus remoques. Na questão esquecida, já, do 'luso-brasileirismo', declarei que prometia emendar-me. (...) Não quero, pois, com a minha inépcia, reacender o facho da discórdia que poderia acaso diminuir a simpatias que, todos nós, consagramos ao escritor. E nem mesmo essa diminuição seria possível, tal é a gentileza e a suavidade das suas palavras»[43].

Ao destacar a qualidade "bi-nacional", que conferia a Malheiro Dias um lugar na "república das letras" – um escritor "quase nosso" –, João Ribeiro separava o joio do trigo e terminava por legitimar as pretensões de Malheiro Dias como escritor luso-brasileiro. Percepção que o crítico literário baiano, Almáquio Diniz, um entusiasta da literatura portuguesa, deixou registrada em 1922: «*Eu já tenho a sensação de que Malheiro Dias está plenamente um escritor português, mas do Brasil, português pelo temperamento, do Brasil pelo tropicalismo de seu estilo, cheio de cores álacres e de luzes inequívocas. (...) Romancista, dramaturgo, historiador e cronista – em qualquer manifestação de seu espírito, Malheiro tem uma definida estatura de escritor nas letras de Portugal, e uma gloriosa estrada nas letras do Brasil*»[44].

Legitimação e reconhecimento que os nacionalistas lusófobos, o pólo mais radical do debate, consideravam antinacionais e demonstraram seu descontentamento vaiando os presentes à homenagem prestada a Malheiro Dias, em 29 de junho de1918.[45] O incidente foi assim descrito por João do Rio ao seu compadre João de Barros: «*Mas se duvidas do caso jacobinismo lê*

---

[43] Ribeiro, João, «Semana Literária - Reflexão final». *O Imparcial*, 13.5.1918.

[44] Diniz, Almáquio, *A Perpétua metrópole. (Autores e Livros de Portugal). Para a comemoração do Centenário da Independência do Brasil.* Lisboa: Portugal-Brasil Lda., s.d.

[45] Os manifestantes foram identificados como jornalistas entre os quais Antonio Torres, Jackson de Figueiredo, Bastos Tigre e Candido Campos. O banquete de sábado. *Rio Jornal*. s.d [1918] [69] RGPL. Recortes de jornais e revistas. Coleção Carlos Malheiro Dias. Ainda, segundo Brito Broca, a vaia a Malheiro Dias, teve a participação de Luiz Edmundo e Gastão Cruls que declararam "ambos terem presenciado e mesmo ajudado a vaia, da qual não recordam a data". Broca. Brito, «O caso da "Mulata"», in *Machado de Assis e a Política e outros estudos*. Rio de Janeiro: "Organização Simões" Editora, 1957, p. 207.

nas gazetas o que é aqui a campanha contra o Malheiro Dias e como houve um banquete ao Malheiro. O Candido Campos e o Torres, outros cafajestas foram com sujeitos pagos vaiar as pessoas que entravam, inclusive o embaixador de Portugal! E eu que tinha tanto com o banquete como com a Torre de Belém, fui forçado a saudar o Malheiro por não ter comparecido o Celso, o conde Affonso – de medo das ameaças pelo telefone! Como recompensa a Gazeta chefiando a pasquinista só não me chamava de santo» [46].

Mencionou-se, anteriormente, o vínculo de Malheiro Dias ao Real Gabinete Português de Leitura do Rio de Janeiro. Nos 1920/1930, Malheiro Dias converteu-se no orador oficial da instituição, como por ocasião das cerimônias de recepção às autoridades brasileiras e portuguesas na homenagem aos aviadores Gago Coutinho e Sacadura Cabral em 1922, ou nas celebrações de datas simbólicas, como o Dia de Camões. Em outra instituição de consagração, Academia Brasileira de Letras, a presença de Malheiro Dias mostrou-se mais limitada e, em determinadas circunstâncias, como na época da polêmica com João Ribeiro, o escritor afastou-se dos eventos ali realizados. Evitou, por exemplo, tomar parte das discussões sobre a questão ortográfica que agitou os meios culturais luso-brasileiros na passagem das décadas 1910/1920. Assim, José Vicente Sobrinho, secretário da Academia, reclamava a ausência das sessões semanais.

«Recebi hoje o seu afetuoso cartão de visita. Espero ter amanhã o prazer de vê-lo na Academia na sessão semanal das quartas-feiras. Os livros de presença desde 1917, precisamente há dois anos, na posse solene do Sr. Luís Guimarães Filho, não registram a presença de Carlos Malheiro Dias. Os seus confrades estão discutindo brasileirismos e a acepção diferente que alguns vocábulos tem no seu belo Portugal e no nosso caro Brasil. Sua opinião terá muita autoridade para esclarecer a questão»[47].

O ingresso precoce nas Academias Brasileira de Letras e das Ciências de Lisboa constituiu uma vantagem, ao longo da trajetória de Malheiro Dias, e evidencia os laços de sociabilidade estabelecidos na comunidade intelectual dos dois países. Já a entrada na Academia Portuguesa de História em 1937

---

[46] «Carta de João do Rio a João de Barros». Rio de Janeiro. s.d [1918], a*pud Cartas a João de Barros.* Seleção e Prefácio de Manuela de Azevedo. Lisboa: Livros do Brasil, s.d. [1972], p. 304.

[47] «Carta de José Vicente Sobrinho a Malheiro Dias». Rio de Janeiro: 16.7.1919. J39. RGPL. Correspondência de Carlos Malheiro Dias. Coleção Carlos Malheiro Dias.

ocorreu no contexto do declínio físico e da produção intelectual, e foi uma espécie de homenagem pela edição da *História da Colonização Portuguesa do Brasil*, em meados dos anos vinte. Nestas instituições de consagração, encontrava-se um número expressivo de escritores próximos a Malheiro Dias por relações de amizade, afinidades literárias e, em alguns casos, credo político comum: Coelho Neto, Filinto de Almeida, João do Rio, Félix Pacheco, Elísio de Carvalho, Ronald de Carvalho, João Luso, João de Barros, Júlio Dantas, José Osório de Oliveira, entre outros. Relações que amiúde se cruzavam nas publicações literárias (*A Semana, Lusitânia*), doutrinárias (*Nação Portuguesa*) ou de caráter mais mundano (*Ilustração Portuguesa, Revista da Semana, O Cruzeiro*).

A participação em revistas literárias foi episódica na carreira de Malheiro Dias, mas em *A Semana*, Malheiro Dias manteve os primeiros contatos com os círculos literários brasileiros. Uma fauna de poetas, romancistas e críticos literários como Max Fleiuss, Valentim Magalhães, Lúcio de Mendonça, Coelho Neto, Tristão de Alencar Araripe, Olavo Bilac, Cruz e Sousa, Adolfo Caminha e João Ribeiro. Alguns deles eram simpáticos ao jacobinismo florianista e, influenciados pelo clima político que reforçava prevenções lingüísticas e literárias, transferiram para a literatura o sentimento antilusitano. Ao visitar Portugal, Valentim de Magalhães desagradou os demais redatores do semanário (Lucio de Mendonça, Araripe Jr., Raul Pompéia) por elogiar o poeta João de Deus. Lucio de Mendonça escreveu uma crítica desautorizando Magalhães e, logo em seguida, *A Semana* deixou de ser editada.[48] Talvez percebendo o clima antilusitano na revista, Malheiro Dias tenha descrito vários de seus colaboradores em *A Mulata* nem sempre de forma lisonjeira, como reclamou Max Fleiuss.

«Ainda me recordo da timidez com que ele se apresentava a Valentim, ao Lúcio e ao Araripe, e quando o levei à casa de Machado de Assis, no Cosme Velho, parecia um colegial culpado. Tempos depois foi injusto conosco, atacando-nos num capítulo do romance que publicou como o nome A Mulata. E isso sem que tivesse o menor

---

[48] Figueiredo, Fidelino de, *Um século de Relações Luso-Brasileiras (1825-1925)*. Separata da Revista de História, v. 4. Lisboa: Empresa Literária Fluminense Lda., 1925, p. 25-26.

motivo de queixa contra nós, que sempre o acolhemos com o carinho merecido. Foi de certo, vítima de alguma intriguinha literária ...» [49].

A revista *Lvsitania* (1924-1927), dirigida por Afonso Lopes Vieira e Carolina Michaelis de Vasconcellos, era outro "lugar" de sociabilidade, onde se encontravam correntes ideológicas portuguesas da década de 1920 ("seareiros", integralistas). Na organização da publicação, Malheiro Dias aparecia como responsável pelos estudos luso-brasileiros, António Sérgio, pela crítica literária e António Sardinha, pela literatura. Em 1924, Afonso Lopes Vieira, propôs um consórcio entre *Lvsitania* e *América Brasileira*, dirigida por Elísio de Carvalho. Para isto valeu-se de Malheiro Dias como uma "ponte": «*Se fizéssemos uma espécie de consórcio intelectual e administrativo (este sem reciprocidade, por nossa parte, ou quase...) entre Lvsitania e a América Brasileira? Teríamos naquela administração a nossa administração no Brasil, e abriríamos uma seção permanente na L [Lvsitania] com o nome daquela Revista, onde, em duas ou 3 páginas, faríamos a síntese e a propaganda do Brasil entre nós. É uma idéia que você julgará, E ela inspira-se na amizade ardente [no original] que o Elysio de Carvalho tem demonstrado por nós – e também nesta presunção de que sem um forte apoio no Brasil a nossa situação será precária...* »[50]

Foram vários os exemplos de intelectuais portugueses que buscaram o apoio de Malheiro Dias para a execução de seus projetos no Brasil. Apoio que variava desde a apresentação aos círculos políticos e culturais (Raul Lino) até os pedidos de emprego na imprensa do Rio de Janeiro (Alexandre de Albuquerque e Mário Monteiro) ou o encorajamento para emigrar (Álvaro Pinto).[51]

No Brasil, Malheiro Dias esteve próximo de intelectuais cujos valores estéticos literários eram assemelhados aos seus, caso de Coelho Neto, Elísio de Carvalho e Ronald de Carvalho. Com Coelho Neto, o escritor tinha afinidades estilísticas (a prolixidade, o rebuscamento da língua, o

---

[49] Fleiuss, Max, *A Semana. Crônicas de Saudades. (1893-1895)*. Rio de Janeiro: s.ed., 1915, p. 29.

[50] «Carta de Affonso Lopes Vieira a Carlos Malheiro Dias». Lisboa: 26.5.1924. J121. RGPL. Correspondência passiva. Coleção Carlos Malheiro Dias.

[51] «Carta de Raul Lino a Carlos Malheiro Dias». Lisboa: 7.8.1934. J34. RGPL. Correspondência passiva de Malheiro Dias. Monteiro, Mário, «Crônica de Mario Monteiro. Record.», *Correio da Noite*. Ano III, nº 796. Rio de Janeiro, s.d. Pinto, Álvaro. «Carlos Malheiro Dias. Apontamentos para a história de seus últimos anos de vida dramática», *op. cit.*, p. 146.

purismo)[52] e relações pessoais que remontavam à juventude e ao início da vida intelectual.

«Assim, meu querido deixo de ouvir-te, reservando-me para ler a tua conferência [Rumo à terra] que, em certos pontos do sumário, traz-me à lembrança conversas do velho tempo, na casinha da rua Ferreira Viana, quando eras um menino e eu um rapagão cheio de energia e todo confiança no que era, então, o futuro e que é hoje esta choldra»[53].

Elísio e Ronald de Carvalho eram nacionalistas e lusófilos de uma geração literária posterior ao realismo/naturalismo. Homens de letras dotados da "nobreza de mentalidade e de sensibilidade" que Malheiro Dias destacava como características da aristocracia de pensamento.[54] No prefácio de *Brava Gente* (1921), Malheiro Dias elogia o nacionalismo, o patriotismo e a amizade do autor, Elísio de Carvalho, em relação a Portugal, país louvado como o responsável pela introdução e difusão da civilização européia e latina no Brasil, enquanto os lusófobos empreendiam uma campanha feroz contra Portugal nas páginas do *Gil Blas*: *«O que poderá acrescentar prestigiosamente esse elogio eloqüente a minha voz sem autoridade numa hora em que um partido armado de panfletos aterradores prega, entre vociferações exasperadas, o repúdio do passado? O momento é mais para pelejar do que para redigir saudações acadêmicas»*[55].

Malheiro Dias fez uma homenagem póstuma ao poeta Ronald de Carvalho, dedicando-lhe *Pensadores Brasileiros*. Malheiro Dias admirava Carvalho como esteta e pensador nacionalista e, no cenário do Modernismo brasileiro, considerava-o um ponto de equilíbrio por adotar a nova estética literária sem aderir a revoluções estilísticas duvidosas ou tentações artísticas iconoclastas. Era uma crítica implícita às experiências gramaticais e

---

[52] A afinidade e preocupação com o estilo era um traço de união de Coelho Neto e Malheiro Dias a outros escritores brasileiros e portugueses da época como Euclides da Cunha e Fialho de Almeida. Cf. Broca, Brito, «Coelho Neto romancista», in Aurélio Buarque de Hollanda. (coord. rev. notas). *O Romance brasileiro (de 1752 a 1930)*. Rio de Janeiro: Edições O Cruzeiro, 1952, p. 241.

[53] «Carta de Coelho Neto a Carlos Malheiro Dias». Rio de Janeiro: 28.9.1916. [148]. RGPL. Coleção Carlos Malheiro Dias.

[54] Dias, Carlos Malheiro, «Prefácio», in Ribeiro, Aquilino, *Jardim das Tormentas*. Lisboa/Rio: Aillaud, Alves & Cia/Francisco Alves & Cia., 1913, p. XIV.

[55] Dias, Carlos Malheiro, «Prefácio», in Carvalho, Elísio de, *Brava Gente*. Rio de Janeiro: S.A Monitor Mercantil, 1921, p. XIV.

ortográficas pouco ortodoxas de outros participantes da Semana de Arte Moderna, como Mário e Oswald de Andrade.

Exerceu, sem intervenção ostensiva, nesse tumultuário, se bem que salutar, movimento de rebelião, um papel de equilíbrio, de justa medida, de bom gosto clarividente, que atenuava os excessos da iconoclastia, reduzindo-a a uma *boutade* o postulado de que a boa sintaxe era uma algema de escravidão[56].

Ronald de Carvalho, inclusive, procurava o auxílio do escritor português para revisão e "embelezamento" de seus escritos, como se observa numa carta de 1931, quando ocupava um elevado cargo político, o de Secretário-Geral da Presidência, no governo provisório de Getúlio Vargas:

> «*Meu querido Malheiro Dias*
> *Com que superlativos o meu coração pagaria os do seu? A exemplo do nosso único Velásquez, você escondeu todos os prognatismos da minha pobre máscara de escritos, transformados, pelo maravilhoso pincel do seu estilo, com visão luminosa.*
> *Se a sincera e pura admiração exigisse qualquer retribuição, você, meu ilustre e querido amigo, não poderia corresponder, com mais elegância e generosidade, à que eu nutro por seu excepcional talento. Muito obrigado»*[57].

Poeta, autor de uma afortunada história da literatura[58] e um dos fundadores da revista *Orfeu*, Ronald de Carvalho representava uma das vertentes em que o Modernismo brasileiro se ramificou nas décadas de 1920/1930. Entre estas ramas encontravam-se o nacionalismo mesclado com a reação espiritualista e o regionalismo, tendências politicamente mais conservadoras da renovação do panorama intelectual do Brasil e mais próximas da sensibilidade literária e da visão política de Malheiro Dias.

Numa carta de 1937, o visconde de Carnaxide (António Baptista de Sousa Pedroso) informava Malheiro Dias sobre o estado das letras

---

[56] Dias, Carlos Malheiro, *Pensadores Brasileiros. Pequena Antologia*. Lisboa: Livraria Bertrand, s.d., p. 47.
[57] «Carta de Ronald de Carvalho». Rio de Janeiro: 29.5.1931. J16. RGPL. Correspondência passiva de Carlos Malheiro Dias. Coleção Carlos Malheiro Dias.
[58] Carvalho, Ronald de. *Pequena História da Literatura Brasileira*. Rio de Janeiro: Briguiet & Cia. Editores, 1919. A obra teve edições sucessivas e foi ampliada pelo autor em vida. Durante décadas foi usada como manual escolar de literatura brasileira.

brasileiras, em meados daquela década, e destacava o surgimento de novos autores como José Lins do Rego, Jorge Amado, José Américo de Almeida, Amando Fontes, Marques Rebelo, Graciliano Ramos, Raquel Queiroz e Jorge de Lima.

«*As letras brasileiras vêm acusando um surto pujante no período que parte da Casa Grande & Senzala para cá. Revelam uma tendência, grave, profunda, hermética, social e espiritual. A prosa invadiu a poesia. Mas também se deu a inversa. A poesia penetrou em todos os campos (...) Neste período – a que principiam a chamar post modernista – tem aparecido já uma boa centena de bons livros*».[59]

Livros e autores que Malheiro Dias teve acesso por meio de seus correspondentes no Brasil, como o próprio Carnaxide, demonstrando que mesmo residindo em Portugal e debilitado pela doença, acompanhava as novidades dos meios literários.

«*Aí vão alguns volumes anteriormente prometidos. Repare nas primeiras páginas: cada qual dos respectivos autores não quis perder o ensejo de o abraçar com uma expressão admiradora. Daqui a tempos mandar-lhe-ei mais livros – livros que me pareçam úteis para a confecção de sua História do Brasil, ou que lhe possam ir mostrando a curva do pensamento brasileiro*»[60].

A última apreciação de Malheiro Dias da produção intelectual brasileira foi uma análise do pensamento político brasileiro no início dos anos 1930. Escrita ao longo de 1934, a seqüência de artigos publicados no *Diário de Notícias*, depois reunidos com o título *Pensadores Brasileiros,* teve como pressuposto a mútua incompreensão entre as elites brasileira e portuguesa a partir do desconhecimento dos pensadores de ambos os países. Não se propunha, explicava Malheiro Dias, «*a demolir tais obstáculos com ligeiros artigos de jornal*» mas sim «*fixar na memória de alguns leitores portugueses os nomes desses 'leaders' culturais e caracterizá-los com alguns fragmentos esparsos - os mais acessíveis à compreensão geral – das suas dissertações, ensaios e reflexões*»[61].

---

[59] «Carta do visconde de Carnaxide a Malheiro Dias». Rio de Janeiro: 24. 3.1937. J50. RGPL. Correspondência passiva. Coleção Carlos Malheiro Dias.

[60] «Carta do visconde de Carnaxide a Malheiro Dias». Rio de Janeiro: 14.9.1937. J51 RGPL. Correspondência passiva. Coleção Carlos Malheiro Dias.

[61] Dias, Carlos Malheiro, Pensadores *Brasileiros. Pequena Antologia*, p. 26.

Entendia Malheiro Dias ser aquele um momento capital nas relações Brasil-Portugal em razão de uma convergência no "itinerário da inteligência nas duas nações fraternas". Ambos estavam voltados para o futuro e livres do tributo do passado. O futuro era a expansão do mundo luso-brasileiro por meio do povoamento ou missão civilizadora de Portugal na África e do Brasil no seu vasto interior.

«O campo da ação civilizadora portuguesa situou-se quase sempre no ultramar. Nas vastas províncias africanas do Império que ainda nos resta podemos e devemos realizar uma obra sensivelmente paralela à que executamos na América e que, sob vários dos seus aspectos, nos aproximará da atividade brasileira na missão de desbravar, sanear, povoar, conquistar para a humanidade os imensos latifúndios sobre que imperam ainda as únicas leis da natureza»[62].

No campo da cultura, a influência da literatura portuguesa era já fantasmagoria quando da emergência do Modernismo, definido como "insurreição da inteligência brasileira, irrompida em 1917, intensificada em 1923", pois só oferecia um "árido racionalismo" incapaz de "sensibilizar a geração que então obedecia ao converso Jackson de Figueiredo." O cenário intelectual de Portugal espelhava a interminável controvérsia da política nacional republicana com uma parca literatura de imaginação e curiosidades puramente estilísticas das quais se afastavam as gerações novas da intelectualidade brasileira. Para Malheiro Dias, no entanto, esse "melancólico crepúsculo" da influência cultural portuguesa no Brasil se alterara com a ditadura de Carmona e Salazar que *«reconduziu a inteligência para esferas até então abandonadas»*.[63]

Malheiro Dias classificou os pensadores brasileiros contemporâneos (meados dos anos 1930) em dois grandes grupos. O primeiro era constituído pelos pesquisadores das condições sociológicas da formação da nacionalidade apartados da intervenção política direta e preocupados *«com as diretivas a que deverá obedecer a preservação fundamental a unidade brasileira»*.[64] O segundo grupo reunia um conjunto heterogêneo de homens de ação que subordinou a solução dos problemas nacionais *«à concepção*

---

[62] Dias, Carlos Malheiro, *op. cit.*, p. 32.
[63] *Idem, ibidem*, pp. 43-44.
[64] *Idem, ibidem*, p. 137.

de um Governo dotado de independência, de autoridade e de continuidade».[65] Foi neste grupo que se enquadrou Plínio Salgado.

«Entre esses patriotas impacientes e amargamente desiludidos de um passado que se obstina em perpetuar-se; patriotas para os quais se afigura um dever imprescindível corrigir, senão anular, desde já, uma maior propagação de erros e de ideologias nefastas, destaca-se o Chefe do integralismo brasileiro, sr. Plínio Salgado»[66].

A cabeça do movimento integralista brasileiro era um misto de pensador, agitador, apóstolo e chefe. Suas convicções eram "imperativas e contagiosas", "uma inteligência adestrada na ação". No entanto, *«ele não faz tábua rasa da imponente obra mental do século XIX.»*[67] Estas características do líder influíram, segundo Malheiro Dias, na dessemelhança entre o integralismo brasileiro e português. Este último limitou-se à teoria, à fase "platônica", e atuou mais como uma disciplina moral e intelectual do que um sistema político. Diversamente, o integralismo brasileiro adotou em sua estruturação os *«processos italiano e alemão»*: *«É uma milícia; não é propriamente um partido»*[68].

O nacionalismo espiritualista, de índole católica e reacionária, fundamentado nas idéias e campanhas de Jackson de Figueiredo pela recatolização do Brasil nos anos 1920, sublinhava o cristianismo católico como sustento da nacionalidade brasileira. A tradição "integral", na percepção de Figueiredo, tinha origens na herança colonial e apresentava três características: católica, antilusitana – mas não lusófoba – e republicana.[69] Tristão de Ataíde, o "Jacques Maritain brasileiro", discípulo de Figueiredo, era apresentado aos leitores de Portugal como o mais notável representante daquela corrente ideológica defensora do Brasil "nação católica" e da formação de um Estado "que não esteja em oposição à crença espiritual do povo."[70] Para Malheiro Dias, Jackson de Figueiredo e Tristão de Ataíde eram

---

[65] *Idem, ibidem,* p. 140.
[66] *Idem, ibidem,* p. 140.
[67] *Idem, ibidem,* pp. 143-144.
[68] *Idem, ibidem,* pp.140-141.
[69] Figueiredo, Jackson de, *Do Nacionalismo na Hora Presente*, 2ª ed., Rio de Janeiro: Livraria Catholica, 1921, pp. 27-30.
[70] Dias, Carlos Malheiro, *Pensadores Brasileiros…* , p. 135.

pensadores singulares no Brasil. Tristão de Ataíde, principalmente, reviveria na esfera da política e das letras a tradição dos pensadores católicos no Brasil oitocentista. Uma linhagem intelectual iniciada pelo visconde de Cairú e continuada por Candido Mendes, Zacarias de Góis, Figueira de Melo e os bispos Dom Vital e Dom Antônio Macedo Costa.[71]

Numa outra categoria, hoje identificada ao ensaísmo histórico-sociológico, os intérpretes do Brasil, Malheiro Dias resenhou *Casa Grande e Senzala* (1933) de Gilberto Freyre.[72] Reconheceu nessa obra sobre a aristocracia rural açucareira uma envergadura intelectual excepcional comparável "em outro quadro, com aplicação de outros métodos" ao "sensacional ensaio" de Paulo Prado, *Retrato do Brasil*, publicado em 1928[73]. Descendente e representante dos senhores de engenho, Freyre tinha, segundo Malheiro Dias, um sentimento hereditário de compreensão da aristocracia rural açucareira. A alusão ao pressuposto biológico, resíduo de sua formação no meio cientificista do último quartel do século XIX, não era o fator principal da importância de *Casa Grande e Senzala*. A obra era um sólido monumento cultural tornado possível pela preparação obtida por Freyre no curso de ciências políticas e sociais na Universidade de Columbia sob orientação de Franz Boas.[74] Três pontos podem ser destacados da leitura de Malheiro Dias de *Casa-grande e Senzala*. O primeiro era a crítica ao estilo de Freyre, talvez um vício de escritor, no qual enxergava o uso excessivo da erudição que afetava o equilíbrio da obra.[75] O segundo era o uso que Freyre fazia do filósofo alemão Hermann von Keyserling, como fonte de autoridade para o estudo de Portugal, "de todos os pensadores alemães contemporâneos o que mais provou desconhecer o povo e a história portuguesa (...) nunca leu os cronistas e os *Lusíadas*".[76] Estas eram observações que não abalavam, porém, o último ponto, o foco central da leitura efetuada por Malheiro Dias e que se tornou a apropriação prototípica da recepção que *Casa-grande e*

---

[71] Dias, Carlos Malheiro, *op. cit.*, p. 124.
[72] Freyre, Gilberto. *Casa Grande & Senzala. Formação da família brasileira sob o regímen da economia patriarcal.* Rio de Janeiro: Maia & Schmitt, Ltda., 1933.
[73] *Idem, ibidem*, p. 103.
[74] *Idem, ibidem*, pp. 103-104.
[75] *Idem, ibidem*, p. 107.
[76] *Idem, ibidem*, p. 107.

Senzala e outras obras de Freyre, relativas às relações luso-brasileiras, teria nos meios oficiais e em parte da intelectualidade portuguesa até a primeira metade da década de 1970. «(...) *nenhum colonialista português tem o direito de ignorar, pois não só projeta luz intensa sobre o trabalho ciclópico executado no Brasil pelos africanos da costa ocidental portuguesa como perscruta até o âmago uma sociedade criada pela colaboração do homem branco e do homem preto*».[77]

Depois de traçar o sumário da obra, ressaltando o ângulo favorável em que a colonização portuguesa do Brasil era descrita, Malheiro Dias afirmava desconhecer palavras tão encorajadoras da missão colonial de Portugal: «*As suas palavras certificam-nos do que fomos capazes na América. Usemos delas como incitamento para a tarefa trabalhosa que nos espera na África e que nos redimirá da esterilidade de um século de liberalismo individualista, sem nenhum ideal ou programa coletivo, e em que se dispensou a alma da grei*»[78].

É verossímil que Malheiro Dias tenha sido o autor dos primeiros comentários publicados em Portugal de *Casa Grande e Senzala* e sua percepção como obra que dava densidade intelectual, em razão da aplicação do conceito de cultura, à apregoada capacidade de colonização de Portugal, evocada com frequencia no discurso nacionalista da intelectualidade portuguesa nas primeiras décadas do século XX.[79]

Que imagem permaneceu do intelectual Malheiro Dias nos círculos intelectuais do Brasil? Nas relações luso-brasileiras, outros intelectuais portugueses emigrados, antes ou depois de Malheiro Dias, também deixaram as marcas da passagem nas terras de Santa Cruz, como Bordalo Pinheiro, Ricardo Severo, Álvaro Pinto, Fidelino de Figueiredo, Jaime Cortesão, Jorge de Sena, Adolfo Casais Monteiro e Agostinho da Silva. Carlos Drummond de Andrade recordava Malheiro Dias como um homem de grande cultura, organizador da *História da Colonização Portuguesa do Brasil*,

---

[77] Idem, ibidem, p. 105.

[78] Idem, ibidem, p. 117.

[79] Segundo Cláudia Castelo, o primeiro intelectual português a referir-se a *Casa Grande e Senzala* teria sido José Osório de Oliveira em *O Mundo Português*, Novembro de 1934, p. 368. Cf. Cláudia Castelo. O lugar do Brasil na ideologia colonial durante o Estado Novo. *Actas do Congresso Luso-brasileiro Portugal-Brasil: Memórias e Imaginários*. v. 1, Lisboa: CNCDP, 2000, p. 626. A proximidade de Osório de Oliveira com Malheiro Dias torna factível, além do critério cronológico e do fato de viver no Brasil, que este último tenha contribuído para o conhecimento de *Casa Grande e Senzala* por Osório de Oliveira.

editor de revistas mundanas e divulgador das obras de autores portugueses no Brasil e de autores brasileiros em Portugal.[80] Em sua época, Malheiro Dias ocupou um lugar privilegiado nos interstícios da colônia portuguesa da qual se apresentou, e foi combatido por isto, como seu representante, e de onde militou pela aproximação luso-brasileira. Este lugar ou espaço estava alicerçado numa sólida formação cultural e em uma enorme força de trabalho intelectual que ia da literatura à história, da crônica jornalística a conferências, paralisada apenas pela doença que o vitimou já sexagenário.

---

[80] *Diário de Notícias*. Lisboa. 7.10.1984, *apud* Saraiva, Arnaldo, *O Modernismo Brasileiro e o Modernismo Português: Subsídios para o seu Estudo e para a História das suas relações*. Campinas: Editora da Unicamp, 2004, p. 617.

Arte brasileira
na Exposição do Mundo Português

Luciene Lehmkuhl

> «*O Brasil ocupou o seu lugar na sumptuosa Exposição – lugar de honra, merecidíssimo.*
> *O seu Pavilhão, desde o contacto ao pormenor, impõe-se como uma obra completa; sob os pontos de vista artístico, de exaltação nacionalista e de propaganda. Acompanha, em mérito e bom gosto, a grandeza e a solenidade do recinto*».
>
> O Século, 21/07/1940.

Os jornais portugueses divulgaram entusiasticamente a presença brasileira nas Comemorações Centenárias e exaltaram, especialmente, a arquitetura e o conteúdo do Pavilhão do Brasil na Exposição do Mundo Português, criando grande interesse e expectativa para a visitação do espaço destinado ao Brasil no recinto de Belém. No afã da abertura da Exposição e das inaugurações dos pavilhões, notícias elogiosas inundaram a imprensa portuguesa e propagaram os objetivos expressos pelo Comissário Geral das Comemorações, Augusto de Castro, que se referia ao Brasil como o «*prolongamento e a projeção do génio lusíada*»[1].

Passados alguns meses da inauguração, em artigo publicado no jornal *O Diabo*, o crítico Adriano de Gusmão procurava identificar a arte moderna presente na Exposição do Mundo Português, especialmente ao apreciar a obra de Cândido Portinari. Na introdução vinculava a arte e a arquitetura modernas à experiência européia da horizontalidade das grandes superfícies,

---

[1] Castro, Augusto de, «A Cidade da História», *in* Castro, Augusto de, *A Exposição do Mundo Português e a sua finalidade nacional*. Lisboa: Empresa Nacional de Publicidade, 1940. p. 43.

em detrimento da experiência americana da verticalidade dos volumes, relacionando a primeira à maneira como o espaço de Belém foi ocupado, para a Exposição do Mundo Português, com «*uma visão moderna de boa qualidade*»[2]. Na sequência do artigo exaltava as soluções arquitetônicas encontradas pelos arquitetos portugueses responsáveis pelos diversos pavilhões da exposição, como Pardal Monteiro, Cristino da Silva, Cottinelli Telmo, Rodrigues Lima, que, segundo o crítico, configuravam uma «*pleiade de arquitetos que acompanham de forma muito inteligente as correntes européias da nova estética arquitetônica*»[3].

Para Gusmão a Exposição de Belém, além de diversão, ofereceu o «*testemunho da expressão da nossa época que se imprime nos alçados, na decoração, no traçado geral desta larga composição artística*»[4]. Em sua opinião, essa época se caracterizava por uma expressão moderna em arte e arquitetura que os arquitetos e artistas portugueses conseguiram fazer valer com o apoio do Estado. «*Esta arte moderna sobre a qual se estabeleceram opiniões tão equivocadas e tolas, consagra-se oficialmente, sem que jamais se possam levantar suspeitas acerca da sua ortodoxia*»[5]. Fica claro que Adriano de Gusmão identificava a arte e a arquitetura que se estava praticando naquela época, em Portugal, especialmente para a Exposição de Belém, como modernas; apresentava, no entanto, a consciência da especificidade deste moderno ao qual atribuía a capacidade inventiva dos próprios artistas e arquitetos que, além de acompanharem as novas correntes arquitetônicas, ultrapassam o progresso construtivo. «*É que há espírito moço, sabe-se o que se quer apesar de ainda poucas tentativas, e dentre as mais sérias realizações, entrevê-se o futuro, equilibrado, sóbrio, harmônico e rico de experiências*»[6]. Exaltava o êxito obtido nos diversos pavilhões pela feliz «*associação da expressão moderna da sua arquitetura com o espírito do nosso meio tradicional*»[7].

Ao analisar o Pavilhão do Brasil, no entanto, sua crítica mudou de tom. Elogiou a estilização da floresta anunciada à entrada, que se espalhava por

---

[2] Gusmão, Adriano, «A Arte na Exposição de Belém». *O Diabo*. Lisboa: 9 nov. 1940, p. 1.
[3] *Ibidem*, p. 5.
[4] *Ibidem*, p. 5.
[5] *Ibidem*, p. 5.
[6] *Ibidem*, p. 5.
[7] *Ibidem*, p. 5.

todo o Pavilhão, e as soluções encontradas para a arquitetura dos interiores, mas proferiu crítica severa ao "recheio" do Pavilhão, dizendo: «*Se, arquitetonicamente, os interiores são bem compostos, já não podemos dizer, para sermos francos, que o recheio tenha alcançado grande significado artístico, como apresentação das coisas e propósitos de propaganda. O espírito de síntese não se sublimou ainda*»[8]. Para o crítico, o único material exposto no interior do Pavilhão do Brasil merecedor de elogios foi a Exposição de Arte Contemporânea, à qual fez referência como a oportunidade de ver de maneira rápida e cômoda reunidas obras de pintores e escultores brasileiros. Elogiou a escultura de Oliani, *Primeiras Uniões*, ao mesmo tempo em que apontou problemas no *Nu*, de Umberto Cozzo, afirmando ser ela a «*peça que mais impressiona o público, mas não é isenta de senões. É uma escultura superficial, não se pode tornear que não se encontre algo de incompleto e irreal naquela marmórea carne. A matéria é boa, o desenho é que é imperfeito*»[9].

Pavilhão do Brasil – fachada principal
HENRIQUES, Carvalho. *Pavilhão do Brasil*. Fotografia p&b, 1940. CPF-IAN-TT. Núcleo SNI.

Foi à pintura que ele direcionou sua maior atenção, salientando os representantes da vertente impressionista como Vicente Leite, Paula Fonseca, Batista da Costa e Gastão Formenti, os quais, segundo o crítico, «*fixaram tão bem e com tanto sentido plástico a paisagem brasileira*»[10]. Citou Navarro da Costa com sua cena veneziana e afirmou existir uma "nota curiosa" no fato de «*pintores de educação mais ou menos impressionista tentarem*

---

[8] *Ibidem*, p. 5.
[9] *Ibidem*, p. 5.
[10] *Ibidem*, p. 5.

Capa da revista *Sol Nascente*.
Porto. Ano IV, n, 45, 15 de abr.1940.

a pintura histórica»[11], como o caso de Visconti, Seelinger e Parreiras. Depois de fazer alusão aos trabalhos de Cadmo Fausto e Washt Rodrigues, segundo ele, expostos no Pavilhão dos Portugueses no Mundo, afirmou ser «*notável este esforço dos artistas a darem expressão aos fatos do passado do seu país com uma técnica difusa, imprecisa e ingrata para tal gênero de composição. A linguagem é portanto ainda jovem. Há neles, contudo, a limpidez dos sonhos dos que são moços e querem colher ao solo pátrio a inspiração fugindo a temas como os de um Oscar Pereira da Silva, em* Sanção e Dalila, *ou dum Pedro Alexandrino, em* Copa»[12]. Em seu texto, Gusmão procurou valorizar a paisagem brasileira e o esforço dos artistas em mostrar o Brasil com temas nacionais, mesmo que não tenham encontrado uma linguagem adequada.

Os comentários mais entusiásticos, no entanto, dirigiam-se ao *Café*, de Cândido Portinari, apreciado como uma síntese da arte moderna brasileira. Segundo ele, «*a mais pessoal composição exibida nesta galeria, a que oferece a nota mais moderna e característica da arte que do Brasil podia vir até nós. Quadro de difícil conquista, vai ganhando volume e sonoridade à medida que o vemos, como se a sua melodia fosse tocada em surdina, dando-lhe tom o mais severo da cor castanho-avermelhada do café. Este grão subjuga o homem, animaliza o trabalhador, torna-o monstruoso. Os rostos desvanecem-se, ficam somente os membros para a carga. E, como um símbolo, o capataz aponta*

---

[11] *Ibidem*, p. 5.
[12] *Ibidem*, p. 5.

autoritariamente»[13]. Ficava evidente que Gusmão já ouvira falar, ou já lera a respeito do *Café*, pois dizia estar sendo possível ver o quadro mais cedo do que supunham.

Uma reprodução do quadro havia sido publicada em 15 de abril de 1940 na capa da revista *Sol Nascente*, ajudando a criar expectativas para a apreciação da obra no original. Possivelmente, Gusmão havia lido as críticas escritas nos Estados Unidos, quando da premiação em Pittsburgh, afinal o artigo de Afonso Ribeiro, publicado em agosto de 1940, em *O Diabo*, citava diversas passagens daquelas críticas. Além do mais, Portugal, também esteve presente na Feira de Nova Iorque em 1939, tendo António Ferro como Comissário-Geral e muitos dos artistas "modernos" portugueses envolvidos naquela representação. Ainda é preciso lembrar que o contato entre brasileiros e portugueses não era raro naqueles tempos, havia certo intercâmbio entre artistas brasileiros que freqüentavam as rodas portuguesas, quando se encontravam na Europa desfrutando seus prêmios de viagem ou estavam em serviço, como Navarro da Costa, e alguns portugueses que visitavam ou até migravam para o Brasil, como o caso de Raul Lino, António Ferro e António Pedro. Assim, a fama e a polêmica que no Brasil já se instaurara em torno do nome de Portinari não se apresentava como novidade em Portugal.

Ao mesmo tempo em que a crítica se voltava para o quadro de Portinari como sendo a melhor peça da mostra brasileira, durante a visita as pessoas eram agraciadas com a prova do café brasileiro, o produto nacional de maior projeção desde os tempos do Império. Sabemos que o café estava na pauta de discussão do acordo comercial entre os dois países, delineado dois anos antes. Juntamente com o algodão, o café constituía-se num dos produtos exportados para Portugal que sentia gravemente a política portuguesa de incremento da produção agrícola nas suas colônias. Tanto o algodão quanto o café brasileiros dependiam, para entrar no mercado português, de taxas alfandegárias que podiam chegar a 80% do valor do produto, enquanto que os produtos originários das colônias portuguesas gozavam de «*redução de*

---

[13] *Ibidem*, p. 5.

Stand do Departamento Nacional do Café.
Fotografia p&b, 1940. CPF-IAN-TT. Núcleo *O Século*.

60% sobre os direitos alfandegários cobrados nas Alfândegas portuguesas, o que lhes assegurava uma posição privilegiada nesses mercados»[14].

Percebendo que as diretrizes em Portugal estavam voltadas para o incremento do consumo dos produtos advindos das suas colônias, ao Brasil restaria adotar estratégias de incentivo ao consumo do café brasileiro, junto ao consumidor de ponta, a própria população. Assim, a presença do Departamento Nacional do Café na Exposição do Mundo Português se fez de maneira ostensiva, com a organização de um estande do Café, no qual era possível apreciar a variedade de grãos e todo o processo de produção, do plantio à embalagem. Ao final do passeio no Pavilhão brasileiro, o visitante encontrava um bar, especialmente preparado para servir o café brasileiro, no qual, com uma xícara nas mãos, todos poderiam degustar o tão falado café do Brasil.

A visualidade da exposição permite penetrar nos meandros do seu campo e possibilita mostrar a existência de múltiplas forças atuando na composição

---

[14] Gosling, Walter James, *Intercâmbio Mercantil do Brasil com Portugal*. Rio de Janeiro: 22 out. 1938. (Relatório). AOS-CO-NE-4D/PT.5. pp. 30 e 31.

da imagem que o Estado Novo brasileiro vinha elaborando de si. No conjunto formado por obras que mantinham certa afinidade entre si, seja no aspecto temático, seja técnico ou na linguagem adotada, uma delas se apresentava como um disparate e, mesmo assim, compartilhava aquele espaço expositivo auxiliando na tarefa de compor a imagem do Brasil levada a Lisboa. Diante de uma abordagem visual realizada a partir do conhecimento e da apresentação das obras levadas a Lisboa, o destaque dado ao *Café*, pintura de Cândido Portinari, pela crítica portuguesa faz perceber que havia naquele conjunto uma disparidade, um ponto de desequilíbrio na normalidade da exposição. Importa, neste texto, compreender não apenas a inclusão do *Café* no conjunto exposto em Lisboa, mas também o próprio conjunto de obras e a disparidade em relação à produção plástica existente no Brasil naquele momento.

O Estado Novo brasileiro buscou produzir uma imagem de si, aberta e eclética, capaz de abarcar variadas correntes de pensamento. O resultado apresentado na visualidade da exposição demonstra a tensão e as disputas pelo poder simbólico existentes no seio do Estado brasileiro, no qual, tradição e modernidade se conjugam no empreendimento da construção de uma imagem própria.

Obras em exposição

Além do *Café* de Portinari estiveram expostas no Pavilhão do Brasil retratos, nus, cenas de gênero, cenas históricas, mitológicas e bíblicas, alegorias e, especialmente paisagens que tentam conjugar as tradições acadêmicas e uma visualidade que se entende como moderna capaz de compor a imagem do Brasil pretendida na época. Pode-se dizer que a exposição foi dominada por uma visualidade predominantemente tradicional, de cunho acadêmico, com ares de um realismo/impressionismo. Um conjunto que pareceu, em princípio, pouco representativo daquilo que se poderia esperar como uma amostra da arte contemporânea brasileira em 1940, tendo em conta que a historiografia da arte brasileira costuma definir a arte praticada no Brasil na década de 1930 a partir das questões sociais engendradas pelo modernismo[15].

---

[15] O caráter social e nacionalista atribuído a uma segunda fase do modernismo brasileiro, que teria sido precedida por uma primeira fase cosmopolita e de ruptura e precedera uma terceira fase definida pela

Vista geral do Stand de Arte do Pavilhão do Brasil.
COMISSÃO BRASILEIRA DOS CENTENÁRIOS DE PORTUGAL. Álbum Comemorativo. Lisboa: Rotogravura, 1941.

Uma fotografia, publicada no Álbum Comemorativo da Comissão Brasileira dos Centenários de Portugal[16], mostra o Stand de Arte em plano geral e possibilita perceber a configuração do amplo salão, cujas paredes laterais abrigam nichos entre colunas, nos quais as pinturas foram expostas em pequenos grupos, compondo ambientes de estar, juntamente com jogos de sofás, poltronas, mesinhas e outras peças de mobiliário. O centro do grande salão foi ocupado por peças esculturais. Três delas aparecem, na fotografia, alinhadas no grande eixo que define o centro da sala; em primeiríssimo plano uma *Bailarina* do escultor Leão Veloso; um *Nu* em

---

expansão e difusão, aparece em textos como: Batista Rossetti, Marta, «Novas propostas do período entre – guerras», in *Do Modernismo à Bienal*. São Paulo: MASP, 1982. Catálogo da Exposição. Zilio, Carlos, «A questão política no modernismo», in Annateresa Fabris, *Modernidade e Modernismo no Brasil*. Col. «Arte: ensaios e documentos», Campinas, SP: Mercado de Letras, 1994, pp. 111-118. Amaral, Aracy, *Arte para quê? A preocupação social na arte brasileira, 1930 – 1970: subsídios para uma história social da arte no Brasil*. 2 ed. São Paulo: Nobel, 1987. Zanini, Walter, «Transformações artísticas de 1930 ao período da Segunda Guerra Mundial», in Walter Zanini (org.), *História Geral da Arte no Brasil*. V.2, São Paulo: Instituto Walter Moreira Salles / Fundação Djalma Guimarães, 1983, pp.568-614. Zilio, Carlos. *A querela do Brasil – a questão da identidade na arte brasileira: a obra de Tarsila do Amaral, Di Cavalcanti e Portinari / 1922-1945*. Rio de Janeiro: FUNARTE, 1982.

[16] Comissão Brasileira dos Centenários de Portugal., *Álbum comemorativo*. Lisboa: Rotogravura, 1941.

mármore de Humberto Cozzo, ao centro e ao fundo, uma *Fonte* em bronze de Correia Lima.

Neste texto, pretende-se apenas apresentar a relação das obras expostas no Pavilhão do Brasil sem, no entanto, identificar suas ligações estéticas, suas vivências acadêmicas e seus vínculos políticos. Tais idéias foram abordadas na tese de doutorado *Entre a tradição e a modernidade*[17], a qual apresenta uma reflexão acera da escolha destas obras e artistas como elementos capazes de mostrar no exterior uma imagem da nação brasileira em tempos de afirmação nacionalista. Aqui é apresentada uma lista das obras em ordem alfabética, visando contribuir com a consulta e busca daqueles interessados em acrescentar aos documentos portugueses, informações neles não encontradas.

A Copa. c.1905. Óleo sobre tela, 213,8 x 178,7 cm, de Pedro Alexandrino. Transferida da Escola Nacional de Belas Artes, 1937 para o Museu Nacional de Belas Artes.

Abril ou Poesia da Tarde. 1895. Óleo sobre tela, 73 x 126,3 cm, de João Batista da Costa. Transferida da Escola Nacional de Belas Artes, 1937 para o Museu Nacional de Belas Artes.

Amuada. 1882. Óleo sobre tela, (?) x 49 cm, de Rodolfo Amoedo. Transferida da Escola Nacional de Belas Artes, 1937 para o Museu Nacional de Belas Artes.

Café. 1935. Óleo sobre tela, 130 x 195,4 cm, de Cândido Portinari. Comprada pelo Museu Nacional de Belas Artes.

Casebres e arranha-céus. 1937. Óleo sobre tela, 89,3 x 116,3 cm, de Manuel Santiago. Comprada pelo Museu Nacional de Belas Artes.

Despertar de Ícaro. 1910. Óleo sobre tela, 146,5 x 201,7 cm, de Lucílio de Albuquerque. Transferida da Escola Nacional de Belas Artes, 1937 para o Museu Nacional de Belas Artes.

Fim de Romance. 1940. Óleo sobre tela, 97 x 133 cm, de Oswaldo Teixeira. Doada ao Museu Nacional de Arte Contemporânea de

---

[17] Lehmkuhl, Luciene, «Entre a tradição e a modernidade – o "Café" e a imagem do Brasil na Exposição do Mundo Português», *Programa de Pós-Graduação em História Cultural*. Florianópolis: Universidade Federal de Santa Catarina, 2002. (*Tese de Doutorado*).

Portugal, em 1940, durante as Comemorações Centenárias. Atualmente, encontra-se em depósito no Museu José Malhoa, Caldas da Rainha, Portugal.

Interior de Ateliê. 1909. Óleo sobre tela, 65,2 x 102 cm, Carlos Chambelland. Transferida da Escola Nacional de Belas Artes, 1937 para o Museu Nacional de Belas Artes.

Lagoa Rodrigo de Freitas. 1931. Óleo sobre tela, 61,2 x 110,7 cm, de Luís Fernandes de Almeida Júnior. Tranferida da Escola Nacional de Belas Artes, 1937 para o Museu Nacional de Belas Artes.

Lindóia. 1916. Óleo sobre tela, 116,5 x 150,7 cm, de Augusto Bracet. Transferida da Escola Nacional de Belas Artes, 1937 para o Museu Nacional de Belas Artes.

Luz e Sombra. 1935. Óleo sobre tela, 79,5 x 129,5 cm, de Gastão Formenti. Transferida da Escola Nacional de Belas Artes, 1937 para o Museu Nacional de Belas Artes.

Mané Preto. 1930. Óleo sobre tela, 81,8 x 95,2 cm, de Jordão de Oliveira. Transferida da Escola Nacional de Belas Artes, 1937 para o Museu Nacional de Belas Artes.

No Espelho. 1926. Óleo sobre tela, 70,3 x 60,5 cm, de Marques Júnior. Transferida da Escola Nacional de Belas Artes, 1937 para o Museu Nacional de Belas Artes.

Nu Deitado. 1929. Óleo sobre tela, 96,6 x 162 cm, de Armando Vianna. Transfererida da Escola Nacional de Belas Artes, 1937 para o Museu Nacional de Belas Artes.

Paisagem do Grajaú. 1928. Óleo sobre tela, 61 x 46 cm, de João Batista de Paula Fonseca. Transferida da Escola Nacional de Belas Artes, 1937 para o Museu Nacional de Belas Artes.

Paisagem. 1926. Óleo sobre tela, 94 x 163 cm, de João Timóteo da Costa. Transferida da Escola Nacional de Belas Artes, 1937 para o Museu Nacional de Belas Artes.

Pedro Álvares Cabral guiado pela providência. 1899. Óleo sobre tela, 182 x 109 cm, de Eliseu D'Angelo Visconti. Pinacoteca do Estado de São Paulo.

Peixes do Mar. 1937. Óleo sobre tela, 67,5 x 57,6 cm, de Manuel Constantino. Comprada pelo Museu Nacional de Belas Artes em 1937.

Penacova. [1937?]. Óleo sobre tela, 69,8 x 99,8 cm, de Manuel Faria. Comprada pelo Museu Nacional de Belas Artes em 1937.

Pinheiros do Paraná. 1936. Óleo sobre tela, 81 x 111,2 cm, de Vicente Leite. Atualmente no Museu Nacional de Belas Artes.

Quietude. 1921. Óleo sobre tela, 155 x 196 cm, de Levino Fanzeres. Comprada pelo Museu Nacional de Belas Artes em 1942.

Retrato de Sílvia Meyer. 1912. Óleo sobre tela, 142 x 72 cm, de Artur Timóteo da Costa. Transferida da Escola Nacional de Belas Artes, 1937 para o Museu Nacional de Belas Artes.

Sansão e Dalila. 1893. Óleo sobre tela, 59 x 78,1 cm, de Oscar Pereira da Silva. Atualmente no Museu Nacional de Belas Artes.

Símbolo das Praias. 1923. Óleo sobre tela, 136,3 x 81,5 cm, de Pedro Bruno. Transfererida da Escola Nacional de Belas Artes, 1937 para o Museu Nacional de Belas Artes.

Vestido Rosa. 1921. Óleo sobre tela, 92 x 81 cm, de Henrique Cavalleiro. Transferida da Escola Nacional de Belas Artes, 1937 para o Museu Nacional de Belas Artes.

Além destas vinte e cinco obras identificadas e registradas através de dados e de imagens, outras oito obras de oito artistas foram identificadas, mas suas imagens e seus dados não puderam ser recolhidos, entre eles Mário Navarro da Costa com a pintura *Sol de Verão*, Antônio Parreiras com *Chegada de Estácio de Sá ao Rio de Janeiro*, Georgina de Albuquerque com *A feira dos arcos*, Rennée Lefevre com *Mangueiras*, Cadmo Fausto com *O rodeio*, Dakir Parreiras com *Paisagem carioca*, Heitor de Pinho com *Marinha* e Leopoldo Gotuzzo com *Baiana*. Os nomes destes artistas ou referências as suas obras apareceram ao longo da pesquisa em documentos diversificados, no entanto, as obras, mesmo quando identificadas por meio de fotografias, não foram localizadas nos acervos brasileiros.

As obras expostas em Lisboa denunciam um olhar interessado num percurso artístico vinculado à academia que se modernizou. Artistas que não romperam definitivamente com os cânones acadêmicos preestabelecidos, mas incorporaram modernizações trazidas para o seio da academia brasileira quando das viagens que empreenderam pela Europa, no período entre a última década do século XIX e as primeiras do século XX. Assim, estas obras ganham importância no seu conjunto, porque o conjunto oferece o olhar que o delineou, é o registro material deste olhar, possibilitando uma aproximação à expressão plástica dos ideais de um Brasil naquele ano de 1940.

Conhecer as especificidades deste júri auxilia a entender as escolhas por ele realizadas. Quem participou da sua composição? Quais caminhos trilharam e quais suas afinidades plásticas? Eliseu Visconti, José Octávio Corrêa Lima, Carlos Oswald, Armando Navarro da Costa e Oswaldo Teixeira, foram os responsáveis pela escolha das obras mostradas em Lisboa. É deles o olhar que agrupou aquele conjunto.

Eliseu Visconti (1866–1944) foi aluno no Liceu de Artes e Ofícios e continuou seus estudos na Academia Imperial de Belas Artes a partir de 1885. É visto como o primeiro artista a rebelar-se contra o academicismo francês trazido pela Missão Artística Francesa ao país, quando juntamente com outros artistas, funda o "Atelier Livre" cujos professores eram Zeferino da Costa, Rodolfo Amoedo e os irmãos Bernardelli. Este grupo realizou também o "Salão dos Independentes". Em 1892 obteve o restabelecido Prêmio de Viagem da então Escola Nacional de Belas Artes, seguindo para Paris em fevereiro de 1893. Uma das obras expostas é de sua autoria. José Octávio Corrêa Lima (1878–1974), escultor e professor na Escola Nacional de Belas Artes, ingressou em 1892 na Academia, onde estudou estatuária com Rodolfo Bernardelli e desenho com Modesto Brocos e Zeferino da Costa. Em 1899 obteve o Prêmio de Viagem ao Estrangeiro. Também contou com uma de suas esculturas exposta em Lisboa. Carlos Oswald (1882–1971) fez sua formação acadêmica em Florença, onde vivia com seus pais. De volta ao Brasil acompanhando a família, participou dos Salões de Belas Artes, obtendo medalha de prata em 1907. Retornou a Florença em busca da carreira de pintor. Armando Navarro da Costa pode ter atuado como elo de ligação entre a Comissão formada para organizar a participação brasileira em Lisboa e o júri propriamente dito, pois esteve presente nos dois grupos. Filho do pintor e funcionário no Consulado brasileiro em Lisboa, Mário Navarro da Costa (1883-1931) que freqüentava os círculos da arte portuguesa. Oswaldo Teixeira (1905–1974) fez seus estudos na Escola Nacional de Belas Artes. Expositor constante do Salão recebeu o Prêmio de Viagem em 1924 e visitou diversos países. Esteve bastante vinculado ao regime de Vargas, sendo Diretor do Museu Nacional de Belas Artes entre 1937 e 1961 e presidente do Salão Nacional de Belas Artes durante nove anos. Igualmente, teve uma de suas pinturas exposta no Pavilhão do Brasil.

São nomes que transitavam no meio artístico, especialmente na esfera da Escola e dos Salões de Belas Artes. Eram professores e jurados. Foram artistas e alunos premiados. Estiveram na Europa por algum tempo como estudantes e conheciam o meio artístico europeu. Possivelmente as peculiaridades do meio artístico em Portugal para saberem o que era esperado da representação brasileira na arte contemporânea, no âmbito das Comemorações Centenárias.

A pesquisa realizada possibilitou identificar as obras expostas no Stand de Arte que aparecem no Álbum do Pavilhão do Brasil, mas também as selecionadas pelo júri que aparecem na documentação oficial trocada entre o Museu Nacional de Belas Artes, a Comissão organizadora da representação brasileira e o Ministério da Educação e Saúde. Estas listas nem sempre são coincidentes, revelando acréscimos e trocas de obras que estavam inicialmente nos planos dos jurados. Uma consulta à Seção de Pintura Brasileira do Museu Nacional de Belas Artes, no Rio de Janeiro, permitiu localizar cada uma das obras identificadas no acervo do Museu; foram, então, deslocadas e fotografadas para que a análise posterior fosse possível.

A arte deixa ver o Brasil

Como pensar o conjunto de obras de arte apresentado no Pavilhão do Brasil na Exposição do Mundo Português? Como vinculá-lo ao pensamento vigente no âmbito do Estado Novo que ansiava pela criação do homem novo, no seio de uma nova sociedade e de uma nova nação? As respostas, quase sempre fluidas, são aqui elaboradas a partir do pressuposto de que o Estado Novo não comporta um único pensamento, uma única visão de mundo, homogênea e centralizadora como se fez crer na historiografia de viés estritamente político. Abordagens historiográficas voltadas para uma vertente cultural vêm mostrando, nos últimos anos, a multiplicidade de pensamentos inerentes à chamada era Vargas. Para tanto tem sido necessário ampliar o raio de atuação dos objetos de estudo da história e consequentemente de consulta aos documentos, bem como a capacidade de análise, com o estabelecimento de novos vínculos e relações entre elementos vistos até então como díspares e, portanto, deslocados ou mesmo desconsiderados nas análises historiográficas mais tradicionais.

Assim, é possível pensar o conjunto heterogêneo mostrado no Pavilhão do Brasil em função da disparidade presente em seu cerne. O lugar previamente destinado ao *Café* e o lugar efetivamente ocupado por esta obra na imprensa, na crítica e na historiografia, são testemunhos desta disparidade. Um conjunto de obras de arte, pensado para representar em bloco a arte contemporânea brasileira, acabou visto de maneira segmentada, no mínimo bipartida, a um olhar ligeiro. A demora no olhar, no entanto, faz ver outras segmentações e outras configurações possíveis, no seio do conjunto.

É justamente esta disparidade que permite concluir pela multiplicidade de projetos e pensamentos no seio do Estado que se quis centralizador e se tornou totalitário, porque pouco afeito aos liberalismos e democracias. Termos estes em desuso nos anos de entre-guerras, tempo em que se esperava soluções contundentes para problemas gerados em época de crença nas idéias liberais. Surgem, então, as críticas nacionalistas ao modelo liberal vigente, percebido como ineficiente e incapaz de resolver questões prementes como as de cunho social, exacerbadas pelas contradições inerentes ao próprio capitalismo. No cerne destas críticas encontram-se o ataque ao cosmopolitismo da arte, bem como as propostas de construção de um Estado forte e muito mais intervencionista.

O Brasil que no século XIX sonhou em acertar seus ponteiros com o relógio mundial, vivia um processo de crescimento econômico com a expansão do setor cafeeiro, criação de um eficaz sistema de transporte, crescimento e desenvolvimento das cidades, expansão social com a chegada de imigrantes europeus, e a conseqüente ampliação do mundo do trabalho, desenvolvimento das atividades industriais e novos padrões de produção e consumo. Euforia vivida por grupos sociais beneficiados com o novo regime republicano, os quais ansiavam por uma modernização imediata a qualquer custo.

*Arte brasileira
na Exposição do Mundo Português*

A instauração da República, no Brasil, fez com que se produzisse uma nova memória para a formação do país, tentando apagar a presença portuguesa em território brasileiro e reivindicar uma ocupação nativa, mesclada aos imigrantes de múltiplas nacionalidades, com uma base cultural que ultrapassasse os limites do país colonizador e que ajudasse a imprimir características de uma nação formada a partir da diversidade cultural, na qual a presença de imigrantes alemães e italianos fazia-se preponderante, diante das políticas civilizacionais de caráter eugenista, estabelecidas desde o período imperial.

Já nas primeiras décadas do século XX os sonhos, os anseios, as vontades e os desejos mais eloqüentes de crescimento sem fim e confiança nas potências individuais se desfizeram como nuvens, no mundo ocidental. A nação brasileira, ainda em formação, na busca da sua identidade, voltou-se para os discursos que prometiam soluções coerentes com a transformação da sociedade e com o encontro da sua identidade.

Este cenário político, econômico e social comporta uma imagem material, concreta, formada em boa parte por elementos artísticos como as obras de arte produzidas e mantidas nas instituições de ensino, de guarda e de exposição. As obras agrupadas no conjunto de 1940 levado a Lisboa perpassam, justamente, este período marcado por oscilações e grandes mudanças em todos os setores da vida pública e privada que culminou, nas décadas de 30 e 40 do século XX, com a aglutinação de diferentes correntes de pensamento em torno de um ideal nacionalista. Naquele período uma visão crítica da cultura e da sociedade foi substituída por um viés ufanista, dando vazão ao estabelecimento de um modernismo de cunho conservador que permite a permanência, no quadro de intelectuais que participam do regime, de complexo e variado arranjo de modernistas, positivistas, integralistas, católicos e socialistas.

Em 1940, com as Comemorações Centenárias, buscava-se a reaproximação entre as duas nações através do reestabelecimento das tradições em comum. No Brasil fazia-se necessário despertar o orgulho pela origem lusitana, mesmo levando-se em conta a imensa complexidade e ambigüidade das correntes de pensamento definidoras de uma posição pouco entusiasta com relação à colonização portuguesa, como o caso de Paulo Prado e Sérgio Buarque de Holanda e aquelas que adotaram as teses da lusitanização, como de Hélio Viana, Gustavo Barroso, Afrânio Peixoto e Gilberto Freire[18].

Neste contexto multiforme os intelectuais brasileiros passaram a direcionar seus pensamentos e suas atuações para o âmbito do Estado e assumiram com maior ênfase a missão de «*representantes da consciência nacional*», já nos anos precedentes ao Estado Novo. Desta vez, saídos da «*torre de marfim*» passaram a ocupar o espaço público da política, vistos como capazes de captar o «*inconsciente coletivo da nacionalidade*» e atingir sua «*reserva de brasilidade*», na «*qualidade de participantes de um projeto político-pedagógico destinado a popularizar e difundir a ideologia do Estado*»[19].

Neste viés é que se compreende a permanência de obras de arte tão díspares como representantes de uma imagem de Brasil em Portugal e, sobretudo, a sobrevivência de uma produção e de uma circulação de obras que mesclam distintas visões de Brasil. Na tentativa de reestabelecer os vínculos entre os dois países, as autoridades, os convidados especiais e os visitantes ilustres proferiram e ouviram discursos, posaram para fotografias e brindaram a visita ao Pavilhão do Brasil, rodeados por pinturas, esculturas e peças decorativas trazidas do outro lado do Atlântico. O lugar escolhido para estas celebrações foi o espaço do Stand de Arte, sala que abrigou a exposição de arte contemporânea brasileira, também denominada Sala de Honra. O cenário pretendia dar o tom do estado da cultura erudita no Brasil. Pinturas e esculturas como que atestavam o *status* civilizacional da sociedade brasileira, sua capacidade de produzir artistas da mais fina sensibilidade e da maior virtuosidade, querendo igualar-se ao que de melhor a tradição européia havia produzido nas artes visuais.

Se a Exposição do Mundo Português se configurou como um momento áureo das capacidades realizadoras de Portugal e de sua afirmação histórica como Império multicontinental, é claro que ao Brasil deveria ser

---

[18] Cf., Ramos, Maria Bernardete, «A intimidade luso – brasileira: Nacionalismo e Racialismo», *in* Maria Flores Bernardete Ramos; Hélio Serpa e Heloisa Paulo (orgs.), *O Beijo Através do Atlântico – O lugar do Brasil no Panlusitanismo*. Chapecó: Argos, 2001, p. 368.

[19] Velloso, Mônica Pimenta., «Os intelectuais e a política cultural do Estado Novo», *in* Lucília de Almeida Neves Delgado e Jorge Ferreira (orgs.), *O Brasil Republicano – O tempo do nacional-estatismo: do início da década de 1930 ao apogeu do Estado Novo*, v.2. Rio de Janeiro: Civilização Brasileira, 2003, pp. 148-149 e 156.

conferido lugar especial no palco de Belém. Apresentado como o único país a ser convidado a fazer parte da Exposição, a participação brasileira foi cautelosamente planejada, desde o convite às minúcias dos pavilhões e da presença dos representantes oficiais. Em todas estas instâncias é possível perceber a intervenção portuguesa, sobretudo, na decisão de designar o projeto e a construção do Pavilhão brasileiro a um arquiteto português, Raul Lino, bem como na decisão de instalar a história do Brasil Colonial junto ao Pavilhão dos Portugueses no Mundo. Decisões eivadas de disputas que possibilitaram ao Brasil, na figura de Gustavo Barroso, diretor do Museu Histórico Nacional, dirigir a imagem da representação do Brasil naquela mostra. Em síntese, o Brasil levado a Lisboa revestiu-se de uma representação cultural, baseada no passado comum com Portugal, para a qual lançou mão da expressão plástica encontrada nas fotomontagens, esculturas, pinturas e no projeto expositivo, situados entre a tradição e a modernidade, distanciando-se inexoravelmente de uma representação científica, industrial e comercial capaz de conferir ao país um lugar de destaque na contemporaneidade.

"Da minha língua vê-se o mar"
Congressos luso-brasileiros

Ana Filipa Guardião
Thierry Dias Coelho

«*Tudo nos une e nada nos separa*». Esta frase, proferida na década de 1950 por um militar[1] português, não passa, infelizmente, de uma quimera. Portugal e Brasil são dois países separados por um mar imenso que outrora servira de ponte para a tentativa de construção de uma identidade comum; dois países com um passado uno, cujos laços de sangue continuam a impor relações de cooperação e familiarismo ainda que subjacente a elas se revelem duas identidades distintas que, entre as linhas da história, se vão afirmando uma em detrimento da outra.

A relação entre os dois países sofre de demasiados altos e baixos para que possamos falar numa união consistente, ou ainda, numa convergência mútua e permanente de interesses. A este propósito, os quase duzentos anos de história que separam o Tratado de Paz e Aliança[2] do Tratado do Milénio[3], retratam, de forma patente, o argumento de Zília Osório de Castro segundo

---

[1] *Vide*: Ramos, Albano, *Algumas palavras finais no IIº Congresso Luso-Brasileiro de Radiologia (1 a 9 de Junho de 1969)*, Lisboa: Ramos Afonso & Moita Lda., 1969, p. 2: «*Provimos da mesma origem, mantemo-nos em muito aspectos iguais e, como disse o Almirante Vale e Silva, ainda não há muito a bordo do Cruzador Barroso, para uma visita de um dos vértices do triângulo atlântico luso-brasileiro, "tudo nos une e nada nos separa"*. Não somos apenas duas nações soberanas que mutuamente se respeitam dentro das frias conveniências de cortesia, somos o mesmo idioma, como lembrou o ilustre deputado brasileiro Cunha Bueno, nas comemorações do dia Luso-Brasileiro. Por tudo isto, é muito grato ao nosso coração ter na velha casa lusitana os nossos colegas do Brasil, razão pela qual se honra a S.P.R.M.N».

[2] *Vide*: Tratado de paz e aliança concluído entre D. João VI, e o Seu Filho D. Pedro, Imperador do Brasil, aos 29 de Agosto de 1825.

[3] *Vide*: Tratado de amizade, cooperação e consulta entre a República Portuguesa e a República Federativa do Brasil de 22 de Abril de 2000.

o qual, a partir do momento da independência, «*o Atlântico Sul, deixava de ser um elo de união entre duas partes de uma monarquia europeia e passava a ser a fronteira que separava Estados*»[4]. Assim, a perspectiva do Almirante Vale e Silva merece alguma deturpação: tudo nos une e muito nos separa, parecendo ser esta acepção mais adequada para retratar o relacionamento entre os dois países.

Também do ponto de vista cultural a relação Portugal-Brasil foi conturbada, não obstante a existência de uma língua comum, associada a um legado cultural incontornável. Este importante laço não bastou para unificar e cimentar esta dimensão. Muito antes pelo contrário: a premente necessidade de afirmação identitária do Brasil levou, apesar de algumas (importantes) tentativas malogradas, a uma imperiosa vontade de «separar as águas», no pior sentido do vocábulo, com todas as implicações que isso trouxe do ponto de vista da cooperação cultural.

Não restam dúvidas de que o século XIX foi marcado por um distanciamento entre os dois países, apesar de terem sido firmados alguns tratados de cariz político. É, aliás, fácil de percepcionar o(s) motivo(s) deste afastamento: primeiro, a necessidade de afirmação identitária por parte do Brasil, à qual se seguiram divergências de interesses muito pragmáticas ou, melhor dizendo, uma clara inevitabilidade de afastamento por parte da ex-colónia em relação ao Estado português, com o necessário descrédito de tudo quanto lhe estava associado, como o passado comum, o legado histórico, a cultura da língua de Camões. No fundo, assistiu-se à vontade de construção identitária por parte do Brasil, a qual apenas podia passar, aos olhos das elites brasileiras dominantes, por uma clara ruptura com o passado. O golpe militar do General Deodoro da Fonseca, em Novembro de 1889, e a subsequente proclamação da República, veio aumentar ainda mais o fosso entre os dois países. Neste sentido, podemos resumir as relações culturais oitocentistas entre os dois países em poucas palavras: uma tentativa lograda, por parte das elites culturais, em edificar e promover relações filantrópicas (essencialmente pontuais) com vista a promover a cultura lusitana e a imagem do Estado português no seio da sociedade brasileira. Infelizmente, como sublinham axiomaticamente Amado Cervo e Calvet de Magalhães,

---

[4] Vide: AA.VV., *Tratados do Atlântico Sul: Portugal-Brasil (1825-2000)*, Lisboa: IDI-MNE, 2006, p. 23.

«o estereótipo do português permanecia identificado ao estrangeiro desonesto, usurário e explorador. Apesar do prestígio dos autores portugueses e dos contactos que mantinham com a intelectualidade brasileira, a cultura portuguesa continuava incapaz de desvencilhar-se do estigma que a sensibilidade brasiliense da época da independência lhe havia dado, associando-a ao passado e ao atraso»[5].

A queda da Monarquia em Portugal no dia 5 de Outubro de 1910 veio oferecer uma oportunidade não de somenos para a reaproximação entre as elites políticas e culturais dos dois países. Paulatinamente, foram surgindo iniciativas mais ou menos permanentes, sendo que, com o tempo, estas foram ganhando alguma regularidade. O Estado Novo urdido pelo golpe de 28 de Maio de 1926, e toda a ideologia que subjaz ao pensamento político e nacionalista de António de Oliveira Salazar – muito patente na Constituição de 1933 – contribuíram para cimentar esta relação entre as elites culturais, mas também (e talvez sobretudo), entre as elites políticas dos dois países. A própria história do Brasil do século XX, com uma sucessão de governos mais ou menos democráticos (entre 1930 e 1985)[6], contribuiu do seu lado para uma osmose entre a ideologia nacionalista e identitária do Estado Novo e as visões dos governantes brasileiros.

Foi necessário aguardar pela democratização de Portugal, com o 25 de Abril de 1974, para se alcançar um novo patamar na relação cultural luso-brasileira. Assiste-se, como não poderia deixar de ser, ao surgimento de um novo paradigma, o qual, aliado ao processo crescente de globalização da cena internacional, tomou contornos muito próprios, amplamente expressivos da história contemporânea, quer ao nível bilateral, quer ao nível multilateral.

O presente artigo visa debruçar-se sobre um aspecto muito concreto das relações culturais entre Portugal e o Brasil: os congressos luso-brasileiros. Surgidos no contexto de iniciativas privadas no dealbar do século XX, estes congressos são fruto de uma reaproximação entre os dois países, não só ao nível das elites políticas, como também das elites culturais e científicas. Ao fim e ao cabo, os congressos luso-brasileiros reflectem a história entre os dois

---

[5] *Vide*: Cervo, Amado e Magalhães, José Calvet de, *Depois das Caravelas. As relações entre Portugal e o Brasil 1800-2000*, Lisboa: MNE – Instituto Camões, 2000, pp. 193-194.

[6] Nomeadamente os governos de Getúlio Vargas, Humberto Castelo Branco ou Artur da Costa e Silva, entre outros.

países dos últimos cem anos, sendo que o seu aparecimento num contexto específico, depois de um período conturbado nas relações bilaterais com experiências variadas de cooperação política, cultural e científica, traduz não só uma aproximação das elites culturais e académicas, como também uma aproximação das elites políticas. No entanto, estas redes de poder espelham acima de tudo, numa perspectiva diacrónica, o estado das relações entre os dois países, pelo que começaram por ser um campo de retórica, para se transformar depois num campo de ciência.

A partir da leitura e do estudo de um conjunto significativo de fontes primárias, foram nascendo linhas recorrentes de análise, através das quais procurámos levantar algumas hipóteses que nos pareceram pertinentes de aprofundar. Para reforçar e tentar confirmar estas últimas, concentrámos os nossos esforços, num segundo momento, na análise de fontes secundárias, através das quais procurámos validar – ou pelo menos asseverar – as hipóteses que emergiram durante o processo de consulta de fontes primárias.

Assim, foi-nos possível identificar quatro dimensões recorrentemente intrincadas nos congressos luso-brasileiros: a questão da identidade, o recurso à retórica cultural enquanto instrumento político, o relacionamento entre elites políticas e académicas e, por último, a constituição de redes de poder. Com efeito, através da análise destes congressos podemos avançar a ideia de que os mesmos serviram várias causas, nem sempre culturais: o reforçar das identidades nacionais em contextos históricos específicos, o fortalecimento de laços entre as elites políticas e culturais dos dois países, a manipulação das elites culturais pelas elites governantes, a retórica enquanto discurso legitimador de opções estadísticas concretas e, por último, a progressiva constituição de redes de poder abrangentes, agregadoras de agentes políticos, culturais, académicos e científicos.

Deste modo, centrando-se na história de Portugal, a estrutura do capítulo obedecerá a uma lógica diacrónica, na medida em que traduz melhor do que qualquer outra, os diferentes paradigmas que identificámos durante as pesquisas levadas a cabo: (1) a Primeira República (enquanto força unificadora entre dois Estados e respectivas elites), (2) o Estado Novo (enquanto momento de submissão das elites culturais às elites políticas) e, por fim, (3) o período democrático (enquanto inversão do paradigma vigente, e adesão às novas dinâmicas decorrentes da globalização).

Como emanaram os congressos luso-brasileiros? Como foram sendo impulsionados ao longo do tempo? O que traduzem? O que escondem? Quem participa nestes eventos? Quais as lógicas intrínsecas ao seu funcionamento? Qual a frequência deste tipo de encontros? A todas estas questões o presente texto procurará responder.

A Primeira República: *uma força unificadora*

Aquando do centenário da morte de Camões assistimos à derradeira aproximação entre dois países que, desde *um grito de liberdade e rebeldia*, haviam crescido separada e tumultuosamente.

Contudo, foi o ímpeto republicano que veio reaproximar os dois países, sendo que na década de oitenta o Brasil caminhava a passos largos para a proclamação da república que viria a acontecer no último ano da mesma. Em Portugal, a formação de partidos com o mesmo intuito na década anterior, impulsionara um sentimento crescente de mudança entre as elites políticas. O partido republicano crescia e foi ao positivismo, muitas vezes com cariz brasileiro, que buscou a força para que, no início do século seguinte, conseguisse o tão desejado objectivo: a implantação de um regime republicano também em Portugal. Assim, as elites brasileira e portuguesa foram-se reaproximando em volta deste objectivo que era comum.

A filosofia partilhada ajudava a proliferação das obras da elite portuguesa pelo Brasil. Os escritos da «*Geração de 70*» eram acarinhados pelos brasileiros e tidos em grande conta na nova cultura que se formava. O mesmo não se pode dizer do contrário. Apesar da distância entre os dois países não se mostrar marcante, havendo relatos da existência de um número considerável de estudantes brasileiros nas universidades portuguesas, as obras do agora denominado "país irmão" não tinham grande adesão entre a elite académica portuguesa. Portugal continuava voltado para a Europa (opção que marcaria sempre o seu comportamento nas relações entre os dois países).

No processo de construção da República Portuguesa importa notar as palavras de Teófilo Braga: «*Somos filhos da mesma tradição histórica, falamos a mesma língua e exercemos uma acção mútua que precisa de ser conhecida e dirigida*»[7], transmitindo aqui a importância do sentido de união entre as duas nações na perseguição de um objectivo que, àquela data, já havia sido conseguido no Brasil e em breve o seria também do outro lado do Atlântico.

Seria ainda no período de queda da monarquia portuguesa, no ano de 1902, que se realizariam duas conferências na Associação Comercial de Lisboa[8], onde o patriotismo e a regeneração do país foram as palavras de ordem. Nestas primeiras conferências destacava-se já a estratégia portuguesa pró-americana e relutante face à Europa monárquica. O Brasil era apontado como um país «pacífico» pela sua posição de neutralidade e simpatia benéfica às explorações comerciais. Apontado também como o «único país da América» com «interesses comerciais convergentes», que se colocava numa posição preferencial nas relações económicas entre os dois continentes. Edificava-se ainda a noção de Lisboa como a «ponte entre o Atlântico e o Mediterrâneo», posição geopolítica e económica fulcral para um país com as características histórico-geográficas de Portugal. Havia neste discurso uma relação familiar entre os dois países: numa altura em que Espanha e Grã-Bretanha repudiavam a constituição de novas nacionalidades, Portugal aceitava o Brasil com a sua identidade própria e para tal contribuía a população portuguesa que continuava a sua deslocação para o «país irmão» e que representava a maior comunidade estrangeira no mesmo, assegurando de igual forma «a hegemonia comercial pela forma como» vivia «estabelecida e ligada dentro da família nacional».

O republicanismo surgia aqui, mais uma vez, como mote de união e cumplicidade entre as duas nações. O poder das elites republicanas afirmava-se definitivamente contra a monarquia portuguesa e a forma como as políticas tanto interna como externa estavam a ser conduzidas.

As relações luso-brasileiras, à data da queda da monarquia portuguesa tinham, deste modo, duas vias de funcionamento: uma primeira, configurada pelos responsáveis da Coroa que se afigurava bastante tumultuosa com as

---

[7] *Vide*: Braga, Teófilo de, *Camões e o Sentimento Nacional*, Luguan e Genealioux, 1891, p. 285.
[8] *Relações Comerciais entre Portugal e o Brasil: Duas Conferências na Associação Comercial de Lisboa*, Lisboa, Tipografia Da Companhia Nacional Editora, 1902.

elites do outro lado do Atlântico – o poder e legitimidade do monarca estavam cada vez mais debilitados e essa efemeridade tinha repercussões tanto a nível interno como ao das relações externas, neste caso, as que se queriam com o Brasil; uma segunda em que havia contacto algo regular entre as elites brasileiras e aquelas que em Portugal se afirmavam como republicanas, cuja actuação se revelava subversiva à forma de governo ainda implantada no país.

Implantada a Iª República, era necessário o seu reconhecimento. Numa época em que a Europa vivia sob a esfera monárquica, Portugal necessitou do Brasil para o reconhecimento internacional do novo regime. Para além disso, a propaganda das relações entre os dois países era necessária no âmbito colonial: a colonização brasileira servia agora de exemplo para a resolução da questão africana.

Não se pode, no entanto, deixar de ressalvar que Iª República Portuguesa faria face a um dos maiores desafios que um regime recentemente implantado alguma vez fez. As graves questões internas como a elevadíssima taxa de analfabetismo, um défice estrondoso e a falta de meios de produção, aliadas à entrada na Iª Guerra Mundial e à necessidade de afirmação colonial de um país de proporções geo-demográficas extremamente limitadas, levaram a que o governo republicano tivesse de se concentrar preferencialmente na resolução das questões internas e no seu alinhamento numa Europa dividida.

As relações luso-brasileiras, pelo menos no respeitante à realização de congressos ou conferências esfriaram, mas as palavras de ordem e os motivos pelas quais estas eram tão necessárias ao Estado Português seriam recuperados no período seguinte.

A necessidade de condução das relações luso-brasileiras apontada por Teófilo Braga seria tomada literalmente em linha de conta no regime ditatorial.

Estado Novo: *a submissão das elites*

O processo de afirmação das relações culturais entre Portugal e o Brasil, de inícios do século XX, levado a cabo pelas elites de ambos os países e que tinha como objectivo a formação de uma comunidade luso-brasileira, teve os seus anos áureos nas primeiras décadas do Estado Novo português.

Após a queda da I República com o Golpe Militar de 28 de Maio de 1926 e com a ascensão de António de Oliveira Salazar ao poder, que se formaliza definitivamente em 1933 com a criação de uma nova Constituição Portuguesa, as políticas portuguesas face ao exterior sofreram grandes mutações, devido, em muito, à necessidade de afirmação do novo regime nacional e internacionalmente.

Estas alterações vieram afectar directamente o conteúdo das relações culturais luso-brasileiras. O papel das elites, como poderemos reafirmar no desenvolver do texto, ficaria subordinado ao poder do Estado e à imagem que este pretendia e necessitava transparecer para lá das fronteiras nacionais.

Verifica-se, desde logo, um estreitamento de relações entre as duas comunidades e uma maior proliferação dos Congressos Luso-Brasileiros.

Na segunda metade da década de trinta, com o surgimento da Academia Portuguesa de História, os contactos entre as comunidades lusa e brasileira estreitaram-se devido à aproximação desta instituição ao já criado, no Brasil, Instituto Histórico e Geográfico Brasileiro. No âmbito da Academia Portuguesa de História pode verificar-se com certeza, a aproximação pela atribuição de dez lugares efectivos a académicos brasileiros nos órgãos da instituição. Paralelamente, foi também criado dentro da Sociedade de Geografia Portuguesa um Centro de Estudos Brasileiros que tinha como objectivo a promoção da realização de congressos luso-brasileiros e o fornecimento de informação sobre viagens ao «país irmão».

O primeiro marco impulsionador do projecto de aproximação cultural, foi uma conferência realizada em 1937 sob o título «*Intercâmbio Cultural entre Portugal e o Brasil*», proferida pelo embaixador de Portugal no Rio de Janeiro, Martinho Nobre de Mello. Os objectivos de uma política comum estavam aqui claros: pretendia-se o intercâmbio entre escolas e academias dos dois países; via-se a necessidade de se chegar a um acordo ortográfico e da criação de uma gramática comum; reclamava-se ainda a colocação dos meios de cultura e lazer ao serviço da língua portuguesa.

Desta forma, no advento do decreto do Estado Novo brasileiro, estavam proporcionadas todas as condições para uma política recíproca de maior proximidade entre os dois países a nível institucional e académico, que se viria a confirmar anos mais tarde com a assinatura do Acordo Cultural.

Com a chegada de Getúlio Vargas ao poder no Brasil, afirmava-se cada vez mais uma homogeneização de políticas e objectivos entre os dois Estados. Ambos os governos desenvolviam políticas públicas direccionadas para a valorização da nacionalidade, apoiadas em concepções da história comuns que, através do passado, procuravam legitimar o presente. Esta seria a estrutura que iria emoldurar todas as acções culturais realizadas em comum: os Congressos Luso-Brasileiros realizados na época mais não são que espelhos reflectores desta união de interesses. O Congresso Luso-Brasileiro de História realizado em Lisboa a 30 de Setembro de 1940, onde se discutiram os feitos de historiadores e investigadores de ambos os países no desenvolvimento e aprofundamento de três séculos de história e património comum, não foi senão um dos primeiros.

Um dos estudos apresentados neste congresso, pela mão do Dr. Maia Mendes, debruçou-se sobre a questão da escravatura durante a colonização do Brasil nos séculos XVI e XVII. É interessante ver que esta questão tenha sido estudada e apresentada ao público no contexto de uma conferência em pleno Estado Novo. Numa primeira parte, foi exposta uma tentativa de justificação diacrónica e sincrónica para este tema: porquê(s), diferentes actores, motivos, descobrimentos, legislações nacionais, convenções internacionais. Numa segunda parte, foram apresentadas as diferentes visões dos indígenas do Brasil, tal como vistos pelos descobridores portugueses, mormente através do relato de cartas dirigidas ao Rei e à Coroa portuguesa, bem como excertos de textos e Tratados produzidos por historiadores que se debruçaram sobre a questão. Neste segundo momento, também se retrataram as condições desumanas a que os escravos vindos da Guiné estavam sujeitos nas mãos dos comerciantes. Uma terceira parte debruçava-se sobre as legislações implementadas no Brasil com vista a escravizar e exterminar os nativos. Mais interessante ainda é constatar que, pelo conteúdo das conclusões que são retiradas, esta abordagem não passou de uma «desdramatização» dos comportamentos que a metrópole portuguesa tinha perante as populações sul americanas, numa tentativa que poderíamos designar de legitimadora para os mesmos: «*Pelo que fica exposto, e pelo mais que consta na legislação citada e das outras fontes históricas conhecidas, concluímos o seguinte: 1.º – A escravidão exercida pelos portugueses sobre os indígenas da América do Sul não teve o carácter violento e desumano da escravidão exercida durante os séculos XVI e XVII sobre os negros da costa ocidental de África, porque não assumiu análoga forma comercial de exportação generalizada. 2.º – Foi exercida pelos colonos, por imperiosa necessidade económica, com a benevolente aquiescência de muitas autoridades locais, e até de alguns ministros da religião. 3.º – Não impediu o frequente cruzamento de portugueses com indígenas, de que resultou a aparição de "mamelucos", mestiçagem que veio a ser cúmplice na própria escravização dos "índios". 4.º – O poder real, mormente a partir de 1548, foi sempre favorável à liberdade dos índios, e, apesar de importunado com prementes e repetidos protestos, tumultos, instâncias e súplicas em contrário, só tolerou a escravidão nos casos para os quais a consciência encontrava justificação moral: o aprisionamento em justa guerra, ou, o resgate de prisioneiros, para os livrar da morte. 5.º – Desde 1549 os jesuítas pugnaram sempre pela liberdade dos índios, fazendo oposição tenaz a tudo o que contribuísse para o seu cativeiro ou escravidão. 6.º – A acção dos jesuítas portugueses no que se refere à liberdade e civilização dos índios do Brasil, deve ter produzido uma aceleração correspondente ao decurso de mais um século.»* [9]

Claramente patente neste estudo, está a fraca autonomia das elites face a ambos os regimes, pois, num estudo que poderia colocar em causa todo o império colonial português, está explicita uma legitimação da acção do mesmo pelos frutos que essa mesma acção gerou. Pala além do estudo em si, na apresentação do mesmo no Congresso Luso-Brasileiro de História os temas da ordem do dia foram passado, identidade, descobrimentos e colonização, onde o Brasil é apresentado como elemento integrante da nação.

Na mesma altura, no Brasil, realizavam-se uma série de conferências sobre Portugal, nas quais os temas abordados remetiam para as áreas da economia e história. A mais marcante das conferências ficou intitulada de «*Os Sete Passos Maiores do Caminho Português*», realizada no Gabinete Português de Leitura. Os sete passos do «caminho português» eram apontados como: a unidade, o idioma, as descobertas, a segunda pátria, a

---

[9] Mendes, M. M., *Memória apresentada ao Congresso Luso-Brasileiro de História (Lisboa, 30 de Setembro de 1940)*. Lisboa: Oficinas de Bertrand (Irmãos), Lda., 1940.

restauração, o império, e o renovo. Esta, mais uma vez, ficou marcada pela alusão a um passado comum de extrema importância para um futuro que se queria também comum.

Os congressos realizados nesta comunhão de regimes que até o nome partilhavam, faziam, como se tem verificado, parte de uma política maior de ambos os Governos, de convergência histórica e cultural. O culminar desta política surgiu em 1941 com a celebração de um Acordo Cultural assinado no Rio de Janeiro a 14 de Setembro por António Ferro, Director do Secretariado da Propaganda Nacional, de Portugal, e pelo Dr. Lourival Fontes, Director do Departamento de Imprensa e Propaganda, do Brasil, e que entraria em vigor a 31 de Dezembro do mesmo ano.

No preâmbulo do Acordo está claramente presente o seu grande objectivo: a promoção de uma colaboração cultural efectiva entre os dois países, que estava a cargo das duas instituições que, pelos seus representantes, se vincularam ao projecto. No primeiro artigo do mesmo vem estabelecida a criação, nas sedes dos departamentos de propaganda, de delegações para ambos os países. Esses departamentos teriam como função assegurar e promover, com o uso dos meios que estariam ao seu alcance, a cultura dos Estados tanto num como noutro. O artigo segundo enumerava a forma de como esse intercâmbio de aproximação cultural iria ser feito, tendo como principal objectivo o controlo dos meios de comunicação acerca da informação sobre Portugal e do Brasil nos dois países. No mesmo aparece também, pela primeira vez, a referência à promoção do turismo, o qual contribuiria para um melhor conhecimento *in loco* das duas comunidades e daquilo que as aproximava. Estabelece-se ainda a comemoração das grandes datas que assinalam a história comum da comunidade luso-brasileira e a promoção de intercâmbio de ideias entre os dois países.

Assim, o Acordo Cultural veio afirmar definitivamente a intenção das elites governativas na condução da imagem cultural dos dois países segundo os seus próprios interesses. A política de aproximação via-se sempre acompanhada de uma política de afirmação relativa aos destinos históricos de ambos os Estados, sendo este um aspecto que os mais altos cargos de ambos os governos não poderiam deixar ao livre arbítrio das elites culturais da época. Relativamente a Portugal, esta aproximação celebrada pelo tratado vinha ainda possibilitar a neutralização à oposição do Estado Novo português no Brasil. Conseguia-se ainda uma ocupação do espaço literário – com vista a combater a invasão literária norte americana – e mediático no país paralelamente a acções de propaganda da cultura brasileira deste lado do Atlântico. Durante a sua estadia no Brasil enquanto Director do Secretariado de Propaganda Nacional, António Ferro participou em algumas conferências realizadas em São Paulo e no Rio de Janeiro nas quais deixou bem clara a «*curiosidade e interesse que nos meios cultos de Portugal se manifestava a cada passo por tudo o que fosse brasileiro*».

A participação de António Ferro em Congressos Luso-Brasileiros à época leva-nos a outra questão determinantemente caracterizadora dos mesmos: a permanência de altos cargos das elites governativas na assistência, sendo sistemática a frequência da participação destas elites. Durante o Estado Novo Brasileiro e mesmo depois da queda do mesmo, todo e qualquer congresso era pautado pela presença de elites governativas, académicas, militares e, algumas vezes, eclesiástica, tendo como objectivo dar legitimidade aos congressos. Mas não uma legitimidade científica à qual se está habituado nos dias que correm. Esta era necessária para justificar e afirmar a própria identidade dos países e a mensagem que estes queriam passar para lá das suas fronteiras – aspecto contínuo durante todo o período do Estado Novo português, mesmo com as alterações de regime no Brasil.

As temáticas dos congressos durante a «era Vargas» e as primeiras décadas do Estado Novo em Portugal, giravam em torno do património literário e da memória histórica. Para tal, contribuíam decisivamente as comunidades de imigrantes estabelecidas nas duas nações, factor importante da penetração efectiva do intercâmbio cultural. Em 1950/51 realizaram-se no Brasil duas palestras radiofónicas e uma conferência que focavam estas três dimensões.

A primeira conferência presidida pelo Vice-Cônsul de Portugal, Sr. Cabral Beirão a 27 de Outubro de 1950 no Clube Portugália de São Paulo, contou com a presença do Presidente do Centro, representantes do governador do Estado, da prefeitura, da associação comercial local e com o patrocínio do Jornal de Notícias. A mesma debruçou-se sobre o tributo a Guerra Junqueiro, «glória do pensamento português e universal». Na mesma não deixou de se notar a constante ênfase na designação de Portugal como a «pátria mãe» e na importância do significado do patriotismo.

As palestras sob o título «*Ao redor de Montalegre em terras de Trás-os-Montes*», proferidas por Santos Guerra a 3 de Junho do ano seguinte, na sede do Centro Transmontano do Rio de Janeiro foram também abonadas com representantes das elites governativas, entre elas o Comendador Albino de Sousa Cruz e o Vice-cônsul de Portugal, João José Diniz, marcando também presença o Padre Cândido de Lemos e o Comendador José Joaquim Pereira Teixeira, Presidente do Centro Transmontano. Nestas duas palestras ficou bem demarcada a importância atribuída à comunidade transmontana portuguesa no Brasil pela sua capacidade de adaptação e identificação com o território brasileiro. Trás-os-Montes Brasil e Trás-os-Montes Portugal eram, nestas palestras, identificadas como «províncias irmãs gémeas» já que partilhavam semelhanças na flora, fauna, costumes e «gentes do mesmo tipo comum». O vínculo às terras brasileiras não descurava, nas palavras de Santos Guerra, a partilha dos mais rígidos valores da comunidade nortenha portuguesa. Pelo contrário, estes eram identificados, distinguidos e elogiados por permitirem uma maior contribuição para a afirmação de um «lusitanismo» e da grandeza de um país que, apesar de dimensionalmente pequeno, tinha sempre conseguido grandes feitos desde a sua construção, na época de D. Afonso Henriques, à sua afirmação no mundo e propensão para lidar com outros povos na época dos descobrimentos.

Este tipo de referências permitia ao Estado Novo atingir vários objectivos: o primeiro prende-se com a reafirmação de que a comunhão entre portugueses e brasileiros era efectiva, o que permitia reforçar as reminiscências históricas que credibilizavam os feitos dos portugueses na construção de um império colonial e que, consequentemente, legitimava a existência de um império do mesmo tipo no Continente Africano, numa época em que as pressões da descolonização se começavam a sentir; o segundo, remetia para a própria grandeza de Portugal como nação pela referência nestas palestras às origens portuguesas e ao espírito de conquista. Havia ainda a sempre presente componente da partilha cultural, objectivo último dos interesses portugueses nas relações luso-brasileiras.

Outra questão que marcaria os Congressos Luso-Brasileiros seria a atribuição do Prémio Nobel da Medicina ao português Egas Moniz em 1949. Este acontecimento foi rapidamente aproveitado pelas elites dos dois países para promover o alargamento do espectro dos congressos. Enquanto nas décadas de 30 e 40 os congressos se centraram primordialmente em matérias históricas e literárias, assiste-se nos anos 50 em Portugal a um aumento exponencial do número de congressos ligados à área da medicina e, na década seguinte, estes passaram a fazer parte do projecto de intercâmbio científico e cultural entre os dois países.

Em apenas cinco anos realizaram-se os três primeiros «*Congressos Luso-brasileiros de Radiologia*»: o primeiro na cidade de São Sebastião do Rio de Janeiro, no Brasil em 1965; o segundo de 1 a 9 de Julho de 1968, em Lisboa, Porto e Coimbra; o terceiro em simultâneo com o VIII Congresso dos Radiologistas e Electrologistas de Cultura Latina, no Rio de Janeiro, de 16 a 22 de Agosto de 1970.

O que é interessante notar nestes congressos são as elites aí presentes e o conteúdo dos discursos neles proferidos.

No II Congresso Luso-Brasileiro de Radiologia[10] aquando do discurso proferido pelo Prof. Doutor Itazil Benício dos Santos, em nome dos congressistas brasileiros, encontramos um misto de elites académicas/ científicas e políticas. No que toca às primeiras, refira-se Egas Moniz, Almeida Lima, Reinaldo dos Santos, Augusto Lamas, Pereira Caldas, Cid dos Santos, Lopo de Carvalho, Hernâni Monteiro, Sousa Pereiras, Álvaro Rodrigues, Roberto de Carvalho, Aleu Saldanha e Aires de Sousa (o Presidente do Congresso), Albano Ramos, Presidente da Sociedade Portuguesa de Radiologia e Medicina Nuclear[11] bem como todos os congressistas. No que respeita às segundas, encontramos o Presidente da República Portuguesa, o Embaixador do Brasil, e diversos Ministros (referidos mas não descritos nas suas funções). Este leque de representantes vem mais uma vez reafirmar a importância dada a estes congressos no âmbito da política externa dos dois países e, mais do que isso, a forma de como os interesses dos mesmos eram canalizados pelas elites políticas e académicas.

O conteúdo desta política encontra-se bem presente nas palavras do Prof. Doutor Itazil Benício dos Santos: em seis páginas de discurso, apenas

---

[10] Foi somente possível recolher quatro fontes primárias relativamente a estes congressos: o o «*Discurso em nome dos congressistas brasileiros no II Congresso Luso-Brasileiro de Radiologia*», o «*Discurso de encerramento do II Congresso Luso-Brasileiro de Radiologia*», o discurso intitulado «*Algumas palavras finais no II Congresso Luso-Brasileiro de Radiologia*» e, finalmente as «*Notas sobre o III Congresso Luso-Brasileiro de Radiologia*».

[11] Autor da publicação dos discursos.

meia página alude ao tema da Radiologia e a médicos/investigadores famosos, pelo que as restantes cinco páginas e meia são dedicadas à história e identidade comuns, com forte enfoque sobre a irmandade dos povos. Observa-se que, os sucessos alcançados por Egas Moniz e Aires de Sousa contribuíram em muito para esta aproximação na área da radiologia, sendo que Portugal é apresentado como uma referência neste campo. Logo na primeira parte do discurso é notável o significado que a imagem de um Portugal ligado ao passado histórico transmite: «*Para os brasileiros, que integram esta Delegação ao II Congresso Luso-Brasileiro de Radiologia, a sua presença em Portugal reveste-se de especial significado – de um reencontro com o seu próprio passado histórico-social e político, em primeiro lugar; além disso, este contacto com o solo de Lisboa – a própria célula-mater da lusitanidade – toca-lhes como o privilégio de um ensejo para cotejar as tendências e inclinações de natureza artística, sentimental e cultural que, através dos anos, têm irmanado os dois povos no curso da História*»[12]; seguindo-se-lhe a referência ao vital sentimento de irmandade entre os dois povos que tanto define a própria identidade brasileira na sua origem: «*Descendentes da Terra e da Gente portuguesa, fizeram-se os brasileiros legatários de valioso património étnico, político-social, artístico, sentimental e cultural. Perdendo-se a história do Brasil nas origens mesmo de Portugal, ressalta no episódio histórico de 1500 – feito dos valorosos nautas lusitanos – como o Brasil como um desdobramento na América, que seria em princípio, da nacionalidade portuguesa e de sua organização social. Tais os antecedentes fundamentais da estruturação social brasileira. Ora, o desvinculamento do passado com toda a historicidade a esse inerente, o desapego e o desapreço das próprias coisas que apenas em perspectiva se podem lobrigar e delinear o culto de espírito aventureiro caracterizam um povo sem raízes e sem propósitos definidos. Qualquer povo, vinculado que seja historicamente ao seu passado, coerente com a sua formação histórico-social e política, desestima o efémero, o contingente, o fortuito. Determina-se a realizações e cometimentos duradouros e definitivos, atingíveis através de actividade laboriosa e delongada, por isso mesmo definidora de gente e cultura diferenciadas (...) E tudo se cumpriu, com o favor de Deus, nos termos gerais da carta profética. No final dos dois ou três séculos primeiros, no Mundo Novo da revelação de Cabral já se afirmava, na opinião autorizada dos sociólogos,*

---

[12] Vide p. 1.

a maior civilização, de origem europeia, plantada nos trópicos. Hoje lá esplende o Brasil – uma civilização que empolga o mundo, pela expressão do seu dinamismo excepcional em marcha acelerada e ascensional para o desenvolvimento, que, em breve, alcançará a sua inteira plenitude! (...) Consideradas as afinidades nas origens e nos costumes, lastreadas prodigiosamente por essa latinidade comum aos dois povos; sem aludir ao privilégio de se entenderem através da sonoridade da mesma língua, nem esquecer os propósitos tradicionalmente pacíficos e os incontidos anseios de progresso dentro da paz, que há no destino histórico de ambos – são irrecusáveis os traços de identidade entre as duas pátrias. § Tais as razões que fundamentam o conteúdo ideológico dessa comunhão de sentimentos e aspirações, através da qual os dois povos se aglutinam em um todo, comunhão hoje corporificada e bafejada pela chancela oficial dos dois países, com a criação do Dia da Comunidade Luso-Brasileira»[13]; «*Foi a Medicina Portuguesa, através da mundialmente famosos Escola Portuguesa de Angiografia que, a partir dos idos de 1927, abriu o caminho aos domínios vastos e surpreendentes da Radiologia Vascular Contrastada. Pelo esforço conjugado que despenderam tão brilhantes figuras da Medicina Portuguesa, durante quarenta anos de ininterrupta e diligente actividade, lideradas e chefiadas pelo génio investigados que foi Egas Moniz, seus nomes inscrevem-se definitiva e indelevelmente na admiração dos contemporâneos e dos porvindouros, como pioneiros e realizadores efectivos do Método Angiográfico que abriu à Radiologia e à Medicina as mais amplas perspectivas.*»[14]

O encerramento do Congresso não beneficiou de linhas diferentes. É aqui referenciado um conjunto de elites, académicas e políticas, na senda daquilo que tem vindo a ser observado neste e noutros congressos. No que toca às primeiras, encontramos o Reitor da Universidade do Porto, o Director da Faculdade de Medicina do Porto, diversos médicos/investigadores de renome tais como, «o grande Egas Moniz, Prémio Nobel 1949»[15], Reynaldo dos Santos, Almeida Lima, Lopo de Carvalho, Hernâni Monteiro, Álvaro Rodrigues, Sousa Pereira e Roberto de Carvalho, João Cid dos Santos, Sousa Pereira, Aleu Saldanha (Presidente de Honra), Aires de Sousa (Presidente do Congresso), Albano Ramos (Presidente da Sociedade

---

[13] Vide pp. 1, 2 e 3.
[14] Vide p. 6.
[15] Vide p. 4.

Portuguesa de Radiologia e Medicina Nuclear), Manoel Côrte-Real e João Simões-Raposo (Secretário-Geral) e o autor do discurso. Relativamente às elites políticas destacam-se: o Cônsul Geral do Brasil no Porto (Ronald de Carvalho), o Embaixador do Brasil (Ouro-Preto), o Ministro-Conselheiro da Embaixada do Brasil (Cláudio Garcia de Sousa), o Presidente da República (referido pela sua presença na inauguração), diversos «Ministros de Estado» e de «altas autoridades», sem discriminação.

A maior parte do discurso proferido pelo Dr. Abercio Arantes Pereira, Presidente do Colégio Brasileiro de Radiologia e Secretário-Geral da Comissão Organizadora Brasileira do Congresso, versa sobre as identidades, o passado comum, a história, a fraternidade entre os povos e nações e a existência de fortes laços: «*Não é pequena a emoção de um brasileiro ao pisar a terra de seus ancestrais. § Este abençoado solo português, de onde saíram grandes filhos a realizar grandes obras, tem um fascínio especial para nós, vossos irmãos, que nos debruçamos sobre o passado, a sondar origens, a sonhar feitos gloriosos. § Confessor que o orgulho que sentis ao contemplar vosso nobre passado, sentimo-lo igualmente nós brasileiros, nós, o resultado do génio colonizador lusitano. § Por isso, vossa história é a nossa. § Permiti recordá-la convosco, pois, se recordar é viver outra vez, como desprezar o encanto de palmilharmos juntos caminhos tão gloriosos? § Há cento e poucos anos nossos destinos políticos separam-se, mas nossos ideais de paz e progresso continuaram símiles. E a amizade e cooperação, que une dois povos que só a geografia separa, pode-se dizer frutificada cada vez mais. § Além disso, que são cem anos em dois mil de história conjunta? Já, que como vossos descendentes, temos a mesma herança do passado*»[16]; «*Eis-nos hoje aqui, nesta histórica cidade do Porto, berço da mesma pátria e da raça portuguesas § Abrem-se estaleiros para atender à demanda insaciável de navios daquele que iria ser a maior figura da história da cidade, quiçá uma das mais notáveis de Portugal e do Mundo. § Falo-vos, é claro, do grande Infante D. Henrique, figura de excepcional visão, o precursor de uma nova era, aquele que, no dizer de um escritor português, resumiu o homem europeu de seu tempo, que "passava das brumas da Idade Média para o enérgico período do Renascimento. § Nessa época fecunda é ainda o Porto o berço de outros valorosos filhos: Fernão de Magalhães, Pero Vaz de Caminha, Braz Cubas,*

---

[16] Vide p. 5.

André Gonçalves e tantos mais.»[17]; «*Peço-vos que vejais nestas palavras apenas o enorme apreço que mereceis de nós todos brasileiros, estes brasileiros que sabeis tão bem acolher! § É-nos também imperioso exprimir a admiração que sentimos por eminentes vultos da Medicina Portuguesa, vultos marcantes de pioneiros que abriram novas perspectivas para a Ciência, tal como no passado outros abriram novas portas pelos mares.»*[18]

O discurso do Presidente da Sociedade Portuguesa de Medicina Nuclear seria caracterizado por traços concludentes: em oito páginas de discurso, cinco são dedicadas ao Regime, às políticas de reforma pública em curso, à identidade nacional, à história, aos descobrimentos, ao passado comum, às relações luso-brasileiras, ao nacionalismo do Porto enquanto «berço da Nação», e ao reconhecimento da Radiologia enquanto «trunfo» da ciência portuguesa.

O III Congresso Luso-Brasileiro de Radiologia surge num contexto mais alargado. A realização de um congresso de características bilaterais é paralela ao VIII Congresso dos Radiologistas e Electrologistas de Cultura Latina. Nas notas do Presidente da Sociedade Portuguesa de Radiologia e Medicina Nuclear é indicado que o IV Congresso terá lugar nas mesmas circunstâncias, em 1973 na cidade de Madrid, por ocasião do Congresso Internacional de Radiologia. Seria de esperar, assim, uma incidência claramente vincada do discurso no ramo científico em questão, no entanto, a marca política continua visivelmente presente. Para além de todos os aspectos medicais, científicos e técnicos referenciados, associados ao desenrolar dos eventos, há também a alusão ao estado da ciência/ investigação em Portugal, referências a políticas públicas brasileiras, cultura portuguesa e à identidade portuguesa.

Sumariamente, os Congressos Luso-Brasileiros realizados durante o período do Estado Novo em Portugal tiveram uma notória marca política tanto pela presença de elites governativas na assistência, como pelo discurso legitimador dos mesmos.

É de salientar, no entanto, uma maior abertura nos anos em que Marcello Caetano governou o país, em que apesar da permanência da

---

[17] *Vide* p. 3.
[18] *Vide* p. 4.

retórica legitimadora do regime e das suas políticas nos discursos que marcaram os congressos, toda a máquina estruturante das relações luso-brasileiras e da construção artificial de uma identidade forçada firmada no Acordo Cultural estava enfraquecida. Estes últimos anos de efemeridade política, tanto internamente como a nível colonial, vão permitir uma maior abertura e liberdade para que, nos anos da IIIª República as elites culturais luso-brasileiras se emancipem das elites governativas.

O Portugal democrático: *de elites dominantes a elites dominadas*

A transição para a Democracia em Portugal coincide com uma tripla remodelação no contexto dos congressos luso-brasileiros: a multiplicação dos eventos, a crescente especialização dos congressos e, por último, a reformulação das elites e das redes de poder envolvidas.

A abertura de Portugal à Europa e ao mundo, em clara ruptura com o «orgulhosamente sós» que dominou o período de António de Oliveira Salazar, veio permitir a circulação de ideias e de pessoas. O considerável período de desenvolvimento (e crescimento económico-social) que o país conheceu no último quartel do século XX, traduziu-se numa nova fase de modernização da sociedade, cujo desenvolvimento engendrou novas políticas nos domínios, académico, científico e cultural.

Este fenómeno foi acompanhado por aquilo que muitos designaram de «terceira revolução industrial» ou, melhor dizendo, de «revolução tecnológica»: a internet, a sociedade virtual, as comunicações instantâneas, os microprocessadores, os computadores de bolso, mais não são do que a tradução deste prodigioso momento de desenvolvimento. Outras áreas entraram, também elas fruto do progresso da ciência e do conhecimento, em franca expansão: das ciências naturais às ciências sociais, passando pelas ciências exactas, velhos paradigmas foram quebrados num contexto em que Portugal, agora aberto à circulação de ideias (a qual se traduziu numa sede conhecimento), não só democratizou o ensino, como também procurou, ainda que ciente das suas limitações, aderir ao processo de globalização.

Estes «ventos favoráveis da história» coincidiram pois com um Portugal mais aberto ao exterior, sendo que uma conjuntura favorável, o desenvolvimento, o conhecimento, a internacionalização e a circulação de ideias, entraram em osmose com a dupla expansão e universalização do mundo académico e científico português.

Desta nova realidade decorreu uma reaproximação entre elites. Enquanto de um lado, as relações políticas luso-brasileiras avançaram timidamente, de forma muito pouco concreta, comparativamente ao que se esperava[19], do outro, as relações entre elites culturais e académicas aceleraram substancialmente. Ao nível dos congressos luso-brasileiros, a aproximação foi ainda mais contundente.

Podemos hoje encontrar, com uma frequência de realização bem cimentada, congressos nas mais diversas áreas de conhecimento. Com efeito, congressos luso-brasileiros de Numismática, de Sociologia, História, História da Educação, Medicina, Psicologia, Filosofia, Fenomenologia, Direito, Bioética, eis apenas alguns (em muitos) exemplos que ilustram esta nova realidade de aproximação.

Este ímpeto de congressos encontra a sua explicação num clima político e conjuntural favorável, que reforçou os laços de cooperação entre Portugal e o Brasil, conforme já referido anteriormente. Contudo, é interessante observar, no que toca ao posicionamento das elites, um novo paradigma nas redes de poder envolvidas.

Um exemplo determinante deste novo paradigma pode ser encontrado no «*Congresso Luso-Brasileiro*» que decorreu de 9 a 12 de Novembro de 1999, com o acréscimo da aproximação do *Tratado do Milénio*, isto é, o *Tratado de Amizade, cooperação e consulta entre a República Portuguesa e a República Federativa do Brasil* (22 de Abril de 2000). Volvidas cinco décadas sobre o *Tratado de amizade e consulta* de 1953, e no contexto dos quinhentos anos do descobrimento do Brasil, os dois Estados decidem

---

[19] *Vide*: Fonseca, Carmen, «O Brasil na Política Externa Portuguesa (1976-2007). Entre a retórica e a concretização», *Dissertação de mestrado*. Lisboa: FCSH-UNL, 2008, pp. 106-108: «*Não podemos, por isso, ignorar a função que a realização histórica tem na definição da multiplicidade dessas posições, e que nalgumas situações não passou mesmo de mera retórica. (...) De facto, com excepção da vertente económica que se destacou de modo extraordinário na relação com o Brasil, todas as outras áreas (política, cultural, social) permanecem muito arreigadas à retórica do sentimentalismo e da proximidade. (...) A prioridade brasileira manteve-se porque assenta numa relação histórica, cultural e identitária e, dessa forma, facilitadora da definição de interesses comuns. Assim, o trabalho apresentado permite sustentar que existe uma matriz histórica e cultural que, entre 1976 e 2007, privilegiou a orientação estratégica de Portugal para o Brasil ainda que os resultados não sejam evidentes em todas as áreas*».

renovar e redesenhar o seu relacionamento bilateral, num documento mais semântico do que pragmático. Ainda assim, importa reter o espírito que subjaz a esta nova tentativa de aproximação – a esta clara afirmação de vontades soberanas.

Da leitura das Actas[20] do Congresso de 1999, é possível retirar três conclusões principais:

- em primeiro lugar, a diversidade dos temas abordados, sendo que as temáticas clássicas ligadas às áreas da Medicina e da Saúde, constituem apenas uma pequena parte da diversidade dos temas abordados. A grande maioria das áreas das ciências exactas, sociais, humanas, naturais e outras, estiveram representadas neste Congresso, demonstrando desta forma uma consolidação crescente dos encontros luso-brasileiros, bem como a ampliação dos temas de interesse conjunto;

- em segundo lugar, a diminuição do peso das elites políticas na realização destes congressos. Longe vão os tempos em que as principais figuras do Estado presidiam e/ou assistiam à realização dos congressos. De igual modo, toda a retórica epitética dos discursos de abertura e encerramento destes congressos, particularmente politizada durante o período do Estado Novo, parece ter desaparecido da ordem do dia. As novas elites dominantes nestes congressos são, não tenhamos medo de dizê-lo: as elites do conhecimento. Neste sentido, parece ter havido uma substituição das elites, ou seja, uma inversão entre dominadores e dominados. Não mais são os agentes políticos que controlam e configuram a retórica dominante, mas o contrário. Num momento em que Portugal parece, como vimos anteriormente, ter algumas dificuldades em passar da «retórica à concretização», os actores políticos parecem aproveitar-se destas redes de poder (ou redes de conhecimento) bem estabelecidas, de modo a tentar ganhar alguma visibilidade e, quem sabe, alguma influência.

---

[20] *Vide*: *Actas do Congresso Luso-Brasileiro*, Lisboa: Fundação Calouste Gulbenkian, 9 a 12 de Novembro de 1999. *Vide* também, *Portugal-Brasil: memórias e imaginários*, Actas, Vols. 1 e 2, Grupo de Trabalho do Ministério da Educação para as comemorações dos Descobrimentos Portugueses, Lisboa, 2000.

– por último, a multiplicação dos congressos luso-brasileiros. Com efeito, mais do que a diversidade dos temas em estudo, aquilo que o congresso de 1999 revelou, foi a existência de dezenas de congressos luso-brasileiros nas mais diversas áreas, com uma frequência mais ou menos recorrente de realização. Esta junção de todas as iniciativas num congresso único em 1999, permite-nos tomar consciência da existência de múltiplos congressos luso-brasileiros, que tendem a permanecer de forma continuada no tempo.

Assim, parece hoje claro que o Portugal contemporâneo aderiu à dinâmica da globalização, pelo que não mais existem redes de poder bilaterais, mas redes de poder universais. Do mesmo modo, os temas aludidos nos principais congressos luso-brasileiros demonstram, pela sua diversidade, a globalização do conhecimento e da ciência, bem como o espírito da livre troca de ideias. Nesta nova *rede*, o papel dos agentes políticos parece ter perdido alguma dimensão, os actores políticos não mais ditam as regras, pelo contrário, parecem «andar a reboque» de redes de poder multidimensionais, procurando retirar delas o maior provento possível na condução das suas políticas. De dominadores, passaram a dominados

O historial dos congressos luso-brasileiros reveste-se da maior importância para entendermos o evoluir das relações bilaterais entre Portugal e o Brasil: a forma como estes decorreram e as mensagens que foram transmitindo são provavelmente uma das formas mais translúcidas para compreendermos as alterações nas relações entre os dois Estados. É hábito que nos debrucemos sobre as relações políticas, económicas e sociais, nas análises entre países, remetendo para um plano de segunda ordem a devida importância que deve ser atribuída à vertente cultural. No presente caso de estudo, foi-nos possível atestar que a dimensão cultural é fundamental não só para uma análise abrangente, como também é portadora de indícios valiosos no que respeita ao relacionamento entre os diferentes agentes envolvidos, na medida em que permite identificar redes de poder colaterais às redes tradicionais.

Assim, foi-nos possível, no decorrer da presente investigação (da qual resultou uma consulta exaustiva de fontes primárias), observar uma recorrência de variáveis que espelham fielmente o relacionamento entre os dois países desde a independência do Brasil. Sumariamente, quatro temáticas retiveram a nossa atenção durante as pesquisas efectuadas:

Numa perspectiva diacrónica, destaca-se o *relacionamento interestadual.* Com efeito, o historial dos congressos luso-brasileiros acompanha linearmente as relações bilaterais entre os dois Estados. Num primeiro momento, da necessidade de afirmação identitária do Brasil no século XIX, até à implementação da República em Portugal, viveu-se um período de harmonia difícil, senão impossível, apesar de alguns esforços pontuais por parte de elites culturais e filantrópicas específicas de ambos os lados, movidas por um ideal de aproximação e valorização do legado português. Não obstante estas tentativas malogradas, os dois países enveredaram por caminhos diferentes. Em segundo lugar, a vontade de fazer cair a monarquia em Portugal veio permitir uma reaproximação, traduzindo um franco anseio por parte das elites culturais e políticas de aprofundar uma relação ancorada num passado comum. Decerto os ideais do republicanismo terão contribuído, por existirem dos dois lados, para esta aproximação, mas as pressões exercidas pelas elites culturais, que tentavam sobressair desde a década de 1880, também contribuíram para esta reaproximação. A partir de 1933, com o Estado Novo e, mais tarde, com a democratização de 1974, assistiu-se a duas visões distintas quanto à lógica dos congressos luso-brasileiros. Em cada período, tentou-se imprimir uma dinâmica e uma retórica tradutora de valores políticos e identitários muito concretos (embora por vezes não passassem de meras veleidades), correspondentes às grandes linhas políticas definidas pelos governos. Ainda assim, não deixa de ser interessante observar, nos anos mais recentes, que as redes de poder político tenderam a esvanecer-se face às redes de poder da sociedade civil. Inversão de forças ou novo paradigma decorrente do processo de globalização?

Outra variável de maior interesse, resulta *do estudo do papel das elites.* Seria incorrecto reter a ideia segundo a qual os congressos luso-brasileiros fomentam apenas uma aproximação entre elites culturais, académicas e científicas. Ao longo dos anos, as elites políticas matizaram o espírito destes congressos. Neste sentido, não é difícil aquilatar o efeito que os agentes políticos tiveram na vitalidade destes eventos, mais ou menos regulares no tempo. Parece-nos possível alentar um axioma que apelidaremos de «dialéctica das elites». Em períodos de ausência do Estado, sejam estas voluntárias ou involuntárias, as elites não-políticas movem-se de acordo com interesses meramente culturais e científicos. Foi neste contexto que surgiu no final do século XIX uma aproximação entre elites culturais, resultante de iniciativas pontuais de cariz filantrópico e intelectual. «*A contrario sensu*», em claros momentos de afirmação do papel do Estado (pensemos, por exemplo, no período da Primeira República e do Estado Novo), as elites políticas tenderam não só a promover, assim como a imiscuir-se nos congressos luso-brasileiros, com fins de aproximação, é certo, mas também com fins políticos, idealistas, propagandísticos, identitários e nacionalistas. Desta forma, pode concluir-se neste ponto, que as elites dominantes se foram revezando: ora dominam as culturais, ora dominam as políticas. Da leitura de actas de congressos, resulta uma lista de personalidades envolvidas em cada congresso, sendo que, no tempo, a eminência das personalidades políticas presentes vai-se alterando, consoante a maior ou menor manipulação que é feita dos congressos pelos agentes políticos. Ainda assim, mais uma vez, não deixa de ser interessante observar que em anos mais recentes, a dinâmica da globalização, parece ter-se sobreposto à dialéctica tradicional que evidenciámos.

A *análise da retórica* vem confirmar o argumento sustentado no parágrafo anterior: das múltiplas leituras de actas relativas à extensa diversidade de congressos luso-brasileiros encontrados no tempo, transparece que a retórica utilizada, com especial destaque para a retórica das sessões de abertura e encerramento, vai acompanhando a «dialéctica das elites» no tempo. Em momentos de forte dominação política e estatal, não deixa de ser muito revelador que uma parte substancial dos textos encontrados, destaque a recorrência das *temáticas política, identitária e até mesmo nacionalista*. Os temas dos congressos parecem passar despercebidos, aos olhos destes discursos, quase ousaremos dizer. As palavras têm peso, sobretudo quando se revestem de significado político, e não de significado cultural, académico ou científico. Pouco importa a diversidade dos temas encontrados e a profusão de congressos que existiu: quando o agente político decidiu intervir nesta área, as elites culturais passaram para um plano secundário, independentemente da importância, efectiva ou afectiva, dos temas que as reuniram.

Deste modo, foram-se constituindo ao longo dos anos várias redes de poder. Redes de poder político, redes de poder culturais, redes de poder académico/científico e, de forma mais distanciada, redes de poder multidimensionais, isto é, simultaneamente sincrónicas, diacrónicas e agregadoras de áreas de conhecimento e interesse extremamente diversificadas. Ganham pois sentido as palavras de Cristina Montalvão Sarmento para quem «*a rede, essa palavra mágica que parece ser a chave do futuro, essa reinvenção da sociedade, faz com que os cidadãos continuem cidadãos, mas sem que saibam ao certo a que cidade pertencem, nem a quem pertence essa cidade. (...) Ainda mais importante é o facto da globalização ser apresentada como o crescimento de redes, numa estrutura de interdependência mundial*»[21]. O peso da globalização, sobre o qual temos vindo a dar um enfoque progressivo nas presentes conclusões, demonstra um evidente grau de consubstanciação.

Podemos pois concluir que os congressos luso-brasileiros surgiram, no contexto das relações entre Cultura e Poder, como uma componente fundamental da cooperação entre Portugal e o Brasil. Consolidaram uma aproximação entre elites, aprofundaram o desenvolvimento de redes de poder (ou de conhecimento) entre os dois países, e fomentaram as relações bilaterais quando o poder político decidiu servir-se deste meio como forma de actuação. Contudo, importa realçar que estes congressos traduzem de sobremaneira uma busca identitária, bem como uma retórica muito peculiar que marcou as relações entre portugueses e brasileiros, se atendermos a uma perspectiva diacrónica. Pese embora um passado comum, esse relacionamento não tem sido sempre encarado da mesma forma, talvez por motivos identitários. Importa também sublinhar aqui um elemento essencial: os congressos luso-brasileiros tendem a acompanhar os «ventos da história», sendo um testemunho da relação entre dois povos, bem como um retrato fiel do processo de globalização.

Ninguém melhor do que Vergílio Ferreira para transmitir a problemática subjacente a este tema: «u*ma língua é o lugar onde se vê o Mundo e em que se traçam os limites do nosso pensar e sentir. Da minha língua vê-se o mar. Da minha*

---

[21] *Vide*: Sarmento, Cristina, «Arquitecturas em Rede», in AA.VV. *África-Europa: cooperação académica*, Lisboa: Fundação Friedrich Ebert, 2008, pp. 124-125.

língua ouve-se o seu rumor, como da de outros se ouvirá o da floresta ou o silêncio do deserto. Por isso a voz do mar foi a da nossa inquietação». No contexto dos congressos luso-brasileiros, o *pensar* nem sempre tende a acompanhar o *sentir*. Quanto ao *mar*, ali se ergueu uma fronteira…

Fontes e Bibliografia

Organizada por
Isabel Mariano Ribeiro

I – Fontes

1. Arquivos Oficiais:

1.1. Portugal

AHD/MNE – Arquivo Histórico Diplomático/Ministério dos Negócios Estrangeiros (Arquivo da Legação Portuguesa no Rio de Janeiro; Direcção Geral dos Negócios Comerciais; Missões Diplomáticas Brasileiras).

IAN/TT – Arquivo Nacional Torre do Tombo.

CPF- Centro Português de Fotografia

INE- Instituto Nacional de Estatística.

1.2. Brasil

Arquivo Histórico de Itamaraty. Ministério das Relações Exteriores (Missões Diplomáticas Brasileiras).

Arquivo do Ministério da Justiça e Negócios Interiores.

Instituto Brasileiro de Geografia e Estatística.

Real Gabinete Português de Leitura (Colecção Carlos Malheiro Dias).

2. Fundos Documentais de Natureza Privada:

2.1. Portugal

Arquivo do conde de Paço d'Arcos.

Espólio particular do Professor Joaquim de Magalhães.

2.2. Brasil

Arquivo Gustavo Capanema, CPDOC/FGV, Rio de Janeiro.

Arquivo Pessoal de Vitor Ramos, CAPH, da FFLCH-USP, São Paulo

3. Documentação diplomática.

3.1. Anuários:

Annuario Diplomatico e Consular Portuguez- Relativo aos annos de 1889, 1890, 1891: Lisboa, Imprensa Nacional, 1892-1983.

Annuario diplomatico e consular portuguez, 1891, Lisboa: Imprensa Nacional, 1892.

Anuario diplomatico e consular português de 1916/1917. Lisboa: Imprensa Nacional, 1918.

Anuario diplomatico e consular português de 1922. Lisboa: Museu Comercial & Instituto Superior de Comercio, 1923.

3.2. Correspondência:

«Telegrama de 11 de Julho de 1891 do ministro conde de Valbom ao conde de Paço d'Arcos», *Missão Diplomática do Conde de Paço d'Arcos no Brasil*, Lisboa: [s.n.], 1974 p. 38.

«Telegrama de 14 de Julho de 1891 do conde de Paço d'Arcos para o conde de Valbom». AHD/MNE, Direcção Geral dos Negócios Comerciais: Tratados de Comércio com o Brasil (1888 a 1929), Maço 46.

«Telegrama de 23 de Setembro de 1891 do conde de Paço d'Arcos ao cônsul geral da capital federal», *Missão Diplomática do Conde de Paço d'Arcos no Brasil*, Lisboa: [s.n.], 1974 p. 18.

«Telegrama de 25 de Setembro de 1891 do ministro conde de Valbom para a Legação portuguesa do Rio de Janeiro», *Missão Diplomática do Conde de Paço d'Arcos no Brasil*, Lisboa: [s.n.], 1974 p. 24.

«Telegrama de 7 de Outubro de 1891», *Missão Diplomática do Conde de Paço d'Arcos no Brasil*, Lisboa: [s.n.], 1974, p. 28.

«Carta assinada por Aurora Jardim, Guilherme Pacheco e José Julio Rodrigues, encaminhada ao Embaixador do Brasil em Lisboa», 22 agosto 1936. Arquivo Histórico do Itamaraty. M.D.B. 25-4-11 602.77 (81).

«Carta de 14 de Março de 1892 ao ministro Costa Lobo». Arquivo do conde de Paço d'Arcos.

«Carta de 20 de Abril de 1892 do ministro Costa Lobo ao conde de Paço d'Arcos». AHD/MNE, Arquivo da Legação Portuguesa no Rio de Janeiro, Maço 29.

«Carta de 13 de Maio de 1891 do ministro dos Negócios Estrangeiros, Barbosa du Bocage ao conde Paço d'Arcos». AHD/MNE, Direcção Geral dos Negócios Comerciais, Tratados de Comércio com o Brasil (1888 a 1929), Maço 46.

«Carta de 20 de Junho de 1892 do conde de Paço d'Arcos ao visconde de Cabo Frio». Arquivo do conde de Paço d'Arcos.

«Carta de 3 de Agosto de 1892 do ministro Ayres de Gouveia ao conde de Paço d'Arcos». AHD/MNE, Arquivo da Legação Portuguesa no Rio de Janeiro, Maço 29.

«Notas confidenciais do informador de Paris de 15 de Janeiro de 1893. Cópia de carta escrita ao rei, datada de 12 de Fevereiro de 1893», Arquivo do conde de Paço d'Arcos, Colecção Particular.

«Carta de 3 de Abril de 1893 ao cônsul do Rio Grande do Sul». *Missão Diplomática do Conde de Paço d'Arcos no Brasil*, Lisboa: [s.n.], 1974, p. 74.

«Telegrama de 9 de Setembro de 1893 do ministro Hintze Ribeiro para o conde de Paço d'Arcos», AHD/MNE, Arquivo da Legação Portuguesa no Rio de Janeiro, Maço 30.

«Telegrama de 1 de Outubro de 1893 do conde de Paço d'Arcos para o ministro Hintze Ribeiro», *Missão Diplomática do Conde de Paço d'Arcos no Brasil*, Lisboa: [s.n.], 1974, p. 279.

«Carta do conde de Paço d'Arcos a Hintze Ribeiro de 6 de Outubro de 1893», *Missão Diplomática do Conde de Paço d'Arcos no Brasil*, Lisboa: [s.n.], 1974, pp. 280-282.

«Nota de 2 de Novembro de 1893», in Augusto Vidal de Castilho Barreto e Noronha, (ed.), *Portugal e Brazil, Conflito Diplomático*, Vol. II, Lisboa: M. Gomes Editor, 1894, p. 80.

«Nota de 9 de Novembro de 1893 ao ministro das Relações Exteriores brasileiro», *Missão Diplomática do Conde de Paço d'Arcos no Brasil*, Lisboa: [s.n.], 1974, p. 322.

«Nota de 10 de Novembro de 1893 do ministro das Relações Exteriores ao conde de Paço d'Arcos». AHD/MNE, Arquivo da Legação Portuguesa no Rio de Janeiro, Maço 30.

«Nota de 11 de Novembro de 1893 ao comandante Castilho», *Missão Diplomática do Conde de Paço d'Arcos no Brasil*, Lisboa: [s.n.], 1974, p. 323.

«Telegrama de 16 de Novembro de 1893 do ministro Hintze Ribeiro ao conde de Paço d'Arcos». AHD/MNE, Arquivo da Legação Portuguesa no Rio de Janeiro, Maço 30.

«Telegrama de 17 de Novembro de 1893 do ministro Hintze Ribeiro ao conde de Paço d'Arcos». AHD/MNE, Arquivo da Legação Portuguesa no Rio de Janeiro, Maço 30.

«Telegrama confidencial nº C-3 of 29/01/1942 enviado pelo Ministro dos Negócios Estrangeiros a suas delegações em Berlim, Roma, Tóquio, Bucareste e Budapeste». Arquivo Histórico e Diplomático do Ministério dos Negócios Estrangeiros, cota 2P A49 M103.

3.3. Ofícios, Relatórios e Pareceres:

Arquivo do Ministério das Relações Exteriores – Palácio do Itamaraty (Missões Diplomáticas Brasileiras. Lisboa: Ofícios de 1891 - 1º Secção - Nº 26).

«Ofício de 8 de Outubro de 1889», AHD/MNE. Direcção Geral dos Negócios Comerciais: Tratados de Comércio com o Brasil (1888 a 1929), Maço 46.

«Ofício de 6 de Maio de 1891 de Barbosa du Bocage para o conde de Paço d'Arcos». Arquivo Histórico- Diplomático/Ministério dos Negócios Estrangeiros [AHD/MNE], Despachos para a Legação de Portugal no Rio de Janeiro, Livro 20.

«Ofício de 4 de Outubro de 1891 do conde de Paço de Arcos para o ministro conde de Valbom», *Missão Diplomática do Conde de Paço d'Arcos no Brasil*, Lisboa: [s.n.], 1974, p. 25.

«Cópia de ofício de 11 de Novembro de 1891 da Legação dos Estados Unidos do Brasil para o ministro das Relações Exteriores, Justo Chermont». Arquivo do Ministério das Relações Exteriores – Palácio do Itamaraty, Missões Diplomáticas Brasileiras; Lisboa: Ofícios de 1891 - 2º Secção – Reservado.

«Ofício de 16 de Novembro de 1891 do ministro conde de Valbom para o conde de Paço d'Arcos». AHD/MNE, Arquivo do Ministério dos Negócios Estrangeiros – Despachos para a Legação de Portugal no Rio de Janeiro. Livro 2., 45v.

«Ofício de 10 de Dezembro de 1891 do conde de Paço d'Arcos para o conde de Valbom», *Missão Diplomática do Conde de Paço d'Arcos no Brasil*, Lisboa: [s.n.], 1974, pp. 115-116.

«Ofício de 10 de Dezembro de 1891 do conde de Paço d'Arcos ao conde de Valbom», *Missão Diplomática do Conde de Paço d'Arcos no Brasil*, Lisboa: [s.n.], 1974, p. 117.

«Ofício de 23 de Dezembro de 1891 ao conde de Valbom», *Missão Diplomática do Conde de Paço d'Arcos no Brasil*, Lisboa: [s.n.], 1974, p. 121.

«Ofício de 20 de Janeiro de 1892 do ministro António da Costa Lobo ao conde de Paço d'Arcos». AHD/MNE, Arquivo da Legação Portuguesa no Rio de Janeiro. Maço 29.

«Despacho de 31 de Janeiro de Hintze Ribeiro a Garcia da Rosa». AHD/MNE, Arquivo do Ministério dos Negócios Estrangeiros - Despachos para a Legação de Portugal no Rio de Janeiro, Livro 20, pp. 21-22.

«Ofício de 7 de Abril de 1892 do conde de Paço d'Arcos para o Cônsul Geral», *Missão Diplomática do Conde de Paço d'Arcos no Brasil*, Lisboa: [s.n.], 1974, p. 68.

«Ofício de 10 de Maio de 1892 do conde de Paço d'Arcos ao ministro Costa Lobo», *Missão Diplomática do Conde de Paço d'Arcos no Brasil*, Lisboa: [s.n.], 1974, p. 13.

«Ofício de 24 de Maio de 1892», *Missão Diplomática do Conde de Paço d'Arcos no Brasil*, Lisboa: [s.n.], 1974, p. 44

«Ofício 29 de Janeiro de 1893 do conde de Paço d'Arcos para o ministro Ferreira do Amaral», *Missão Diplomática do Conde de Paço d'Arcos no Brasil*, Lisboa: [s.n.], 1974, pp. 184-185

«Ofício de 17 de Março de 1893». AHD/MNE, Arquivo da Legação Portuguesa no Rio de Janeiro. Livro 98, p. 230.

«Ofício de 12 de Junho de 1893 do conde de Paço d'Arcos ao ministro Hintze Ribeiro», *Missão Diplomática do Conde de Paço d'Arcos no Brasil*, Lisboa: [s.n.], 1974, p. 226.

«Ofícios de 29 de Janeiro a 6 de Maio de 1893», *Missão Diplomática do Conde de Paço d'Arcos no Brasil*, Lisboa: [s.n.], 1974, pp. 53-62.

«Ofício de 11 de Agosto de 1893 ao ministro Hintze Ribeiro», *Missão Diplomática do Conde de Paço d'Arcos no Brasil*, Lisboa: [s.n.], 1974, p. 9.

«Ofício de 12 de Agosto de 1893». *Missão Diplomática do Conde de Paço d'Arcos no Brasil*, Lisboa: [s.n.], 1974, pp. 250-251.

«Ofício de 8 de Setembro de 1893 do conde de Paço d'Arcos ao ministro Hintze Ribeiro», *Missão Diplomática do Conde de Paço d'Arcos no Brasil*, Lisboa: [s.n.], 1974, pp. 257-264.

«Ofício de 6 de Outubro de 1893 do conde de Paço d'Arcos para o ministro Hintze Ribeiro», *Missão Diplomática do Conde de Paço d'Arcos no Brasil*, Lisboa: [s.n.], 1974, p. 281

«Ofício de 17 de Novembro de 1893 do comandante Augusto Castilho ao conde de Paço d'Arcos». AHD/MNE, Arquivo da Legação Portuguesa no Rio de Janeiro, Maço 30.

«Ofício n.º 17-A de Bernardino Machado Guimarães, ministro responsável pela Legação de Portugal no Rio de Janeiro, a António Caetano Macieira Júnior, ministro dos Negócios Estrangeiros de Portugal». Rio de Janeiro, 29.03.1913; LPRJ, correspondência recebida, maço 4, caixa 231, AHD-MNE.

«Ofício n.º 41-B de Amadeu Ferreira de Almeida Carvalho, embaixador de Portugal no Brasil, a Alfredo Augusto Freire de Andrade, ministro dos Negócios Estrangeiros de Portugal». Rio de Janeiro, 07.07.1914; Embaixada de Portugal no Brasil (EPB), correspondência recebida, maço 8, caixa 231, AHD-MNE.

«Ofício n.º 55-B de Amadeu Ferreira de Almeida Carvalho a Alfredo Augusto Freire de Andrade». Rio de Janeiro, 24.08.1914; EPB, correspondência recebida, maço 8, caixa 231, AHD-MNE.

«Ofício n.º 59-B de Amadeu Ferreira de Almeida Carvalho a Alfredo Augusto Freire de Andrade»; Rio de Janeiro, 12.09.1914; EPB, correspondência recebida, maço 8, caixa 231, AHD-MNE.

«Ofício n.º 83-A de António Luís Gomes, ministro responsável pela Legação de Portugal no Rio de Janeiro, a Bernardino Machado Guimarães, ministro dos Negócios Estrangeiros de Portugal». Rio de Janeiro, 27.12.1910; LPRJ, caixa 230, maço 5, AHD-MNE.

«Ofício Reservado n.º 2 do Conde de Selir, ministro responsável pela Legação de Portugal no Rio de Janeiro, a Carlos Roma du Bocage, ministro dos Negócios Estrangeiros de Portugal». Rio de Janeiro, 31.08.1909; LPRJ, maço 2, caixa 230, AHD-MNE.

«Ofício da Embaixada Brasileira em Lisboa», datado de 15 de Setembro de 1941. Arquivo Histórico do Itamaraty. Pasta de Ofícios, ano de 1941.

«Ofício nº 170 da Embaixada Brasileira em Lisboa», datado de 28 de Agosto de 1942. Arquivo Histórico do Itamaraty. Pasta de Ofícios, ano de 1942.

Moção parlamentar do deputado Henrique Maximiano Coelho Neto na Câmara dos Deputados; Rio de Janeiro, 25.06.1911; jornal O Paiz, Rio de Janeiro [junho] 1911; recorte anexo ao «Ofício Confidencial de António Luís Gomes, ministro responsável pela LPRJ, a Bernardino Machado Guimarães, ministro dos Negócios Estrangeiros de Portugal». Rio de Janeiro, 28.06.1911; Legação de Portugal no Rio de Janeiro (LPRJ), caixa 230, maço 8, Arquivo Histórico Diplomático do Ministério dos Negócios Estrangeiros (AHD-MNE).

«Portugal». *Jornal do Commercio*, Rio de Janeiro, 07.12.1911; recorte anexo ao «Ofício n.º 69 de António Luís Gomes a Bernardino Machado Guimarães, ministro dos Negócios Estrangeiros de Portugal». Rio de Janeiro, 28.12.1910; LPRJ, correspondência recebida, maço 9, caixa 230, AHD-MNE.

Relações comerciais entre Portugal e Brasil; relatório do Consulado de Portugal no Rio Grande do Sul; Porto Alegre [1910]; anexo ao «Ofício n.º 37 do Conde de Selir a António Eduardo Villaça, ministro dos Negócios Estrangeiros de Portugal». Rio de Janeiro, 06.05.1910; LPRJ, correspondência recebida, 1909/1910, maço 6, caixa 230, AHD-MNE.

Relatório sobre Imigração, elaborado e remetido por José Augusto Ribeiro de Melo, cônsul de Portugal em Pernambuco, a Bernardino Machado Guimarães, ministro responsável pela Legação de Portugal no Rio de Janeiro; Recife, 29.11.1912; anexo ao «Ofício n.º 39 de Bernardino M. Guimarães a Augusto César de Almeida Vasconcelos Correia, ministro dos Negócios Estrangeiros de Portugal». Rio de Janeiro, [dezembro] 1912; LPRJ, correspondência recebida, caixa 231, maço 2, AHD-MNE.

GOSLING, Walter James, *Intercâmbio Mercantil do Brasil com Portugal*. Rio de Janeiro, 22 Out. 1938. (Relatório). AOS-CO-NE-4D/PT.5.p. 30 e 31.

JORGE, A. G. de Araujo, «Ofício enviado ao Ministro das Relações Exteriores», datado de 6 de Agosto 1936. Arquivo Histórico do Itamaraty. M.D.B. 25-4-11 - 602.77 (81).

MARQUÊS DE MIRAFLORES, «Ofício enviado ao Embaixador do Brasil em Lisboa» de 10 Dezembro de 1937. Arquivo Histórico do Itamaraty. M.D.B. 25-4-11 602.77 (81).

4. Legislação, Tratados, Convénios e Acordos:

Brasil. Decretos, Rio de Janeiro: Imprensa Nacional, 1889

CASTRO, Zília Osório de; SILVA, Júlio Rodrigues da e SARMENTO, Cristina Montalvão (eds), *Tratados do Atlântico Sul. Portugal Brasil, 1825-2000*, Lisboa: Instituto Diplomático, Ministério dos Negócios Estrangeiros, 2006.

5. Protocolos, Regulamentos e Estatutos:

Estatutos da Seção da Sociedade de Geografia de Lisboa no Brasil. Rio de Janeiro [s.n.]: 1880

Seção da Sociedade de Geografia de Lisboa no Brasil, *Regimento Interno da Seção da Sociedade de Geografia de Lisboa no Brasil*. Rio de Janeiro: 1880.

Escritura de Constituição de Associação dos Estudos Gerais Livres, 21 de Julho de 1988, Cartório Notarial de Portel, (notário presente: António Paulo Ramos Xavier, Notário Interino do mesmo Cartório).

Protocolo Cultural entre os Estudos Gerais Livres e a Universidade de Lisboa, Reitoria – Universidade de Lisboa, 25 de Outubro de 1994. Disponível on-line em: http://www.ul.pt/pls/portal/docs/1/249788.PDF [consultado a 06/05/2009]

6. Estatísticas:

Anuário Estatístico de Portugal [s.n.t].

Recenseamento Geral de 1920. IBGE.

Anuário Estatístico do Brasil. Rio de Janeiro: IBGE, 1951, v. 11.

Anuário Estatístico do Brasil, 1908/1912. Rio de Janeiro: [s.n.], 1916/1917, vol. 1.

7. Congressos, Exposições, Actas:

AA.VV., *Conferência interacadémica luso-brasileira de Lisboa para a unidade da língua escrita. Discurso e Alocuções.* Academia das Ciências de Lisboa (org.), Lisboa: Academia das Ciências de Lisboa, 1945.

AA.VV., *Congresso Luso-Brasileiro de História (Lisboa, 30 de Setembro de 1940).* Lisboa: Oficinas de Bertrand (Irmãos), Lda., 1940.

Actas do Congresso Luso-Brasileiro, Lisboa: Fundação Calouste Gulbenkian, 9 a 12 de Novembro de 1999. *Portugal-Brasil: memórias e imaginários*, Actas, Vols. 1 e 2, Grupo de Trabalho do Ministério da Educação para as comemorações dos Descobrimentos Portugueses, Lisboa: [s.n.], 2000.

Actas da III Semana de Estudos da Cultura Açoriana e Catarinense; 30 de Outubro a 4 de Novembro de 1989, Universidade dos Açores (org.) Ponta Delgada: Universidade dos Açores, 1993.

ASSOCIAÇÃO NUMISMÁTICA DE PORTUGAL, *Actas do Iº Congresso Luso-Brasileiro de Numismática – Vº Congresso Nacional (Porto, 8 a 10 de Março de 2000, e Santarém, 11 e 12 de Março de 2000).* Mira Sintra: Gráfica Europam, L.da, 2000.

BRITO, Lemos, *Do Brasil em Portugal: conferências realizadas em Lisboa, Porto, Coimbra e Vianna do Castello, em Janeiro e Fevereiro de 1928.* Rio de Janeiro: Papelaria e Typografia J. Pires Mello, 1928.

CÂNDIDO, A. Zeferino, *Relações Comerciais entre Portugal e Brasil* [Duas Conferencias na Associação Comercial de Lisboa]. Lisboa: Tipografia da Companhia Nacional Editora, 1902.

CAPANEMA, Gustavo, *Exposição de Motivos*. CPDOC/FGV (Rio de Janeiro). Arquivo Gustavo Capanema, fot.837.

COMISSÃO BRASILEIRA DOS CENTENÁRIOS DE PORTUGAL, *Álbum comemorativo*. Lisboa: Rotogravura, 1941.

DUARTE-SANTOS, Maria Helena, «*I Simpósio luso-brasileiro sobre língua portuguesa contemporânea*». *Separata de "O Médico"*, nº 822, [s.l: s.n.], 1967.

GUERRA, Santos, «Duas Conferências e Uma Palestra Radiofónica no Brasil: "Ao Redor de Montalegre em Terras de Trás-os-Montes" [conferência proferida na sede do Centro Transmontano do Rio de Janeiro, no dia 3 de Junho de 1950]; "Guerra Junqueiro, Poeta Eterno" [conferência proferida no Clube Portugália de S. Paulo, no dia 27 de Setembro de 1950]; "Viagem-foguete ao redor de Portugal" [palestra radiofónica no Rádio Bandeirentes de S.Paulo, no dia 8 de Outubro de 1950 e repetida, no dia 18, na Emissora do Ministério da Educação, no Rio de Janeiro]». *Separata da Revista Portugal d'Aquêm e d'Além-Mar*, N-º56 de Junho de 1951, Lisboa: Tip. Bertrand, 1951.

JORGE, Ricardo, *Brasil! Brasil! – Conferência na Academia Brasileira de Letras Sobre o Brasilismo em Portugal e alocuções proferidas no Rio e em S. Paulo de 30-6 a 25-7 de 1929*; Lisboa: Empresa Literária Fluminense Lda., 1930.

IRIA, Alberto, *A Lição Actual de Duas Instituições Bicentenárias de Marinha ao Serviço de Portugal e do Brasil*, Separata do Boletim da Sociedade de Geografia de Lisboa, 1983. Lisboa: Soc. de Geografia de Lisboa, 1984.

MACHADO, J. P., *Artigo sobre O IVº Congresso luso-brasileiro de Anatomia (Belo Horizonte, 26 a 30 de Julho de 1981)*, redigido a 26 de Agosto de 1981 in Separata de *"O Médico"*, n.º 1570, pp. 304/307, Ano 32, Vol. 101, 1981, Porto, Coopertipo SCARL, 1981.

Portugal-Brasil – Uma Visão Interdisciplinar do Século XX - II Colóquio de 2 a 5 de Abril de 2003, Maria Manuela Tavares Ribeiro (coord.), CIES – Universidade de Coimbra (org. Conf.,). Coimbra: Quarteto Editora, 2003.

Portugal e Brasil No Advento do Mundo Moderno - VI Jornadas de História Ibero-Americana Maio de 2001. 1ª ed., Maria do Rosário Pimentel (coord.): Lisboa: Edições Colibri, 2001.

Primeiro Congresso Luso-Brasileiro de História da Ciência e da Técnica; 20 a 27 de Outubro de 2000, Universidade de Évora e Universidade de Aveiro Universidade de Évora, Centro de Estudos de História e Filosofia da Ciência (org. conf.), Évora: C.E.H.F.C.U.E., 2000.

Portugal-Brasil – Dois Povos, Uma Identidade – III Jogos Desportivos Luso-Brasileiros, 1966, Lisboa: Tip. da E.N.P , 1966.

Portugal e Brasil No Advento do Mundo Moderno – VI Jornadas de História Ibero-Americana; Maria do Rosário Pimentel (coord.), Instituto de Cultura Ibero-Atlântica, (org. conf.); [s.l.], Edições Colibri, Maio 2001.

RAPOSO, João Simões, *Palavras de Encerramento e Relatório do Segundo Congresso Luso-Brasileiro da Radiologia*; 1 a 9 de Junho de 1968, Lisboa: s.n., s.d [1971?].

SILVA, Fernando Emygdio da, *Sentir Comum: Sentido Único -* Conferências Sobre Portugal Feitas No Brasil; Rio de Janeiro: I.Amorim & CIA. Lda., 1940.

II Jogos Luso-Brasileiros em Belém, Agosto de 1963.

RAMOS, Albano dos Santos Pereira, *A propósito do IV Congresso dos Médicos Radiologistas e Electrologistas de Cultura Latina*, Separata "O Médico", 8, Porto: [s.n.], 1957.

RAMOS, Albano, *Notas sobre o IIIº Congresso Luso-Brasileiro de Radiologia* (Rio de Janeiro, 16 a 22 de Agosto de 1970), redigidas a 6 de Setembro de 1970 *in Separata de "O Médico"*, n.º 998, pp. 160/165, Vol. LVII, 1970, Porto: Tipografia Sequeira Lda, 1970.

RAMOS, Albano dos Santos Pereira, «VIII Congresso dos médicos electrorradiologistas de cultura latina III Congresso luso-brasileiro de radiologia VIII Jornada de radiologia de Guanabara. Rio de Janeiro – 16 a 22 de Agosto de 1970», Separata de "O Médico" n.º 998, vol. LVII – 1970, Porto: Tip. Sequeira, Lda., pp. 160-165.

8. Periódicos (Jornais, Revistas, Boletins):

Alma Luzitana (15), 09.08.1919.

Anais da Academia Portuguesa da História, v. VII, Lisboa: 1942.

A Ilha – suplemento cultural do Jornal da Madeira, Funchal: 15.11.1970.

A Notícia, Rio de Janeiro: 1918.

A Voz, Lisboa: 11.09.1941.

Brazilea, Rio de Janeiro: 1917-1918.

Brasília, Revista do Instituto de Estudos Brasileiros. vol. I, Coimbra: 1942.

Boletim da Sociedade de Geografia de Lisboa, 2. série, n. 7 e 8, Lisboa: 1881.

Cadernos de Educação de Infância, nº 10, Lisboa: Abril-Junho de 1989.

Colóquio, Revista de artes e Letras, nº18, Lisboa, Maio de 1962.

Diário de Lisboa. Lisboa: 16.05.1936.

Diário da Manhã, Lisboa: 17.05.1936.

EXPRESSO, Lisboa: 12.06.1982.

Kosmos, Ano IV, nº 4, Rio de Janeiro: Abril de 1907.

Nação Portuguesa, Lisboa: 1924-1926. *Portuguesa* (4). 3ª Série, Lisboa: 1924-1926.

Notícias - Magazine, 31.12.1989.

Ocidente: Revista Portuguesa de Cultura (1), v. I, Lisboa: Maio, 1938.

O Diabo, Lisboa: 09.11.1940.

O Imparcial, Rio de Janeiro: 13.05.1918.

O Paiz, Rio de Janeiro: 1911; 1918.

O Primeiro de Janeiro, Lisboa: 5.06.1936.

O Tempo: 20-28.11.1893.

O Século, Lisboa: 11.06.1936

Pentacórnio, Rio de Janeiro: 18 de Novembro de 1956.

Presença, nº49, Junho de 1937.

Revista dos Centenários, nº 23, ano II. Lisboa: Novembro de 1940.

Revista Militar, Vol. I, 1849.

Revista Mensal da Seção da Sociedade de Geografia de Lisboa no Brasil. Rio de Janeiro: 1881-1886.

Rio Jornal, Rio de Janeiro: 1918.

Seara Nova, Lisboa: 1930-1938; 1944.

Separata do Boletim da Academia das Ciências de Lisboa Vol. XII - Junho-Julho de 1940.

Separatas de "O Médico" [s.d].

Sol Nascente, Ano IV, n, 45, Porto: 15.04.1940.

Universus, Lisboa: 1988.

Vida Mundial, Lisboa: 1970-1972.

9. Obras, artigos, discursos e memórias:

ABREU, Capistrano de, «Robério Dias e as Minas de Prata», parte I. *Revista Mensal da Seção da Sociedade de Geografia de Lisboa no Brasil*, 2.s, n.1, Rio de Janeiro: set. 1885, pp. 14-22.

ABREU, Capistrano de, «Robério Dias e as Minas de Prata», parte II. *Revista Mensal da Seção da Sociedade de Geografia de Lisboa no Brasil*, 2.s, n.2, Rio de Janeiro: out., 1885, pp. 66-78.

BARREIROS, Fortunato José, «Das qualidades que constituem um bom official». *Revista Militar*, Vol. I, 1849, pp. 491-495.

BRAGA, Teófilo de, *Camões e o Sentimento Nacional*, [s.l.]: Luguan e Genalioux, 1891.

CAETANO, Marcello, *Depoimento*. Rio de Janeiro: Editora Record, 1974.

CAETANO, Marcello, *Minhas Memórias de Salazar*. Lisboa: Verbo, 1977 Rio de Janeiro; Editora Record, 1977.

CALMON, Pedro, «Discurso do Presidente da Academia de Letras, Senhor Prof....», *in Conferência interacadêmica luso-brasileira de Lisboa para a unidade da língua escrita. Discurso e Alocuções*. Lisboa: Academia das Ciências de Lisboa, 1945.

CALMON, Pedro, «Oração do Sr. Dr. », *in Conferência interacadêmica luso-brasileira de Lisboa para a unidade da língua escrita. Discurso e Alocuções*. Lisboa: Academia das Ciências de Lisboa, 1945.

CÂNDIDO, Antonio Zeferino, «Política Colonial». *Revista da Seção da Sociedade de Geografia de Lisboa no Brasil*, 2. série, n.1, Rio de Janeiro: 1885.

CASTRO, Augusto de, *A Exposição do Mundo Português e a sua finalidade nacional*. Lisboa: Empresa Nacional de Publicidade, 1940.

CASTRO, Eugenio de, «Discurso proferido em 7 de dezembro de 1942 na cerimônia de (re) inauguração da Sala do Brasil». *Brasília, revista do Instituto de Estudos Brasileiros*. vol. I, Coimbra: 1942.

CASTRO, Ferreira de, *Emigrantes*. 6ª ed., Lisboa: Editora Guimarães e C.ª, 1943.

CARVALHO, Joaquim Barradas de, *As ideias Políticas e Socais de Alexandre Herculano*, Lisboa : Tip. Garcia & Carvalho, 1949.

CARVALHO, Joaquim Barradas de, *As fontes de Duarte Pacheco Pereira no "Esmeraldo de Situ Orbis"*. Coleção da Revista de História. Nº XXX. São Paulo: 1968.

CARVALHO, Joaquim Barradas de, *O obscurantismo salazarista*, Lisboa: Seara Nova, 1974.

CARVALHO, Joaquim Barradas de, *Rumo de Portugal (A Europa ou o Atlântico)*. Lisboa: Horizonte, 1974.

CARVALHO, Joaquim Barradas de, *A La Recherche de la Specificite de la Renaissance Portugaisse: l'"Esmeraldo de Situ Orbis" de Duarte Pacheco Pereira et la litterature portugaise de voyages a l'epoque des grandes descouvertes – Contribuition à l'étude des origines de la pensée moderne*. 3 vols. Paris: Fondation Calouste Gulbenkian/Centre Culturel Portugais, 1983.

CARVALHO, Joaquim Barradas de, *Esmeraldo de Situ Orbis de Duarte Pacheco Pereira* (Edição Crítica). Lisboa: Fundanção Calouste Gulbenkian/ Serviço de Educação, 1991.

CARVALHO, Ronald de, *Pequena História da Literatura Brasileira*. Rio de Janeiro: Briguiet & Cia. Editores, 1919.

CÔRTE-REAL, J. Afonso e CASTRO, J. Joze de, *Um documento secular passado no Rio de Janeiro: sistema de congressos do mundo português: memória apresentada ao Congresso Luso-Brasileiro de História*. Lisboa: [s.n.], 1940.

COUTO, Ribeiro, «Discurso do Sr, Dr ....,», *in Conferência interacadémica luso-brasileira de Lisboa para a unidade da língua escrita. Discurso e Alocuções*, Lisboa: Academia das Ciências de Lisboa, 1945.

DANTAS, Júlio, «O oitavo centenário da Língua Portuguesa, Glorificação da Língua portuguesa», [Sessão solene na Academia das Ciências de Lisboa em 10 de Junho de 1940]. *Separata do Boletim da Academia das Ciências de Lisboa*, Vol. XII - Junho-Julho de 1940. Lisboa: Ottosgráfica, 1940.

DANTAS, Júlio, «Discurso de Recepção na Academia Brasileira de Letras. Pronunciado na noite de 9 de Agosto de 1941, no palácio Trianon, na sessão solene de recepção da Embaixada especial de Portugal», *Discursos*. Lisboa: Bertrand, 1942.

DANTAS, Júlio, «O Acôrdo Linguístico Luso-Brasileiro», [Discurso pronunciado na sala nobre da Academia das Ciências, em 30 de Abril de 1931, no acto da assinatura, com o Embaixador do Brasil, do instrumento que assegurou a unidade intercontinental da língua portuguesa escrita], *Discursos*. Lisboa: Bertrand, 1942, pp. 237-238.

DANTAS, Júlio, «A Língua Portuguesa», *in Memórias da Academia das Ciências, Classe de Letras*, Tomo IV, Lisboa [s.n.]: 1942, pp. 480-481.

DANTAS, Júlio, «Discurso de Recepção na Academia Brasileira de Letras», [Pronunciado na noite de 9 de Agosto de 1941, no palácio Trianon, na sessão solene de recepção da Embaixada especial de Portugal], *Discursos*. Lisboa: Bertrand, 1942.

DANTAS, Júlio, «A Despedida da Embaixada», [Discurso pronunciado no Rio de Janeiro, na noite de 12 de Agosto de 1841, no banquete oferecido pela Embaixada especial portuguesa ao Governo dos Estados Unidos do Brasil]. *Discursos*, Lisboa: Bertrand, 1942.

DANTAS, Júlio, «Discurso de S.Ex.ª o sr. ....», [Discurso proferido na inauguração da «Sala Brasil»]. Lisboa: Academia das Ciências de Lisboa, 1943.

DANTAS, Júlio, «Discurso inaugural, pelo Presidente das Ciências de Lisboa, Senhor Dr. ..., », *in Conferência Interacadémica luso-brasileira de Lisboa para a unidade da língua escrita. Discurso e Alocuções.* Lisboa: Academia das Ciências de Lisboa, 1945.

DANTAS, Júlio, «Discurso do Presidente da Academia das Ciências de Lisboa, Senhor Dr....», *in Conferência interacadémica luso-brasileira de Lisboa para a unidade da língua escrita. Discurso e Alocuções.* Lisboa: Academia das Ciências de Lisboa, 1945.

D. HENRIQUE, Conde de Campo Bello, «O Capitão e Almirante Lourenço Carneiro de Araújo», *in Memória apresentada ao congresso luso-brasileiro de História,* 1940. Lisboa: Oficinas de Bertrand (Irmãos), Lda., 1940.

DIAS, Carlos Malheiro, *A Mulata*. 2ª ed., Rio de Janeiro: Livraria do Povo. Quaresma & Cia., 1896.

DIAS, Carlos Malheiro, *Cenários. Fantasias sobre a História Antiga.* Rio de Janeiro: Joaquim Cunha & Cia. Editores, 1894.

DIAS, Carlos Malheiro, «Prefácio», in Ribeiro, Aquilino, *Jardim das Tormentas*. Lisboa/Rio: Aillaud, Alves & Cia/Francisco Alves & Cia., 1913.

DIAS, Carlos Malheiro, «Respondendo em poucas palavras». *A Notícia,* 16.06.1918.

DIAS, Carlos Malheiro, «A República das Letras - Carta a João Ribeiro». *Rio Jornal,* 18.05.1918.

DIAS, Carlos Malheiro, «A República das Letras. Uma nova questão do Hissope». *Rio Jornal,* 06.05.1918.

DIAS, Carlos Malheiro, «A Republica das Letras. Prosseguindo através da tormenta». *Rio Jornal,* 24.05.1918.

DIAS, Carlos Malheiro, «Lixo monárquico. Varrendo a nossa testada». *Alma Luzitana* (15), 09.08.1919.

DIAS, Carlos Malheiro, «Prefácio», in Carvalho, Elísio de, *Brava Gente*. Rio de Janeiro: S.A Monitor Mercantil, 1921.

DIAS, Carlos Malheiro, *Carta aos Estudantes Portugueses*. Lisboa: Portugal-Brasil Lda. s.d. [1922?].

DIAS, Carlos Malheiro. «Traços autobiográficos». *Ocidente: Revista Portuguesa de Cultura* (1), v. I, Lisboa: Maio 1938, pp. 55-56.

DIAS, Carlos Malheiro, *Ciclorama crítico de um tempo (Antologia)*. Mário Mesquita (introd.), Lisboa: Veja, 1982.

DIAS, Carlos Malheiro, *A Esperança e a Morte*. Lisboa/Rio de Janeiro: Portugal e Brasil Ltda. Sociedade Editora – Cia. Editora Americana/Livraria Francisco Alves, [s.d.]

DIAS, Carlos Malheiro, *Pensadores Brasileiros. Pequena Antologia*. Lisboa: Livraria Bertrand, [s.d.]

DIAS, Carlos Malheiro, «Discurso no lançamento da pedra fundamental do prédio do Liceu Literário». *Liceu Literário Português: 100 anos de vida a serviço do ensino e da cultura*. Rio de Janeiro: [s.n.] 1968, p. 33.

DINIZ, Almáquio, *A Perpétua metrópole. (Autores e Livros de Portugal). Para a comemoração do Centenário da Independência do Brasil*. Lisboa: Portugal-Brasil Lda., [s.d.]

DUQUE, Gonzaga, «Carlos Malheiro Dias». *Kosmos*, Ano IV, nº 4, Rio de Janeiro: Abril de 1907.

FERREIRA, Vergílio, *Conta Corrente (III)*, Lisboa: Bertrand Editora, 1994.

FIGUEIREDO, Fidelino de, *Um século de Relações Luso-Brasileiras (1825-1925). Separata da Revista de História*, v. 4, Lisboa: Empresa Literária Fluminense Lda., s.d.

FIGUEIREDO, Jackson de, *Do Nacionalismo na Hora Presente*, 2ª ed., Rio de Janeiro: Livraria Catholica, 1921.

FIGUEIREDO, Jackson, «O Ensino gratuito». *A Notícia*, 11 e 12.06.1918.

FIGUEIREDO, Jackson, «Opiniões de um jornalista impossível». *A Notícia*, 18 e 19.06.1918.

FLEIUSS, Max, *A Semana. Crônicas de Saudades. (1893-1895)*. Rio de Janeiro: [s.n.] 1915.

FONTOURA, João Neves de, «Discurso do Embaixador do Brasil Senhor Dr. », [Discurso proferido na inauguração da «Sala Brasil»]. Lisboa: Academia das Ciências de Lisboa, 1943.

FREYRE, Gilberto. *Casa Grande & Senzala. Formação da família brasileira sob o regímen da economia patriarcal*. Rio de Janeiro: Maia & Schmitt, Ltda., 1933.

GONÇALVES, Rebelo, «Língua Imperial, Glorificação da Língua portuguesa». [Sessão solene na Academia das Ciências de Lisboa em 10 de Junho de 1940], *Separata do Boletim da Academia das Ciências de Lisboa,* Vol. XII - Junho-Julho de 1940. Lisboa: Ottosgráfica, 1940.

GUSMÃO, Adriano, «A Arte na Exposição de Belém». *O Diabo.* Lisboa: 9 Novembro de 1940, p.1.

JORGE, A. G. de Araújo, *Ensaios de história diplomática do Brasil no regime republicano.* Rio de Janeiro: Imprensa Nacional, 1912.

JORGE, A. G. de Araújo, «Expansão Cultural Luso-Brasileira». *O Primeiro de Janeiro,* Lisboa: 05.06.1936.

JORGE, A. G. de Araújo, «"Discurso" pronunciado na sessão inaugural do Congresso Luso-Brasileiro de Historia, realizada na Academia das Ciências de Lisboa, em 18 de novembro de 1940». *Revista dos Centenários,* nº 23, ano II. Lisboa: novembro de 1940.

JORGE, A. G. de Araújo, « "Discurso" proferido em 7 de dezembro de 1942 na cerimônia de (re) inauguração da Sala do Brasil», *Brasília, revista do Instituto de Estudos Brasileiros.* Coimbra, vol. I, 1942, p. 763

JORGE, A. G. de Araújo «A Restauração e a história diplomática do Brasil Holandês (1640-1661)». *Anais da Academia Portuguesa da História,* v. VII, Lisboa, 1942, pp. 9-38.

JORGE, A. G. de Araújo, «Discurso» [proferido em 7 de dezembro de 1942 na cerimônia de (re) inauguração da Sala do Brasil.], *Brasília, revista do Instituto de Estudos Brasileiros.* vol. I, Coimbra: [s.n.t] 1942.

JORGE, A. G. de Araújo, *Introdução às obras do Barão do Rio Branco.* Rio de Janeiro: Imprensa Nacional, 1944.

JORGE, A. G. de Araújo, *Ensaios de história e crítica.* Rio de Janeiro: Imprensa Nacional, 1948.

JORGE, A. G de Araújo, *Rio Branco e as fronteiras do Brasil: uma introdução às obras do Barão do Rio Branco.* Col. «Brasil 500 anos». Brasília: Senado Federal, 1999.

LEME, Dom Sebastião, *Carta Pastoral.* Petrópolis, RJ: Vozes, 1916

LEITÃO, Joaquim, «Embaixada Histórica», *in Memórias da Academia das Ciências, Classe de Letras,* Tomo IV. Lisboa: A.C.L, 1942.

MAGALHÃES, Joaquim, «Fui caloiro do Prof. Agostinho da Silva». [manuscrito], espólio particular do Prof. Joaquim de Magalhães, [s.d]. 3 p.

MARIANO, Olegário, «Em Louvor da Língua Portuguesa, "Glorificação da Língua portuguesa"», [Sessão solene na Academia das Ciências de Lisboa em 10 de Junho de 1940]. *Separata do Boletim da Academia das Ciências de Lisboa*, Vol. XII - Junho-Julho de 1940. Lisboa: Ottosgráfica, 1940, pp.43-45.

MATTA, José Caeiro da, «Discurso de Sua Ex.ª o Senhor Ministro da Educação Nacional», *in Conferência interacadémica luso-brasileira de Lisboa para a unidade da língua escrita. Discurso e Alocuções*. Lisboa: Academia das Ciências de Lisboa, 1945.

MATTA, Caeiro da, «Discurso do Senhor Ministro da Educação Nacional, Doutor ....», *in Conferência interacadémica luso-brasileira de Lisboa para a unidade da língua escrita. Discurso e Alocuções*. Lisboa: Academia das Ciências de Lisboa, 1945.

MATTA, Caeiro da, *Discurso proferido na sessão solene de encerramento da Conferência Interacadémica Luso-Brasileira, em 15 de Agosto 1945*. Lisboa: Academia das Ciências, 1946.

MENDES, M. M., *Memória apresentada ao Congresso Luso-Brasileiro de História (Lisboa, 30 de Setembro de 1940)*. Lisboa: Oficinas de Bertrand (Irmãos), Lda., 1940.

MENDES, M. Maia «Escravatura no Brasil (1500-1700)», *in Memória apresentada ao Congresso Luso-Brasileiro de História*. Lisboa: Oficinas de Bertrand, 1940.

MONTEIRO, Adolfo Casais, «Para uma certidão de óbito da modernidade». *Pentacórnio*, Rio de Janeiro: 18 de Novembro de 1956, pp. 29-34.

MONTEIRO, Adolfo Casais, *A Palavra Essencial. Estudos sobre a Poesia*, 2a ed., Lisboa: Editorial Verbo, 1972.

MONTEIRO, Adolfo Casais, «Artigos de Adolfo Casais Monteiro publicados no Suplemento Literário de *O Estado de São Paulo*». *Cadernos de Teoria e Crítica Literária*, nº12 (número especial) 2 volumes, Araraquara: Universidade Estadual Paulista – UNESP, 1983.

MONTEIRO, Adolfo Casais, *Europa*. Porto: Nova Renascença, 1991.

MONTEIRO, Adolfo Casais, *O que foi e o que não foi o movimento da Presença*. Lisboa: Imprensa Nacional – Casa da Moeda, 1995.

MONTEIRO, Adolfo Casais, *Melancolia do Progresso*. Lisboa: Imprensa Nacional – Casa da Moeda, 2003.

MONTEIRO, Adolfo Casais, *Considerações Pessoais*. Lisboa: Imprensa Nacional – Casa da Moeda, 2004.

MONTEIRO, Adolfo Casais, *De Pés Fincados na Terra. Ensaios*. Lisboa: Imprensa Nacional – Casa da Moeda, 2006.

MONTEIRO, Adolfo Casais, *O País do Absurdo. Textos Políticos*. Lisboa, Imprensa Nacional – Casa da Moeda, 2007.

NABUCO, Joaquim, *A Intervenção Estrangeira Durante a Revolta*. Rio de Janeiro: Typographia Leuzinger, 1896.

NETTO, Ladislau, «Trechos de uma Excursão no Baixo Amazonas I». *Revista da Seção da Sociedade de Geografia de Lisboa no Brasil*, 1. série, n.1, Rio de Janeiro: 1883, pp. 10-19.

ORTIGÃO, Ramalho, *John Bull: o processo Jordon Cumming Lord Salisbury e correlativos desgostos*. Lisboa: Livraria Clássica Editora, 1943.

PARATY, Conde de, *Portugal e Brasil – Conflito Diplomático. Breves Explicações*. Lisboa: M. Gomes Editor, 1895.

PEREIRA, Abercio Arantes, *Discurso de encerramento do IIº Congresso luso-brasileiro de radiologia (Porto, 9 de Junho de 1968)*. Ramos, Afonso & Moita, 1968.

PEIXOTO, Afrânio, «Língua Comum, Glorificação da Língua portuguesa», [Sessão solene na Academia das Ciências de Lisboa em 10 de Junho de 1940]. *Separata do Boletim da Academia das Ciências de Lisboa*, Vol. XII - Junho-Julho de 1940. Lisboa: Ottosgráfica, 1940.

PEIXOTO, Sílvio, *No Tempo de Floriano*. Rio de Janeiro: Editora A Noite, 1940.

PONTES, Elói, «Nacionalistas?... Jacobinos? ... ». *A Notícia*, 14 e 15.06.1918.

PORTELA, Vítor Constante, Discurso no banquete de homenagem às delegações do Brasil e de Portugal aos II jogos luso-brasileiros. Lisboa: [s.n], 1963.

QUADROS, António, *Introdução à Filosofia da História*. Lisboa: Verbo, 1982.

QUEIROZ, Eça de, *A ilustre Casa de Ramirez*. São Paulo: Editora Martin Claret, 1999.

RAMOS, Albano, *Algumas palavras finais no IIº Congresso Luso-Brasileiro de Radiologia (1 a 9 de Junho de 1969)*, Lisboa: Ramos Afonso & Moita Lda., 1969.

RAMOS, Albano, «*Notas sobre o IIIº Congresso Luso-Brasileiro de Radiologia*» (Rio de Janeiro, 16 a 22 de Agosto de 1970), redigidas a 6 de Setembro de 1970. Separata de «*O Médico*», n.º 998, Vol. LVII, 1970. Porto: Tipografia Sequeira Lda., 1970, pp. 160-165.

RAMOS, Gustavo Cordeiro, «Discurso do Senhor Professor Doutor », *in Conferência interacadémica luso-brasileira de Lisboa para a unidade da língua escrita. Discurso e Alocuções*, Lisboa: Academia das Ciências de Lisboa, 1945.

RAMOS, Gustavo Cordeiro, «Discurso do Sr, Dr ....», *in Conferência interacadémica luso-brasileira de Lisboa para a unidade da língua escrita. Discurso e Alocuções*. Lisboa: Academia das Ciências de Lisboa, 1945.

RAMOS, Gustavo Cordeiro, *Discurso proferido na sessão solene de encerramento da Conferência Interacadémica Luso-Brasileira*, em 15 de Agosto de 1945. Lisboa: Tip. Ottosgráfica, 1947.

RAPOSO, Hipólito, «Através dos jornais e das revistas. Movimento Nacionalista». *Nação Portuguesa* (4). 3ª Série, Lisboa: 1924-1926.

RIBEIRO, João, «Semana Literária - Reflexão final». *O Imparcial*, 13.05.1918.

RIO, João do, *Portugal d'Agora. Lisboa-Porto. Notas de viagem. Impressões*. Rio de Janeiro: Paris: H. Garnier Livreiro Editor, 1911.

[S.a], «Vida Social. Carlos Malheiro Dias.». *O Paiz*, 29.06.1918.

[S.a], «O novo Embaixador do Brasil», *Diário de Lisboa*. Lisboa: 16.05.1936

[S.a], [A. G. Araújo Jorge], «Portugal e Brasil», *O Século*. Lisboa: 11.06.1936.

SANTOS, Itazil Benício dos, *Discurso em nome dos congressistas brasileiros no IIº Congresso luso-brasileiro de radiologia (Lisboa, 1 a 9 de Junho de 1968)*. Lisboa: Ramos, Afonso & Moita, 1968.

SALAZAR, António de Oliveira, «Discurso ....,», *in Conferência interacadémica luso-brasileira de Lisboa para a unidade da língua escrita. Discurso e Alocuções*. Lisboa: Academia das Ciências de Lisboa, 1945.

SILVA, Agostinho da, *As Aproximações*. Lisboa: Guimarães Ed., 1960.

SILVA, Agostinho da, *Um Fernando Pessoa*. Lisboa: Guimarães Editora, 1959.

SILVA, Agostinho da, *Caderno de Lembranças*, (fixação, transcrição, introdução e notas por Amon Pinho Davi e Romana Valente Pinho). Lisboa: 2006.

SILVA, Agostinho da, *Lembranças Sul-Americanas de Mateus Maria Guadalupe seguidas de tumulto seis e clara sombra das faias*. Lisboa: Cotovia, 1989.

SILVA, Agostinho da, *Reflexão à margem da literatura portuguesa*. Rio de Janeiro: Ministério da Educação e Cultura, 1957 (Cadernos de Cultura, nº 103); 2ª ed.. Lisboa: Guimarães Ed., 1990; 3a ed. Lisboa: Guimarães, 1996.

SILVA, Agostinho da, *Reflexões, aforismos e paradoxos*. Brasília: Thesaurus, 1999.

SILVA, Agostinho da, *Sanderson & A Escola de Oundle*. Lisboa: Inquérito, 1941.

SILVA, Agostinho da, *Sete Cartas a um Jovem Filósofo, seguidas de outros documentos para o estudo de José Kertchy Navarro*, 2ª edição. Lisboa: Ulmeiro, 1990.

SILVA, Agostinho da, *Vida Conversável*, organização e prefácio de Henryk Siewierski, Brasília, Núcleo de Estudos Portugueses, CEAM/ UNB, 1994. Lisboa: Assírio & Alvim, 1994/ 1998.

SILVA, Agostinho da, *Dispersos,* apresent. e org. Paulo Alexandre Esteves Borges; introd. Fernando Cristovão.1ª ed.. Lisboa: Instituto de Cultura e Língua Portuguesa (ICALP), 1988/ 1989 (2ª ed., revista e aumentada).

SILVA, Agostinho da, *Reflexão à margem da Literatura Portuguesa*. Lisboa: Guimarães Editores, 1990.

SILVA, Agostinho da, *Textos e Ensaios Filosóficos I*, 1ªed., Paulo A. E. Borges (org.). Lisboa: Âncora Editora, 1999.

SILVA, Agostinho da, *Textos e Ensaios Filosóficos,* Vol. II. Lisboa: Âncora Editora, 1999.

SILVA, Agostinho da, E*nsaios sobre cultura e literatura portuguesa e brasileira I*. Lisboa: Âncora Editora, 2000.

SILVA, Agostinho da, *Ensaios sobre cultura e literatura portuguesa e brasileira II*. Lisboa: Âncora Editora, 2001.

SILVA, Agostinho da, *Estudos sobre cultura clássica,* (organização de Paulo A.E. Borges). Lisboa: Âncora Editora, 2002.

SILVA, Agostinho da, *Textos Vários, Dispersos*. Lisboa: Âncora Editora, 2003.

SILVA, Agostinho da, *Caderno de Lembranças*. Lisboa: Zéfiro, 2006.

SILVA, Agostinho da, «Glossa: Vontade». *Seara Nova*, nº389, ano 13, Maio de 1934, pp. 74-75.

SILVA, Agostinho da, «Considerações: Democracia e Poder». *Seara Nova*, nº 437, ano 14, Maio, 1935, p. 67-68.

SILVA, Agostinho da, «Considerações: Da vida filosófica». *Seara Nova*, nº 446, Agosto de 1935, pp. 222-223.

SILVA, Agostinho da, «Diário: 4». *Seara Nova*, nº 513, Junho de 1937, p. 169.

SILVA, Agostinho da, «Demóstenes». *O Diabo*, 25.11.1939, p. 5.

SILVA, Agostinho da, *As cooperativas, Iniciação – Cadernos de Informação Cultural*, 7ª série. Lisboa: Ed. do Autor, 1940.

SILVA, Agostinho da, «Carta do Brasil - Portugal na Universidade de Brasília». *Colóquio, Revista de artes e Letras*, nº 18, Lisboa: Maio de 1962, pp. 46-47.

SILVA, Agostinho da, «Tema: Responsabilidade Portuguesa». *Vida Mundial*, 11.08.1972, [assinado por Arnold R. Midlebee].

SILVA, Agostinho da, «De Portugal, e da Europa, e do Mundo». *Nova Renascença*, Nº 22, Vol.6 (VI), Abril/Junho, 1986, pp. 89-92.

SILVA, Agostinho da, «Jaime Cortesão e a Exposição de São Paulo». *Nova Renascença*, Nº 17, Vol.5 (V), Janeiro/Março, 1986, pp. 58-60.

SILVA, Agostinho da, «Divagações quanto a futuro», *Revista de Educação*, nº 2, vol. 1, 1987, p. 102.

SILVA, Agostinho da, «A época mais decisiva do mundo». *Notícias - Magazine*, 31 de Dezembro de 1989, pp. 5-9.

SILVA, Fernando Emídio da, «Os sete maiores passos do caminho português», *in Actas do Congresso Luso-Brasileiro de História*. Lisboa: Oficinas de Bertrand, 1942.

SILVA, Henrique Corrêa da (org. e pref.), *Missão diplomática do Conde de Paço d'Arcos no Brasil, 1891 a 1893: notas e relatórios, interesses portugueses, política brasileira*, Lisboa: [s.n.], 1974.

SIMÕES, Nuno, *O Brasil e a emigração portuguesa*. Coimbra: Imprensa da Universidade, 1934.

TORRES, Antônio, «O Momento». *Brazilea* (15) Jun. 1918, pp. 1-2.

VERÍSSIMO, José, *A Educação Nacional*. Pará: Editores- Tavares, Cardoso & Ca, 1890.

ZALUAR, Emílio, *Peregrinações pela Província de São Paulo, 1860-1861* (1861), [s.n.t].

ZALUAR, Emílio, *O doutor. Benígnus* (1875), [s.n.t].

10. Correspondência diversa:

«Carta de Coelho Neto a Carlos Malheiro Dias». Rio de Janeiro: 28.09.1916. [148]. RGPL. Coleção Carlos Malheiro Dias.

«Carta de José Vicente de Azevedo Sobrinho a Filinto de Almeida». São Paulo: 02.07.1918. [114] RGPL. Coleção Carlos Malheiro Dias.

«Carta de José Vicente Sobrinho a Malheiro Dias». Rio de Janeiro: 16.07.1919. J39. RGPL. Correspondência de Carlos Malheiro Dias. Coleção Carlos Malheiro Dias.

«Carta de Carlos Malheiro Dias a João de Barros», 14.06.1922, *apud Cartas Políticas a João de Barros*. Lisboa: Imprensa Nacional - Casa da Moeda, 1982, pp. 224-228.

«Carta de Affonso Lopes Vieira a Carlos Malheiro Dias». Lisboa: 26.05.1924. J121. RGPL. Correspondência passiva. Coleção Carlos Malheiro Dias.

«Carta de Malheiro Dias a João de Barros». Rio de Janeiro: 08.04.1928, *apud Cartas a João de Barros*, (Seleção e Prefácio de Manuela de Azevedo). Lisboa: Livros do Brasil, s.d. [1972].

«Carta de Ronald de Carvalho». Rio de Janeiro: 29.05.1931. J16. RGPL. Correspondência passiva de Carlos Malheiro Dias. Coleção Carlos Malheiro Dias.

«Carta de Raul Lino a Carlos Malheiro Dias». Lisboa: 07.08.1934. J34. RGPL. Correspondência passiva de Malheiro Dias.

«Carta do visconde de Carnaxide a Malheiro Dias». Rio de Janeiro: 24.03.1937. J50. RGPL. Correspondência passiva. Coleção Carlos Malheiro Dias.

«Carta de Marcelo Caetano a Malheiro Dias». Lisboa: 27.07.1937. J 74. RGPL. Coleção Carlos Malheiro Dias.

«Carta do visconde de Carnaxide a Malheiro Dias». Rio de Janeiro: 14.09.1937. J51 RGPL. Correspondência passiva. Coleção Carlos Malheiro Dias.

«Carta de Malheiro Dias a João de Barros». Lisboa: 17.06.1937, *apud Cartas a João de Barros,* Selecção e Prefácio de Manuela de Azevedo, Lisboa: Livros do Brasil, s.d. [1972].

«Carta de João do Rio a João de Barros». Rio de Janeiro: s.d [1918], *apud Cartas a João de Barros*, Lisboa: Livros do Brasil, s.d. [1972].

BARROS, João de, Cartas Políticas *a João de Barros*. Selecção e Prefácio de Manuela de Azevedo. Lisboa: Imprensa Nacional - Casa da Moeda, 1982

CARVALHO, Joaquim Barradas de, «Carta para Vitor Ramos». Paris: 18 Dez. 1963.

CARVALHO, Joaquim Barradas de & RAMOS, Vitor, Correspondência entre 13 de Janeiro de 1956 e 10 de Outubro de 1973. Arquivo Pessoal de Vitor Ramos, São Paulo: CAPH- FFLCH-USP.

MAGALHÃES, Joaquim, «Carta a Agostinho da Silva». Faro: 14 de Agosto de 1971. Espólio particular do Prof. Joaquim de Magalhães. 4p.

RAMOS, Vitor, «Carta para Joaquim Barradas de Carvalho». Assis: 5 Nov. 1963. Documento do Arquivo Pessoal de Vítor Ramos, sob a custódia do Centro de Apoio à Pesquisa em História (CAPH) da FFLCH-USP.

SILVA, Agostinho da, «Correspondência com António Quadros», *in* Quadros, António, *A arte de continuar português*. Lisboa: Edições do Templo, 1978, pp. 191-193.

SILVA, Agostinho da, dir. do núcleo, «Carta – circular», (p.2), [s.l] [s.d]. Espólio particular do Prof. Joaquim de Magalhães.

11. Entrevistas:

CONTIER, Arnaldo, «Entrevista concedida a Guido Fabiano Pinheiro Queiroz», São Paulo: 15 Dez. 2007.

FONSECA, Carmen (FCSH-UNL e Investigadora), «Entrevista realizada por Ana Guardião e Thierry Dias Coelho», Lisboa: 31 Agosto de 2009.

MARTINHO, Maria Antónia, «"Estudos Gerais Livres" ou a Infinita Liberdade de Ensinar», [Entrevista ao prof. Manuel Viegas Guerreiro]. *Diário de Lisboa*, 27 de Abril de 1989, p. 7.

MEDANHA, Victor, *Conversas com Agostinho da Silva*. Lisboa: Pergaminho, 1994.

MENESES, Ulpiano Toledo Bezerra de, «Entrevista concedida a Guido Fabiano Pinheiro Queiroz». São Paulo: 14 Dez. 2007.

NOVAIS, Fernando, «Entrevista concedida a Guido Fabiano Pinheiro Queiroz». São Paulo: 14 Dez. de 2007.

PASSOS, Maria Lúcia Perrone, «Entrevista concedida a Guido Fabiano Pinheiro Queiroz». São Paulo: 13 Dez. 2007.

SCHWALBACH, Eduardo, *A lareira do passado*. Lisboa: Edição do Autor, 1944.

SILVA, Agostinho da, «Inquérito ao livro em Portugal, bibliotecas culturais, XXII [Entrevista por Irene Lisboa]». *Seara Nova*, nº 869, Abril de 1944, pp. 203-206.

SILVA, Agostinho da, *Ir à Índia sem abandonar Portugal* [entrevista a Gil de Carvalho e Hermínio Monteiro]. Lisboa: Assírio & Alvim, 1994.

SILVA, Agostinho da, «Agostinho da Silva ou a cultura portuguesa em Portugal e no mundo. O que é preciso é criar povo, [entrevista a um grupo de jovens]». *A Ilha – suplemento cultural do Jornal da Madeira*, Funchal: 15 de Novembro de 1970.

SILVA, Agostinho da, «Entrevista do Prof. Agostinho da Silva ao ICALP», *Dispersos*. Lisboa: ICALP, 1989.

SILVA, Agostinho da, «Agostinho da Silva: A Europa vai morrer [entrevista a João Tocha]», 28 de Março de 1988, pp. VIII-IX.

SILVA, Agostinho da, «Entrevista: Agostinho da Silva [entrevista a Ana Maria Guardiola & Maria da Conceição Moita]». *Cadernos de Educação de Infância*, nº 10, Lisboa: Abril-Junho de 1989, pp. 13-15.

SOUSA, Antónia de, *Agostinho da Silva, O Império Acabou. E Agora? [Diálogos com Agostinho da Silva]*, Lisboa: Editorial Notícias, 2000

SUANO, Marlene, «Entrevista concedida a Guido Fabiano Pinheiro Queiroz». São Paulo: 14 Dez. 2007.

12. Outras fontes:

ALMEIDA, Cândido Mendes de, *Atlas do império do Brazil* [Material cartográfico]: *comprehendendo as respectivas divisões administrativas, ecclesiasticas, eleitoraes e judiciarias: destinado à instrucção publica no imperio, com especialidade a dos alumnos do Imperial Collegio de Pedro II dedicado a Sua Magestade o Imperador o Senhor D. Pedro II*. Rio de Janeiro: Lith. do Inst. Philomathico, 1868

BARATA, Hamilton, «Carlos Malheiro Dias». *Tribuna*, 19.06.1918. [20]. Recortes de jornais e revistas. RGPL. Coleção Carlos Malheiro Dias.

LUIZ, Paulo de São. «Vida Literária. Os artigos de Carlos Malheiro Dias.» Extrato de jornal s.i., 08.05.1918 [17]. Recortes de jornais e revistas. RGPL. Coleção Carlos Malheiro Dias.

MONTEIRO, Mário, «Crónica de Mario Monteiro. Record.», *Correio da Noite*. Ano III, nº 796. Rio de Janeiro, [s.d.] RGPL. Recortes de jornais e revistas. Colecção Carlos Malheiro Dias.

O Livro de Ouro, Comemorativo da visita de Sua Magestade El-Rei D. Carlos I aos Estados Unidos do Brazil e da Abertura dos Portos ao Comercio Mundial – Homenagem ao Brazil e Portugal. Lisboa: Escola Typographica das Officinas de S. José, 1908.

«O retrato de Salazar». Arquivo Histórico do Itamaraty. M.D.B. 25-4-11 602.77 (82) Arquivo Histórico do Itamaraty M. D. B. 161, 162-3.

Recorte de *O Tempo*, de 28 de Novembro de 1893, Arquivo do conde de Paço d'Arcos.

[S.a], [Editorial de] *Nun'Alvares*. s.d. [24]. Recortes de jornais e revistas. RGPL. Coleção Carlos Malheiro Dias.

[S.a], «Germanismo embuçado em brasileirismos. O sr. Malheiro Dias acusado de ser português». *Braz Cubas*, 6.6.1918. [25] Recortes de jornais e revistas. RGPL. Coleção Carlos Malheiro Dias.

SOCIEDADE DE GEOGRAFIA DE LISBOA, "Publicações", vol. II, n. 10, Documento IX, 1881-1883.

SOCIEDADE DE GEOGRAFIA DE LISBOA, "Publicações", vol. II, n. 10, Documento X, 1881-1883.

II – Bibliografia

1. Obras de Enquadramento Teórico:

ALMOND, Gabriel e VERBA, Sidney, *The civic culture: political attitudes and democracy in five nations*. Princeton: Princeton University Press, 1989.

BADIE, Bertrand, *La fin des territoires. Essai sur le désordre international et sur l'utilité sociale du respect*. Paris: Fayard, 1995.

BOURDIEU, Pierre, *O poder simbólico*, Lisboa: Difel, 1989.

CAPEL, Horacio, *Filosofia Y Ciencia en la Geografía Contemporánea: una introducción a la Geografía*. Barcelona: Temas Universitarios Barcanova, 1981.

GEERTZ, Clifford, *A interpretação das culturas*. Rio de Janeiro: Zahar, 1978.

GIDDENS, Anthony, *Sociologia*. 6ª ed.. Lisboa: Fundação Calouste Gulbenkian, 2008.

GIRARDET, Raoul, *Mitos e mitologias políticas*. São Paulo: Companhia das Letras, 1987.

GRAMSCI, Antonio, *Materialismo histórico e a filosofia de Benedetto Croce*, s.n.t.

GRAMSCI, António, *El materialismo historico y la filosofia de Benedetto Croce*. Buenos Aires: Lautaro, 1958.

GUENEE, Bernard & SIRINELLI, Jean-François «L'Histoire Politique», *in* Bedarida, François (org.), *L'histoire et le métier d'historien em France 1945-1995*. Paris: Éditions de la Maison des sciences de l'homme, 1995, pp. 301-310.

JENKINS, Keith, «Ethical Responsibility and the Historian: on the possible end of a History 'of a certain kind'». *History and Theory, Theme Issue*. nº 43, Middletown: 2004, pp. 43-60.

LOPES-OCON, Leoncio, «Les sociétés de géographie: un instrument de difusión scientifique en Amérique Latine au debut du XXe siècle (1900-1914)», *in* Petitjean, P. (dir.). *Les Sciences hors d'occident au XXe siècle*. Vol. 2: *Les sciences coloniales: figures et institutions*. Paris: ORSTOM, 1996.

POCOCK, John G. A, *Virtue, Commerce and History*. Cambridge (UK): University of Cambrige, 1985.

POIRRIER, Philippe, *Les enjeux de l´histoire culturelle*. Paris: Éditions du Seuil, 2004.

REVEL, Jacques, *Proposições. Ensaios de historiografia* (tradução de Claudia O'Connor dos Reis). Rio de Janeiro: EdUERJ, 2009.

SANTOS, Boaventura de Sousa (org.). *Globalização: fatalidade ou utopia?*. Porto: Edições Afrontamento, 2001.

SANTOS, Mª. de Lourdes Lima dos, «Questionamento à volta de três noções (a grande cultura, a cultura popular, a cultura de massas)», *in Análise Social*, vol.XXIV (101-102), 1988 (2º-3º), pp. 689-702. Disponível em: http://analisesocial.ics.ul.pt/doc umentos/1223031340N1gDW0zb2Gm99PA2.pdf [consultado a 1 de Setembro de 2009].

SARMENTO, Cristina Montalvão, *Os Guardiões dos Sonhos. Teorias e Práticas Políticas dos Anos 60*, Lisboa: Colibri, 2008.

SARMENTO, Cristina Montalvão, «Novas Arquitecturas Políticas. Redes, interdependências e violência», *in Estudo sobre a Globalização da Sociedade Civil (Ensaios de 2004-2005)*. [Massamá] Lisboa: Academia Internacional da Cultura Portuguesa, 2008, pp. 303-324.

SARMENTO, Cristina Montalvão, «Arquitecturas em Rede», *in* AA.VV., *África-Europa: Cooperação Académica*. Lisboa: Fundação Friedrich Ebert, 2008, pp. 117-126.

SKINNER, Quentin, *As fundações do pensamento político moderno*. São Paulo: Companhia das Letras, 1996.

TOMAZ, Omar Ribeiro, *in* L' Estoille, Benoit de; Neiburg, Frederico e Sigaud, Lygia (orgs.), *Antropologia Impérios e Estados Nacionais*. Rio de Janeiro: Relume Dumará, FAPERJ, 2002.

2. Obras de Referência:

Grande Enciclopédia Portuguesa e Brasileira. Lisboa, Rio de Janeiro: Editorial Enciclopédia Limitada, 1960, 40 vols.

Dicionário Biobibliográfico de Historiadores, Geógrafos e Antropólogos Brasileiros. Rio de Janeiro: IHGB, 1993.

BLAKE, Augusto Victorino Alves Sacramento, *Dicionário Bibliográfico Brasileiro*. Rio de Janeiro: Tipografia Nacional, 1883-1902, 7 vols.

CALAFATE, Pedro, (dir.), *História do Pensamento filosófico português*, Vol. V, Tomos I e II, Lisboa: Caminho, 2000.

HOLANDA, Sérgio Buarque (coord.), *História Geral da Civilização Brasileira*, Tomo II, *O Brasil Monárquico*, Vol. 4, *Do Império à República*. São Paulo: Difel, 1985.

IGLÉSIAS, Francisco, *Historiadores do Brasil: capítulos da Historiografia brasileira*. Rio de Janeiro: Editora Nova Fronteira; Belo Horizonte: Universidade Federal de Minas Gerais, IPEA, 2000.

MATTOSO, José (dir.), História de Portugal., 1ªed., s.l, [Lisboa]: Círculo de Leitores, 1992-1993, 8 vols.

RAMOS, Rui, *A segunda fundação (1890-1926)*, vol. 6., MATTOSO, José (dir.), *História de Portugal*, Lisboa, Círculo de Leitores, 1994.

ZANINI, Walter (org.), *História Geral da Arte no Brasil*. vol. 2, São Paulo: Instituto Walter Moreira Salles / Fundação Djalma Guimarães, 1983.

ZÚQUETE, Afonso Eduardo Martins Portugal (org.), *Nobreza de Portugal*. 3 vols., Lisboa: Editorial Enciclopédia, 1960-61.

3. Instituições, Política, Ciência e Identidade:

ALONSO, Ângela, *Idéias em movimento: a geração 1870 na crise do Brasil Império*. São Paulo: Paz e Terra, 2002.

ALMEIDA, Pedro Tavares de, «A Construção do Estado Liberal. Elite Política e Burocracia na "Regeneração" (1851-1890)», *Dissertação de Doutoramento em Sociologia Política*, Lisboa: Universidade Nova de Lisboa, Faculdade de Ciências Sociais e Humanas, 1995.

ALMEIDA, Pedro Tavares de; PINTO, António da Costa, e BERMEO, Nancy (orgs.), *Quem governa a Europa do Sul?*. Lisboa: Imprensa de Ciências Sociais, 2006.

ABREU, Marcelo de Paiva (org.), *A Ordem do Progresso. Cem anos de política económica republicana 1889-1989*. Rio de Janeiro: Editora Campus, 1999.

BARRETO, Luiz Muniz Barreto, *Observatório Nacional, 160 anos de história*. Rio de Janeiro: MCT, CNPQ, Observatório Nacional, Academia Brasileira de Ciências e Secretaria de Ciência e Tecnologia do Estado do Rio de Janeiro, 1987.

BILAC, Olavo, «Vossa insolência: crônicas». Antônio Dimas (org.), *Retratos do Brasil*, São Paulo: Companhia das Letras, 1996.

BONIFÁCIO, Maria de Fátima, «A republicanização da monarquia (1858-1862)», *Apologia da História Política. Estudos sobre o Século XIX Português*. Lisboa: Quetzal, 1999, pp. 241-359.

BUENO, Alexei e ERMAKOFF, George (orgs), *Duelos no Serpentário. Uma Antologia da Polêmica Intelectual no Brasil, 1850,1950*. Rio de Janeiro: GERMANOKOFF, Casa Editorial, 2005.

CARDOSO, Luciene Pereira Carris, «A Sociedade de Geografia do Rio de Janeiro: identidade e espaço nacional (1883-1909)». *Dissertação de mestrado em História*. Rio de Janeiro: Universidade do Estado do Rio de Janeiro, abril, 2003.

CARVALHO, José Murilo, «O povo do Rio de Janeiro, bestializados ou bilontras?». *Revista do Rio de Janeiro*, Niterói: EDUFF, 1986.

CARVALHO, José Murilo de, *A formação das almas: o imaginário da República no Brasil*. São Paulo: Companhia das Letras, 1990.

CARVALHO, José Murilo. «Benigna Ciência», in Zaluar, Emílio. *O doutor Benígnus/ Augusto Emílio Zaluar*; prefácio de José Murilo de Carvalho e Alba Zaluar – 2.ed./ preparada e apresentada por Helena Cavalcanti e Lyra e Ivete Savelle S. do Couto. Rio de Janeiro: Editora UFRJ, 1994.

CARVALHO, José Murilo de, *Forças Armadas e Política no Brasil*. Rio de Janeiro: Zahar Editores, 2005.

CARVALHO, José Murilo, «Brasil: Nações Imaginadas». *Antropolítica: Revista contemporânea de Antropologia e ciência política*, n.1, Niterói: Universidade Federal Fluminense, jan./jun., 1995.

CARVALHO, Maria Alice, *O Quinto Século: André Rebouças e a construção do Brasil*. Rio de Janeiro: Revan: IUPERJ_UCAM, 1998.

CASTRO, Fernando Luiz Vale, «Uma Revista para pensar o Continente Americano», *Revista Espaço Acadêmico*, Nº 86, Jul 2008. Disponível em: http://www.espacoacademico.com.br/086/86castro.htm [consultado a 8 Setembro de 2009].

CHARTIER, Roger, *À beira da falésia: a história entre incertezas e inquietudes* (tradução de Patrícia Chittoni Ramos). Porto Alegre: Editora UFRGS, 1998.

CORRÊA, Arsénio E., *A Ingerência Militar na República e o Positivismo*. Rio de Janeiro: Editora Expressão e Cultura, 1997.

FADEL, Simon, «Engenharia e saneamento: a trajetória profissional de Fábio Hostílio de Morais Rego». *Revista da Sociedade Brasileira de História da Ciência*, v. 3, n. 3, Rio de Janeiro: Janeiro e Junho, 2005, pp. 20-31.

FREITAS, Marcus Vinicius, *Charles Fredrik Hartt, um naturalista no império de Pedro II*. Belo Horizonte: Ed. UFMG, 2002.

GASPARI, Elio, *A ditadura envergonhada*, vol. 1. Col. «As Ilusões Armadas», São Paulo: Companhia da Letras, 2002.

GASPARI, Elio, *A ditadura escancarada*, vol. 2, 1ªed., Col. «As Ilusões Armadas», São Paulo: Companhia das Letras, 2002.

GOMES, Paulo César da Costa, «Geografia Fin-De-Siècle: o discurso sobre a ordem espacial do mundo e o fim das ilusões», *in* Iná Elias de Castro; Paulo César da Costa Gomes e Roberto Lobato Corrêa (orgs.), *Explorações Geográficas*. Rio de Janeiro: Bertrand Brasil, 1999.

GONÇALVES, Eduardo Cândido Cordeiro, «Ressonâncias em Portugal da Implantação da República no Brasil: 1889-1895», *Dissertação de mestrado em História Moderna*. Porto: Faculdade de Letras da Universidade do Porto, 1995.

GONÇALVES, Eduardo Cândido Cordeiro, *Ressonâncias em Portugal da Implantação da República no Brasil (1889-1895)*, Porto: Reitoria da Universidade do Porto, 1995.

GUIMARÃES, Ângela, *Uma corrente do colonialismo português: a Sociedade de Geografia de Lisboa (1875-1895)*. Porto: Livros Horizonte, 1984.

GUIMARÃES, Lúcia Maria Paschoal, «Debaixo da imediata proteção de Sua Majestade Imperial: o Instituto Histórico e Geográfico Brasileiro (1838-1889)». *Revista do IHGB*, a. 156, n. 388, Rio de Janeiro: jul./set. 1995.

GUIMARÃES, Lúcia Maria Paschoal, «Echos of 'the political of the spirit' at the Brazilian Historical and Geographical Institute: Salazar's representatives at the 4th National History Congress», *e-J.P.H.*, Vol. 4, number 2, Winter 20.

GUIMARÃES, Lúcia Maria Paschoal, «O Império de Santa Cruz: a gênese da memória nacional», *in* Heizer, Alda e Videira, Antônio Augusto Passos (orgs.), *Ciência, Civilização e Império nos Trópicos*, Rio de Janeiro: Access, 2001.

GUIMARÃES, Manuel Luiz Salgado, «Nação e civilização nos trópicos: O IHGB e o Projeto de uma História Nacional». *Estudos Históricos*, v.1 n.1. Rio de Janeiro: 1988, pp.5-27.

HOLANDA, Sérgio Buarque, «A fronda pretoriana», *in* Sérgio Buarque Holanda (coord.), *História Geral da Civilização Brasileira*, Tomo II, *O Brasil Monárquico*, Vol. 4, *Do Império à República*. São Paulo: Difel, 1985.

MELLO, Evaldo Cabral de, *Um imenso Portugal*. São Paulo: Editora 34, 2002.

MARQUES, A. H. de Oliveira, *A revolução de 31 de Janeiro de 1891*. Lisboa: Biblioteca Nacional, 1991.

MARQUES, A.H. de Oliveira, «Jaime Cortesão e a Maçonaria (1920-1935)», *Nova Renascença*, Janeiro/Março, Nº 17, Volume 5 (V), [s.d.]

MARTINS, Guilherme D'Oliveira, *Portugal - Identidade e Diferença, Aventuras da Memória*, (posfácio de Marcello Duarte Mathias), 1ªed., Col. «Trajectos», Lisboa: Gradiva, 2007.

LEITE, Fábio Carvalho, «1891: A Construção da Matriz Político-Institucional da República do Brasil», *Dissertação de mestrado*. Rio de Janeiro: Pontifícia Universidade Católica do Rio de Janeiro, 2003.

LESSA, Renato, «A Invenção Republicana no Brasil: Da aventura à rotina», *in* Maria Alice Rezende Carvalho (org.), *A República no Catete*. Rio de Janeiro: Museu da República, 2001.

LOPES, Maria Margaret, «O local musealizado em nacional – aspectos da cultura das ciências naturais no século XIX, no Brasil», *in* Alda Heizer e Antônio Videira Augusto Passos (orgs). *Ciência, Civilização e Império nos Trópicos*. Rio de Janeiro: ACCESS Editora, 2001.

PAULO, Heloisa, *Estado Novo e propaganda em Portugal e no Brasil: O SPI/SNI e o DIP*. Coimbra: Livraria Minerva, 1994.

PAULO, Heloisa «"Aqui também é Portugal". A Colónia Portuguesa do Brasil e o Salazarismo», *Tese de doutoramento em História*. Coimbra: Faculdade de Letras da Universidade de Coimbra, 1997.

PEREIRA, Maria Manuela Cantinho, *O Museu Etnográfico da Sociedade de Geografia de Lisboa: modernidade, colonização e alteridade*. Lisboa: Fundação Calouste Gulbenkian, Fundação para a Ciência e Tecnologia, 2005.

PEREIRA, Sergio Nunes, «Sociedade de Geografia do Rio de Janeiro: origens, obsessões e conflitos (1883-1944)», *Tese de doutorado em Geografia*. São Paulo: Universidade de São Paulo, 2002.

PINTO, António Costa e Martinho, Francisco Carlos Palomanes (orgs.), *O Corporativismo em Português. Estado, Política e Sociedade no Salazarismo e no Varguismo*, 1.ª Edição, Rio de Janeiro: Editora Civilização Brasileira, 2007, 2.ª Edição, Lisboa: ICS, 2008.

PINTO, Ricardo Leite, «Uma Introdução ao Neo-Republicanismo». *Análise Social*, Vol. XXXVI (158-159), 2001, pp. 461-485.

PRADO, Eduardo, *A ilusão americana*. São Paulo: Editora Alfa-Omega, 2001.

QUEIROZ, Suely Robles, *Os Radicais da República*. São Paulo: Brasiliense, 1986.

RAMOS, Maria Bernardete, «A intimidade luso – brasileira: Nacionalismo e Racialismo», in Maria Flores Bernardete Ramos; Hélio Serpa e Heloisa Paulo (orgs.), *O Beijo Através do Atlântico – O lugar do Brasil no Panlusitanismo*. Chapecó: Argos, 2001.

RAMOS, Rui, «Oliveira Martins e a ética republicana». *Penélope*, n.º 18, 1998, pp. 167-187.

RAMOS, Rui, *D. Carlos*, Lisboa: Círculo de Leitores, 2006.

ROWLAND, Robert, «Patriotismo, povo e ódio aos portugueses: notas sobre a construção da identidade nacional no Brasil independente», *in Brasil, formação do estado nação*. São Paulo: HUCITEC; Ed. UNIJUÍ; FAPESP, 2003.

SANTOS, Maria Emília Madeira, «Das travessias científicas à exploração regional em África: uma opção da Sociedade de Geografia de Lisboa». *Boletim da Sociedade de Geografia de Lisboa*, série 104, nº 7 e 12, Julho, Dezembro, Lisboa, 1986.

SCHWARCZ, Lilia Moritz, *Os guardiões de nossa história oficial, os institutos históricos e geográficos brasileiros*. São Paulo: IDESP, 1989.

SILVA, Douglas Mansur da, *A oposição ao Estado Novo no exílio brasileiro, 1956-1974*. Lisboa: Imprensa de Ciências Sociais, 2006.

SOARES, Pedro, «A guerra da imagem: iconografia da guerra do Paraguai na imprensa ilustrada fluminense», *Dissertação de Mestrado em História*. Rio de Janeiro: Universidade Federal do Rio de Janeiro, 2003.

TABORDA, Humberto, *Historia do Real Gabinete Português de Leitura do Rio de Janeiro. Primeiro centenário 1837-1937*. Rio de Janeiro: Real Gabinete Português de Leitura, [s.d.].

TOMAZ, Omar Ribeiro, *in* L' Estoille, Benoit de; Neiburg, Frederico e Sigaud, Lygia (orgs.), *Antropologia Impérios e Estados Nacionais*. Rio de Janeiro: Relume Dumará, FAPERJ, 2002.

ZUSMAN, Perla Brígida, «Sociedades Geográficas na Produção do Saber, a Respeito do Território. Estratégias políticas e acadêmicas das instituições geográficas na Argentina (1879-1942) e no Brasil (1838-1945)», *Dissertação de mestrado em Geografia*. São Paulo: Universidade de São Paulo, 1996.

VALDÉS, Abel, *apud* «Araújo Jorge e a obra de Rio Branco. Nota introdutória à 2ª edição», *in* Jorge, A. G de Araújo, *Rio Branco e as fronteiras do Brasil: uma introdução às obras do Barão do Rio Branco*. Col. «Brasil 500 anos», Brasília: Senado Federal, 1999.

VIDEIRA Antônio Augusto Passos, «Luiz Cruls e a astronomia no Imperial Observatório do Rio de Janeiro entre 1876 e 1889», *in* Alda Heizer e Antônio Augusto Passos Videira (orgs.), *Ciência, Civilização e Império nos Trópico*. Rio de Janeiro: Access, 2001.

SOARES, Álvaro Teixeira, «Araújo Jorge: o diplomata e o historiador». *Revista do Instituto Histórico e Geográfico Brasileiro*, nº 318, Rio de Janeiro: IHGB, jan/mar de 1978.

4. Relações Internacionais, Política Externa e Diplomacia:

ALMINO, João, «O diálogo interrompido», Benjamin Abdala Júnior (org.). *Incertas relações: Brasil-Portugal no século XX*. São Paulo: Ed. SENAC São Paulo, 2003.

COSTA, Sérgio Corrêa da, *A Diplomacia do Marechal – Intervenção Estrangeira na Revolta da Armada*. Rio de Janeiro: Tempo Brasileiro, 1979.

CASTRO, Zília Osório de; SILVA, Júlio Rodrigues da e SARMENTO, Cristina Montalvão (eds), *Tratados do Atlântico Sul. Portugal Brasil, 1825-2000*, Lisboa: Instituto Diplomático, Ministério dos Negócios Estrangeiros, 2006. Disponível on-line em: http://www2.fcsh.unl.pt/chc/pdfs/Atlantico%20Sul.pdf [consultado a 14 de Fevereiro de 2010].

FERREIRA, J. Medeiros, *Estudos de Estratégia e Relações Internacionais*, Lisboa, Imprensa Nacional, 1981.

FERREIRA, J. Medeiros, *Cinco Regimes na Política Internacional*. Lisboa: Editorial Presença, 2006.

FONSECA, Carmen, «O Brasil na Política Externa Portuguesa (1976-2007). Entre a retórica e a concretização», *Dissertação de mestrado*. Lisboa: FCSH-UNL, 2008.

GONÇALVES, Williams, «O Realismo da fraternidade. As relações Brasil-Portugal no governo Kubitschek». Tese de doutorado em Sociologia das Relações Internacionais. 2 v., São Paulo: Universidade de São Paulo, 1994.

GONÇALVES, Williams da Silva, *O Realismo da Fraternidade Brasil-Portugal. Do Tratado de Amizade ao caso Delegado.* Lisboa: Imprensa de Ciências Sociais, 2003.

GUIMARÃES, Lucia Maria Paschoal, «Relações culturais luso-brasileiras: alguns pontos de confluência». *Convergência Lusíada*, v.24, Rio de Janeiro: 2007, pp. 256-264.

GUIMARÃES, Lucia Maria Paschoal, «Relações culturais luso-brasileiras: encontros e desencontros», *Usos do passado – XII Encontro Regional de História*, Rio de Janeiro: Anpuh – APERJ, 2006. Disponível on-line em: http://www.rj.anpuh.org/resources/rj/Anais/2006/conferencias/Lucia%20Maria%20Paschoal%20Guimaraes.pdf [consultado a 14 de Fevereiro de 2010].

GUIMARÃES, Lucia Maria Paschoal (org.), *Afinidades Atlânticas: impasses, quimeras e confluências nas relações luso-brasileiras.* Rio de Janeiro: Editora Quartet, 2009.

JÚNIOR, Benjamin Abdala (org.). *Incertas relações: Brasil-Portugal no século XX*. São Paulo: Ed. SENAC São Paulo, 2003.

LIMA, Isabel Pires de, *apud* «CPLP deve aproveitar potencialidades da RTP Internacional». *Notícias Lusófonas*, 12 de Maio de 2005. Disponível online em: http://www.noticiaslusofonas.com/view.php?load=arcview&article=10125&catogory=CPLP [consultado a 24 de Julho de 2009].

MAGALHÃES, José Calvet de, *Relance Histórico das Relações Diplomáticas Luso-Brasileiras.* Lisboa: Quetzal Editores, 1997.

MAGALHÃES, José Calvet de, *Breve história das relações diplomáticas entre Brasil e Portugal.* Brasília: FUNAG; São Paulo: Paz e Terra, 1999.

MAGALHÃES, José Calvet e CERVO, Amado Luiz, *Depois das Caravelas – As relações entre Portugal e o Brasil 1808-2000*. Lisboa: Instituto Camões, 2000.

MOREIRA, Adriano, «Situação Internacional Portuguesa». *Análise Social*, vol. XXXV (154-155), 2000, pp. 315-326. Disponível on-line em: http://analisesocial.ics.ul.pt/documentos/1218810566N2qVI4ev0Ez61VI2.pdf [consultado a 8 de Setembro de 2009].

SOARES, Álvaro Teixeira, «Araújo Jorge: o diplomata e o historiador». *Revista do Instituto Histórico e Geográfico Brasileiro*, nº 318, Rio de Janeiro: jan./mar. 1978.

SANTOS, Paula Marques, «Relations Between Portugal and Brazil (1930-1945). The Relationship Between the Two National Experiences of the Estado Novo». Disponível em: http://www.brown.edu/Departments/Portuguese_Brazilian_Studies/ejph/html/issue8/pdf/psantos.pdf. [consultado a 3 de Março de 2009].

YOUNG, Jordan M., «Permanent Political Characteristics of Contemporary Brazil, in Journal of Inter-American Studies», Vol. 6, Nº3, Julho 1964, pp.287-301. Disponível on-line em: http://www.jstor.org/stable/164906 [consultado a 25 de Julho de 2009].

5. Economia, Sociedade e Imigração:

Alto Comissariado para a Imigração e Diálogo Intercultural - ACIDI, antigo ACIME - Alto Comissariado para a Imigração e Minorias Étnicas). *Estudos e Documentos do Observatório da Imigração*. Disponíveis em: http://www.oi.acidi.gov.pt/modules.php?name=Content&pa=showpage&pid=15.

ALVES, Jorge Luís dos Santos, «Imigração e Xenofobia nas Relações Luso-Brasileiras (1890-1930)», *Dissertação de mestrado*. Rio de Janeiro: Universidade do Estado do Rio de Janeiro, 1999.

BAGANHA, Maria Ioannis, «A cada Sul o seu Norte: dinâmicas migratórias em Portugal», *in Globalização: fatalidade ou utopia?*. Boaventura de Sousa Santos (org.). Porto: Edições Afrontamento, 2001.

BIGO, Didier, «Security and Immigration: Toward a critique of the governmentality of unease». *Alternatives: Global, Local, Political*, 27, 2002, pp.1 e ss. Disponível em: http://findarticles.com/p/articles/ mi_hb3225/is_1_27/ai_n28906099/pg_1?tag=artBody;col1 [consultado a 10 Junho 2009].

CÁDIMA, Francisco Rui, *et al.*, *Representações (imagens) dos imigrantes e das minorias étnicas na imprensa*. Col. «Estudos Observatório da imigração», nº3, Lisboa: OBERCOM, ACIME, FCT, 2003.

CAMARGO, José Francisco de, *Crescimento da população no Estado de São Paulo e seus aspectos econômicos*, vols. 2 e 3, São Paulo: Instituto de Pesquisas Econômicas, Universidade de São Paulo, 1981.

CARONE, Edgard. *Movimento operário no Brasil (1877/1944)*. 2ª ed. São Paulo: Difel, 1984.

CUNHA, Isabel Ferin e Santos, Clara Almeida, *Media, Imigração e Minorias Étnicas II*. Col. «Estudos Observatório da Imigração», 19, Lisboa: ACIME, 2006.

FERIN, Isabel e Santos, Clara Almeida, *Media, Imigração e Minorias Étnicas*. Col. «Estudos Observatório da Imigração», 28, Lisboa: ACIDI, 2008.

FERREIRA, Eduardo Sousa, *et al., Viagens de Ulisses: efeitos da imigração na economia Portuguesa*, Col. «Observatório da Imigração»; 7, Lisboa: ACIME, 2004.

GONZALEZ MARTINEZ, Elda Evangelina, *Café e inmigración: los españoles em São Paulo (1880/1930)*. Madrid: Cedeal, 1990.

GRIEG, Maria Dilecta, *Café: histórico, negócios e elite*. São Paulo: Olho D'Água, 2000.

IOM, *World Migration 2008: Managing Labour Mobility in the Evolving Global Economy*. Genebra: 2008. Disponível em: http://publications.iom.int/bookstore/index.php?main_page= product_info&cPath=7&products_id=62 [consultado a 18 Junho 2009].

LAINS, Pedro, «Exportações Portuguesas, 1850-1913: A tese da dependência revisitada». *Análise Social*, vol. XXII, nº 91, 1986, pp. 81-419.

LOBO, Eulália Maria L., *Imigração Portuguesa no Brasil*. São Paulo: Hucitec, 2001.

LOPES, Mirtes Esteves, «O imigrante português em Belo Horizonte e o centro da comunidade luso-brasileira (1897/1930)», *Dissertação de mestrado em História Ibero-Americana*. Porto Alegre: Pontifícia Universidade Católica do Rio Grande do Sul, [orientação de Charles Monteiro], 2003.

LUSTOSA, Oscar de Figueiredo, *Igreja e política no Brasil: do Partido Católico à L.E.C.* São Paulo: Loyola, 1983.

MALHEIROS, Jorge Macaísta (org.) *Imigração Brasileira em Portugal*. 1ªed., Col. «Comunidades», 1, Lisboa: ACIDI, 2007.

MARAM, Sheldon Leslie, *Anarquistas, imigrantes e o movimento operário brasileiro*. Rio de Janeiro: Paz e Terra, 1979.

MARTINHO, Francisco Carlos Palomares, «O imigrante português no mundo do trabalho, nos movimentos sociais e nas organizações sociais do Rio», *in* Carlos Lessa (org.), *Os Lusíadas na aventura do Rio moderno*. Rio de Janeiro: Record, 2002, pp. 199-239.

MENDES, José Sacchetta Ramos, «Laços de Sangue. Privilégios e Intolerância à Imigração Portuguesa no Brasil (1822-1945)». *Tese de doutoramento*. São Paulo: Departamento de História da Faculdade de Filosofia, Letras e Ciências Humanas da Universidade de São Paulo, 2007.

MILLIET, Sérgio, *Roteiro do café e outros ensaios*. 3ª ed., São Paulo: Departamento de Cultura do Município de São Paulo, 1941.

NAÇÕES UNIDAS, *World Migrant Stock. The 2006 Revision*. Nova Iorque: 2006. Disponível em: http://esa.un.org/migration/ [consultado a 18 Julho 2009].

NAÇÕES UNIDAS, United Nations Population Division, *World Population Prospects: The 2008 Revision*, Nova Iorque: 2009. Disponível em: http://esa.un.org/unpp/p2k0data.asp [consultado a 10 Outubro 2009].

PORTES, Alejandro, *Estudos sobre as migrações contemporâneas: Transnacionalismo, empreendorismo e a segunda geração*. Frederico Ágoas (trad); M. Margarida A. M. Marques, (pref.), 1ªed., Lisboa: Fim de Século Edições, 2006.

PEIXOTO, João, «Imigração e mercado de trabalho em Portugal: investigação e tendências recentes». *Revista Migrações*, nº2, Lisboa: ACIDI, Abril, 2008, pp.19-46.

PEIXOTO, João e BAPTISTA, Patrícia, *As características da imigração em Portugal e os seus efeitos no comércio bilateral*, Horácio Crespo Faustino (coord.,) Lisboa: ACIDI, 2009.

RIBEIRO, Gladys Sabina, *Mata galegos: os portugueses e os conflitos de trabalho na República Velha*. São Paulo: Brasiliense, 1990.

RIBEIRO, Maria Manuela Tavares, «Vivência das Crises – Vencer a Crise. Tratado de Comércio e Navegação entre Portugal e o Brasil (14.01.1892)», *in*, Zília Osório Castro, Júlio Rodrigues da Silva e Cristina Montalvão Sarmento *(eds.)*, *Tratados do Atlântico Sul*, Portugal-Brasil, 1825-2000, Col. «Biblioteca Diplomática», Lisboa: Instituto Diplomático, MNE, 2006, pp. 143-158.

RODRIGUES, Teresa, «Portugal. Migrações e Riscos de Segurança». *TIF, Curso de Defesa Nacional 2008/2009*, Lisboa: IDN – MDN, 2009 [policopiado].

RODRIGUES, Teresa, «Espaços e Populações». *Janus 2010*, Lisboa: 2010 [no prelo].

SANTOS, Boaventura de Sousa, «Modernidade, identidade e cultura de fronteira». *Revista Crítica de Ciências Sociais: "Descobrimentos/Encobrimentos»*, nº38, Coimbra: C.E.S, 1993, pp. 11-39.

SIMÕES, Nuno, *O Brasil e a emigração portuguesa*. Coimbra: Imprensa da Universidade, 1934.

SILVA, Maria Beatriz Nizza da, *Documentos para a História da Imigração Portuguesa no Brasil. 1850-1938*. Rio de Janeiro: Editorial Nórdica/Federação das Associações Portuguesas e Luso-Brasileiras, 1992.

SILVEIRINHA, Maria João e Cristo, Ana Teresa Peixinho, «A construção discursiva dos imigrantes na imprensa». *Revista Crítica de Ciências Sociais*, n°69, 2004, pp. 117-137.

SMOUTS, Marie-Claude, *O Mundo em Viragem*. Lisboa: Instituto Piaget, 1995.

STIVACHTIS, Yannis A., «International Migration and the Politics of Identity and Security». *Journal of Humanities & Social Sciences*, Vol.2, Issue 1, 2008. Disponível em: http://www.scientificjournals.org/journals2008/articles/1387.pdf [consultado a 13 Julho 2009].

VELLOSO, Monica Pimenta, «*A Ordem*: uma revista de doutrina, política e cultura católica». *Revista de Ciência Política*, v. 21, Rio de Janeiro: jun./set., 1978, pp. 117-159.

6. Cultura, Educação e Arte:

AA.VV., *Conferências da Fundação Marquês de Pombal, 02 – Portugal/Espanha: Iberismo, Nacionalismo e Lusofonia*. Oeiras: Fundação Marquês de Pombal, s.d.

AA.VV., *Educação e direitos humanos*. Algueirão: Comissão para a Promoção dos Direitos Humanos e Igualdade na Educação, 1998.

AA.VV., *Agostinho da Silva e o Pensamento Luso-Brasileiro*. Lisboa: Âncora Editora 2006.

AA.VV, *A Presença de Agostinho da Silva no Brasil*, Rio de Janeiro: Edições Casa de Rui Barbosa - (FCRB/MinC), 2007. Disponível on-line *em:* http://www.casaruibarbosa.gov.br/template_01/default.asp?VID_Secao=290&VID_Materia=700 [consultado a 2 de Agosto de 2009].

AGOSTINHO, Pedro, «Agostinho da Silva, Pressupostos, Concepção e Acção de uma Política Externa do Brasil com Relação a África». *Encontros,* Revista Luso-españolas de investigaciones en Ciências Humanas y Sociales, n° 3, Olivenza: 1997, pp.33-51.

ALBUQUERQUE, Luis de, «Lembrança de Barradas de Carvalho», *in* Joaquim Barradas de Carvalho, *Esmeraldo de Situ Orbis de Duarte Pacheco Pereira* (Edição Crítica).

ALENCAR, José Almino, «Sobre Agostinho da Silva», Fundação Casa de Rui Barbosa, http://www.casaruibarbosa.gov.br/dados/DOC/artigos/aj/FCRB_JoseAlminodeAlencar_SobreAgostinhodaSilva.pdf [consultado em 02/08/09].

ALVES, Jorge Luís dos Santos, «A memória do lusobrasileirismo na historiografia brasileira: a "História da Colonização Portuguesa do Brasil"», *26ª Reunião da SBPH*, Rio de Janeiro: 2006. Disponível on-line em: sbph.org/reuniao/26/trabalhos/Jorge_Luis_dos_Santos_Alves/ [consultado a 10 de Fevereiro de 2010].

ALVES, Jorge Luís dos Santos, «Malheiro Dias e o luso-brasileirismo – Um estudo de caso das relações culturais Brasil-Portugal», *Tese de doutorado em História*. Rio de Janeiro: Instituto de Filosofia e Ciências Humanas, Universidade do Estado do Rio de Janeiro, 2009. Disponível on-line em: http://www.dominiopublico.gov.br/download/texto/cp105438.pdf [consultado a 12 de Fevereiro de 2010].

ANDRADE, Rômulo, «Agostinho da Silva». *Românticos Conspiradores* [Informativo do Núcleo de São Paulo], Ano 0, Número 0, Agosto de 2008, Disponível on-line em: *http://www.futuroeducacao.org.br/pdf/RCSP_inform_0.pdf* http://romanticosconspiradores.blogspot.com [consultado a 14 de Julho de 2009].

AMARAL, Aracy, *Arte para quê? A preocupação social na arte brasileira, 1930 – 1970: subsídios para uma história social da arte no Brasil*. 2ª ed.. São Paulo: Nobel, 1987.

ARRUDA, José Jobson de Andrade, «Joaquim Barradas de Carvalho: o itinerário de um missionário dos novos tempos (Lisboa, Paris, São Paulo)».Leite, Rui Moreira e Lemos, Fernando, *A Missão Portuguesa: rotas entrecruzadas*. Bauru: EDUSC, 2003.

BAPTISTA, Maria Manuel, «Uma fraterna oposição: Agostinho da Silva e Eduardo Lourenço na Cultura Portuguesa», Comunicação ao Congresso Internacional - *Agostinho da Silva, pensador do mundo a haver*, Lisboa e Porto, 15-17 de Novembro de 2006. Disponível on-line em: http://sweet.ua.pt/~mbaptista/Uma%20Fraterna%20Oposicao.pdf [consultado a 06/05/09].

BATISTA, Marta Rosseti, «Novas Propostas do Período entre guerras», *in* Batista, Marta Rosseti, *et al.*, *Do Modernismo à Bienal*. São Paulo: Museu de Arte Moderna de São Paulo, 1982, pp.

BATISTA, Marta Rosseti, *et al.*, *Do Modernismo à Bienal*. São Paulo: Museu de Arte Moderna de São Paulo, 1982.

BORGES, Paulo, «"Do nada que é tudo." A poesia pensante e mística de Agostinho da Silva», Disponível on-line em: http://www.pauloborges.net/textos/poesia_Agostinho%20da%Silva.pdf [consultado a 1 de Agosto de 2009].

BORGES, Paulo A.E., *Pensamento Atlântico, Pensamento Atlântico. Estudos e ensaios de pensamento luso-brasileiro*. Lisboa: INCM, 2002.

BORGES, Paulo A.E., *Tempos de Ser Deus: a espiritualidade ecuménica em Agostinho da Silva*, Lisboa: Âncora Editora, 2006.

BROCA, Brito, «Coelho Neto romancista», *in* Aurélio Buarque de Hollanda. (coord. rev. notas). *O Romance brasileiro (de 1752 a 1930)*. Rio de Janeiro: Edições O Cruzeiro, 1952.

BROCA, Brito, «O caso da "Mulata"», *in Machado de Assis e a Política e outros estudos*. Rio de Janeiro: "Organização Simões" Editora, 1957.

CALABRE, Lia, «Políticas e Conselhos de Cultura no Brasil: 1967-1970». Disponível on-line em: http://www.casaruibarbosa.gov.br/dados/DOC/artigos/aj/FCRB_ LiaCalabre_Politicas_e_Conselhos_de_Cultura_no_Brasil.pdf [consultado a 3 de Agosto de 2009].

CASTRO, Fernando Luiz Vale, «Pensando um continente: a Revista Americana e a criação de um projeto cultural para a América do Sul», *Tese de doutoramento em História*. Rio de Janeiro: Departamento de História; Pontifícia Universidade Católica do Rio de Janeiro, 2007.

CARDIA, Mário Sottomayor, *Sobre o Antimarxismo Contestatário ou a Infelicidade de um Idanovista Ofuscado pelo Neocapitalismo*, Lisboa: Ed. Seara Nova, 1972.

CASULO, José Carlos, *Contributos para o estudo da pedagogia portuguesa contemporânea*. Braga: Centro de Estudos em Educação e Psicologia (CEEP) - Universidade do Minho, 2001.

CHORÃO, João Bigotte, *Carlos Malheiro Dias na ficção e na História*. Lisboa: Instituto de Cultura e Língua Portuguesa (ICALP), 1992.

CORRÊA, Arsénio E., *A Ingerência Militar na República e o Positivismo*. Rio de Janeiro: Editora Expressão e Cultura, 1997.

EPIFÂNIO, Renato Manuel Laia; «"Introdução" – *As Sete Vidas de Agostinho da Silva*», *in Perspectivas sobre Agostinho da Silva na Imprensa Portuguesa*, pref. de Paulo Borges , 1ªed., Col. «Ventos da Lusophia», Sintra: Zéfiro, 2008, pp.13-16. Disponível on-line em: http://www.zefiro.pt/pdf/excerto_perspectivas.pdf [consultado a 2 de Agosto de 2009].

EPIFÂNIO, Renato, *Visões de Agostinho da Silva. De Portugal e do Brasil – Da Galiza, da Ibéria e da Europa – Da Sociedade de Hoje e do Homem de Sempre*, Corroio: Zéfiro, 2006.

EPIFÂNIO, Renato, «Entre Portugal e o Quinto Império – A Mensagem de Fernando Pessoa à luz da Visão / Viagem de Agostinho da Silva». Disponível on-line em: http://agostinhodasilva.no.sapo.pt/renato_epifanio1.pdf [consultado a 2 de Agosto de 2009].

FERREIRA, Francisco Melo, *Fotobiografia de Manuel Viegas Guerreiro*, Col. «Fotobiografias», [s.l.]: Fundação Viegas Guerreiro, 2006, pp.165-179.

FIGUEIREDO, António de, «A Crise do nacionalismo português». *EXPRESSO*, Lisboa: 12/06/1982.

FONSECA, Maria Lucinda; Ferreira, Francisco Melo, «Manuel Viegas Guerreiro: evocação de um mestre e amigo». *Finisterra, XXXIII,* 1998, pp.7-10.

GOTLIB, Nádia Battella, *O Estrangeiro Definitivo. Poesia e Crítica em Adolfo Casais Monteiro,* Lisboa, Imprensa Nacional – Casa da Moeda, 1985.

GOMES, Pinheiranda, *Agostinho da Silva – História e Profecia.* Sintra, Zéfiro Editora, 2009.

GONÇALVES, Gisela, *Questionamento à volta de três noções: grande cultura, cultura popular, e cultura de massas,* Setembro de 1998. Disponível on-line em http://www.bocc.ubi.pt/pag/goncalves-gisela-Questionamento.pdf [consultado a 3 de Agosto de 2009].

LEITE, Rui Moreira e LEMOS, Fernando, *A Missão Portuguesa: rotas entrecruzadas.* Bauru: EDUSC, 2003.

LEHMKUHL, Luciene, «Entre a a Tradição e a Modernidade: O Café e a Imagem do Brasil na Exposição do Mundo Português», *Tese de doutorado em História.* Florianópolis: UFSC/PPGH, 2002.

LEONE, Carlos, *O essencial sobre Estrangeirados no Século XX.* Lisboa: Imprensa Nacional - Casa da Moeda, 2005.

LEONE, Carlos, *Portugal Extemporâneo. História das ideias do discurso crítico português no século XX,* vol.II, Lisboa: Imprensa Nacional – Casa da Moeda, 2005.

LEONE, Carlos, «Figuras da Cultura Portuguesa – Agostinho». Disponível on-line em: http://cvc.instituto-camoes.pt/conhecer/bases-tematicas/figuras-da-cultura-portuguesa.html [consultado a 19 de Agosto de 2009].

LOPES, Norberto, *Sarmento Pimentel ou uma geração traída. Diálogos de Norberto Lopes com o autor das "Memórias do Capitão".* Lisboa: Editorial Áster, 1977.

MANSO, Artur Manuel Sarmento, «Filosofia Educacional na Obra de Agostinho da Silva», *Tese de doutoramento em Educação, área de especialização em Filosofia da Educação.* Braga: Universidade do Minho, 2007.

MANSO, Artur Manuel Sarmento, *Agostinho da Silva 1906-1994.* Gaia: Estratégias Criativas, 2004.

MORSE, Richard M., «São Paulo since independence: A Cultural Interpretation». *The Hispanic American Historical Review*, Vol. 4, Novembro 1964, pp. 419-444. Disponível on-line em: http://www.jstor.org/stable/2509078 [consultado a 25 de Julho de 2009].

MOTA, Carlos Guilherme, «Joaquim Barradas de Carvalho». *Estudos avançados.*, vol.8, n.22. set./dez. 1994, pp.289-295.

MOTA, Helena Maria Briosa, «Cidadania e Educação: Sonhos e Realidades. Agostinho da Silva, um precursor exemplar, em Portugal e no Brasil, de uma efectiva educação para a cidadania», in *Congresso internacional Agostinho da* Silva, Lisboa, 2004. Disponível on-line em *http://www.scribd.com/doc/6387093/Agostinho-da-Silva-1* [consultado a 1 de Agosto de 2009].

PINA, Luís de, «Faculdade de Letras do Porto (Breve História)». *Cale. Revista da Faculdade de Letras da Universidade do Porto*, Vol. I, Porto: FLUP 1968, pp. 59-172.

PINA, Manuel, «A Invenção do Mundo». Disponível on-line em: http://agostinhodasilva.no.sapo.pt/Manuel%20Pina1.pdf [consultado a 2 de Agosto de 2009].

PINHO, Romana Valente, *O essencial sobre Agostinho da Silva*. Lisboa: INCM, 2006.

PINHO, Romana Valente, *Religião e Metafísica no Pensar de Agostinho da Silva*. Lisboa: INCM, 2006.

PINTO, Álvaro, «Carlos Malheiro Dias. Apontamentos para a história de seus últimos anos de vida dramática». *Ocidente* (43), v. XV, Nov. 1941, pp.148

QUADROS, António, *Introdução à Filosofia da História*. Lisboa: Verbo, 1982.

QUADROS, António, *Poesia e Filosofia do Mito Sebastianista*. Lisboa, Guimarães Editores, 2001.

QUEIROZ, Guido Fabiano Pinheiro, «Os Espelhos De Barradas de Carvalho – Crônica Política e Historiografia de um exilado», *Dissertação de mestrado em História*. Rio de Janeiro: Pontifícia Universidade Católica do Rio de Janeiro, 2008.

RAMOS, Maria Flores Bernardete; SERPA, Hélio e PAULO, Heloisa (orgs.), *O Beijo Através do Atlântico – O lugar do Brasil no Panlusitanismo*. Chapecó: Argos, 2001.

REAL, Miguel, *Agostinho da Silva e a Cultura portuguesa*. Lisboa: QUIDNOVI, 2007.

RIBEIRO, Darcy, *UnB - Invenção e Descaminho*. Brasília: Avenir ed., 1978.

RODRIGUES, Miguel Urbano, «Portugal Democrático – um jornal revolucionário», *in* Leite, Rui Moreira e Lemos, Fernando, *A Missão Portuguesa: rotas entrecruzadas* Bauru: EDUSC, 2003.

RODRIGUES, Rodrigo Leal (ed.), *Agostinho*. São Paulo: Editora Green Forest do Brasil, 2000.

SANTOS, Cândido, *Universidade do Porto. Raízes e Memória da Instituição*, Porto: Reitoria da Universidade do Porto, 1996.

SARAIVA, Arnaldo, *O Modernismo Brasileiro e o Modernismo Português: Subsídios para o seu Estudo e para a História das suas relações*. Campinas: Editora da Unicamp, 2004.

SILVA, Douglas Mansur da, «Intelectuais Portugueses Exilados no Brasil (1926-1974): Aspectos Metodológicos de uma Pesquisa». *Revista Estudios Avanzados Interactivos*, v. 3, n. 5. Santiago do Chile: 2004.

SODRÉ, Nelson Werneck, *História da Imprensa no Brasil*. Rio de Janeiro: Civilização Brasileira, 1966.

SOVERAL, Eduardo A. Do, «Agostinho: um homem de Deus», *in* Pedro Calafate (dir.), *História do Pensamento filosófico português,* vol. V, Tomo I. Lisboa: Caminho, 2000, pp. 273-295.

TORGAL, Luís Reis, *Estados Novos Estado Novo. Ensaios de História Política e Cultural*, 2.ª Edição, Coimbra: Imprensa da Universidade de Coimbra, 2009.

TORNADA, Joana de Matos, «Adolfo Casais Monteiro – a voz de uma época». *Trabalho de Seminário subordinado ao tema Elites Intelectuais, Política Cultural, Percepção da Europa sécs. XIX-XXI,* [orientado pela Professora Doutora Manuela Tavares Ribeiro]. Coimbra: Faculdade de Letras da Universidade de Coimbra, Junho de 2004.

VELLOSO, Mônica Pimenta., «Os intelectuais e a política cultural do Estado Novo», *in* Lucília de Almeida Neves Delgado e Jorge Ferreira (orgs.), *O Brasil Republicano – O tempo do nacional-estatismo: do início da década de 1930 ao apogeu do Estado Novo*, v.2. Rio de Janeiro: Civilização Brasileira, 2003, pp. 148-156.

ZANINI, Walter, «Transformações artísticas de 1930 ao período da Segunda Guerra Mundial», *in* Walter Zanini (org.), *História Geral da Arte no Brasil*. V.2, São Paulo: Instituto Walter Moreira Salles / Fundação Djalma Guimarães, 1983, pp. 568-614.

ZILIO, Carlos, *A querela do Brasil – a questão da identidade na arte brasileira: a obra de Tarsila do Amaral, Di Cavalcanti e Portinari / 1922-1945*. Rio de Janeiro: FUNARTE, 1982.

ZILIO, Carlos, «A questão política no modernismo», *in* Fabris, Annateresa, *Modernidade e Modernismo no Brasil*. Col. «Arte: ensaios e documentos». Campinas, SP: Mercado de Letras, 1994, pp. 111-118.

III – Recursos Audio-Visuais

Conversas Vadias, DVD, I-V, Edição Associação Agostinho da Silva, RTP, Alfândega Filmes, Jornal Público, 2006.

Agostinho: Um Pensamento Vivo, DVD, Filme de João Rodrigo de Mattos, Edição de Associação Agostinho da Silva e Alfândega Filmes, 2006.

IV – Recursos Electrónicos

Alto Comissariado para a Imigração e Diálogo Intercultural - ACIDI, antigo ACIME
http://www.acidi.gov.pt/

Análise Social – revista do Instituto de Ciências Sociais:
http://analisesocial.ics.ul.pt/index.htm

Arquivo da Cultura Portuguesa contemporânea:
http://acpc.bn.pt/

Associação Agostinho da Silva:
http://www.agostinhodasilva.pt/

Biblioteca Nacional de Portugal:
http://www.bnportugal.pt/

Catálogo Colectivo das Bibliotecas Portuguesas:
http://porbase.bnportugal.pt/

Direcção-Geral de Arquivos [Portugal]:
http://repositorium.sdum.uminho.pt/

Fundação Biblioteca Nacional [Brasil]:
http://www.bn.br/

Instituto Camões – Bases temáticas Sobre Língua e Cultura Portuguesa:
http://cvc.instituto-camoes.pt/conhecer/bases-tematicas.html

Instituto Nacional de Estatística [Portugal]:
http://www.ine.pt/

International Organization for Migration:
http://www.iom.int/

Ministério das Relações Exteriores - CDO - Arquivo Histórico:
   http://www.mre.gov.br/index.php?option=com_content&task=view&id=395&Itemid=351

Portal Domínio Público [Biblioteca digital - Brasil]:
   http://www.dominiopublico.gov.br/pesquisa/PesquisaObraForm.jsp

Repositório da Universidade do Porto:
   http://repositorio.up.pt/repos.html

Repositório da Universidade do Minho:
   http://repositorium.sdum.uminho.pt/

Real Gabinete Português de Leitura [Brasil]:
   http://www.realgabinete.com.br/real.htm

Sociedade de Geografia de Lisboa:
   http://www.socgeografialisboa.pt/

Sociedade Brasileira de Geografia:
   http://www.socbrasileiradegeografia.com.br/inicio.html

World Cat - OCLC [Conexão em rede das bibliotecas a nível mundial]:
   http://www.oclc.org/worldcat/

Resumos e palavras-chave

Geografias pátrias: 1878-1889

A contribuição busca compreender o significado da geografia realizada no Brasil nos últimos anos do Império. Para tal optamos por centrar nossa atenção na dinâmica de criação e funcionamento da Seção da Sociedade de Geografia de Lisboa no Brasil, na sua composição social e, sobretudo, na análise do periódico editado por essa filial, observando o papel deste instituto diante da sociedade, desde sua criação, em 1878, até 1889, quando ele se desarticula encerrando suas atividades. A filial brasileira, freqüentada pela elite fluminense, despertou fortes esperanças entre seus fundadores. Estes visavam o apoio da importante colônia lusa radicada no Rio, contando com seus recursos financeiros para impulsionar as explorações realizadas na África, e para a divulgação e defesa dos novos planos da nação lusa, apegada ao sonho de construir um novo Brasil na África. Entretanto, a nova conjuntura republicana terminou por inviabilizar esse projeto português, de um Brasil como continuidade ibérica, esvaziando de sentido a própria Seção.

Palavras-chave: Sociedade de Geografia; Relações Luso-Brasileiras; Intelectuais e Poder.

Cristina Pessanha Mary

A colaboração entre Academias.
'Ciências' e 'Letras' dos dois lados do Atlântico

O presente capítulo analisa o papel desempenhado pela Academia das Ciências de Lisboa no estreitamento das relações culturais luso-brasileiras nos anos que decorrem entre a Revolução de 1930 e o fim da Segunda Guerra Mundial (1945). Nesta época caracterizada pela emergência do "Estado Novo" de António Oliveira Salazar em Portugal e de Getúlio Vargas no Brasil, realizou-se uma aproximação, entre a Academia das Ciências de Lisboa e a Academia Brasileira de Letras, em torno das preocupações com a língua e a história. A revisão do passado comum e a reconstrução das memórias colectivas de cada país esteve na base do processo de aprofundamento das relações institucionais entre as duas academias que tinha já uma longa história anterior tecida pelos intelectuais dos dois lados do Atlântico. Nesta perspectiva se inserem as sucessivas convenções ou acordos ortográficos assinados em 1931, 1943, 1945.

Palavras-chave: Estado Novo; América; Intelectual; Ciência; Língua; Amizade; Passado.

Júlio Joaquim da Costa Rodrigues da Silva

A. G. de Araujo Jorge: um interlocutor privilegiado

O texto examina a atuação do embaixador Arthur Guimarães de Araújo Jorge, chefe da representação brasileira em Lisboa, no período 1936-1942. Intelectual de reconhecidas virtudes, discípulo do Barão do Rio Branco, homem de confiança de Getúlio Vargas, Araújo Jorge desempenhou papel de primeira grandeza na política de estreitamento dos tradicionais laços luso-brasileiros, intentada pelo Itamaraty, no primeiro governo de Vargas. Ao mesmo tempo em que estimulou o incremento das relações culturais, foi interlocutor privilegiado de Oliveira Salazar, inclusive nas tratativas junto ao Paço das Necessidades para que Portugal assumisse o compromisso de representar os interesses brasileiros junto aos países do Eixo, após a entrada do Brasil na Segunda Guerra Mundial.

Palavras-chave: Araújo Jorge; Diplomacia Cultural; Relações Luso-Brasileiras; Getúlio Vargas; Oliveira Salazar.

Celine Gomes da Silva Blotta
Lucia Maria Paschoal Guimarães

Um diplomata entre dois regimes: o conde de Paço d'Arcos (1891-1893)

Em Junho de 1890 o conde de Paço d'Arcos chega ao Rio de Janeiro como chefe da primeira representação diplomática da monarquia portuguesa à recém-proclamada Republica dos Estados Unidos do Brasil, levando consigo uma agenda marcada por duas grandes questões: lei da grande naturalização e tratado de comércio e navegação. As circunstâncias da revolta da Armada, a 6 de Setembro de 1893, vêm agravar a tensão das relações entre o governo do marechal Floriano e as representações estrangeiras. Situação que, no caso português, resulta na expulsão do seu representante diplomático. Quer-se, no entanto, crer que as razões deste infeliz desfecho se podem mais facilmente encontrar num modelo de fricção entre diferentes culturas políticas, do que numa simples oposição entre valores republicanos e monárquicos.

Palavras-chave: Revolta da Armada; Grande Naturalização; Tratado de Comércio; Cultura Política; Relações Diplomáticas.

Isabel Corrêa da Silva

O apogeu da imigração portuguesa para a América do Sul (1904-1914): diversidade socioeconômica e dilemas comparativos com Itália e Espanha

O início do século XX foi um momento singular na história da imigração de Portugal para o Brasil. O auge do influxo ocorreu em 1912/1913, quando desembarcaram mais de 200 mil portugueses. No período, verificou-se diversidade de perfis sociais e destinos: grupos originários das camadas médias da sociedade portuguesa buscavam se fixar no Rio de Janeiro, lavradores empobrecidos se dirigiam às zonas cafeicultoras de São Paulo, homens solteiros eram atraídos para capitais do Nordeste. Diplomatas lusos estabelecidos em diferentes regiões brasileiras davam conta de tal diversidade. O texto analisa distintas faces da imigração a partir de relatórios consulares e documentos diplomáticos. Um aspecto observado na documentação são as expectativas comerciais de Portugal, decorrentes da presença de seus cidadãos no Brasil.

Palavras-chave: Imigração; Economia; Diplomacia; Legislação; Política Externa; Portugal; Brasil.

José Sacchetta Ramos Mendes

Dois lados do mesmo sonho. A nova imigração brasileira em Portugal

Uma História conexa entre os dois lados lusófonos do Atlântico parece oferecer a possibilidade de uma migração mais facilitada e por vezes de uma incorporação também ela mais harmoniosa. Tanto de um lado como do outro, e em função dos tempos, podemos assistir à projecção do mito do Eldorado para lá do Oceano. Migrar é também um meio de atingir um sonho. Mas, há que ter a *possibilidade* de migrar. É preciso sonhar *e poder* sonhar. Entre Brasil e Portugal, a confluência de uma cultura política e contígua convergência de interesses económicos oferece o plano de incentivo à mobilidade. Não estará o migrante económico sempre dependente da oferta que possa responder às expectativas geradas em torno do sonho de uma vida mais abundante? É com esta pergunta como pano de fundo que partimos para a abordagem sobre a relação que se estabelece entre quem migra e quem pode oferecer a possibilidade de migrar.

Palavras-chave: Migração; População; Transição Demográfica; Incorporação de Imigrante; Emigrante Económico.

Teresa Rodrigues
Mário Ribeiro

Joaquim Barradas de Carvalho: um navegante em exílio perpétuo

O trabalho examina a trajetória de Joaquim Barradas de Carvalho, eminente historiador português e ferrenho opositor da ditadura salazarista, durante o período em que esteve exilado no Brasil, entre 1964 e 1970, quando exerceu o magistério na Universidade de São Paulo. A partir da análise de sua atuação enquanto professor universitário e de articulista do *Portugal Democrático* – jornal de oposição a Salazar produzido por portugueses exilados em São Paulo – o texto pretende demonstrar as relações entre o engajamento político de Barradas e sua auto-imagem enquanto intelectual e exilado.

Palavras-chave: Barradas de Carvalho; Portugal; Salazarismo; História e Exílio; Intelectuais e Poder.

Guido Fabiano Pinheiro

O 'mundo a haver' de Agostinho da Silva

Agostinho da Silva (1906-1994) é possivelmente um dos mais paradoxais pensadores portugueses do século XX. Reflectir sobre o conteúdo multifacetado da obra de Agostinho, em particular, no tocante à sua visão de Portugal, nas suas dimensões político-culturais, só possíveis quando perspectivadas pelo e com o Brasil, e do seu «Mundo a Haver» pela educação, é uma viagem pela dimensão ética, espiritual, filosófica e messiânica da cultura portuguesa. A herança de Agostinho da Silva revela-se em instituições brasileiras e portuguesas, nomeadamente na história da implementação da Universidade de Brasília, no Brasil e dos Estudos Gerais Livres em Portugal. Verdadeira cultura espiritual e humanista que se cruza na língua portuguesa.

Palavras-chave: Agostinho da Silva; Ideias Políticas; Língua Portuguesa; Pedagogia; Universidade de Brasília; Estudos Gerais Livres.

Cristina Montalvão Sarmento
Isabel Mariano Ribeiro

Adolfo Casais Monteiro: o percurso errante de um homem de cultura

Com uma formação humanista, Adolfo Casais Monteiro construiu uma carreira de escritor, docente, poeta e tradutor durante várias décadas. Integrou muito jovem a direcção da revista *Presença*, permitindo que fosse dado a conhecer a obra dos escritores modernos nacionais e internacionais. A sua actividade intelectual foi desde cedo alvo de condenações pelo regime autoritário português, na medida em que fazia a defesa da liberdade de pensamento e crítica no seu país. Em 1954 estabeleceu-se no Brasil e desenvolve nesse país uma intensa actividade intelectual, com destaque para a problemática da Comunidade Luso-Brasileira, de que este artigo dá conta. País europeu e próximo do Brasil, Portugal encontrava-se num cruzamento sentimental de alternativas, mostrando a falência do isolamento, a que Casais Monteiro se opunha.

Palavras-chave: Movimentos Literários; Modernismo; Comunidade Luso-Brasileira; Exílio; Repressão Política.

Paulo Vicente

Carlos Malheiro Dias e os círculos intelectuais luso-brasileiros

Durante a permanência no Brasil, Carlos Malheiro Dias (1875-1941) exerceu intensa atividade cultural, jornalística e empresarial que proporcionaram visibilidade e acesso aos círculos intelectuais e políticos do Rio de Janeiro. Manteve, ao mesmo tempo, laços com a intelectualidade portuguesa interessado, sobretudo, nos problemas políticos e culturais de sua pátria após a proclamação da república portuguesa. As questões suscitadas pelas relações luso-brasileiras encontraram-no muitas vezes numa posição de agente facilitador consubstanciada numa multiplicidade de ações, como a edição da *História da Colonização Portuguesa do Brasil*, que o conduziram para a defesa dos laços especiais entre Brasil e Portugal. Vinculado a várias instituições culturais como o Real Gabinete Português de Leitura do Rio de Janeiro e à Academia Brasileira de Letras, Malheiro Dias presidiu a Federação das Associações Portuguesas, além de dirigir a *Revista da Semana* e *O Cruzeiro*.

Palavras-Chave: Cultura; Malheiro Dias; Imigração; Luso-brasileirismo; Nacionalismo.

Jorge Luís dos Santos Alves

Arte brasileira na Exposição do Mundo Português

A participação do Brasil na Exposição do Mundo Português, ocorrida em Lisboa no ano de 1940, permite perceber as articulações para a montagem da Exposição de Arte Contemporânea, junto da representação brasileira, nela, os intelectuais e o Estado definiram uma imagem de Brasil que tentava coadunar modernidade e tradição. A visualidade da exposição permite penetrar nos meandros do seu campo e possibilita mostrar a existência de múltiplas forças atuando na composição da imagem que o Estado Novo brasileiro vinha elaborando de si. Neste texto são apresentadas as obras de arte, os artistas, os jurados e o meio artístico, o espaço destinado às obras na Exposição, a seleção feita pelo júri e seus desdobramentos junto à crítica.

Palavras-chave: Arte brasileira; Exposição do Mundo Português; Modernidade; Tradição.

Luciene Lehmkuhl

"Da minha língua vê-se o mar". Congressos luso-brasileiros

Nascidos durante a primeira metade do século XX, os congressos luso-brasileiros são fruto de um passado comum, associado a um contexto singular portador de clivagens complexas, relacionadas, entre outras, com a necessidade de afirmação identitária por ambos os países. Neste sentido, sobressaem de forma recorrente quatro dimensões que traduzem salutarmente o evoluir destes eventos: o peso da história, a premência da questão identitária, a retórica eloquente dos agentes político-culturais envolvidos, e a constituição de redes de poder e de conhecimento. Numa abordagem diacrónica, é interessante observar que o historial dos congressos espelha fielmente as relações entre os dois países, tanto ao nível político, como ao nível cultural. Do ponto de vista português, tornou-se manifesta uma linha de rumo: até 1974, a política definiu a retórica e marcou a cadência destes congressos. Ironicamente, após 1974, a lógica parece ter-se invertido: o poder político recorre à cultura para conservar alguma da sua influência no panorama luso-brasileiro. No dealbar do século XXI, será que as redes de conhecimento servem acima de tudo, num contexto de globalização crescente, para manter os "laços especiais" que unem os dois países?

Palavras-chave: Congressos Luso-brasileiros; Identidade Nacional; Redes de Poder e Conhecimento; Elites; Relações Culturais Luso-brasileiras.

Ana Filipa Guardião
Thierry Dias Coelho

Abstracts and key words

Nation's Geography: 1878-1889

This article is pursuing the meaning of geography throughout the empire, last years. To achieve that we focused both on the performance of the "Seção da Sociedade de Geografia de Lisboa no Brasil" concerning its social structure, and, particularly on the analysis of the periodicals, published by this branch, since its creation, in 1878, until it reaches its end, in 1889. The brazillian branch, attended by the Fluminense elite, raised strong hopes among its founders. Those looked for the support of the significant Portuguese colony, installed in Rio de Janeiro, and relied on their finances to promote Africa's exploring, in order to advertise and defend Portugal's new plans and dreams: recreate Brazil in Africa. The new republican political circumstances, however, ended up by thwarting the Portuguese project where Brazil would be seen as an Iberian extension, voiding, therefore, the very role of the Section.

Keywords: Geographical Society, Luso Brazilian Relationships, Intellectuals and Power.

Cristina Pessanha Mary

The collaboration between Academies. 'Ciências' and 'Letras' on both sides of the Atlantic

The present article analyses the role performed by the Academia de Ciências de Lisboa on narrowing the luso-brazilian cultural relations in the years between the 1930's Revolution and the end of the Second World

War (1945). This era characterized by the emergency of "Estado Novo" of António Olivira Salazar in Portugal and of Getúlio Vargas in Brazil, when there were an approximation between the Academia das Ciências de Lisboa and the Academia Brasileira de Letras concerning the language and history issues. The review of a common past and the collective memory reconstruction of both countries was the basis of the deepening process of the institutional relations between the two academies which had already a long history built by intellectuals of both sides of the Atlantic. It is in this perspective that succeeding conventions and orthographic agreements, signed in 1931, 1943, 1945, are embedded.

Keywords: «Estado Novo»; America, Intellectual, Science, Language, Friendship, Past.

Júlio Joaquim da Costa Rodrigues da Silva

A.G. de Araujo Jorge: a privileged speaker

The text examines the performance of the ambassador Artur Guimarães de Araújo Jorge, head of the Brazilian representation in Lisbon, between 1936 and 1942. Intellectual of recognized virtues, disciple of the Baron of the Rio Branco, reliable man of Getúlio Vargas, Araújo Jorge played a role of great importance in the nipping politics of the Luso-Brazilian traditional bows, intended by the Itamaraty, in the first government of Vargas. As Araújo Jorge stimulated the increment of the cultural relations, he was also a privileged interlocutor of Oliveira Salazar, as in the attempts next to the Paço of the Necessities so that Portugal assumed the commitment to represent the Brazilian interests next to the countries of the Axle, after the entrance of Brazil in World War II.

Keywords: Araújo Jorge; Cultural Diplomacy; Luso-Brazilian Relations; Getúlio Vargas; Oliveira Salazar.

Celine Gomes da Silva Blotta
Lucia Maria Paschoal Guimarães

A diplomat between two regimes: the count of Paço d'Arcos (1891-1893)

In June 1890 the count of Paço d'Arcos arrived in Rio de Janeiro as chief of the first diplomatic representation of the Portuguese monarchy in the newly proclaimed Republic of the United States of Brazil, with two main issues at the top of his agenda: the naturalization edict and the trade and navigation treaty. The circumstances attending the Navy revolt, September 6, 1893, only aggravated the tension between the government of marechal Floriano and the foreign representations, which ultimately resulted in the expulsion of the Portuguese delegate. Our argument, however, is that the reasons for this unfortunate outcome can most strongly be explained by a model of friction between different political cultures, rather than by simple opposition between royalist and republican values.

Keywords: Navy Revolt; Naturalization Edict; Trade and Navigation Treaty; Political Culture; Diplomatic Relations.

Isabel Corrêa da Silva

Portuguese immigration to South America in its peak: socioeconomic diversity and comparative dilemmas with Italy and Spain

The first decades of the 20th century remarked a singular moment for the Portuguese immigration to Brazil. The years 1912/1913 were the peak of such influx, with the arrival of more than 200 thousand newcomers from Portugal. Social diversity of these immigrants and their spread throughout different Brazilian regions were noticed by Portuguese diplomats in Brazil in their postal correspondence and other official documents. This article analyses facets of the Portuguese immigration to Brazil and the concomitant purpose of obtaining trade and tariff preferences from Rio de Janeiro, as desired by the Lisbon administration and their consular personnel in Brazil.

Keywords: Immigration; Economics; Diplomacy; Legislation; Foreign Affairs; Portugal; Brazil.

José Sacchetta Ramos Mendes

The both sides of the same dream.
The new brazilian immigration in Portugal

A connected History between the two Portuguese-speaking sides of the Atlantic seems to offer the possibility of an easier migration and sometimes a more harmonious incorporation. In both sides, and according with time, we can perceive the projection of the myth of the Eldorado throughout the Ocean. To migrate is also a way to reach a dream. But, it is needed the possibility to migrate. It is necessary to dream *and to be able* to dream. Between Brazil and Portugal, there is a convergence in terms of political culture and economic strategies that offers the context where mobilization is promoted by institutions. Isn't the economic migrant always dependent of the offer that can answer to the expectations formed around a dream of a more abundant life? It is with this question in mind that we inquire the relationship that is established between who migrates and who can offer that possibility.

Keywords: Migration; Population; Demographic Transition; Migrant's Incorporation; Economic Migrant.

Teresa Rodrigues
Mário Ribeiro

Joaquim Barradas de Carvalho: a navigator in perpetual exile

This work examines the trajectory of Joaquin Barred de Carvalho, eminent Portuguese historian and a strong opponent of the dictatorship of António Oliveira de Salazar, during the period that he was exiled in Brazil, between 1964 and 1970, teaching in the University of São Paulo. From the analysis of his performance while a university professor and contributor of *Portuga Democrático* – a periodical that expressed oppositions to Salazar produced by Portuguese exiled in São Paulo - the text intends to demonstrate to the relations between Barradas political enrollment and its intellectual and exiled auto-image.

Keywords: Barradas de Carvalho; Portugal; Salazarismo; History and Exile; Intellectuals and Power.

Guido Fabiano Pinheiro

The 'world to be' of Agostinho da Silva

Agostinho da Silva (1906-1994) is possibly one of the most paradoxical Portuguese thinkers of the Twentieth Century. To ponder upon the contents of his prolific body of work, in particular on the subject of his vision of Portugal, on its political and cultural dimensions, only understood when envisaged from and with Brazil, and to ponder on his 'World to be' through education, is a journey through the ethical, spiritual and messianic dimension of the Portuguese culture. Agostinhos' heritage is stressed in Brazilian and Portuguese institutions, in the history of the implementation of the University of Brasília (Brazil) and of the General Free Studies (Portugal). A humanistic culture and true spiritual thought that intersects in the Portuguese language.

Keywords: Agostinho da Silva; Political Ideas; Portuguese Language; Pedagogy, University of Brasilia; General Free Studies in Portugal.

Cristina Montalvão Sarmento
Isabel Mariano Ribeiro

Adolfo Casais Monteiro: the errant journey of a man of culture

Being a humanist, Adolfo Casais Monteiro worked as writer, professor, poet and translator over several decades. At an early age, he made part of the direction of the literary review *Presença*, which promoted national and international modern writers. His intellectual activity was condemned by the Portuguese authoritarian regime from the beginning because of his battle for freedom of thinking and criticism in his country. The author moved to Brazil in 1954 and developed there an intense intellectual activity, in particular by discussing the Luso-Brazilian Community, which is focused on this article. Portugal, a European Country but strongly linked to Brazil, was in the middle of sentimental choices, showing the end of isolation, to which Casais Monteiro was frontally against.

Keywords: Literary Movements; Modernism; Luso-Brazilian Community; Exile; Political Repression.

Paulo Vicente

Carlos Malheiro Dias and the intellectual luso-brazilian circles

During his permanence in Brazil, Carlos Malheiro Dias (1875-1941) performed intense cultural, journalistic and enterprise activity that had provided visibility and access to the intellectual and political of Rio de Janeiro. He kept, at the same time, bows with the Portuguese intellectuality interested, above all, in the cultural and political problems and of its native land after the announcement of the Portuguese republic. The questions posed by the Luso-Brazilian relations found him many times in a position of catalyzing agent, sustained in a multiplicity of actions, as the edition of the *História da Colonização Portuguesa do Brazil*, that had lead him for the defense of the special bows between Brazil and Portugal. Connected with some cultural institutions as the Real Portuguese Cabinet of Reading of Rio De Janeiro and with the Brazilian Academy of Letters, Malheiro Dias presided over the Federacy of the Portuguese Associations, beyond directing the *Revista da Semana* and *O Cruzeiro*.

Keywords: Culture; Malheiro Dias; Immigration; Luso-brazilianism; Nationalism.

Jorge Luís dos Santos Alves

Brazilian art in the Portuguese World Exhibition

The Brazil's participation in the Portuguese World Exhibition, held in Lisbon in 1940, to perceive the joints for the assembly of Contemporary Art Exhibition, with the Brazilian delegation in it, the intellectuals and the Brazilian State defined an image of Brazil that was trying to be consistent with modernity and tradition. The illustration allows penetrating the intricacies of their areas and showing the possible existence of multiple forces acting on the composition of the image that the "Brazilian Estado Novo" was preparing himself. This text presented the works of art, artists, jurors and the art world, the space for the works in the exhibition, a selection made by the jury and developments with the criticism.

Key words: Brazilian Art; Portuguese World Exhibition; Modernity; Tradition.

Luciene Lehmkuhl

"Da minha língua vê-se o mar". Luso-brazilian congresses.

Born during the first half of the twentieth century, Luso-Brazilian congresses are the result of a common past, combined with an unique context holder of complex cleavages, related, among others, with the need for identity affirmation by both countries. In this sense, our analysis stands on four recurring dimensions that reflect the evolution of these salutary events: the weight of history, the identity issue, the eloquent rhetoric of both politicians and cultural agents involved, and the establishment of power and knowledge networks. In a diachronic approach, it is interesting to note that the history of these Congresses faithfully reflects the relationship between the two countries, both politically and culturally. In a Portuguese perspective, one line of direction became very clear: up to 1974, the political rhetoric defined and scored these meetings. Ironically, after 1974, the logic seems to have been reversed: politicians need cultural agents to retain some of their influence on the international scene. At the dawn of the twenty-first century, in a context of increasing globalization, will knowledge networks be used to keep the "special ties" that bind those two countries?

Keywords: Luso-Brazilian Congresses; National Identities; Power and Knowledge Networks; Elites; Luso-Brazilian Cultural Relations.

Ana Filipa Guardião
Thierry Dias Coelho

Autores

Ana Filipa Guardião, portuguesa, é finalista da licenciatura em Ciência Política e Relações Internacionais na Universidade Nova de Lisboa (UNL), tem como áreas de interesse o comportamento eleitoral, partidos e elites políticas, a União Europeia, sociologia política e histórica. Finalizou um estudo sobre a Revolução americana intitulado *"A Freedom's Teacup – Estudo Sobre o Nascimento de Uma Nação",* que consta do acervo da Fundação Luso-Americana para o Desenvolvimento. Fez parte de um programa de estágio na Comissão Nacional de Eleições e durante o último ano tem sido bolseira de investigação no Centro de História da Cultura. Pretende realizar o Mestrado em Ciência Política, focando a sua investigação no comportamento eleitoral e identidades nacionais/ transnacionais. [afsguardiao@gmail.com]

Celine Gomes da Silva Blotta, brasileira, é licenciada e bacharel em História pela Universidade do Estado do Rio de Janeiro, tendo sido agraciada com o Prémio de Iniciação à Ciência "Professor Emérito Leodegário Amarante de Azevedo Filho". Possui mestrado em História Política pela Universidade do Estado do Rio de Janeiro, onde defendeu a dissertação *"A presença brasileira nas comemorações centenárias de Portugal de 1940"* (2009). É pesquisadora associada do Laboratório Redes de Poder e Relações Culturais. [c.blotta@terra.com.br]

Cristina Montalvão Sarmento, portuguesa, é licenciada em Direito e História, bolseira da FCG no 2º Ciclo, de Relações Internacionais, no IEHEI, França; após os cursos de Mestrado em Ciência Política e em Filosofia, doutorou-se em Ciência Política, na UNL. Editou obras e revistas internacionais. Membro de várias Associações de Ciência Política exerceu funções de gestão académica (secretária-geral da Associação das Universidades de Língua Portuguesa, subdirectora adjunta para a área da Investigação da FCSH-UNL). Foi ainda subdirectora do Centro de História da Cultura onde coordena a linha de investigação em Estudos Políticos. Directora do Observatório Político é investigadora convidada do Laboratório de Redes de Poder e Relações Culturais da UERJ. [cris.lu@mail.telepac.pt]

Cristina Pessanha Mary, brasileira, é professora Adjunta do Departamento de Geografia da Universidade Federal Fluminense tendo concluído seu doutorado no Programa de Pós-Graduação em História Social da Universidade Federal do Rio de Janeiro em 2006. Atualmente integra o grupo de pesquisas "Geografia Brasileira: História e Política" tendo como interesse principal a recuperação da história da geografia no Brasil. [cris@personaltouch.com.br]

Guido Fabiano Queiroz, brasileiro, graduou-se em História pela Universidade Estadual do Rio de Janeiro. É Mestre em História Social da Cultura pela Pontifícia Universidade Católica do Rio de Janeiro, onde defendeu a dissertação *"Os espelhos de Barradas de Carvalho – crónica política e historiografia de um exilado"* (2008). Atualmente, exerce o magistério secundário no Colégio Pedro II. [guido_fabiano@yahoo.co.uk]

Isabel Corrêa da Silva, portuguesa, é licenciada em História pela Universidade Lusíada de Lisboa (2003). Trabalhou no Museu da Presidência da República como investigadora e na coordenação do Serviço de Actividades Culturais (2003-2006). Colaborou em vários projectos de investigação no âmbito do Património e da História de Portugal Contemporâneo, tendo trabalho publicado em ambas as áreas. Colabora como no grupo de Estudos Políticos do Centro de História da Cultura, Universidade Nova de Lisboa. É doutoranda do Programa Inter-Universitário de Doutoramento em História [ICS; ISCTE; Universidade Católica, Universidade de Évora] com um projecto de investigação sobre republicanismo em ambiente luso-brasileiro em finais do século XIX e inícios do XX, que desenvolve como bolseira da FCT. [isabelparcos@gmail.com]

Isabel Mariano Ribeiro, portuguesa, é investigadora em formação do Centro de História da Cultura na Faculdade de Ciências Sociais e Humanas da Universidade Nova de Lisboa. Licenciada em Ciência Política e Relações Internacionais, variante em Relações Internacionais, pela Faculdade de Ciências Sociais e Humanas da Universidade Nova de Lisboa (2006). Pós-graduada (2007) e mestre (2010) em História Contemporânea, pela Faculdade de Ciências Sociais e Humanas da Universidade Nova de Lisboa. Desempenhou as funções de Monitora e de Conferencista no Departamento de Estudos Políticos da Faculdade de Ciências Sociais e Humanas – Universidade Nova de Lisboa. [mr.isabel@gmail.com]

Jorge Luís dos Santos Alves, brasileiro, é bacharel, licenciado e mestre em História. Concluiu, em 2009, o Doutorado em História pela Universidade do Estado do Rio de Janeiro (UERJ) com a tese "Malheiro Dias e o luso-brasileirismo. Um estudo de caso das relações culturais Brasil-Portugal". É professor da Fundação Educacional da Região dos Lagos (FERLAGOS) e servidor público federal. Pesquisador associado ao Laboratório Redes de Poder e Relações Culturais da UERJ. [akkad@bol.com.br]

José Sacchetta Ramos Mendes, brasileiro, é pós-doutorando na Faculdade de Direito da Universidade de S. Paulo, doutor em História Social pela USP e pesquisador do Laboratório de Estudos sobre Etnicidade, Discriminação e Racismo (LEER/USP). Sua tese de doutorado, intitulada "Laços de Sangue. Privilégios e Intolerância à Imigração Portuguesa no Brasil", recebeu em 2008 o Prémio da Associação das Universidades de Língua Portuguesa. Foi pesquisador visitante na Universidade de Columbia, Nova York e obteve auxílio-pesquisa da Cátedra Jaime Cortesão/USP e Instituto Camões. É bolsista da Fundação de Amparo à Pesquisa do Estado de S. Paulo. [sacchett@usp.br]

Júlio Joaquim da Costa Rodrigues da Silva, português, é doutorado em História e Teoria das Ideias, pela F.C.S.H. da UNL (1999), Professor Associado da F.C.H.S. da Universidade Lusíada de Lisboa desde 1987. Publicou várias obras e é director da Revista Lusíada – Série História. Investigador (1993) e membro do Conselho Científico (1999) do CHC da FCSH da UNL. Académico Correspondente da Academia Portuguesa de História (2001), membro da Associação Portuguesa de Ciência Política (2004), membro efectivo do Conselho Científico da Comissão Portuguesa de História Militar (2007) e colaborador (2007-2008) do CEIS XX da Universidade de Coimbra onde realiza a investigação de pós-doutoramento. [jrodriguessilva@sapo.pt]

Lucia Maria Paschoal Guimarães, brasileira, é doutora em História Social pela Universidade de São Paulo. Professora Titular de Teoria da História e Historiografia da Universidade do Estado do Rio de Janeiro (UERJ). Cientista do Nosso Estado/Faperj, Bolsista do CNPq e Pesquisadora Principal do Pronex/ Cnpq/Faperj: Dimensões da Cidadania. Coordena junto com Lucia Maria Bastos Pereira das Neves o Laboratório Redes de Poder e Relações Culturais, núcleo de investigação vinculado ao Programa de Pós-Graduação em História da UERJ. Sócia Titular do Instituto Histórico e Geográfico Brasileiro. [luciamp@uol.com.br]

Luciene Lehmkuhl, brasileira, é professora adjunta do Instituto de História da Universidade Federal de Uberlândia. Nesta Instituição é membro permanente do Programa de Pós-Graduação em História e convidada do Programa de Pós-Graduação em Artes. Doutora em História Cultural, mestre em História, licenciada em História e em Artes Plásticas. Integra os grupos de pesquisa História e Arte, História e Cultura, vinculados ao Cnpq e o Núcleo de Estudos em Cultura Popular Imagem e Som – Populis/UFU. [lucilehmkuhl@hotmail.com]

Mário de Melo Ribeiro, português, é finalista da licenciatura em Ciência Política e Relações Internacionais no Departamento de Estudos Políticos da Faculdade de Ciências Sociais e Humanas da Universidade Nova de Lisboa. Bolseiro de iniciação à investigação da Fundação para a Ciência e a Tecnologia, do Centro de Estudos da População, Economia e Sociedade (Centro de Investigação Interuniversitário com sede na Universidade do Porto). Colaborador convidado no Centro de História da Cultura da Faculdade de Ciências Sociais e Humanas da Universidade Nova de Lisboa. [mariomeloribeiro@gmail.com]

Paulo Vicente, português, é licenciado em História pela Faculdade de Letras da Universidade de Coimbra (2004) e doutorando em Ciência Política na Faculdade de Ciências Sociais e Humanas da Universidade Nova de Lisboa. É bolseiro de investigação científica pela Fundação para a Ciência e a Tecnologia (FCT), desde 2007, e investigador em formação do Centro de História da Cultura (CHC), do grupo de investigação de Estudos Políticos e Internacionais, daquela faculdade. Os seus temas de investigação integram a história e teoria da integração europeia, história das relações internacionais, instituições e processos políticos e história contemporânea. [pjc.vicente@gmail.com]

Teresa Ferreira Rodrigues, portuguesa, é doutora em História Contemporânea na Especialidade Demografia pela Universidade Nova de Lisboa. Professora Associada com Agregação em Relações Internacionais, Especialidade Ecologia Humana. Docente do Departamento de Estudos Políticos da Faculdade de Ciências Sociais e Humanas e Professora Convidada no Instituto Superior de Estatística e Gestão de Informação, ambos da Universidade Nova de Lisboa. Responsável e membro de vários projectos de âmbito nacional e internacional, é ainda autora de centena e meia de artigos e seis livros publicados nas áreas das migrações, mortalidade, saúde, envelhecimento, análise prospectiva e planeamento urbano. [trodrigues@fcsh.unl.pt]

Thierry Dias Coelho, português, é licenciado em Direito Internacional pela Universidade de Paris I (Panthéon-Sorbonne), e finalista da licenciatura em Ciência Política e Relações Internacionais da Universidade Nova de Lisboa. As suas principais áreas de interesse incluem corrupção, processos de democratização, elites políticas, comportamentos eleitorais, partidos políticos e metodologias quantitativa e comparativa. Co-lecciona as cadeiras de «*Estatística*» e «*França do Século XX*», é bolseiro de investigação no Centro de História da Cultura, colabora com outros centros de investigação da UNL (CESNOVA, e-GEO), bem como no livro sobre «*Teorias e Políticas de Desenvolvimento*». [thierry.coelho@fcsh.unl.pt]

«Até à data vivi a vida que me pareceu melhor ao alcance do que eu era. Nunca fingi viver para os outros, e acho que ninguém o faz, embora haja muitos fingimentos disso. Mas procurei fazer com que aquilo que me era útil e agradável aproveitasse um pouco aos outros.»

Nuno Bragança, *Obra Completa* (1969-1985),
Lisboa, Publicações D. Quixote, 2009.